JN049827

時代を超える10の原則

ジャーナリストの条件

THE ELEMENTS OF
JOURNALISM
What Newspeople Should Know
and
the Public Should Expect

Bill Kovach
and
Tom Rosenstiel

Translated by Yasuomi Sawa

ビル・コバッチ
トム・ローゼンスティール
澤 康臣 訳

新潮社

THE ELEMENTS OF JOURNALISM,
Revised and Updated 4th Edition
by Bill Kovach and Tom Rosenstiel
© 2001, 2007, 2014, 2021 by Bill Kovach and Tom Rosenstiel
Japanese translation rights arranged with David Black Literary Agency, Inc., New York
through Tuttle-Mori Agency, Inc., Tokyo

ジャーナリストはどこにいるのか

澤 康臣〔訳者〕

あなたはニュースをどこで知りますか。

新聞やテレビという伝統的な情報源でしょうか。SNS、それとも報道メディアのアプリやウェブサイトですか。ユーチューブやティックトックのような動画サービスでしょうか。

デジタル時代、情報はどこを見てもあふれています。役に立つ知識、便利なデータだけではありません。いい加減な噂、誤情報、人を惑わせ煽るものもあります。その中で、ニュース報道であれば信用できる――そう思いますか。英国のオックスフォード大学ロイター・ジャーナリズム研究所が二〇二三年に、世界四六の国と地域を調査したところ、ニュースは信用できると答えた人は全体で四〇%でした。日本では四二%、この本が書かれたアメリカでは三二%でした。あなたはどうでしょう、ニュースを信用していますか。報道の仕事をきちんとしてくれていると思いますか。

報道の仕事をする人、それがジャーナリストです。「ジャーナリスト」とか「ジャーナリズム」というと堅苦しく、少し高尚にも聞こえますが、ジャーナリストといえば多くは報道の仕事をする人。一つの典型は新聞、放送や雑誌の報道記者ですが、報道系のテレビディレクターやプロデューサー、写真を撮るフォトグラファー、映像ジャーナリスト、編集者、ノンフィクション作家も含みますから、ジャーナリストの方が「報道記者」より広い範囲を指し、プロとアマチュアの境目も緩やかに思えます。

今、誰もがインターネットで情報を発信します。最新の情報、真剣な内容がたくさんあり、誰もがジャーナリストのようです。ただ、最新情報を発信すればジャーナリストかというと、それでは広すぎます。最新情報であっても「私がおいしい食事をした」「テーマパークで楽しい時間を過ごした」という個人的な投稿をする人までジャーナリストとはいえないでしょう。では、個人的ではなく社会の関心に応えるということだとして、旅やグルメの最新情報を発信する場合、その人は旅行ジャーナリストやグルメジャーナリストといえるのか、それともジャーナリズムとはいえない娯楽コンテンツの制作者でしょうか。場合によるのかもしれません。となるとそれらを分けるのは何でしょうか。また一方で、災害現場に居合わせた一般市民が、この出来事は重大だから社会に知らせようと写真や動画を投稿した場合はどうでしょうか。逆に、報道記者が発信するニュースでも、事実関係を十分確認していない、取材相手の利益をことさらにおもんぱかって報じている、面白いが結局どうでもいい話をしきりに伝える、などであれば、どうでしょうか。

ジャーナリストといえる条件はどこにあるのか。

問われるのは仕事の中身です。その人がやっているそれはジャーナリズムなのか。なぜそういえるのか。ジャーナリズムであるためには何がなくてはならないのか。そもそもジャーナリズムはなぜ、何のためにあるのか。それを、ビル・コバッチとトム・ローゼンスティールという二人のジャーナリズム専門家が、多数のジャーナリストたち、研究者たちと議論し、豊富な実例、実話を挙げながら解き明かしたのがこの本です。

アメリカの人たちは自分たちが民主主義を作る公共の一員であり、意見を言って行動するのが当たり前という発想を日本人よりも強く持っているようです。そのためには情報がなくてはならない、だからあなたたちジャーナリストがやっているのは私たちのためのジャーナリズムだろ、サンキュー頑張れよ、という気持ちを、彼らと接するとき感じることがあります。私が記者としてアメリカで取材していたころ、街角で普通の人に実名顔出しコメントを求めるといつも多くの人が積極的に協力してくれました。そんな社会です。でもそのアメリカで、もうテレビニュースや新聞は真実なんか伝えない、信用できない、SNSや新しいネットメディアが最強だと考える人も目立ってきています。さらに、自分の意見に合う情報しか受け付けない人が増えて保守派とリベラル派で話がかみ合わない事態が起きています。民主主義は一般市民があぁでもないこうでもないと話し合ってこそなのに、違う意見の人が共通の土俵で議論できないのは危機です。二〇二一年一月には、直前の大統領選挙でトランプ氏が負けたことを不正選挙と信じこんだ二〇〇〇人もの人たちが米連邦議会を襲撃する事件まで起きてしまいました。

そんな時代に、ジャーナリズムはどうすれば信頼を回復できるのか、そして、改めてジャーナリズムとは何なのか、ジャーナリズムに必要な条件は何かを問うのがこの本です。ジャーナリズム論を代表する書として、二〇〇一年の第一版刊行以来、二〇二一年の第四版まで、長年にわたり世界で読まれています。

日本でも報道離れは進んでいます。アメリカのように話がかみ合わない社会になってしまうのでしょうか。それとも、意見は違っても共通の場で話し合える社会でいられるでしょうか。民主主義とジャーナリズムはともに栄えともに滅ぶといいます。社会のみんなに必要な役割をジャーナリズムが果たすため、ジャーナリストは、そして市民は、どうすればいいのでしょうか。

その手がかりを、この本は示してくれます。

第四版へのまえがき

ビル・コバッチはよく言う。どの世代も、世代ごとのジャーナリズムを作り出すと。

変化はゆっくり進行しない。急に動いたり止まったりする。重大な出来事が起きるとき、あるいは文化が激変するとき、報道現場は自分たちの在り方を見直す。

二〇世紀を振り返れば、そんな場面場面が目に入る。例えば第一次大戦やロシア革命を受けて、ニュース取材の方法をもっと科学的、客観的にすべきだという考え方が生まれた。物事を真剣に考えるジャーナリストたちは、世界の民主主義の危機に自分たちの仕事が果たすべき役割を果たせなかったことを受け止めようとしたのだ。ハッチンズ委員会〔第二次大戦中に作られ一九四七年に報告書を出した「報道の自由のための委員会」の通称〕は、報道が負う責任という近代的概念を発達させたのだが、同委の仕事は、電子メディアが登場し、プロパガンダという邪悪な科学をファシズム政権が生み出した第二次大戦の後にまとめられた。この本の第一版は二〇年前、ケーブルテレビやインターネットという新技術が登場してメディアを細分化し、それらの技術によってメディアの経営が圧迫されるようになり、そこから新しいセンセーショナリズムが生まれたことを受けて出された。

二〇二一年の今日、ジャーナリズムの在り方を問い直す新しい動きが進む。さまざまに異なる、しかしいずれも強力な動きが重なって起きた結果だ。広告収入の仕組みが崩壊し、ジャーナリズムが脅かされている。フェイスブック、ツイッター〔現X〕、ユーチューブという全能のプラットフォーマー企業の文化――人々をまとめるのではなく分断し、広告のターゲットにしやすくする――にジャーナリズムが脅かされている。自由な報道機関や、それが象徴するもの、すなわち事実に基づき市民の権利や責務を考える在り方を馬鹿にしたい強権指導者が世界中で生まれ、ジャーナリズムが脅かされている。そして各地の報道職場ではスタッフが白人と男性に占められるのが普通だったために、有色人種の人たちのことも、この国の制度的人種差別のことも、理解せず気にかけず、取材報道できてこなかったことに対し、捉え直す動きが起きている。それにジャーナリズムが突き動かされている。これらの報道職場は、しかし同時に、保守派を自認する米国人たちもほぼ完全にはじき出してきた。

ひとつの分野が危機を迎えたとき、最初にすべきことはその分野を形作る基本を思い出すことだ。そして、いくつもの基本のうち時代によって色あせないものを見いだし、単に日々続けてきた慣行や仕事の仕方とは区別することだ。慣行や仕事の仕方は、原則を実際の仕事にあてはめるためのものだ。例えば、市民としての活動について正確につかむため、発言内容は裏付けを取らなければならないというのは原則だ。一方、裏付けのために私たちが使うツールはテクノロジーが新しくなれば変わる。アルゴリズムを使って写真から位置を特定したり過去画像と照合したりできるし、身元を調べたり、引用された言葉を検索して調べたりもできる。にもかかわらず専門職としてのこだわりだったものがただの習慣と化し、身になじんだ日常動作を原則と誤解することが、いかに多いか。驚くべきものがある。

危機を迎えた分野において二番目にすべきこととは、役に立たなくなったやり方を見つけてそれを捨て、原則に沿う最良の方法を改めて検討し、そして社会の要請に応える新たな方法を見いだすことだ。

私たちがこの本で説明するジャーナリズムの条件とは、ニュースを出す人々に社会が何を求めるかということにほかならない。大手の会社で働く人々も、個人発信のニュースレターを空き時間に作って、個人の発信者向けに設計された〔米国のメールマガジン配信サービスの〕サブスタックで配信する人々も、同じだ。

二〇〇一年、この本の第一版を出したとき私たちは、社会が自由な報道に求める原則を見つけ出すことから始めた。こうした原則は、多くの人が思うほどには報道界で広く理解、共有されてはいなかった。私たちは次のような問いに直面していた。**メディアと呼ばれる情報発信にはいろんな形があるが、その中でジャーナリズムは何が他と違うのか。**

二〇〇六年に第二版、二〇一四年に第三版を制作していたとき、さらに別の問いを受けることが増えた。**一九世紀、二〇世紀にジャーナリズムの指針になってきた原則は、今どの程度有効なのか。いやむしろ、今、原則などあるのか。**

その時の私たちの答えは、ジャーナリズムが目指すべきものは変わっていないということだった。たとえば、人々はジャーナリズムに対し、可能な限り正確であるよう求めた。今も、ジャーナリズムの本質は厳密な事実確認をすることにある。だが、私たちがニュースの正確さを保つために使う手法や、発言内容の裏を取る際の規律の守り方は新しいものに変わっている。スーパーコンピューターを指先ひとつで使えるし、ツイッターでは同時中継的な投稿ができ、誰の携帯電話にもビデオカメラがある――大手報道機関に属するプロの記者も、銃撃事件に居合わせて動画撮影する目撃者も、同じだ。

今回この第四版を出すにあたって、私たちはまた一つ別の問いを投げかけられている。これまでの論点がまだ自分たちと関係あるのか、ではない。これまでの論点を新時代向けに更新しつつ、それを改めてきちんと説明できるか、が問われているように思われる。私たちは変化の中にあり、そんなときこそ初心に帰って原則を思い起こすことが求められるからだ。

となるとこれは、古い原則がテクノロジーによって時代遅れになったかどうかの問題ではない。社会で共有する議論の公共広場〔広く人々が議論を交わす場や機会〕は今なお存在し続けられるか。意見が違う人同士でも基本的な事実関係については一致できるか。そして、ジャーナリズムが思い込みを排して情熱的に物事を調べることは今もできるのか。それとも報道現場の面々は物事を調べるのを放り出し、論評に向かうだろうか。事実なんてどうでも良いようにみえるからと。

ジャーナリズムは存続の危機にある。その危機の核心は、ジャーナリズムの目的が明確になっていないことだ。ジャーナリズムの実務家と消費者が、社会におけるジャーナリズムの役割を分かっていなければ、ジャーナリズムを政治の主張やプロパガンダと区別できなければ、「論」を売り物にすることと報道とを区別できなければ、そして厳格に事実を確認することの価値や、情熱を持ちつつ思い込みは排して調べることの価値を理解していなければ、そのとき危うくなるのはジャーナリズムではない。民主主義である。この一〇年にわたり、民主主義は世界中で後退局面にある。その同じ時期にジャーナリズムが金銭面で、そして自らの失態により、ぐらついていることは偶然ではない。民主主義と報道の関係は、ジョセフ・ピュリツァーが一世紀前に警告したとおり、まさしく「ともに栄え、ともに滅ぶ」ものなのだ。

ジャーナリズムがみんなの注目を集めることが許されるのは、民主主義のためだからだ。それ以外に名目は立たない。ジャーナリズムは一七世紀前半に啓蒙運動の中、市民の権利や責務に関わる情報をごく少数の者たち——通常は王の裁判所や秘密議会——の独占から、大勢の手に渡るようにした。そうして議論の公共広場を作り出した。今、私たちの公共広場は、ばらばらに分かれている。

事実として広く共有されるものの範囲は狭まっている。これはジャーナリズム活動の失敗であり、技術革新の影響であり、あらゆる場所の民主主義に対する脅威である。

だが同時に、ジャーナリズムがこれまでになく強くなっている場面も少なくない。為政者の中には自分らは嘘をついてもよい、嘘を繰り返して認知を歪めてもよいと考える者たちがおり、報道機関を「国民の敵」「フェイクニュース」とあざけり、悪の根源として扱って、ジャーナリストたちの評価に疑念をかき立ててきた。これに対し、ジャーナリストたちは報道の裏付けレベルを高めることで応じた。報道過程をもっと透明化した。報道に市民がもっと関わるようにした。ジャーナリズムはぐらついているが、死に向かってはいない。コラボレーションを強化している。そして、ジャーナリストたちの代わりになる者はいない。彼らの役割はますます複合的に、ますます重大になっている。

デジタル革命の姿がはっきりと見えてくるにつれ、私たちはむしろ確信を強めている。ジャーナリズムがジャーナリズムであるための条件は今後も受け継がれるというだけではない。誰もがニュースを制作し発信できる時代だけに、これまでよりもっと重視されるのだ。

一方で大きく形を変えたものは、これらの原則をニュースの担い手が守るための方法である。一本のニュースが、何かを目撃した一般市民が発したものであれ、社会運動NPOの資金提供で発信されたものであれ、あるいは、従来型のニュース発信者が届けているものであれ、私たちにとってはそれが真実でなくてはならないことは今も同じだ。しかし、事実に反する噂がツイッターでリアルタイムに投稿される時代、ニュースを報じる者は真実を確認しなければならない、という原則をどうやって守るかは大きく変わった。記者は、既に拡散し、そこら中で伝えられている情報があるとき、事実に反する噂だから単に自分は無視する、というわけにはいかない。事実に反する噂があることを踏まえ、その影響を確認し、なぜ信じるべきでないのか示し、あるいはもしこれが本当だというために必要なのは何かを示さなければならない。

ジャーナリズムの原則がこれからも受け継がれるということを、過去を懐かしんだり、変革に抗ったりするための主張と考えてはいけない。その逆だ。ジャーナリズムの目的を、取材と報道の新しい方法に当てはめ、より深くより広く用いて、新しい時代にふさわしいものにしていこうという提案なのだ。

この本の旧版をよく知る人は今回の新版の随所で変更点に気付かれることだろう。私たちが伝えたい考え方を具体的に示す事例は多くが差し替えられている。旧版で示した事例に新しく生まれた事例を追加した場所もある。両方は相互に繋がっており、合わさることでより複合的な話になる。新版ではまた、世界で強権主義の動きが強まり、ドナルド・J・トランプのような指導者が現れ、報道機関を、あるいは事実を重視する報道を、悪の権化とみなすようになった状況も取り扱う。さらに、インターネット・プラットフォーマー企業の役割と文化にも触れる。プラットフォームとアルゴリズムをたちの悪い内外の勢力が巧みに用い、米国その他の国に政治的混乱の種をまいていることにどう対応するのか。その点でのプラットフォーマー企業の罪の重さ、考えの甘さ、傲慢さ、そして愚かさについてである。また、市民（法的に市民として登録されている人という意味ではなく、〔民主主義の主権者である〕市民として情報の受け手となるすべての人たちという意味だ）は事実に関する情報をなおも求めているのか、それとも自分の政治的考えを肯定してもらえることの方に心を動かされるものなのかという疑問にも向き合う。そして、その答えが、情報を持つ市民という概念にどう影響するかもである。

第一版で私たちは、客観性の本当の意味について、偏りのなさよりも透明性だと訴えた。当時は挑戦的で物議をかもす主張だった。今、客観性の概念は改めて問われている。大きな原因は、その言葉が正しく理解されていないことだ。一方で、もっと問題の大きい「道徳の明確さ《モラル・クラリティ》」などという新造語が使われるようになった。私たちは二〇年前、どう事実の裏付けを取っているかを明らかにすることが、プロのジャーナリストが社会からの疑念に答える最重要なツールになると訴えた。今、ニュース作りに一般市民を招き入れ、コラボレーション・ジャーナリズムを作り出すことも、その方法になっている。ジャーナリストが、あるいは市民が、それぞれ単独で作業するより良いものができる。

公共広場としてのジャーナリズムを論じた章〔第7章〕では、その広場の性質がSNSの革新により一気に拡大したものとなっていることを指摘した。第二版では言語学者デボラ・タネンがいう「論争文化」、つまり読者・視聴者を引きつけようとメディアが導入した二極対立型議論が、新しいものに取って代わられたことに触れた。派手に火花を散らす論争ではなく、読者・視聴者の思っていることを肯定し、自信を持たせるメディアだ。これを私たちは「肯定ジャーナリズム」と呼んだ。政治的立場に自信を与えることで読者・視聴者を増やすからだ。この政党色ある新たなジャーナリズムは二〇〇七年以後人気を博した。ケーブルテレビニュース時代初期の「論争文化」は、実質的に「解答文化」に取って代わられた。これはプロパガンダ、自信提供、再肯定からなる。この新文化は、その前の文化よりもっと二極対立をあおるものだ。この第四版では、公共広場としてのジャーナリズムが分断社会を修復できるかどうかを、さまざまな報道現場で広く考えられているテーマとして扱った。

事実確認を扱う第4章では、客観性にまつわる新しい考え方をめぐり、「道徳の明確さ《モラル・クラリティ》」のような用語について論じる。そして、市民活動の世界をその反対意見の人にもほぼ即時に、分かりやすく伝えるという、ジャーナリズムのゴールをどううまく説明するかも、直接論じていく。そして第5章では独立性について述べる。多様性、公平性、包摂性〔三点合わせて、人種や宗教、年齢、性的指向、障害の有無など多様な個性の人々が、平等で、安心していられることを指す〕にこの業界が取り組めていなかったこと、人の属性のもたらす意味、ジャーナリズムの独立性について、これまで以上に深める。

この本はどこを取っても、テクノロジーや社会分断、経済的な混迷、そして世界で起きている反民主主義的な動きという激しい力と切り離せない。フェイスブックやグーグルのようなプラットフォーマー企業は今や、最も重要で力のあるメディアであり、私たちの情報生活を形作る存在だ。そのアルゴリズムは、私たちをばらばらに区分するよう設計されている。属性に応じたターゲティング広告を売るためだ。そうして私たちを政治的に分断する方法をたちの悪い勢力に知らせ、権威主義者に好機をたっぷりと提供した。一方、暴君たちは報道機関を常に国民の敵と呼ぶだろう。理由は簡単だ。ジャーナリズムが民主主義の原動力となっているからだ。

その原動力の舵取りをするための原則は何か。その原則をジャーナリズムの内外から脅かすものは何か。そして、この職業はいかにして生き残るか。この本はそれを示すものである。

二〇二一年一月

ビル・コバッチ、トム・ローゼンスティール

ジャーナリストの条件

時代を超える10の原則

目次

THE ELEMENTS OF JOURNALISM
What Newspeople Should Know and the Public Should Expect

・訳注は〔　〕で示した。また訳注においては一ドルを一四〇円に換算した。
・未邦訳文献は仮訳の題名で示し、原題名をルビ表示した。

ジャーナリストの条件

時代を超える10の原則

リンのために
そしてベスとカリーナのために

序章

世界に現存する数少ない原始文化において、そのコミュニケーションの性質を文化人類学者たちがまとめ、比較を始めたところ、予想外のことが分かった。孤絶を極めるアフリカの部族社会でも、遠い太平洋の島々でも、ニュースの定義は驚くほど似かよっていたのだ。彼らはゴシップを伝え、自分たちのリーダーについて述べていた。ニュースを集めて伝えるメッセンジャー役を選ぶ際に求める能力も同じだった。走るのが速く、正確な情報を集め、聞き手を引きつける話し方をするかどうかだ。時代を通じて言葉の調子は移り変わり、ニュースの堅さも変わるが、基本的なニュース価値はさほど変わらないことを歴史家たちは発見している。「歴史を通じ、文化を問わず……人類は似た組み合わせのニュースを伝えている」と、歴史家ミッチェル・スティーブンスは書いている。[1]

この継続性と一貫性を、私たちはどう考えればいいのか。歴史家や社会学者が導き出した答えは、ニュースは人間の基本的な欲求を満たすもの、というものだ。人は、自分が経験したことのほかにどんなことが起こっているのか、あの丘の向こうで何が起きているのか、それを知りたいと求める心を本能として備えている。[2] 自分自身で見ることができない出来事でも、それを知ることで、安全、コントロール、安心という感覚を呼び起こす。他人を理解することは、私たちをどう理解するかということでもある。ある著述家はこれを「知ることへの渇望」と呼んだ。[3]

友人や知人と会って人が最初にすることのひとつが、情報共有だ。「〇〇だって聞いた？」。自分たちが聞いたことを、彼らも聞いたのか、同じふうに聞いたのか知りたい。発見の感覚を共有し、わくわくする。私たちが人間関係を作り、友人を選び取り、人の性格を理解する際には、相手の情報への反応の仕方が自分たちと同じかどうかも影響している。

ニュースの伝達が妨げられるとき、闇が訪れ、不安がふくらむ。[4] 世界があまりに静かになる。私たちは孤独だと感じる。米上院議員で大統領候補にもなった故ジョン・マケインがベトナム戦争の捕虜としてハノイで過ごした五年半、最も恋しく感じたのは快適さでも、食べ物でも、自由でも、家族や友人でさえもなかった。「私が最も恋しかったのは、情報——自由で、検閲も歪曲もされていない、豊富な情報だった」[5]。ニューヨーク州立大ストーニーブルック校ではニュースに関する授業の際、学生たちはメディアから一切遮断される「ニュース断ち」を体験する。彼らは天気にそぐわない格好をし、不必要な傘を持ち、そして不安感に包まれることになる。[6]

これを、「知る本能」と呼ぼう。

ニュースとは、私たちが直接経験できない世界を知る方法だ。友人、家族、隣人、国内の人々、世界の人々に何が起きたのか、何が起きるのかを見つけ出す方法だ。ニュースは自分の人生を生きるため、身を守るため、人とお互いつながるため、友と敵を見分けるために必要だ。私たちがジャーナリズムと呼んできたものは要するに、今どうなっているのか、これからどうなるのかの情報を社会に供給するために作られたシステムだ。ニュースはまた、もっと背景を掘り下げ、もっと情報を集め、そこで生まれた新たな疑問を解く力となることで、私たちが世界を把握する営みを支えている。だから、私たちは目にするニュースやジャーナリズムの性質を気にかける。ニュースは私たちの生活、私たちの思考、私たちの文化の、その質を左右する。ニュースはそもそもの始まりから、現代のテクノロジー専門家が情報の「ソーシャルフロー」と呼ぶものを生み出していた。作家で宗教史の有名著作が何冊もあるトマス・カヒルは、こんなふうに言う。「一つの文化について書かれたものを読めば、人々の世界観……見えない恐怖と願望……が」分かると。[7]

コミュニケーション革命が起き、中東で二〇年にわたり戦乱が続く。世界規模のポピュリズムが生まれ、感染症が大流行する。この時代、私たちが伝え合うニュースからは、どんな世界観、たとえば恐怖、願望、そして価値観が見いだされるのだろうか。

デジタル革命が起きる直前、一九九七年六月のある雨の土曜、ハーバード・ファカルティ・クラブ〔ハーバード大の施設。レストランなどがある〕に二五人のジャーナリストが集まった。長いテーブルを囲んだのは、全国でも最有力な新聞の編集者たち、テレビ、ラジオで最も影響力がある面々、ジャーナリズム教育のリーダーたち、国内有数の作家たちだ。私たちもそこにいた。デジタル時代は始まったばかりだったが、その日集まったジャーナリストたちは既に、自分たちの仕事には深刻な問題が起きていると考えていた。彼らがジャーナリズムと考えるものは、同業者の多くの仕事の中には見いだしがたいと思っていた。みんなの利益に寄与せず、逆に損なっていると懸念していた。

社会の人々はといえば、既にジャーナリスト不信、さらにジャーナリスト憎悪すら始まっていた。インターネットは後に人々の生活の力としての意味を持つようになるが、これはその誕生以前のことだ（実際に、メディアに対する信頼低下のうち半分は、ウェブが一般向けプラットフォームとして出現する以前に起きていた）。そして悪化の一途をたどった。ピュー・リサーチセンターの調査では、一九九九年、米国人で報道機関が民主主義を守っていると信じていたのは半数未満（四五%）だった。一九八五年から一〇ポイント近い低下である。[8] 二〇二〇年には、この値はさらに下がった。たった三〇%だ。報道機関は民主主義を害するという人の方が多く三六%、よく分からないという人も同じぐらいで三三%だった。[9]

問題は、そう見ているのが世間一般の人だけではなかったことだ。九〇年代末には多くのジャーナリストたちも、報道機関に対する人々の疑念の高まりに同調し始めていた。「報道職場内で、私たちはもうジャーナリズムなど語っていない」。ハーバードのクラブでその日、当時『フィラデルフィア・インクワイアラー』の編集者だったマクスウェル・キングは言った。別の編集者も同意した。「私たちは経営圧力と収支の数字に飲み込まれている」。懸念すべきはニュースの価値の低下ではなかった。ニュース企業が、ニュースの価値などもう信じていないと思わせるような経営を始めていたことだった。

ニュースはエンターテインメントになり、エンターテインメントがニュースになっていった。ジャーナリストたちのボーナスは仕事の質ではなく、会社の利益に連動する度合いを強めた。議論が終わりに近づく中、コロンビア大学教授のジェームズ・キャリーがした問題提起を、その後多くの参加者が議論のまとめとして思い出すことになる。「問題は、もっと大きなコミュニケーションの世界の中にジャーナリズムが埋もれ、姿を消そうとしているのをみんなが目にしていることだ。みんなが熱望していることは、その大きな世界からジャーナリズムを取り戻すことだ」

さらに根底を揺るがす激動が近づいていた。ジャーナリズムの財政基盤を支えた広告収入モデルはこの時点ではまだ、デジタル技術に崩されていなかった。例えば新聞社の売り上げはその後も二〇〇五年のピークまで八年間伸びていった。ニュース企業はニュースを探して裏付けを取る作業にエネルギーを集中し、社会への情報提供の大半をなおも占めていた。プラットフォーマーと呼ばれるテクノロジー企業にはまだ、力を譲り渡していなかった。プラットフォーマーは編集も点検も事実確認も拒否、人々に共通する課題を重視することも拒否、それにより莫大なユーザーを集めるという価値観に染まりきった会社だ。彼らは人々を分断するものをビジネス基盤にしていくことになる。興味、属性、政治信条、果ては偏見から憎悪に至るまで。ターゲット広告に使うためだ。二〇〇〇年前後、米国のジャーナリズム機関や教育機関の一部幹部が心配したのは営利主義だった。報道業界のトップたちが、投資家の喜ぶ利益拡大のほうに気を取られてしまい、より優れ、より進取なジャーナリズムに資金を投じれば新たな読者・視聴者とつながれるという確信を失っている――そういう感覚だ。

つまりこの国の最も影響力あるジャーナリストたちの多くは、経営が傾きはじめる前から既に、自らの存立にかかわり、報道業界を脅かし、さらには民主主義にも打撃となり得る重大な問題に懸念を抱いていた。もしジャーナリズム――人々がニュースを得るためのシステム――が営利主義に飲み込まれたら、その後に来るのは何か。広告か。エンターテインメントか。ネット通販か。プロパガンダか。イデオロギー・ニュースか。分断化か。そしてその結末は？　市民提供コンテンツ、つまり誰もが――国家から金をもらって偽情報を拡散する工作員も――参加できるニュースという発想は、一部のデジタル先駆者を除けば、まだ真面目に議論する対象ではなかった。

その部屋に集まった人々の多くは、報道界が数々の大きな変化を乗りこえるのを自分たちのキャリアを通じて見てきていた。インターネット前の一世紀を見ても、テクノロジーによる激動が新たな形式を生み出す事態は一五〜二〇年に一度起きていた。ラジオは一九二〇年代、テレビは（第二次大戦のため遅れて）一九五〇年代、さらにケーブルテレビが生まれ、そして一九八〇年代に行われた電子メディアの規制緩和は、ラジオやテレビが政党色を帯びる新たな時代の到来につながった。新技術が生まれるたび、新しいエンターテインメントの形態が生まれ、人々の注意力を奪いにくる。それまでのメディアの形も変わっていくことになる。読者や視聴者の一部を新規参入者に譲り渡し、より小さくなった形で適応していく。

全盛期のジャーナリズムは、文化の中で他にはないものを提供するがゆえに、存続してきた。独立していて、信頼でき、正確で、全体像を伝える情報だ。それにより市民が自分たちを取り巻く世界を理解するため必要なものである。そうでない何かを提供しながらジャーナリズムと称するものは、民主主義の文化を破壊する。これは政府がニュースをコントロールするときに起こることで、ナチスドイツやソ連であったことだ。今日ではシンガポールや中国のように、資本主義は促進し、しかし政治参加は控えさせ、そのためニュースがコントロールを受けているという場所でみることができる（あなたはこの本で「市民」という言葉が使われるのを目にするだろうが、それは人の法的地位や、あるいは移民の〔国籍や市民権の有無に関する〕地位の意味ではない。私たちはこの言葉を、初版から第四版まで一貫して、社会において主権者として行動する社会の全メンバーを表す意味で用いている。経済の世界での消費者や顧客という役割にとどまるものでもない）。

一九八〇年代に始まった人々のジャーナリズムに対する不満の増大は、ジャーナリズムの価値観自体が拒絶されているということなのだろうか。誤情報や偽情報を発信する政治党派色メディアが伸びているだけに、この疑問はより切実だ。だがデータを見ると、ジャーナリズムの信頼低下はジャーナリストが自らの価値観に従っていないと見られている影響が大きいことが示され続けている。例えば信頼に関するデータによれば、ニュースは独立したものであり信頼できるという期待、あるいはニュースを作る人々はみんなの利益のため働いているという期待を、人々が今も捨てていないことがずっと示されている。一〇年ほど前のピュー・リサーチセンターのデータでは、優に過半数、六四%の人々が、ニュースは政治的立場のない発信源から得るほうを好み、以後もこの数字はほぼ変わらない。[10] 二〇二〇年、ロイター・ジャーナリズム研究所の調査でもだいたい同じ数字、六〇%が示された。大部分の人々はやはり、ニュースは訓練を受けたプロフェッショナルが作ることを期待している。人々の失望は、これらの求めにニュースが応えてこなかったことによる。例えば二〇一九年には既に、米国人の七四％はネット上の不正確な情報を大きな問題だと考え、七〇％はニュースを歪めようとするメディアオーナーの圧力を大きな問題だと考え、六八％は「客観的だと思われているニュースに、あまりにも偏りがある」ことを指摘した。[11]

ある面で、この信頼危機は皮肉なものだ。多くのニュース企業は変化する読者・視聴者に対応しようと、これぞ人々が求めるものと考えた題材を扱い、ニュースをエンターテインメントに近づけようとした。テレビニュースはとりわけ、セレブのスキャンダルと犯罪ものに注力し、視聴者を取り戻そうとし、失敗した。一九九〇年代の夜のニュース項目ナンバーワンは犯罪だった。同年代、犯罪は減っていたのにである。O・J・シンプソン裁判やジョンベネ・ラムゼイという子どもの殺害のニュースは一時的に視聴率を上げることになったが、視聴者は自分たちがなめられていると察し始めた。社会の人々はメディアのセンセーショナリズムを非難していたことが調査で明らかになったが、そんなものは世の中の偽善と片付ける人も、ニュース業界の一部にはいた。その後数年にわたり、クリック稼ぎの時代にページ閲覧数への熱中が起き、これが新しい物差しになって、ジャーナリズムはみんなの利益に役立つべきだという価値観に逆行する圧力が強まった。報道現場はページ閲覧数をリアルタイムで注視し、ポイントを箇条書きにした記事や写真のスライドショー、そのほかのテクニックに目を向けた。ネット広告収入を最大化しようとしたのだ。ページ閲覧数は指標として欠陥があり、一時は目を引くが最終的にそっぽを向かれるタイプの記事も、逆にブランド愛を生み、シェアされ、有料購読へとつながった記事も、一緒くたに測っていることは十分に理解されていなかった。

古い様式のまま読者・視聴者の関心をつなぎ止めるその場しのぎの苦闘や、利益を維持するための経費管理策などに気を取られ、ニュース企業は大切なものを見失った。人々はニュースを捨て去ろうとしているのではなかった。彼らが捨て去ろうとしているのはかつての形式だけで、単に新しくもっと便利なものを求めているのだ。まず、二四時間ケーブルニュースは夕方六時半のニュース番組を待つより、主要ニュースのチェックがすぐできる。たとえその後放送される夕方ニュースのほうが内容が良くてもだ。ほどなく、ウェブはさらにずっと便利で、深みもあり、やがては、持ち運びにも便利だということがはっきりした。

ジャーナリストたちもまた、人々が不満を募らせニュースから離れていくことに責任がある。旧来の定義でニュースの質を測ることに愛着を持ちすぎ、ニュースの受け手が変化していることを知ろうとしなかった。また、エリート層のビジネスの論理によって、有色人種コミュニティは広告主にとり魅力が乏しいマーケットだから無視するように勧められてそれに従い、重要な読者・視聴者になりうる人たちを遠ざけ、構造的な人種差別に新たな問題を加えた。インターネットを、自分たちの知っている世界への脅威ととらえ、新しい読者・視聴者に新しい方法と新しい表現形式でつながれる機会だと気づけなかった。一九九七年のハーバード大での集まりは、一つの合図となった。報道界は社会の人々を大切にせず、人々のニーズに応えるジャーナリズムも大切にしなくなってしまい、そのためデジタル激動以前から既に進むべき方向を見失っていた――そのことに、この国最高のジャーナリストたちの多くが気づいたことを知らせる合図だった。

要するに、デジタル激動への対応にニュース業界がそろって失敗したことの根源は、その一〇年前から警報が鳴り続けていたニュースの信頼危機だったわけだ。報道機関が地元コミュニティ全体につながろうとしなかった〔有色人種などを軽視してきた〕問題の根となると、もっとさかのぼる。

それからの年月の中で、寡占の立場にあった企業群は、その座を別の企業群に明け渡した。つまりニュースを制作し、そのコストを広告収入でまかなっていたメディア企業が、さらに少数の、ほぼ独占ビジネスをしているテクノロジー企業に取って代わられた。他の人のコンテンツを集め、個人データを売りさばき、デバイスを製作し、OS〔コンピューターの基本システム〕を作り、アプリを売り、コンテンツを組み合わせ、そして製品をネット販売する企業である。『ニューズウィーク』『USニューズ&ワールドレポート』などのメディアはブランドではなくなった。人々の注目はグーグルとフェイスブックが握り、その寡占ぶりはオールドメディアの帝国が夢想すらできなかったものだった。

これらのテクノロジー企業の権力が、押しのけられたニュース企業の持っていた権力よりはるかに大きくなる中、ニュースの信頼は、さらに半分に低落した。ここまでくると、世界中の政治指導者は、ジャーナリストによって明かされた不都合な事実に「フェイクニュース」の悪罵を浴びせ、大手ジャーナリズム機関に対しては歴史の敗者側の「滅びゆく」企業だと非難し、一段と厚かましく嘘をつくことができるようになった。

インターネットの夜明け時代、そしてその二〇年後も、危機の時にあって同じ疑問が浮かんでいる。私たちは市民として、自分たちを自分たちで統治することを可能にする、独立した〔何者にもコントロールされない〕正確な情報に手が届いているだろうか。

ハーバード大に一九九七年のあの日集まったジャーナリストたちは、一つの計画を決めた。ジャーナリズムは何のためにあるというべきか、ジャーナリストや市民とともに、丁寧に問い直す取り組みである。全体でまず取りかかったのは、二つの問いに答えを出すことだった。もしジャーナリズムは他の形態のコミュニケーションとは違うと報道人がいうなら、その違いは何か。そしてもし、ジャーナリズムが変わる必要がある中で、それでも変えられない柱となる原則がいくつかあるとすれば、それら不変の原則とは何か。

それから二年にわたり、このグループは「憂慮するジャーナリスト委員会」と名を決め、ニュースの取材報道とその責任について、ジャーナリストによるものとしてはもっとも包括的、体系的な検証に取り組んだ。私たちが開いた公開討論は二一回にのぼり、計三〇〇〇人が参加し、三〇〇人を超すジャーナリストたちが意見を述べた。私たちは大学研究者のチームとも連携した。彼らはジャーナリストたちに三時間半にわたる聞き取りを一〇〇件以上行い、彼らの価値観を調査した。私たちはジャーナリストたちに彼らの原則について二つの調査を行った。〔報道の自由を定めた〕憲法修正一条とジャーナリズムを専門とする主要な学者の会合を開いた。この本の著者の一人が運営する「ジャーナリズムの真髄プロジェクト」とともに、一ダース近い報道事例研究を生み出した。これまでのジャーナリストたちの歴史を学び、全国の報道現場でトレーニングを実施した。

この本に書かれたものは、それらの検証の果実として打ち出された考え方であり、これはその後何年もの研究で深められ幅も増した。この本で読んでもらうのは、ジャーナリズムはこうあるべきだという主張ではない。そうではなく、ジャーナリズムの創造に携《たずさ》わる側が探り出したもの――社会の人々はジャーナリズムが何のためにあると考えているか、それをジャーナリストはどう実現するか――に関する理解のエッセンスである。新しい世紀のジャーナリズムがどうあるべきか、またどんな時であれ激動する時代にジャーナリズムをどう考えるか。それは、ジャーナリズムの歴史とその発展を支えた価値観が教えてくれるという信念のもと、この本は書かれた。新しいジャーナリズムが、古いジャーナリズムの最良のものと無関係である理由はない。ジャーナリズムは常に生き続けているからだ。どの世代も前の世代の上に成り立つ。そして前世代のものを新しく変えていく。

こうして、私たちは二一世紀にニュースを作り出すであろうあらゆる人々――報道組織のプロフエッショナルであれ、現場に居合わせ写真を投稿しようとする一般市民であれ、報道も嘘情報もSNSのおしゃべりも混ぜて何か抽出しニュースにしようとするライブストリーミングサービスであれ――のための原則集をここに掲げる。これはまた、消費者が目にするニュースの価値をどう見定めるべきかの指針でもある。

二〇〇一年に出たこの本の初版は、二〇世紀末におけるジャーナリズムの理論と文化を詳述した。二〇〇七年の第二版は、デジタル時代の到来について、引き続き説明を打ち出した。二〇一四年の第三版は、ビジネスモデルの行き詰まりによりほとんどのメディア組織の報道部門が縮小する中、ジャーナリズムの中心にある価値観の妥当性と、ニュースを幅広く多元的なプロセスに変えたSNSの隆盛とを検証した。この第四版は、民主主義の歴史が新しい局面に移り、テクノロジー・プラットフォームへの期待が怪しくなり、新たなニュース生態系の弱点が露呈したとき、ジャーナリズムの中心的任務はそれにどう応えるものかを問い直した。

この版で使っている言葉の中には、以前の版とは違う含意を持つようになったものもある。この版の「まえがき」で述べたように、かつては**ジャーナリスト**という言葉は、C・W・アンダーソンやクレイ・シャーキー、エミリー・ベルが「産業ジャーナリズム」と呼んだ職業に従事し、組織に所属している者たちを指したが、今この言葉には、自分はニュースを制作していると考え、それを倫理的に、責任を持って行おうとする人なら誰でも含まれる。[12] これら新しいコンテンツ制作者たちは「市民ジャーナリスト」として自分たちのコミュニティの理解に取り組んでいると考えられるかもしれない一方で、今日では政府に金をもらった工作員として、他の国の内政を混乱させるという明確な目的のもとに虚偽情報を発信している人たちかもしれない。

これは重要な変化だが、多くの意味で、思われているほど根本的なものではない。この本では、どういう人がジャーナリストでどういう人は違うかを〔職業の〕問題として捉えるべきではないと常に主張してきた。問題となるのは、なされる仕事が、私たちがジャーナリズムと呼ぶものの特質に見合っているかどうかだ。そのことは今なお変わらない。

デジタル時代の到来が世の中を変える前から既に、今起きていることの根はしっかりと生まれていた。大半のジャーナリストたちはジャーナリズムの理論を簡単に説明することはできなかった（あるいは、自分たちの仕事は、共通の原則を有する専門職なのか、慣行的な手順の組み合わせでできた技工の仕事なのかさえ意見が一致しなかった）のに、その一方で、社会の大半の人々は、ジャーナリストが専門職として理論に従い仕事をするものと期待している。

このすれ違いに加えて、私たちの教育制度では、高校を卒業すれば代数、幾何、外国語や文学を身につけているとみなされるのに、若き市民たちに、主権者市民のことを記す文芸――つまりニュース――と見なしていいものは何かについて、私たちの考え方を理解してもらおうとする真剣な要請も、一貫した努力も、ほとんどない。

ジャーナリズムがこのように社会の人々にとっても、報道人たちにとっても不明確な状態にあるため、ジャーナリズムと民主主義が弱体化している。民主主義とジャーナリズムはともに栄え、ともに滅ぶという考え方に立つなら、ジャーナリズムの機能不全が加速させたのが、米政治の二極化、強権を志向する感性とヘイトスピーチ、そしてこの国のコロナ禍対策の失敗、その結果としての経済危機だった。

ジャーナリズムがどうあるべきか、ニュースを賢明に取り入れるにはどうするかがそもそも不明確である以上、ジャーナリストも人々も、デジタル化の影響に対しても準備不足になっている。プラットフォーマー企業はその傲慢さ、無邪気さ、強欲さの危険な組み合わせに浮かされ、私たちの民主主義社会への介入を企てる勢力による分極化や情報操作を助けかねない方針を取り入れている。それにおもねる報道機関の一部——全部ではない——は、そうと知らずプラットフォーマーと同様の加担をすることになった。要するに、ウェブとそれがもたらした変化は、ニュースを発信する人々に対して、目的と責任をもっと明確にし、不明確さをなくすよう求めたわけだ（ニュースを届ける人々にもだ）。そしてニュースを取り入れる側の人々は、もっと物事を見る目を養うよう求められた。

自由な報道の理論と実践をよく知り、それを取り戻さない限り、私たちは憲法上の最も大切な権利を失う。今、私たちの元に届くジャーナリズムの質は、メディア経営者が何を報道したいか、何を報道する力を持つかでは単純に決まらず、人々が何を求めるかの問題がはるかに大きい。そして、自由な報道と自由な発言は違う。その日起きたことを報道することと、話題にすることはつながってはいるが、同じ意味ではない。民主主義のもとでは、生きることの質はつまり、社会のみんなが事実を知り、その事実の意味を理解することにかかっている。そしてそのために、ネットワークの時代にあってなおジャーナリストが必要なのだ。これらのことは、市民がプロパガンダとニュースの区別をつけられるかどうか、その違いを気にするかどうかにますますかかっている。

全てが変化する中にあって、私たちのジャーナリズムに私たちが求める明確な原則は変わらない。人々には、それらの原則を求める権利がある。これらの原則は、時に従って支持が増えたり減ったりしながらも今に続いてきた。それらの原則によって、ますます複雑化した世界においても、人々が手にするニュースが役に立つこと、信頼できることが保証できるからだ。新しい世界にうまく適合したジャーナリストたちの成功の理由は、進化を遂げる中でも従い続けた価値観があるからだ。それが、ジャーナリズムの条件である。

中でも最重要なのが、ジャーナリズムの目的とは、人々が自由であり自治ができるために必要な情報を提供することだということだ。

その任務を果たすため、次の一〇か条が求められる。

一　ジャーナリズムの第一の責務は真実である。
二　ジャーナリズムの第一の忠誠は、市民に対するものである。
三　ジャーナリズムの本質は、事実確認の規律にある。
四　ジャーナリズムの仕事をする者は、取材対象から独立を保たなければならない。
五　ジャーナリズムは、力ある者の監視役を務めなければならない。
六　ジャーナリズムは、人々が批判と歩み寄りとを行う議論の場を提供しなければならない。
七　ジャーナリズムは重要なことを面白く、かつ、自分につながる問題にするよう努めなくてはならない。
八　ジャーナリズムはニュースにおいて、全体像を配分良く伝えなければならない。
九　ジャーナリズムの仕事をする者には、個人としての良心を貫く責務がある。
一〇　市民もまた、ニュースに関して権利と責任がある。彼ら自身がプロデューサーや編集者になる時代には、なおさらである。

なぜこの一〇か条か。足りないものがあると思う読者もいるだろう。公正はなくていいのか。バランスはなくていいのか。また、昨今では、道徳の明確さ《モラル・クラリティ》はなくていいのか問う人もいるだろう。ジャーナリズムの過去を調べ、将来を展望し、はっきりしたことがある。ニュースをめぐる考えの多くは、よく耳にし有用なものではあっても、曖昧すぎてジャーナリズム必須の原則というレベルにはなっていないということだ。例えば「公正さ」は主観的すぎる概念で、どう実行すればいいのかつかみどころがない。他方「バランス」は実行しやすい方法だが限界があり、真実を歪めることも少なくない。

ジャーナリズムの条件をめぐる考え方の中には、神話と誤解に基づくものも多い。ジャーナリストは営業と報道を隔てる壁で守られているべきだというのも神話の一つだ。便利な考え方ではあるが自滅に至ることも多い。結果的には営業活動が報道部門を圧倒してしまい、あるいはニュース産業が試練を乗り越え、デジタル時代に対処していく上で深刻な足かせになった。ジャーナリズムが生き残りをかけて既存の枠を超えなければならず、購読料を払いたくなるニュース作りに将来がかかっている今、この神話はますます役に立たなくなっている。

もう一つの神話は、ジャーナリストが独立であるためには中立であるべし、というものだ。この混同は、客観性という概念が崩れたことで生じた。客観性によって是正されるべきだと考えられていた問題そのものの方を指すようになったのだ。もしこの本の任務を一点だけ選ぶなら、客観性という概念が二〇世紀の早い時期、社会科学からジャーナリズムに伝わった時に意図された、本来の意味を取り戻したいということだ。これはこの第四版においてこそ、最も重要な意味を持つ。客観性とは、ジャーナリストが偏っていないことを提唱するものではなかった。その逆で、ジャーナリストが絶対に客観的になれないというまさにそのために、彼らの手法は客観的でなければならないということだった。だれもが偏向しているという認識のもと、ニュースは科学のように、批判に持ちこたえられ、厳密で、透明性のある取材プロセスを通じて生み出されるべきなのだ。このように、本書で私たちが客観性という言葉を使うときは、手法の客観性を意味している。この言葉の本来の意味だ。意識の客観性ではない。それだと客観性は中立性を意味し、すなわち白紙状態であり、主体的な自分を否定するというあり得ない考え方になる。客観性を手法やプロセスととらえる理解こそ、ネットワーク時代にますます不可欠になる。なぜならそれはプロパガンダ、偽情報、噂が拡散しやすくなり、ポピュリストや嘘つき、そして事実重視を馬鹿にする者たちが世界中で影響力を強める時代だからだ。

ニュースと情報の新しい生態系の中で、プロのジャーナリストたちの役割は以前より小さく、市民の役割は大きくなる。しかしどの声も等価ではない。オープンな市場で情報を広げる手段――金、整った拡散戦略、メッセージの到達範囲を拡大するため周到に設計されたネットワーク――を持っている者たちが優位に立つ。二〇世紀の「産業的」つまりプロの報道機関が第四階級〔報道界を指すのに英語圏では「第四権力」でなく、聖職者・貴族・平民に次ぐ新興勢力としての「第四階級」を用いることが多い〕を形作り、そして今、プロデューサーや目撃者となる市民の新しくオープンなシステムが第五階級を形作るなら、次の点を分かっておくことが重要だ。この新グループには、ジャーナリストがかつてニュースになる側《ニュース・メーカー》と呼んだ組織や関係者が含まれる。国家直営の誤情報発信部局もだ。彼らは皆、ビジネス目的や政治目的で人々に影響を与えたいのだ。

情報の発信源が増えるほど真実がより明らかになる、と想像するのは単純にすぎる。ニュースがひしめき合う環境では、一人の政府指導者の力はいよいよ増幅される。その声は混雑の中でガンガン響くからだ。その中で真実が生き延びるのはもっと困難になる。容易になるのではない。容易になるのは不信を生み出すことだ。牧歌的な熱狂の中で、私たちがニュースの信頼のもとになる原則を見失えば、縮小していく第四階級と新しい第五階級の、それぞれの役割を合計しても社会の必要を満たせない。もし報道が人々の求めに反し、独立して偏見なき追究をするという原則をビジネスや政治のために捨て去ったなら、私たちは報道を――他の権力や組織をきっちりと監視する自由がある、独立した機構としては――失うことになろう。

新しい世紀となり、民主社会が直面する最も深刻な問題は、ニュースが独立した信頼できる情報の供給源として生き残れるか、あるいは別のものに取って代わられるか――自己利益を目的とするプロパガンダのシステムや、偽情報や誤った主張でも信じたければそれがはびこる狭いチャンネル、つまり「フィルターバブル」内で情報を消費する市民たちのシステムに代わられるかである。私たちは二〇年にわたりこの本で、ジャーナリズムが裏付けある情報の独立した発信源として生き残れるか、問いかけてきた。そしてこの間ずっと危機感は高まるばかりだ。答えはいまだはっきりしない。これは信頼できるニュースが入手できるかだけではなく、信頼できるニュースを市民たちが見分けられるかにもかかっている。私たちがニュースに何を求め、ニュースの担い手に何を求めるか、独立した報道機関とは何かを私たちが自信を持って明確に説明できるか、そして、私たちは市民としてこれらを何とかしたいと思っているか、にもかかっている。

そのためにジャーナリズムの問題を「解決」する具体的な計画がこの本にあるのかを問う声もあるだろう。二つに分けて答えたい。

最初に、方程式のような解法とか、単発の決定的な瞬間、一つの大胆な行動とかでどうにかしたいという考えは、変化を起こす方法にはならないということだ。

次に――これが、社会におけるジャーナリズムの役割についての課題解決に向けた五項目、あるいは一〇項目の重点計画とかがこの本の中にない理由なのだが——この業界で私たちが共有してきた八〇年を超す経験こそが、解決策をどう見つけるかを、より明確に指し示してくれるということだ。

この答えは、ニュースを作る人々がジャーナリズムの原則を身につけ、日々の仕事の仕方、考え方をその原則に厳密に従ったものとするとき、見つかるだろう。さらに市民たちが良いジャーナリズムの仕事を見分け、自らもニュースを作り出し、そうした中でジャーナリズムにもっと求めることが出てくるとき、見つかるだろう。解決策はアスリートが完璧なパフォーマンスを成し遂げるときのやり方と同じだ。繰り返し取り組み、これらの原則が自然な習性として染みつくまでやるのだ。これこそが、目的を明確なものにし、仕事への信頼を生み、そして人々からの敬意を呼び起こすものだ。

そのための鍵は、何をおいても、ジャーナリズムの目的を支える原則と、あるメディアの中である世代が編み出したような一時的テクニックとを見分け、混同しないことだ。原則が最優先だと理解し、かつ原則と実務慣行の混同を避けることでのみ、ジャーナリズムはこの新たな世紀に発展できる。これまでと同じように、民主主義のためという目的を倫理に従いつつ果たすとともに、今、インターネットでつながりあう市民たちにも頼られ、信用される新しいジャーナリズムを生み出すことを可能にする発展である。

第1章　ジャーナリズムは何のために

暗く曇った一九八一年一二月のある朝だった。アナ・センボルスカは目を覚まし、ラジオのスイッチを入れ、好きな番組『毎時六〇分』（60ＭＰＨ）を聞こうとした。センボルスカは一七歳。このコメディ劇は、共産党体制下のポーランド国民がはっきり言っていいことの範囲を押し広げていて、大好きだった。番組開始から数年が経ち、60ＭＰＨは自主管理労働組合「連帯」の台頭とともにさらに大胆になっていた。共産党員の間抜けな医師が、過激主義を治療しようと無駄な奮闘をするなどという場面が、ワルシャワに暮らすアナや一〇代の仲間たちの心をつかんでいた。アナが世の中に対して感じていたこと、だが決して自分では口に出そうとはしてこなかったことを、他の人たちも感じているのだと、番組は示してくれていた。「こんなことをラジオで言っていいなら、つまり私たちは自由なんだと感じていた」と、彼女は二〇年近く後に述べることになる。[1]

しかし一九八一年一二月一三日、アナがラジオに駆け寄って同番組にダイヤルを合わせた時、聞こえたのは雑音だけだった。別の局に合わせてみた。さらに別の局にも。何も聞こえない。友人に電話しようとしたが、電話は発信音がしない。母親が、窓のところに来るよう呼んだ。戦車が通っていた。ポーランド軍政が戒厳令を敷き、「連帯」は非合法化され、メディアと言論の取り締まりを復活させた。ポーランド自由化の実験は終わった。

数時間のうちに、今回の弾圧では何か違うことが起きていると示す情報が、アナと仲間たちの耳に入り始めた。一つは、ポーランド東部のシフィドニクという小さな街での犬の散歩だ。毎晩七時半、国営テレビがニュースを始める時、シフィドニクのほとんど全住民が外出し、街中心部の小さな公園で犬の散歩をしていた。これは抵抗と連帯を示す無言の日課になった。私たちは視聴を拒否する——人々は言葉でなく行動でそう述べた。あなた方バージョンの真実はお断りだと。

グダニスクでは、何も映っていないテレビ画面だった。人々はテレビを窓際に寄せ、画面を外に向けた。サインをお互いに送り、そして政府にも送っているのだった。私たちも視聴を拒否する。私たちもあなた方バージョンの真実はお断りする。

地下メディアが発達し始めた。古い手回し印刷機を使うのだ。人々はビデオカメラを携え、私製ドキュメンタリーを作り始め、教会の地下で秘密上映した。すぐにポーランドの指導者は新しい事態に直面していることを知った。西側に行かなければその名が分からなかったもの——世論がポーランドで沸き起こったのである。一九八三年、同国政府は初めて、世論を調査する研究所を数か所設立した。まもなく似たような研究所が東欧じゅうに生まれた。しかし世論とは、全体主義の官僚が指図できるものではなく、せいぜい理解し、操作しようと努めることができる程度だ。この点は西側民主主義の政治家と違わない。が、彼らはそれに成功することはなかった。

ソ連・東欧ブロックが崩壊した後、自由を求めた運動の指導者たちが振り返って思うのは、共産主義の終焉は新たな情報技術の到来と、それが人間の心に与えた効果によるところが大きいということだ。一九八九年冬、レフ・ワレサ——ほどなくポーランドの新大統領に当選することになる人物——はワシントンのジャーナリストたちを訪問した。「今の時代、人々を殺害できる新・スターリンのような人物が出てくることはあり得るか」。ワレサはこんな言い回しで問いかけ、これに自分で答えた。あり得ない、コンピューターや衛星、ファックス、ビデオデッキの時代に「それは不可能だ」と。テクノロジーは今や、あまりに多くの人々にあまりに速く情報をもたらすようになった。そして、情報は民主主義を作り出したのである。[2]

今、ロシアや中国の民主化運動、欧州の一部での民主主義抑圧、アフリカの虐殺政権を見た上で振り返ると、ワレサは当時の熱に浮かされていたと思わずにいられない。だが彼の感情を動かしたのは無邪気さよりも、世界のある場所で噴き出した楽観主義だった。テクノロジーとその力が善行をしてみせ、自由のため闘うよう人々の心を動かすのを目の当たりにしたのだ。それから六年の間に、インターネットは科学研究と政府のためのシステムから商用利用システムとなり、日常使いできるものへと完全に変わった。

ジャーナリズムは何のためにあるのか。ポーランドをはじめ、東欧の民主化の中にある人々は、行動で答えを示した。ジャーナリズムは政府には支配されないコミュニティという感覚を作り上げるためにあった。ジャーナリズムは市民の権利と責務のためにあった。ジャーナリズムは民主主義のためにあった。チェコスロバキアの大統領バツラフ・ハベルが一九九一年にプラハで記者団に述べたように、ジャーナリズムは言葉を政府から私たちのもとへ取り戻すためにあった。政府は、思想の自由を破壊するプロパガンダによって言葉を奪っていたのだ。何百万もの人々が、情報伝達の自由に力づけられ、自ら直接関わって新しい政府を作り、新しいルールを政治、社会、経済の分野に作った。これは常にジャーナリズムの目的なのか。それとも単にある時、ある場所に限る話か。

今の時代、「ジャーナリズムは何のため」という疑問は、ネット上ではテクノロジーとニュースをめぐる多くの議論で暗黙のテーマになっている。誤情報が増え、自分たちの出すものをニュースだと称する強固な社会運動系メディアも増え、ジャーナリズムが生き残る持続可能な道をどう見つけるかという終わりそうもない議論が続く。このテーマは革命運動のように政治や道徳の熱情を帯びている。だが二〇世紀にジャーナリズムの目的など熟考しない姿勢が蔓延していたのに比べれば、はるかに健全だ。

米国では前世紀のかなりの期間、ジャーナリズムとは同語反復的なものだった。活字印刷工場や放送免許を持っている者がジャーナリズムだとみなせば、それは全てジャーナリズムだった。私たちが約二〇年前、ニュースの信頼の基礎になる原則を求めて模索を始めたとき、ジャーナリズムは何のためかという熟考が不十分だということを、『フィラデルフィア・インクワイアラー』の編集者だったマクスウェル・キングは端的に述べた。「仕事で示せばいい」という答えを当時のジャーナリストは言いがちだというのだ。だがジャーナリストは善い意思と良い仕事を混同していることがあまりに多かった。公正であろうとしている、だから公正に違いないという具合だ。営業の心配はしないよう隔離されている、だから公益を考えて働いていることに自動的になると思っていた。[3]

こんな単純な答えは、ジャーナリストたちが思う以上に有害だった。人々の疑念を招いたのだ。誰もが世界中に開かれお互いやり取りできるところでどんどんコメントするようになり、疑念は標的を明確にし、激しくなった。ニュースの担い手が自分たちのことを説明できないなんて、ジャーナリストたちの動機はそもそも良心なんかではないのではないか。そう疑われても、あながち筋違いとは言えない。報道人たちが説明を怠っていたから、同じ社の営業担当の中からも、報道の連中は独りよがりの道徳的理想主義者ばかりだと言われることになった。ジャーナリストたちは自分たちの仕事について、なぜこうするのか厳しく考えることをしてこなかった。自分たちが良心に基づいていることは明白なのだから、説明不要だと思い込んでいたのだ。

参入が容易な、競争の激しい市場となった今、「ジャーナリズムは公益事業、説明など無用だ」と安直に繰り返す無意味さは明らかだ。今や、パソコン一つあれば誰でも「ジャーナリズムをしている」と自称できる（実在の人ではなく、国家が運用するボット〔人間を装い情報を自動拡散するプログラム〕である場合も現実にはある）。テクノロジーによって、ジャーナリズムをめぐる経済の仕組みが新しく形成され、そこではこの職業の規範は取り除かれ、再定義され、全面放棄されたりする。時にはこうした規範の放棄を、伝統的な報道機関が自ら行ってしまう。ケーブルテレビニュースを少し見れば、大手民間報道メディアが視聴率を狙うあまり、政治主張の強い視聴者集めに走っているのが見て取れる。こうしたメディアは、ジャーナリズムへの人々の心証を悪くする典型となった。ジャーナリズムは主義主張であり、政治党派の一部だという報道批判を支えるものになっている。

おそらく、テクノロジーによってジャーナリズムの定義は拡大され、いまは何でもジャーナリズムとみなしていいという人もいるだろう。だが詳しく検討すれば、政府の統制を脱したポーランドや他の国の人々が示したように、ジャーナリズムの目的はそこに使われるテクノロジーが高度か否かとは関係ないし、それを担っているジャーナリストが誰であるか、その人たちがどんなテクニックを使うか、で決まるものでもない。もっと基本的なものだ。ニュースが人々の生活において、どういう役割を果たすかである。

ジャーナリズムのいろいろなものが変わったが、その目的は、三〇〇年以上前に「報道機関」の概念が生まれて以来見事に一貫している。その目的は常に果たされていたとはいえないにしてもだ。ニュース伝達のスピード、技術、性質が変化し、その変化も加速して続いていくと思われる中で、ジャーナリズムの哲学はその基礎をニュースの役割にはっきりと置き、ぶれずに続いている。

ジャーナリズムの最大の目的は、

市民が自由であり自治ができるよう、必要な情報を提供することである。

私たちが市民とジャーナリストの意見を聞き、テクノロジーによる激動の影響を見る中で、明確になってきたのは、ニュースの機能にはいくつかの要素があることだ。ニュースは私たちのコミュニティがどういうものか知るのに役立つ。現実に基づいた共通の言葉、共通の知識を形作る。そしてコミュニティの目標、すごい人、悪い者を明示する。ジャーナリズムの原則を探る私たちの取り組みを支えてくれたパートナー研究者チームに対し、NBCの元キャスター、トム・ブローコーは「情報の共通基盤があれば、私たちは一つの社会として非常にうまく前進できる」と述べた。[4] 報道メディアは監視犬《ウォッチドッグ》だ。人々を油断から目覚めさせ、力を持たず誰も目を向けようとしない人々の声を響かせる。「私は声を必要とする人々に声を提供したい……力を持たない人々に」と、『ニューヨーク・デイリーニューズ』元記者で、香港のジャーナリズム教育プログラムを作った陳婉瑩《ちんえんえい》は話した。[5] 故ジェームズ・キャリーは米国が生んだ最も革新的なニュース考察者だが、何十年も前にこんな言い方をしていた。「おそらく結局ジャーナリズムとは単純に、人々自身の会話を持続させ、拡大させることだ」。[6] インターネットやブログ、SNS、モバイル機器の発展によって市民自身のジャーナリズムを作る場が生まれた。そして、キャリーのこの見方は現実に沿い、現代を反映したものになっている。

この定義は歴史を通じて一貫しており、時代を超えてニュースの担い手たちの頭に深く染みこんでいる。だからジャーナリズムの未来を考える基本になる。過去を振り返ってみれば、ジャーナリズムの概念を、コミュニティを作るという概念――後の時代では民主主義の概念――から切り離すことは難しい。この目的を果たすためにはジャーナリズムは決して欠かせない。だから後にみていくように、自由を押し殺したい社会は、真っ先に報道を押し殺す。興味深いことに、資本主義を押し殺す必要はない。ジャーナリズムがその力を最大に発揮するとき、これもまた後に示すように、私たちは市民としてどう行動すべきかを知ることができる。

ジャーナリズムは社会の結びつきであり、かつ情報伝達であるという定義によって、ジャーナリズムの在り方もより幅広く、より斬新に発展していく。ジャーナリズムは常に、人間の社会的な結びつきを提供し、かつ知識を提供する活動なのであり、ある媒体から出る記事や広告という出来上がった製品にとどまらないことを、この定義は明らかにする。

皮肉なことに今、この長く続いてきたジャーナリズムの理論や目的に対して、誰もそうは言っていないとでも言いたげな異論がぶつけられている。だが私たちは、そうした異論は歴史を無視しており、かつ自滅的なものと考える。

デジタル空間にいる人の一部には、ジャーナリズムの価値観をあたかもジャーナリストの利益のための身勝手なもの、そして世間からずれたものとして否定する傾向がある。同時にまた、ウェブ上には社会の結びつきは提供するがジャーナリズムは生み出さず、ジャーナリズムがもたらす市民としての公益にほとんど、あるいは全くつながらないプラットフォーム（レストランレビュー、エンターテインメントの最新情報、地元の商品・サービス情報）も作られてきた。こうした企業の中には、交流の場を提供するものもあり、その場にジャーナリズムが存在する場合もある。しかしそれではただ人々の間を流れて消費される量産品がまた一つ出てきたにすぎず、特別な価値を与えられてはいない。

企業が多幸感と欲望に包まれながら、ニュースをプラットフォーム内の安い消費財へと変えていくとき、その企業は経験したことのない別の問題に直面している。彼らのビジネスモデルは、世界規模のターゲティング広告の上に成り立っていて、それは〔人種や年齢、収入、居住地などの〕社会階層、政治信条、興味関心のような特質で人を分別している。それにより彼らはすばらしい培養皿を作り出した。外国政府や、国内の悪質な勢力が、民主的に行われた選挙への信頼を崩すために、政治的混乱と反感の種子をそこにまくのである。

プラットフォーマーたちは、自分たちが作り上げた生態系の弱点を、理解することも考慮することもできなかった。それらに対策をしても、彼らの短期的な経済的利害には見合わない。そして伝統的企業と同様、今とは違う未来図を適切に描くことができないでいる。報道機関は読者・視聴者のニーズが変わるのに応じて自らも変わっていくことができなかったが、それに取って代わったはずのテクノロジー企業もまた、人々が必要とするものを受け止め変わっていくことに失敗しつつあるのだ。

こうした変化の中、ジャーナリストと政府の関係も変わった。もはや政府の脅威は検閲、すなわち人々の利益となる情報を止めるという単純な話ではない。政府は新たなテクノロジーを用い、次々にツールを手に入れ、検閲をする一方で自分たちがコンテンツを出し、報道機関に取って代わり、報道機関を潰そうとしている。こうしたツールには、ニュースサイト風な見かけの偽ジャーナリズムや動画のニュースリリース、政策宣伝をして金を受け取りたい「メディアパーソナリティ」への補助金支出など、いろいろある。

政府の役職にある者は今や、大統領から市議会議員まで、人々とつながる直接的な回路を自分で持っている。例えば官庁行事の動画提供で、これがあれば行事は既に「公開」されておりメディアによる「報道」は不要という印象を与える。あるいはオバマ政権は、記者にしゃべるかもしれない政府職員を割り出し、起訴し、脅そうと、幅広くテクノロジーの網を張った。トランプ政権はさらに上を行き、それに他国の反民主主義的なポピュリスト指導者たちが感化され、見習うところとなった。テクノロジーを利用して有権者に直接話し掛けることを優先し、報道機関をさらに荒っぽく脇へ追いやるのみならず、自分は嘘をつき、偽の話を作り上げる。一方で、ジャーナリストたちが取り上げた事実は「フェイク」であり、政権を批判するジャーナリストは「国民の敵」だといって事実でない話を弁護する。国をさらに分断する手段として、一部のグループが訴える陰謀論を大量拡散する。これら一連の行為の目的は、自分たちが作り上げた虚偽の主張を人々に信じてもらうことではない。人々が何もかも疑う――事実の報道も含め――ように仕向け、代わりに、いらだちの中でひとりの指導者の言葉を信じるようにさせることだ。

一二〇年にわたりニュースを資金面で支えた広告モデルの崩壊と合わさって、これらの攻撃はジャーナリズムへの脅威を増してきた。社会においてジャーナリズムは独立の立場で力ある者を監視し、不正行為を発見し、問題を警告し、そして社会のつながりを作ってきたが、これら社会のためになる活動は、企業、政党、政府からの情報洪水にすっかり押し流されてしまうかもしれない。おそらく歴史上初めて、政府が検閲を武器の主力とはせず、何が事実かを巡って争いを仕掛け、それによって憲法修正一条の真の意義――独立した自由な報道を守る――が脅威にさらされている。

この議論に対し、ジャーナリズムとは何かを定義しようとするのは危険だ、あるいは時代錯誤だと反論する向きもあるだろう。ジャーナリズムとは何かを定義すれば、ジャーナリズムの範囲を制約することになり、よっておそらく、憲法修正一条の精神つまり「議会は……言論または出版の自由を制限する法律は、これを制定してはならない」に反するということだ。ジャーナリストに対し医師や弁護士のような免許制を避けてきたのはこのためだ。またそうした考えの中には、ジャーナリズムの定義を決めてしまえば時代に応じた変化が妨げられ、おそらく経済的に立ちゆかなくなるという懸念もあろう。未来志向と思われそうな考えだが、これはプラットフォーマー企業で支配的な発想だ。自らの責任は何かを決めずにすみ、収入を確保し、憲法上の責任には応えているという姿勢を見せることができる。

真実をいえば、ジャーナリズムを定義することへの抵抗感は原則を深くとらえたものではなく、比較的最近生まれたものであり、多分にビジネス上の動機による。ジャーナリズムの歴史の中でも進取の志向がもっと強かった時期、二〇世紀初めの新聞発行人たちは、ニュースに関する価値観を一面で、オピニオン面で、そして会社のスローガンとして、日常的にうたっていた。同時にジャーナリズムについてのライバル紙の価値観を公然と攻撃した。これはマーケティングだった。市民たちは、各紙のスタイルやニュースへの姿勢から、何を読むかを判断した。報道機関がそういうことを言わなくなったのは、より商業的、より画一的で独占的な形態になってからに過ぎない。また弁護士たちはニュース企業に、自分たちの原則を文面で明示することはしないよう助言した。法廷で使われれば不利になるおそれがあるというのだ。ジャーナリズムの定義を避けるのはこのように経営上の戦略であって、憲法修正一条が定める自由から生まれた原則ではない。

一方で、ジャーナリズムの目的が不変というだけでなく、その形式もまた同じであり続けるべきだと主張する人もいる。そういう人は変化に対し、自分たちが若かったころジャーナリズムはどんな姿だったかという観点で向き合う。そして私たちが、ニール・ポストマンの印象的な言葉にいうように「愉しみながら死んでいく」〔新テクノロジーのメディアであるテレビが情報を単純化し、面白さ優先で低劣になり、人が考える力を失うことを警告したポストマンの書名〕ことを恐れる。こうした批判は別の事実を見落としている。どの世代も世代ごとに自分たちのジャーナリズムを作る。その多くは前世代の限界や、その時代の社会運動や、また、コンテンツをもっと効率的に作ったり送ったりできる技術革新がきっかけになっている。しかし、ジャーナリズムの目的や、その下支えとなるジャーナリズムの要素は見事な一貫性を示していることに私たちは気づいた。表面の違いはさまざまあろうとも、ジャーナリストが大切にする価値には国、文化、政治体制を超える強い一貫性があることを、私たちは最初にこの本を書いて以来見いだしていたのである。

プロのジャーナリストたちは歴史的に、自分たちの仕事を定義されるのを不快に感じる一方、自分たちの目的が何かについては基本的に一致してきた。私たちが報道人に共通する考え方を描き出そうとし始めたとき、最初に聞いた答えはこうだった。「ジャーナリズムの主要な目的は、人々が主権者となるために必要な情報を持てるよう、真実を伝えることだ」。これを言ったのは、作家、小説家、弁護士であり、『シカゴ・トリビューン』を発行するトリビューン・パブリッシング・カンパニーの当時の社長だったジャック・フラーだ。[7]

面白いのは、新規参入者がニュースと情報を発信しはじめるときには——自分たちのことを初めからジャーナリストと呼ぶことは決してない人たちさえも——フラーが言ったのと同じジャーナリズムの目的の考え方に従うことが多いことだ。オマー・ワソーは「ニューヨーク・オンライン」というウェブサイトの創設者であり「ガレージ・アントレプレナー」〔自宅起業家〕を自任する先駆けだが、やろうとしたことは「メディアの消費者であり暴食者であり、その嘘を暴露する者ともなる市民たち……メディア情報に関わりつつ、注意深く反応する読者・視聴者」の出現を促すことだった。[8]約一〇年後の二〇〇六年、ショーン・ウィリアムズは「ダラスサウス・ブログ」を立ち上げ、ダラス南部、さらに米国全体のアフリカ系米国人たちの関心事に焦点を当てた。二〇一三年には既にこのブログは「ダラスサウス・ニュース」と呼ばれるようになっており、自らを「テクノロジー、SNS、そしてジャーナリズムの原則を活用し、社会で厳しい状況に置かれた人々を力づけ、情報を提供する非営利報道機関」と説明した。

二〇年近くたっても新たな参入者は続いている。伝統的ジャーナリズムが目を向けず、満たしていないニーズに応えようとしているのだ。二〇一一年、地域の都市計画作成や土地利用コンサルティングに携わる一人の人物が、「ジャージーショア・ハリケーンニュース」と題するフェイスブック・ページを始めた。ハリケーン・アイリーンが大西洋岸中部地方を襲う数日前のことだ。彼はハリケーンをめぐる情報を提供し、コミュニティのつながりを作り、誤情報を訂正した。これは双方向型報道機関の一つに成長し、人々に感銘を与えた。[9] 五年後、「ジャージーショア・ハリケーンニュース」は幅広い話題を取り扱い、二五万件の「いいね」を得て、リスニングポスト〔携帯電話のショートメール等を使って市民の声を集める仕組み〕と提携し、地域社会の人々との対面での関わりも持つようになった。[10]

ジャーナリズムの原則についての聞き取りで得た主だった意見が、たまたま一部の人が言っただけの話ではないことを、私たちは確認したいと思った。そこで二〇〇〇年を迎えようとする時期に、調査機関ピュー・リサーチセンターと協力し、ジャーナリストたちに、ジャーナリズムを他と分ける特質は何か、考えを聞いてみた。[11] ニュースの仕事をする人たちのこの問いに対する答えは、民主主義に資することだというものが、他の答えの二倍近くに達した。[12] 私たちはまた、スタンフォード大、ハーバード大、シカゴ大の発達心理学者たちの協力のもと、さらに一〇〇人のジャーナリストに自由に論じてもらう深掘りインタビューを実施した。同じ結論が明らかになった。発達心理学者たちは「ニュースのプロはどのような立場にある者でも、断固たる忠誠を、ひとまとまりの重要規範に対して示す。その内容は共通性があり、いずれも情報を公共公開にする任務につながる。これには驚くものがある」と記した[13]。

倫理規程類やジャーナリズムの使命綱領などからも、同じことが見てとれた。目指すものは「人々に情報を知らせることで、社会全体の幸せに奉仕する」、これは米国ニュース編集者協会、現米国ニュース・リーダー協会の規範だ[14]。「光を照らせ、そうすれば人々が自らの道を見つけられる」というのは、〔米メディア大手の〕スクリプス・カンパニーが掲げる標語だ。「調査報道ジャーナリズムの道義の力を用い、政府、ビジネス、その他の機関による権力濫用や人々の信頼への裏切りを暴き、不正を明るみに出し続けることで改革を促す」と、「プロパブリカ」の使命綱領は宣言する[15]。「ジャーナリズムと市民参加の機会を提供することにより、暮らし、働き、楽しむ上でより良い街を市民と諸機関が築けるようにする」と、米テキサス州サン・アントニオのデジタル新興メディア「サン・アントニオ・レポート」の使命綱領はいう[16]。

報道界の外の人たちも、ジャーナリズムはより広く社会的、道義的な責務だと理解してきた。教皇フランシスコの二〇一八年の発言を聞いてみよう。「フェイクニュースの広がりを解決するものが責任感であるなら、この重大な責任感を肩に負うのは、情報の提供を職とする人たち、すなわちジャーナリスト、ニュースの守り手だ。今の世界において、彼らが担うものはあらゆる意味で単なる職業ではない、使命なのだ」[17]

この民主主義のための使命とは、現代だけの考え方ではない。主権者を形作るという概念は何世紀にもわたり、報道に関する見解や主張の主だったもの全てにおいて貫かれてきた。ジャーナリストだけが言っているのではない。民主主義の原理のため闘った米国の革命家たちも、その後発展したほぼ全ての民主主義体制の革命者たちもである。そしてジャーナリストの新世代は専制主義的な反メディア感情の高まりや、人種間の不公正と差別への怒りに呼応し、報道職場で新しいものの見方を促した。その中で、民主主義のための使命というこの感覚はむしろ強まった。

知る本能

歴史の中でニュースが人々の生活にどのような機能を果たしてきたかを歴史家のミッチェル・スティーブンスが研究したとき、これが驚くほど一貫していることに彼は気づいた。「ニュースが扱う基本的な題材、ニュース価値の基本的な基準は、ほとんど変わってこなかったように思われる」と彼は書いている。「人間は、歴史や文化の違いにかかわらず一貫して同じように盛り合わせたニュースをやり取りしており、となるとニュースへの興味は、先天的なものとはいえないまでも、必然的なものとみることができよう」[18]。その理由をさまざまな学者たちが挙げてきた。人々がニュースを欲するのは基本的本能に基づく――これを私たちは知る本能と呼ぶ。直接経験していない出来事も知る必要がある。知らなかったことを知ることは、安全を得ること。生きる上での計画や交渉ができるようになる。こうした情報を交換することが、コミュニティを作り、人間同士結びつくための基礎になる。二極化したニュース源、例えばＦＯＸやＭＳＮＢＣなどから情報を得る人々であっても変わらない。彼らも情報を欲する点では同じだ。どの情報が真実に見えるかの捉え方は異なるとしてもだ。

ニュースとはコミュニケーションの一部であり、それによって私たちは外の世界の出来事、問題、人物を知った状態でいられる。昔は為政者が社会を一体化するためにニュースを利用したと、歴史家はいう。団結し、目的を共有する感覚を生み出したのだ。専制的な為政者がニュースを使い、共通の脅威とするものの前に人民を団結させ、支配に役立てたこともある。

歴史はもう一つ重要な傾向を示している。民主的な社会ほど、ニュースと情報が多い。社会が最初に民主主義的になるとき、一種の原初ジャーナリズムが現れる傾向があった。最古の民主政であるギリシャでは、アテネの市場で口伝されるジャーナリズムが頼りになった。そこでは「公共の仕事に関係する大切なことはほぼ全て明らかにされていた」と、ジャーナリズム教育者のジョン・ホヘンバーグは書いている。[19] ローマ人たちはローマ元老院について、また政治や社会のことについて、日々記録した。それはアクタ・ディウルナと呼ばれ、パピルスに書き記され、公共の場に貼り出された。[20] 欧州社会が独裁的、暴力的になった中世にコミュニケーションは衰え、文章で書かれたニュースは基本的に消滅した。二一世紀初めの抑圧政治の台頭が、ジャーナリズムの生態系の衰弱、そして過激主義者の情報操作や陰謀論や外国工作員の影響に弱いＳＮＳプラットフォームの台頭と同時に起きたことは偶然ではない。

ジャーナリズムの誕生

中世が終わると、ニュースが歌や物語の形で現れた。放浪する吟遊詩人が歌う、ニュース伝承詩である。

私たちが近代ジャーナリズムと考えるものは一七世紀初め、文字通り会話の中から、それもみんなに開かれた場所で、現れ始めた。イングランドでは、最初の新聞が生まれたのはコーヒーハウスで、多数ある中には専門情報に特化したものもあった。人気が出て学者たちは文句を言う始末だった。「議論されるのはニュースとキリスト教世界のことばかりだ」

他方、後の米国では、ジャーナリズムはパブ、つまりパブリックハウスで生まれた。バーのオーナーはパブリカンと呼ばれ、旅人たちが持って来た情報をもとに熱のこもった議論を促した。旅人たちは店の端に置かれた記録帳に見聞きしたことを記していた。

最初の新聞が作られたのが、これらのコーヒーハウスである。新機軸を探す印刷業者たちが海運情報、外国の話、より多くのゴシップ、そして政治論議をコーヒーハウスで収集して紙に印刷し始めた。

最初の新聞が生まれる中、英国の政治家は、彼らが世論と呼ぶ新しい現象について語り始めた。一八世紀初めごろには、ジャーナリストであり印刷業者である人々が言論の自由、報道の自由の理論を形作り始めていた。一七二〇年、「ケイトー」というペンネームで執筆していた二人のロンドン新聞人は、内容が真実であれば名誉毀損の訴えはしりぞけられるべきだという考えを打ち出した。当時の英国の判例法ではその逆だったのだ。いかなる政府批判も犯罪であることに加え、「重大な真実であるほど名誉毀損の度合いも大きい」としていた。真実のほうが大きな損害を与えるからというのである。[21]

ケイトーの主張は、米大陸の植民地で英王室支配への不満が高まりつつあった中、強い影響を与えた。ベンジャミン・フランクリンという新進気鋭の印刷業者もまた、ケイトーの論考を印刷した一人だった。仲間の印刷業者ジョン・ピーター・ゼンガーが一七三五年、ニューヨークの英総督を批判したとして裁判にかけられたとき、ケイトーの理念が弁護の柱になった。ゼンガーの弁護士は、人々は「真実を話し、書くことにより……権力の専横を暴露し、また批判する……権利がある」と主張した。弁護費用を負担していた人たちの中にフランクリンもいた。陪審はゼンガーに無罪を言い渡し、植民地の司法界に衝撃が走り、米国の報道の自由の意味が正式に形作られ始めた。

この概念は米建国者たちの思考に深く浸透し、バージニア権利章典（一部をジェームズ・マディソンとジョージ・メイソンが起草）、マサチューセッツ憲法（ジョン・アダムズ起草）、さらに植民地における新しい権利についての文書の多くにつながった。「批判されぬ政府があってはならぬ。そして報道出版が自由な地では、何者も批判を避けられぬ」とトーマス・ジェファーソンはジョージ・ワシントンに述べた。[22]「報道出版の自由は、自由権の最強の防護壁である」と、バージニア権利章典はいう。「これを統制することはあってはならない、するのは専制政府だけである」[23]

そのようなくだりが連邦憲法に必要だとはフランクリンもマディソンも考えなかった。しかし〔憲法制定会議において〕二人の代議員、バージニアのメイソンとマサチューセッツのエルブリッジ・ゲリーは会議を退席し、そしてトーマス・ペインやサミュエル・アダムズのような者たちとともに、憲法承認の条件として明文化された権利の章典を要求しようと人々に呼びかけた。こうして、報道出版の自由が、人々の政府に対する第一の要求となったのである。

以後二〇〇年にわたり、自由権の防護壁としての報道という理解は、米国の法の原理に組み込まれていった。一九七一年、米連邦最高裁判所は「ペンタゴン文書」と呼ばれる政府の秘密文書を『ニューヨーク・タイムズ』が報道する権利を認め、次のように述べた。「憲法修正一条において『建国の父』たちは、報道出版の自由が私たちの民主主義に不可欠な役割を果たすため、必要な保護を提供した。報道は統治される者に奉仕するものとされたのだ。統治する者にではない」[24]。裁判所により何度も確認されたこの考えはシンプルなものだと、憲法修正一条の研究者で、当時ミシガン大学の学長だったリー・ボリンジャーは、この本のための会合で述べた。多様な発言を聞いてこそ、人々が真実を知る可能性は高まり、そしてそのようにして、自らを統治することができるのだ。[25]

ジャーナリズムの大半は二〇世紀直前にはイエロージャーナリズム〔ゴシップやスキャンダル、犯罪など扇情的記事を売りにし、低俗と批判も受けた報道の在り方〕だったし、一九二〇年代にはタブロイド紙だったが、その時期でも最も大切な価値は人々のコミュニティを作って民主主義を発展させることだった。そんな最悪期にあって、ジョセフ・ピュリツァーとウィリアム・ランドルフ・ハースト〔ライバル関係にあった二人の大衆紙発行人〕は読者のセンセーショナル志向と愛国感情の両方に訴えた。ピュリツァーは一面を使って読者を引き寄せ、社説を使って米国市民としての振る舞いはどうあるべきかを説いた。投票日の夜、彼とハーストは相手の上を行こうと競った。一方がマディソン・スクエア・ガーデンを借り上げて無料パーティを開けば、他方は自分の新聞社の超高層ビル壁面に選挙結果を電光表示した。

振り返れば三〇〇年前も三〇〇〇年前も、ニュースはコミュニティから切り離せないものだ。時代を経た今、さらに具体的に言えば、民主主義のコミュニティから切り離せないのである。

ネットワーク時代と報道の自由

今、情報はとても自由になった。何かあれば誰もがめいめい情報の制作側になれる世界に、ジャーナリズムを一律な存在と捉えるのは古くさく思えるかもしれない。恐らく米憲法修正一条それ自体、統制が厳しいエリート時代の産物なのだ。

報道機関は関門係《ゲートキーパー》である――人々はどの情報を知るべきで、どの情報は知るべきでないか決める――という発想では、今ではもうジャーナリズムの役割を定義できない。『ニューヨーク・タイムズ』が何かの報道をしないと決めても、他の無数のウェブサイト、トークラジオのホスト、SNS、ブログ、あるいは政党系の人たちが伝えるかもしれない。フェイスブック、ツイッター、インスタグラム、ユーチューブ、レディットの出現により、ニュースの要である情報伝達――情報を社会に公表するやり方――は「一対多」から「多対多」に変容した。ウェブ初期に生まれた無数の論考は、ダン・ギルモア『ブログ　世界を変える個人メディア』、クレイ・シャーキー『みんな集まれ！　ネットワークが世界を動かす』からメレディス・クラークのエッセイ「黒人たちの《ハウ・ブラック》ツイッターや他のSNSコミュニティは、いかに主要メディアのニュースと影響し合うか《ツイッター・アンド・アザー・ソーシャルメディア・コミュニティーズ・インタラクト・ウィズ・メインストリーム・ニューズ》」まで、このことを指摘した。

　これらの変化により、生活の中での情報との関わり方は大きく変わった。ツイートも投稿もネットコメントもしないという人にとっても同じだ。情報を求めてグーグルを使う、無数に広がるメディアを見て回る、友だちと話題やリンクをシェアする、フェイスブックで「いいね」をする。これらをするなら、自分自身のための編集者、調査係、ニュース取材記者の役割を果たしていることになる。これまでジャーナリズムと呼ばれたものは今、私たちの情報メニューのごく一部だ。ジャーナリズムが果たす伝達や事実確認の役割は、市民の活動に関わる他の組織や団体の役割と同じく、小さくなった。そのため全体への影響力も弱まっている。私たちは、新しくてより積極的な米市民の活動が台頭するのを目撃している。それらは新しい責任を負うし、新しい弱点も持つ。二一世紀のジャーナリズムはこの変化を認識していなければならない。そうしないと民主主義の苦難が続く。ジャーナリストは自分たちの仕事をうまくまとめ、市民が市民としてもっと積極的に行動できるための装備としてそれを提供しなければならない。そして読者・視聴者がどう情報を受け取るかを、これまでよりずっとよく理解していかなければならない。こうした新しい環境で、ジャーナリズムが単なる主張の別形態になってしまっては、さらに衰退するだろう。

　関門係に喩えられていたこれまでの報道機関は、村の詰所のようなイメージのところに待機し、社会にとって重大な事実はどれか、事実確認が十分で社会に知らせていいのはどれかを、選別していた。ネット化された世界では、報道機関が組織としてこうした関門係を務めるのはごく一部の情報に限られる。それはニュースの中でも、自分たちの独占入手できる情報、または実質的に独占になる情報で、例えば自ら企画を立てた報道や、一定範囲内の地元情報だ。大統領がツイッターをし、政府会議がネット中継されるこの時代、報道機関が関門係の役割を果たす場面はますます減っている。

一部の人にとっては、関門係に喩えられる役割が終わったということは、ジャーナリズムが終わったことを示すのかもしれない。誰もがそこに来られるのに、別の人にお金を払って観察してもらう人がいるだろうか。

私たちが達した結論は違う。報道が社会への情報の受け渡しを独占する時代が終わったことにより、ジャーナリズムは弱体化するのではなく、質を向上させる機会を与えられたと考える。しかし実際にこれを実現するには、ジャーナリズムを担う側がよく理解しなければならないことがある。自分たちが出すニュースには何が求められるか。それに市民やデジタルネットワーク機器はどう貢献するか。そしてこの貢献に、訓練を積んだジャーナリストとして応えるには、情報の構成、事実確認、背景の深掘りの面でどんな課題があるか、などだ。

それはどういうことか。そのままの意味で言えば、ジャーナリズムが人々の生活に果たす役割をよりよく理解し、その役割を果たすために新しく優れたやり方を開発することだ。例えば、単にコメントを取れれば良いということで取材するのでなく、ジャーナリストは人々の声に真に耳を傾け、人々を理解するスキルを身につけようと考えるべきだ。民族誌学的な仕事〔人々の中に入って語り学ぶ〕を増やし、単純なパターン化された取材は減らすのだ。

もっと高い次元で言えば、ジャーナリズムとその報道が現代のニュース環境の中で担うようになった、より大きな役割を理解することだ。シリコンバレーの伝説的シンクタンク、ゼロックス・パロアルト研究所の元ディレクター、ジョン・シーリー・ブラウンはデジタル時代初期、テクノロジーはジャーナリズムが持つ民主主義と公共奉仕という役割概念を無価値にしたのではなく、ジャーナリストがその役割を果たす方法を変えたのだと指摘した。「新たな経済、新たなコミュニケーション文化の中に私たちが求めたいのは、意味の解明だ。どんどん動きが激しくなる世界の中、私たちには何らかの安定した点がどうしても必要だ」。これはつまり、ジャーナリストには「複数の視点から物事を見る力と、一つの核心に到達する力」が必要ということだと、ブラウンは説いた。[26] 未来学者ポール・サフォーはこの任務を「不確かな環境の中で結論に行き着く」ため、ジャーナリズムによる探究と判断を用いることだと説明した。[27]

そのようなわけで、新しいジャーナリストがやろうとするのはもう、関門係としての古典的役割、つまり人々が**何を**知るべきかの判断ではない。取材相手やテクノロジーと力を合わせ、読者・視聴者の知識を整理し、行動を可能にする。これは単に、ニュース報道に解釈や解説を加えるという意味ではない。そうではなく、もっと独自の、もっと多様な仕事を行うことだ。それらは、ニュースの担い手としてより丁寧に理解することで、もっと優れた形で行えるようになる。

報道機関は今もなお**人々が何を知るべきかの関門係**を一定程度は務めているが、現在の報道機関はそれよりむしろ、**人々が既に聞いたことに注釈を加える係**であることが多い。

この注釈係の役割には何が含まれるだろうか。

私たちは二〇一〇年の本『インテリジェンス・ジャーナリズム　確かなニュースを見極めるための考え方と実践』でこの役割の探求を始めた。人々がジャーナリズムに求める機能――関門係という喩えの陰に隠れていたり、その中に埋め込まれていたりした――を割り出していったのだ。そして、これらの機能や人々のニーズがもっとはっきり認識され、理解されたなら、ジャーナリストたちはこの役割でもっと成果を出せるだろうというのが私たちの主張だ。旧来の関門係という比喩を解きほぐし、その中身は何なのかを示せば、ジャーナリストはもっとうまく市民と協力し、テクノロジーを活用して、優れたジャーナリズムを作り出す方法をつかめるようになる。こうしたジャーナリズムを私たちは協働情報分析と呼んできた。オープンジャーナリズムとかエンゲージド・ジャーナリズムと呼ぶ人もいる。詳しくは後ほど述べよう。しかしこうした変遷について私たちが論じ始めたこの一〇年間に、注釈係としての報道の機能は拡大する一方である。

新しいジャーナリストにとって最重要な仕事の一つは、昔同様に、どの情報が信頼できるか事実を確認し、**真実証明係**の役割を果たすことだ。ネットでつながった世界では、読者・視聴者は出来事についてジャーナリズムの正式な報道を知る前に、いろいろ異なる主張を耳にしているかもしれない。新しいジャーナリストの役割は、これまで以上に、読者・視聴者と協力してさまざまな説明をより分け、目にした情報のどれを信じるべきでどれを疑問視するべきかを理解すること、そして必要に応じ、情報を知る上での戦略を身につけることである。

ニュースを取材し提供する側の仕事の二番目は、**理解を助ける人**になることだ。情報が知恵に変わるよう、出来事を背景とともに説明するのである。ここでは、やろうとする仕事が変われば責任や報じ方も微妙に変わるということが特に重要になる。例えばニュースや情報を報じるという仕事が、事実が間違いないと保証する役割から、事実を組み合わせて文脈を見いだす役割に変わったとき、それを理解していることは重要だ。出来事の分析がもう一段、主観的な度合いを強めたということで、そのことは明確にする必要がある。つまり読者・視聴者にそう説明すること、また個別の背景分析にあたってはそれがなぜ妥当か様々な根拠を示すことだ。

重要なこととして、理解を助けるというこの役割は、単に意見を述べることでもないし、もっと厚かましく人々に出来事の意味を教えてやるということとも全く異なる。背景文脈をつけるとは、もっと取材し、事実を増やし、より大きなレンズで視野を広げることだ。主張したり説得したりすることではない。何を考えるべきか人々に指示することでもない。後に詳しく記すが、この半世紀にわたって学者たちが学んだことは、ニュースは注射ではないということだ。社会の人々は報道されたことを見聞きしたり読んだりして、薬剤のように単純に体内に吸収するのではない。人々は自分たち自身の経験と意味をニュースに結びつける。目にしたものに判断を下す。ジャーナリストが読者・視聴者に、物事の意味は何か、あるいはどう考えるべきかを指示しようとすればするほど、それに反発し、操作されていると感じる人々が増える。

三番目に挙げる役割は、出来事の**目撃証人となる**ことだ。目撃証人を引き受けるのは、ジャーナリストとして活動している人だけが出来事を見ている場合だ。これをジャーナリズムの大切な役割と受け止めることは、ジャーナリストが常に関門係をするわけではなくなった世の中でも意味がある。ジャーナリズムに携わるものは、単にコメントを伝える係ではない。監視役であり見張り役であり、質問をし、問題を掘り起こす役割は重大だ。目撃証人となる意義として重要なのは、他に誰も取材していない出来事を取材――目撃証人が**一人は存在する**ように――することであり、また、読者に、そのどこが問題なのかを知らせるところにもある。ということは、報道機関は既に人だかりができているから、既に関心を集めているからといってそればかりに人や金を投入するべきではない。たとえそれが閲覧数を稼ぐ最も簡単な方法だとしても、メディアの意味は損なわれる。市民にとって重要だと思う出来事の現場に自分がいると気づいた一人の市民は、その場に報道関係者がいないようであれば、いきなりジャーナリストらしく行動することを決断することになるかもしれない。ツイッターに投稿したり写真や動画を撮影したりし、記録が残るようにするのだ。これもまた、市民としての生活で不可欠な場面になっている。とりわけ、犯罪行為が行われたり、警察などの当局が疑問を持たれそうな対応をしたり、法が破られたりし、そして市民がそのことを知るべき場合だ。

四番目の役割は目撃証人になることに近いが、それとは違うもの——**監視犬**になることだ。悪事を暴く、調査報道の古典的な役割である。だがこれは、広く行われながら過小評価されがちな目撃証人の役割とは仕事の中身も組み立てもはっきり異なるので、双方を区別することは大切だ。普段から目撃証人として目を配っているほど、監視犬的な調査報道にも結びつくだろう。だがこの二つの仕事は同じではない。

関門係の概念に包み込まれたこれら四つの役割に加え、人々がジャーナリズムに求めるものとして、他に六つのはっきりした機能があり、それらはインターネット時代が成熟してさらに重要となった。次のリストを読めばさらにもっと思い付くかもしれないし、そうすればそれも役立つだろう。ここでのポイントは、生活に役立つという面でニュースに求める機能を取り上げたことだ。興味深いことに、これらの多くは現在、新しいメディアのほうが伝統的メディアより力強く担っていることが多いように見受けられる。

情報を集約する者（あるいは整理する者）として　周囲の言説の中からベストなものを選び出す。対立する言説を比べてということもあろう。それを、あなたの読者・視聴者に推奨する。他で入手できる情報を実質的に編集者としてさばく役を担う。

議論の場をリードする者として　あなたのジャーナリストとしての価値観を踏まえ、みんなの議論の場を作る。これは社会参加の仕組みと考えることもできる（後の章で詳しく述べる）。

手助けする者として　読者・視聴者が自分たちで行動できるよう、手段や情報を提供する。情報を双方向的にすること、行動はいつ必要か日付を示すこと、もっと関わりを深めるにはどうするかを説明することも含まれる。さらに進んで、コミュニティが問題解決に力を合わせられるようなイベントを催すこともあっていい。

手本となる者として　ネット化されたニュース環境で、ジャーナリズムはそれまで以上に公開された行動となる。取材のしかた、振る舞い、意思決定は見られている。模範的な言動をしなければならない。これも〔メディアの〕ブランド価値になるからだ。これまでもそうだったが今はさらに明白だ。

コミュニティを作る者として　ジャーナリズムの古いモデルでは、ニュースはそれ自体で完結し、そのニュースや情報で市民が何をするかはニュース提供側が関わる領域ではなかった。今は違う。ニュースの目的は人々が自治をする上で役に立つことだが、市民に必要な情報の提供はそのスタートでしかない。ニュースは個人やコミュニティが直面する問題の解決にも関係しなければならない。ニュースと社会運動との線引きはあるが、問題解決を助けることと社会運動とは異なる。

不可欠な情報を提供する者、あるいは奉仕するジャーナリストとして　かつて新聞は、外部の取材先から情報を入手して整理し、便利な一か所に配置することで存続してきた。スポーツ、株価、テレビ番組表、興行日程などを提供することで栄えた。現在、そうした情報は簡単に、もっと効率的にネット上のどこかから手に入れられる。しかし、不可欠でありながら分かりにくかったり入手が困難だったりで容易には得られない情報については、これを提供する「奉仕するジャーナリズム」の役割がなおある。コロナ禍では何が安全かの情報が次々に変転したのが、その典型例といえる。二〇二〇年の選挙で、投票はどこでどうやったらできるのかについても同様だった。こうした情報の需要は大きく、それに応えれば大いに感謝されることに報道機関は気づいた。こういうことしか報道しないならジャーナリズムは生き残れないだろうが、人々が求める不可欠な情報が何であるか割り出し、リアルタイムで提供できていないなら、ジャーナリズムは人々に奉仕できなくなるだろう。

組織的な協働情報分析としてのジャーナリズム

デジタル激動を称揚する人の中には早くから、プロの組織内ジャーナリストは大部分が要らなくなったとか、その役割は一部の業務だけに縮小するだろう、なぜならもう誰も情報をコントロールしないからとか主張する人たちもいた。「事実の基本的な伝達についてはインターネットがさまざまな意味で解決した。すべての記者会見がユーチューブに投稿される時代、ホワイトハウスが何を言っているかを知るために報道機関を必要とする人はいない。必要としているのは、それが何を意味しているかを私たちに教えてくれる人だ」と、ブロガーのジョナサン・ストレイは書き、その要約を二〇一三年、ハーバード大学のニーマン・ジャーナリズム・ラボに投稿した。[28]

　ストレイは「ニュースの未来運動」と呼ばれたグループの筆者たちによる論考を踏まえていた。このグループの考え方を明確に表したものとして、C・W・アンダーソン、エミリー・ベル、クレイ・シャーキーの三人の研究者が「脱産業化《ポスト・インダストリアル》ジャーナリズム」のタイトルで書いた「マニフェスト」にまさるものはあるまい。彼らはストレイよりさらに幅の広い主張をした。「ジャーナリストは何かに取って代わられるのでなく、配置転換を受け、編集工程のもっと高い位置へと移る。見たままを伝達する役割から、事実確認と解釈を重視し、一般市民が生み出す文、音声、写真、動画の奔流が示す意味を見いだす役割に移るのだ[29]」。ジャーナリズムは主に、事実の収集の仕事から、とりまとめて解釈する仕事に異動するというこの主張は「ニュースの配置転換理論」とでも呼ぶことができよう。

逆の方向に強く傾くジャーナリストたちもいる。市民とテクノロジーのもたらす利点を過剰に疑いの目で見て、古い手法を美化するのだ。「ジャーナリストたちが現場で市民のため行う労働が、背中を丸めてパソコンのスクリーンを見ているブロガーの集団に取って代わられてはならない」というのは、『ニューヨーク・タイムズ』編集主幹だったビル・ケラーが二〇〇七年にロンドンの公開講演で述べたことだ[30]。

どちらの考えも極端だ。市民も情報機器も、プロのジャーナリストの役割を「コピー」しようとすることはないはずだ。同時にまた同じ意味で、人々と情報機器が力を合わせるからといって、プロのジャーナリストを事実発見の役割から外し「配置転換させる」という考え方も、あまりに抑圧的だ。

ジャーナリストには、社会の人々やテクノロジーが作った情報の流れに意味を与えるという以上のことをしてもらう必要がある。配置転換とか廃《すた》れゆくものだとか、大切な事実を発見する役割からは外れるとかいう考えは、権力ある組織がどんな動きをするのか、あるいはそれをどう取材すべきかという現実の問題を踏まえていない。結局、事実を発見する役割としてのジャーナリストがその役割から配置転換させられるという考え方は、あまりに理屈上のもので、危険ですらあり、そして抑圧政治が世界的に台頭し民主主義に疑念が持ち上がるこの時代を踏まえれば、甘すぎるともいえる。政府、企業、そのほかの組織に、社会に事実を伝えるかどうかをコントロールする権限を大幅に与えすぎることになるからだ。

ホワイトハウスがいまやユーチューブチャンネル、ツイッター、そしてインスタグラムのアカウントを持っているのは事実だが、行政機関の公開性や透明性が確保されたと誤解してはならない。そしてジャーナリストたちが、自らの仕事の多くを公式発表された情報ですませ始め、外に出てネタを掘り起こしてより完全な真実に近づくことをしなくなるなら、それはジャーナリズムの発展などではない。ウェブは誰もが情報発信できるツールを与えたかもしれないが、重要な事実を全て提供させるようにはできていないし、そうした事実の構成をうまく組み立て、市民たちが活用できるようにしてくれるわけでもない。

それよりおそらくもっと重要なこととして、出来事の中の本質的な事実を知るという課題をテクノロジーは「解決」していない。人々に影響を与える出来事の、ほとんどでないにせよ多くは、人々の見ている前では起きない。最も公開性の高い会議で示される判断さえ、それが形作られるのは人々の目が届かない場所、幹部会合や、もっと少人数のもっと閉ざされた話し合いだということが――本来そうあるべきではないのだが――ずっと多い。私たちが知る必要があることのうち、ユーチューブに出ているものなどあまりにもわずかだ。さらにもし、市の行政過程がもっとユーチューブ上で行われるようになるなら（それを私たちは支持するが）、ニュースに出てくる意思決定の本当の部分の多くは、閉ざされた扉のさらに向こうへと移ることは疑いようがない。〔連邦議会中継テレビの〕C-SPANによって、魔法のように議会がよりよく機能するようにはならなかった。アフガニスタンでの出来事、主要な国民健康保険法案の影響、コロナ禍に対する国の対応は、「一般市民が生み出す……奔流が示す意味を見いだす」などというものではなく、足で稼いで調べるものであり、情報源に近づく努力を要する。市民の権利や生活に関する事実が安価な量産情報になり、それらの取材や発信をネットがやってくれるとは考え難い。

大半のニュースにおいて、出来事の事実関係をつかむということは、事実の発見を何層にも積み上げるプロセスだ。官公庁の動き、出来事の発生、あるいは暴露、それを受けた質問、答え、そして観察、新たな質問、そしてさらなる問い合わせ――このプロセス自体が繰り返され、そこには直接調査することも、官庁職員や社会の人々が送り出す情報の流れの意味を見いだすことも含まれる。

テクノロジーとネットワークが、事実に関する報道を無用にするという論はまた、一定範囲のテーマ、多くは全国ニュースだけに焦点を当てたものが多いという傾向もある。アンダーソン、ベル、シャーキーは「すべてのジャーナリズムが大切だというわけではない」とマニフェストの中で述べ、芸術、スポーツ、ライフスタイルに関する報道のかなりの部分は大切なものとはいえないという考えを示す。「現在出されているものの大半は、エンターテインメントや気晴らしだ」というのだ。彼らは間違っている。後に、全体像を配分良く報じることについての章〔第9章〕で詳しく説明するが、文化、交流イベント、トレンド、スポーツ、そのほか多くは、私たちがどうやってコミュニティと市民社会を理解し、市民として私たちの生活を前に進めていくのかに関する重要な要素だ。ジャーナリズムがその役割を政府機関の責任に関することだけに切り縮めれば、その価値も、読者・視聴者とのつながりも、そして生き延びるチャンスにも、限界が生まれよう。

ニュースの未来は、夢想派と懐疑派の中間にあると私たちはみる。デジタルネットワークと市民は、ジャーナリストを配置転換させるのではなく、新しく濃密なタイプのジャーナリズムを可能にする。その中では市民とテクノロジーとプロのジャーナリストたちが協力し、それぞれ単独では作り出せない、奥深く幅広く社会のみんなに開かれた情報を作り出す。

情報機器がもたらすのは、以前は想像できなかった演算力だ。ニュースをより実証的に、より正確にする。

市民がもたらすのは、専門性、経験、出来事をもっと広い視野で見る能力だ。どこの報道機関より、あるいは昔ながらのジャーナリストの情報源電話リストよりも、深い知識と専門性を得ることができる。

ジャーナリストがもたらすのは、情報へのアクセスや、また力ある人々を問いただし、情報を掘り起こし、流れてくる情報の意味を解釈し、他の情報と突き合わせ、事実確認をする能力、そしてさらに重要なこととして、先入観なく調査するという伝統的な規律である。

これら三つが力を合わせれば、新しい種類のジャーナリズムを作り出せる。それは組織的な協働情報分析として理解するのが最もふさわしいものだ。

別の言い方をすれば、私たちが未来のジャーナリストたちに求めるのは、デジタルネットワークの可能性を大切にし、そこから得られるものを精査し整理し、同時に、重要な点を示すこと——これは腕のいいジャーナリストならいつでもうまくやれることだ。それにより、奥深く幅広い事実の土台ができ、コミュニティの理解に道を開く。

こうした視点に立てば、ジャーナリストがやることはニュースの文を書いて、内容を表す画像を制作するだけにとどまることは全くない。コミュニティの情報を集め、整理し、組み立て、そして機器のネットワーク技術と、幅広い市民からの知恵と、そのほかの情報源とを組み合わせ、その上に、取材と証拠に基づき真偽を確かめるというジャーナリストとしてのスキルを重ね合わせる。ここでは、ジャーナリズムは出来上がった製品では決してない。私たちが述べたように、組み上げられたコミュニティの知恵というようなものだ。

このより良いジャーナリズムは、コミュニティを作り市民の生活を向上させるという期待に沿うものだが、ジャーナリズムかテクノロジーかという二者択一で考えることにはならない。ジャーナリストたちは配置転換などさせられず、何かに代わられることもなく、一部の仕事だけに縮小されず、意味を作り出す役割へと持ち上げられることもない。そして、記事の文章を書く力、証言を盛り込んで報じる重要性、何が起きたかをシンプルに見つけ出すことの大切さを否定するものではない。これは、ジャーナリズムがその過去の在り方を否定することなく将来を展望するということである。

新しいジャーナリズムについての新しいこの展望は、ネットワーク接続されたメディアによる文化が、これまでの仕組みと同じく、真剣に、裏付けを取った真実の情報を用意し、それを基盤に事実から解釈を積み上げることにかかっている。個人の価値と公共の報道機関という考えを育てた啓蒙時代の原動力は、真実の情報を探し求めるところにあった。情報は、人々を中央集権的独裁や教条的な権力から解き放った。だが今、この種の支配と同じようなものが新たな場所で形作られつつあるのを私たちは目にしている。それは君主や宗教ではなく、企業や政府という場である。この新しい時代、事実確認を旨とするジャーナリズムが生き残るためには、自治をしっかり担うため必要な情報を提供し、市民を後押しする力とならなければいけない。

ジャーナリストの民主主義理論

ジャーナリストは歴史的に、ニュースの理論のことを考えない傾向がある。考えるのは主に職人技、そして、ニュースを取材し形にして送り出す一日刻みの、いや一時間刻みの奮闘だった。もし「あなたのテレビニュース活動や新聞を動かしている民主主義の理論は何か」と聞かれたら、多くのジャーナリストは冗談と思うか、あるいはいささか馬鹿げているとさえ思っただろう。

それでも、人々が何を知る必要があるか、何を知りたいかという問いは常に重要だった。もし社会の人々に知らされていないことがあれば、なぜ知らされていないのか、どうすればいいかを考える責任が報道機関にはある。近年、ジャーナリストがこの責任を果たすことは困難さを増した。そんな中、トランプ政権、コロナ禍、そして人種問題や社会正義の国民的な再検討を受けて、ジャーナリストは自分たちの役割をさらに深く問い直し始めた。ニュースの理論はジャーナリストの仕事の中にも、人々の生活においてジャーナリストが果たす役割の中にも、暗黙のうちに存在しているのだ。それをジャーナリストが理解し再検討する必要性はかつてなく高まっている。

ニュースの伝達手段が新聞、雑誌、ラジオ、テレビなどわずかだった二〇世紀のジャーナリストたちはもっぱら制作物の出来、すなわち文章、写真、デザイン、ストーリーの技術の質や、ニュースを時間に間に合わせ、切れ目のないパッケージとすることについて考えていた。外部からの圧力については考えなかった。情報の仲介者としての役割も、自分たちの会社の収益力も、揺らぐことは殆ど、あるいは全くなかった。だから多くのジャーナリストたちは、優れた編集判断は経営圧力から遮断されてこそ得られるという考えに満足していた。「ニュース判断」という名の、主観的で著しく非科学的な発想に、ニュースとは何かについての判断を委ね、満足していた。広告主からの圧力を受けずにいれば、それで倫理的だとみなされた。

主観的なニュース判断を信頼して大丈夫とどの程度いえるのか。懸念する理由は常にあった。私たちには考えつく限り最も自由な報道機関が存在していたかもしれないが、にもかかわらず、この三分の一世紀にわたり、地元の連邦議会議員の名前を言える米国人は一〇人に三人という少なさだった。国の三権とは何か挙げられる人も二〇一九年に三九％と、それより多少ましな程度だった[31]。大統領選で投票したのは米有権者の半数を少し上回るが、これは〔言論の自由を定めた〕修正第一条がない国々よりも少ない（ただし二〇一六年には五八％、二〇二〇年には六五％近くに上昇した）[32]。地方テレビ局は最近まで、人々が最も頼っていたニュース情報源だったが、これは政府や政治についての報道をたいがい無視してきたメディアである。しかしこのトップメディアの座は、特に若者の間では、インターネットとSNSに取って代わられ、そこでは地元のニュースや情報はもっと少ない[33]。真剣に考えれば、報道機関が人々に自治のため必要な情報を提供するというのは幻想なのかもしれない。人々はそんなことなどどうでも良いのかもしれない。私たちは実際のところ自治など全くしていないのかもしれない。政府が活動し、それ以外の私たちはほぼ傍観者だ。

　この議論は米国の歴史を通じて繰り返されてきたが、最もよく知られた明快な説明は一九二〇年代、ジャーナリストのウォルター・リップマンと哲学者のジョン・デューイによる論争の中でみられた。民主主義に悲観的な時代だった。ドイツとイタリアでは民主主義政治が崩壊した。ボルシェビキの革命は西側に触手を伸ばそうとしていた。警察国家が人々の意思を支配するため、新しいテクノロジーと新しいプロパガンダ技術を取り入れつつあるという恐怖が拡大していた。

　リップマンはその当時既に米国で最も有名なジャーナリストの一人で、ベストセラー『世論』において民主主義には根本的な欠陥があると主張した。人々は普通、世界を間接的にしか知らず、それも「自分たちの頭に描いた像を通じて」だという。その心の中の像は、多くはメディアから受け取ったものだ。問題は、人々が頭に描く像は絶望的に歪み、不完全で、損傷されていることで、それは報道が救いようもなく劣っているためだと、リップマンは主張した。そしてまた問題なのが、たとえ真実が人々に伝わったにしても、それを人々が理解できる力は人間の持つ偏見、ステレオタイプ、注意不足、知識不足により低下していることだ。リップマンは結局、市民は劇を見に行き「第三幕の途中から入って終幕を待たず出て行き、誰が善玉で誰が悪玉か理解できるための長さしか見ていない」ようなものだと考えたのである。[34]

『世論』の影響力は大きく、近代のコミュニケーション研究が誕生するきっかけになったと多くが指摘する。[35] 米国の最も高名な哲学者でコロンビア大教授のジョン・デューイの心にも深く響き、彼はリップマンによる人間の見識の限界についての分析を「これまで書かれた中で最も有効な、民主主義に対する告発」と呼んだ。[36]

しかしデューイは後に著書『公衆とその諸問題』で批評を展開し、リップマンによる民主主義の定義に根本的な欠陥があると述べた。民主主義の目的は社会の問題に効率よく対処することではなく、人々がその可能性を存分に伸ばすことを助けることにあるとデューイは言う。言い方を変えれば、民主主義は目的であって何かの手段ではないということだった。政治に関して社会の人々は「他に誰もいないとき仕方なく頼む審判」のようなものでしかなく、通常は議論の大枠を決めるだけというのはその通りではあった。しかしデューイは、建国者たちは皆もともとそれを分かっており、民主主義のもとで生きるということは、政府が効率的であるよりずっと大きな意味があると論じた。その真の目的は、人間としての自由にある。問題があるからと民主主義を見捨てるのでなく、報道機関の力量と人々の教育を向上させることが必要だというのである。

一世紀前にデューイが感じ取ったものは、今のネット化されたニュース文化の中ではもっと簡単に分かる。そこでは市民がプロデューサー、批評家、消費者、編集者、読者・視聴者を兼ねており、そんな中で学者たちは世界中で民主主義が衰退しているのではないかと疑問を発している。そしてデューイとしては、市民たちがお互い自由にコミュニケーションできたなら、その人間同士のやりとりから民主主義に自然に行き着くものだと信じていた。民主主義は政府を改善する方策としてあるものではないのだった。

一〇〇年たち、リップマン―デューイ論争は今も、民主社会で自由な報道が存続できるかどうかの重要な議論をはらんでいる。世界の変化を経てなお、リップマンの疑問視とデューイの楽観視は、プロの報道機関の消滅を懸念する者と、大衆の知恵にすばらしさを見いだす者とにより、今も熱く交わされる論戦につながっている。

市民が、例えば、何を知りたいか、いつ知りたいかなどを自分で決められるからといって、ジャーナリストが問題提起者として、読者・視聴者にどのニュースが大切でどれがトップニュースかを示す役割は消えていない。たとえ報道機関を信頼するか否かで人々が二分し、それが政党支持と絡んでいてもである。プロとしてニュースを報じる者はなお、人と金をどこに振り向け、どのテーマを報道し、どれを長く、どれを短く報道するか、など毎日厖大な数の決断を行わなければならない。だが今、こうしたジャーナリズムの選択と決断はリアルタイムで公開されるものになった。そして何が読まれ、見られ、シェア、コメント、いいね、ツイートがなされたかは分析され数値化される。どういうテーマを取り上げたかも話題にされ、途中ではおかしな議論もあるにせよ、後に正しいデータが知られれば次第に健全なものとなる。

ジャーナリストたちにとって難しいのは、自分たちがコミュニティを支え、多様な人々を支え、ジャーナリズムが共に暮らす市民に役立つようにし、そうして建設的に問題提起する役割を果たし続けるには、これらネット上の反応にどう向き合えば良いのかという点だ。例えば、ネット上の数値指標をニュースメディアの責任者が自己破壊的に使い、報道内容を薄っぺらいものにする――すなわちページ閲覧数を最大化しようとセレブの写真スライドショーや安直な記事、思慮不足で人種差別的な浅い事件報道を載せる――のではなく、深い考えのもとで数値指標を用いるにはどうすれば良いか。人々を理解するために数値指標は活用し、ニュースの重大さを市民に伝えて「この記事は大切だ、注目した方がいい」と知らせるにはどうすれば良いか（私たちはこのことについて、全体を配分良く伝えることに関する章〔第9章〕で詳しく論じる。ここでは、広告収入モデルが崩壊したことで、報道機関は消費者に金を支払ってもらえる高価値コンテンツで収入を得る方向を考えるようになり、メディア業界が読者・視聴者との関わりを計測するもっと良い、もっと意味ある指標に向かったと指摘すれば十分だろう。ページ閲覧数だけというのは指標として役に立たず、誤った選択につながる）。

ジャーナリストは常に、単なるニュース作りという以上に大切なことをしている。編集者がページやウェブサイトをレイアウトするとき、あるいは記者が出来事や問題のどんな角度や要素を強調し追究するか決めるとき、彼らは読者・視聴者が何を求め何を必要とするかを、普段の個人的なやりとりから推測している。これはすなわち無意識のうちに、政治や、市民としての在り方、判断の形作られ方を決めるのは何かというような、民主主義の理論に基づいて動いているということだ。また、読者・視聴者にとっての魅力や価値をはかる指標を選ぶとき、情報が生活にどう役立っているのかについての目に見えない理論を扱い、数学や科学と呼ばれるものと同じように、自分の個人的な価値観が混ざり合ったデータからの推論も行う。

ニュースは自然に生まれるのでなく、ジャーナリストが社会と自分の価値観を踏まえて作り出すものなら、そのときにジャーナリストが用いるのはどんな民主主義理論か。ここで、市民に最善を尽くすジャーナリズムが用いる理論なのに、目立たず気付かれないものを明らかにしたい。

多くの批評家が、その後一〇〇年にわたりジャーナリストたちがどんな仕事をしたかを見るなら〔リップマン－デューイ論争は〕リップマンの意見の圧勝だと主張してきた。[37] 研究によれば新聞やテレビは、幅広い市民に物事を知らせるより、限られたターゲット層を広告を売る対象として相手にしていた。メディアの中でも特に新聞はエリート層——通常は白人——に合わせて仕立てられた。一部の広告主にとって最高に魅力的な層だ。地方テレビのような他のメディアは、車やビールを買う幅広い視聴者を相手にするが、市民としての視点のニュースはほとんど出さない。[38] 政策や思想は報道されないか、娯楽として扱われるか、ある政策の裏に誰かがライバルを追い落とすどんな策略があったなどという文脈で語られるかである。[39] 政治運動について有権者に取材するという仕事さえ滅びゆく芸術になったと、記者たちは言う。それに取って代わったのが科学として認められた世論調査で、そこで人々は、メディアが設定した質問に回答するだけの存在になった。世論の示し方も不完全で、統計は投票に行かない人を除外することがよくあるため、重要な部分を占める層の意見が見えない結果となっている。世論調査の隆盛を受け、研究者ジェームズ・キャリーは「大衆の名のもとに自分たちを正当化し、しかしその大衆に読者・視聴者としての役割しか負わせないジャーナリズム」を私たちが作り上げてきたと記した。[40] 市民は概念上の存在になり、報道機関にとって論評する対象であっても語りかける相手ではなくなった。

社会での議論の中では、人々が抽象的な概念上の存在になっているという問題の解決に、市民メディアが勃興したこと、それによりそのユーザーが力づけられたことは、間違いなく役に立った。人々は自分で対話を生み出している。伝統的なジャーナリズムはいつも、公共の場で行われる公式討議を報道するのは得意なのだが、キッチンテーブルを囲んで行われる人々の本来の議論については不得意だ。

いま、SNS上の議論を通じて市民の関心を把握していると自任するジャーナリストたちは、すぐに自分たちが振り回されていることに気付くだろう。SNSは実際の人々の感覚をきちんと表していない。そして世論調査は、二〇一六年と二〇二〇年の選挙が示したように回答率、信頼性、投票者像の不正確さ、そして政治的な二極化現象といった構造的な問題に直面している。それによって、世論調査という分野自体に将来性や正確性への疑問が呈されている。

ジャーナリストにとって、市民が何を求め、何を必要としているかを理解するという問題はなお解決していない。報道機関は、民主主義と市民にどのような役割を果たすのか、より明確な理論を練り上げるよう求められている。

新しい公共圏でありネットワーク圏でもあるオンラインの世界。そこでのジャーナリストと市民の双方向的な関係を考えるなら、社会の人々に対する見方はこれまでの議論が示してきたものより複雑で、しかも変化しやすいものになる。その見方の中から、市民と多くのジャーナリストが自分たちの役割を本当に果たすための鍵が得られると考える。

結び合う人々の理論

デーブ・バーギンは、フロリダからカリフォルニアまで各地で働いた新聞編集者である。彼には、紙の新聞のレイアウト術をめぐり、若手に教えてきたニュース読者理論がある。「想像してみろ、ページの中の記事をどれか一本取り上げて、その一本が読みたいという読者は、そうだな、一五％以下だろう」。そう彼は言ってきた。ジャーナリストの仕事は、新聞各ページを十分バラエティに富んだものにし、確実に、全ての読者が最低一本は読みたくなる記事があるようにすることだ、と。[41]

バーギンによるニュースのメニューの多様性理論に込められているのは、誰もが何かについては興味があり、専門家ですらあるけれども、全てについての専門家というのはまずいないという考えだ。言い方を変えれば、人は情報エリートか情報弱者のどちらか、ただ無知な人と高度に情報を持つ人に分かれるという発想は神話である。

米国人の多くはもう、大判の紙に印刷された新聞や、ニュース番組（新聞ページに関するバーギンの原則と同様のやり方で運営されている）でニュースを受け取ることはない。しかし人の興味は多様だという概念はむしろ重要になっている。今の時代、ニュースを一覧すれば、社会はいろいろな関心を持つ人々、さまざまな対象にさまざまな知識レベルを持つ人々から成り立っており、この関心や専門知識は相互に結びついて織物のようになっているということが、今までになく明確になっている。

本書第三版までを通じ、この理論を私たちは「民衆結び合い理論」と呼んだ。この民衆結び合い理論は一つの発想であって理路整然としたものではないが、広く実務では使われており、ジャーナリストたちが新聞のページをレイアウトし、ラジオショーの内容を組み、夜のニュースのラインアップを構成する時に用いる。これは多様な立場が共存する公共の広場という希望的な考え方である。つまり、十分に幅広い題材を揃え、詳しい人もそうでない人も何か得られるような手法で書けば、事実を共有できる公共広場が生まれるということだ。

公共広場はどのように機能するのか。これについて二〇世紀の古い発想は、二一世紀には明らかに使えないものになっている。民主主義の共和制政治が直面する――そしてジャーナリズムも――最大の難問の一つが、事実を一通り共有できる公共広場などそもそも存在するのかということだ。仮に存在していても、どう機能するというのか。

もし公共広場というものが存在するなら、それはむしろ広大な公園のようなもので、人々はめいめいイデオロギー別のグループになって集まり、別々の事実についてあれこれ論じ、それぞれ異なる出来事を懸念し、各自持ち寄った噂をおしゃべりし、たまにグループ外に目を向け、草木が植わったエリアの向こう、遠くにいる別のグループの名前を呼ぶというものだ。だいたい毎日〔チャンネル数の多い〕ケーブルテレビのチャンネルを操作して、ある宇宙に入る、あるいはハッシュタグを使ってその世界に入るというのはそういうことを意味する。この新しい公共広場では、異なるグループの間では同じ事実が共有されていないことも多く、まして関心が同じ程度ということもない。陰謀論が多い。そしてメディアは偏向していると、あるいは陰謀の一部とさえ考えられることも多い。

今日、このように分極化、分断化が進んだ仮想空間で、どうやって情報は伝達されるのか。この仮想の公園で、私たちはどの程度まで事実を共有するのか。これらの質問の答えに、ジャーナリズムが、そして民主主義の共和制政治が生き残れるかの鍵がある。

この情報の分極化がどのような影響を持つかを見ていく上で、やはり、人の興味はいろいろ違うと理解することが重要だ。そしてこれは民衆結び合い理論の核となる考えだった。どんなニュースについても、個人的な利害があって深く理解している関係者がいる。直接の関係者ではないが、影響を受ける立場にあって自分自身で何か経験し、それで意見があるという有関心層がいる。そしてほぼ注意を払わず、話に加わるとしても誰かが議論の輪郭を形作った後になってからという無関心層がいる。結び合った民衆の中にあって、私たちは事柄次第で三つのグループのどれかに属する。

例えば、デトロイト郊外のある自動車製造工の場合、農業政策や外交はほとんどどうでも良いかもしれない。そしてたまにしか新聞を買ったりテレビニュースを見たりしないかもしれない。しかし労使団体交渉での議論は豊富に経験し、企業の官僚的体質や職場の安全については大いに知っているだろう。地元の学校に通う子どもや、生活保護を受けている友人がいるかもしれない。自分が釣りをする川が汚染の影響をどの程度受けているか知っているかもしれない。これらの、また他の全ての問題に、彼はさまざまな知識や経験を提供する。ある問題について彼は関係者であり、別の物事については有関心層、さらに別のことについては、縁遠く、知識はなく、関わりも持たない。

同様に、あるワシントンの法律事務所の共同代表の弁護士も、一般論でくくられれば反発するだろう。彼女は祖母であり、熱心な園芸家であり、ニュース大好き人間で、はたからは典型的な「エリート」に連なるメンバーにみえる。彼女は憲法の第一人者でそのコメントがよく報道されるが、テクノロジーは苦手で、投資やビジネスには興味も知識もない。子どもは成長し、もう地元の学校や、地元の行政にさえも注意を払わない。

あるいは、カリフォルニアに住み、子を持つ専業主婦を考えてみてほしい。高卒で、夫の出世が自分の出世でもあると考えている。彼女は子どもの学校でボランティアをし、そこから地元の新聞の教育報道がなぜ間違っているか、厳しい意見を持つ。自分自身の生活から、人々について本能的に感じ取る力を身につけている。

これらの例はもちろん架空だが、民衆という複雑な概念に現実的な形を与えてくれる。民衆の力とは、その大規模さと多様性にある。ある問題に関わる専門家は、別の問題では知識も関心もない一市民である。三つのグループは——これら自体大ざっぱな一般論でしかないが——問題に意欲も関心もあるグループだけで議論が過熱しないよう、相互にチェックする役割を負う。民衆の結び合いについて希望的な見方をすれば、これらの人々が組み合わされれば、関係者だけよりも通常ずっと賢明である。二〇世紀と二一世紀初めのジャーナリズムがコミュニケーションを提供しようとしていたのは主にこうした人々、そしてその人々の公共広場に向けてであった。

ウェブ時代の初期、ニューヨーク市立大学の若手教授C・W・アンダーソンはインターネットが利用者にもたらす断片化効果について鋭い文章を書いた。彼は私たちが挙げたよりさらに複雑な何種類もの人々のグループがあることを示した。そして公共広場で共通の事実を共有するという在り方も、変化の中にあり続けると考えた。あるテーマで一緒になったかと思うと、その後はまたばらばらになる。つまり民衆は結び合うが、同時に変化しやすく複雑であり、くっついているのは一時的に過ぎないとみる。「ネット上では、全ての人々は断片になっている」とアンダーソンは記した。[42]

一〇年近く経って今、世界中の人々の分極化はさらに進んだ。特に米国だ。公共広場を作り上げる人々はグループごとに固まり、他グループのことが目に入ることはめったにない。そして今や私たちは、トランプ大統領の時代、政界関係者がばかげた陰謀論やあからさまな嘘を流し、それを指摘されるとますます間違った言説で返すという時期を経て、超分断化の空気の中にある。外国政府は積極的に動いてSNSに対立の種をまき、公共広場を今以上にばらばらにしようと策動する。彼らは事実上の反ジャーナリズム勢力である。そして、政界人の少なくとも一部には、ケリーアン・コンウェイ元大統領顧問がいう概念「もう一つの事実（オルタナティブ・ファクト）」（権力側に都合のいい嘘のことをそう呼んでいるだけとの含意がある）をいまだに持ち込む者がいて、どんな真実も人間の理解の及ぶところにあるという考えを冷笑している。[43]

ジャーナリストはコミュニティが抱える問題について本質がどこにあるか解明し、社会の中で解決する取り組みに貢献するのだが、人々がばらばらで結び合っていないとき、どう関わっていけばいいのだろうか。

私たちは二〇二〇年、アンダーソンにこの新しい公共広場について考えを求めた。彼は私たちに、公共広場が流動的なもの、変化するものという自分の考えは、二つの要素から影響を受け、あるいは形成されたとみているという。一つは、人は興味に従って集まり、おそらく単に一時的な特定の話題であるスポーツチームや異常気象、経済危機、病気の流行などをめぐって、公共広場を広げていけるというものだ。

もう一つの要素は、人が集まってニュースについて知るかどうか、どのように知るかには語り口が影響を与えるということだとアンダーソンは主張する。ドナルド・トランプの訴求力の中でも大きな要素は、話の中身だけでなく彼のコミュニケーション術に関係していた。彼は大統領として、かつ一種の内輪ルールに沿って語った。ユーモアや皮肉、そしてあふれる敵意を織り込むこの話し方こそ、彼の熱烈支持者が大好きなものだった。彼らにはトランプの言いたいことが伝わり気持ちを弾ませた。内輪以外の人は唖然として憤るが、それがまた効いた。トランプ支持者にとって、トランプの語り口も彼のお約束トークも、心躍らせる真実、本当のこととして響いた。大統領らしくなく、政治家っぽくなく、お高くとまらず、技巧くさくないというまさにその理由からだった。彼は彼の聴衆を「ゲット」した。そして聴衆も彼を我がものと感じた。なぜならトランプは自分たちのような話し方をした。彼は自分たちの仲間だった。

流動的なグループが時折は結び合う場という公共広場にこれら二つの要因、すなわち話題とスタイルが影響を与えるという。それに、私たちは三つめを加えたい。タイミングだ。出来事が新奇で、それへの意見はまだ生まれておらず深まってもいない時なら、その出来事を話題の軸に公共広場が広がり、一通りの事実が広く共有される機会になり得る。二〇二〇年、コロナ禍はまさにその機会をドナルド・トランプに与えた。彼は、互いの体を守りウィルスと戦うこと、そのために科学に基づいた事実を一通り学び、共有することでみんなが団結し、公共広場を広げ、コロナ禍に対処する——という方針は、選ばなかった。代わりに彼が選んだのは、この感染症を政治利用し、マスク着用と営業停止策は勇気がなくトランプを政治的に攻撃したい人々のやることだとの考えを示すことだった。

他の国、例えばイタリアやドイツでは、指導者たちは異なる対応をし、自国をずっと良く団結させ、公共広場を広げ、一通りの事実を広く共有させ、それを助けるメディアの役割を大切にした。トランプの対応は対照的で、ウェブの持つ分断化傾向に油を注ぎ、既に国を分極化している政治的立場の違いが行動に表れるようにした。おそらくそのために彼は再選を逃すことになった。トランプがマスク着用という科学を大切にし、国を挙げたウィルス対策をとりまとめていたら、保守派メディアのエコーチェンバー〔反響室。自分の声のこだまを聞くように自分と同じ意見ばかり流れてくるメディアをたとえて言う〕はトランプの呼び掛けに従っていただろうか。そうだったろうと、私たちは考えている。

今、報道機関の脅威となっている分極化を生み出した責任は、報道機関にも一定程度ある。増収のための営業戦略もあって、危険を冒してこの方向を選んだのだ。例えば新聞は一九七〇〜八〇年代、さらにエリート的な層をターゲットにし始めた。地方テレビ局は、ブルーカラーの中間層、特に専業主婦である母親たちへの狙いを強めるようになった。この過程で報道機関は市民分断の先駆けとなった。この分断は政治信条によるものではなく、社会階層によるものだった。しかしこの営業戦略は、後に起きるメディアと政治の分断化の前触れとなった。この流れは一九八〇年代、ロナルド・レーガンのもとでのメディアの規制緩和で加速され、一九九〇年代ビル・クリントンのもとでさらに進んだ。レーガン時代の規制緩和は電子メディアに対する規制群を撤廃した。例えばイコールタイム・ルール〔放送時間同等ルール〕や、フェアネス・ドクトリン〔公平原則〕で、この二つの組み合わせにより、放送局は異なる視点を放送に入れることを求められていた。撤廃の結果、一九八〇〜九〇年代に、政治党派性があるトークラジオの激増を許したのだ。クリントン時代には、これが今度はケーブルテレビとウェブにも及ぼされた。ケーブルテレビのニュースは党派性を強めた。そしてインターネット企業となると無規制同然だった。

だが、結び合う民衆という考えにおいては、人々はエリートか大衆か、情報を持つか持たないか、左か右か、と単純に分けられない。だからこの考え方は、公共広場というものを部分的にでも再建する役割を報道機関が持つ可能性をうかがわせるものだ。たとえアンダーソンが示したように、それは短期的なもので、今ある出来事に絡んで形成された後にやがて消えるとしてもだ。

そのためには、報道メディアの中に、なおもできるだけ幅広い社会の関心に応えようとし、党派色は控え、代わりに広く共通する事実、共通する関心、そして市民として地域に根ざしたコミュニティに焦点を当てていくものがあることが極めて重要だと、私たちは考える。このアプローチは単一分野に焦点を持つメディア、例えば教育、科学、エンターテインメント、スポーツを取り扱うものでも可能だ。そのための一つの道筋は、出来事を報道するにあたり、関心や知識の濃淡が人によって異なることを頭に入れ、その濃淡の幅全体に向けて貢献すること。これも民衆の結び合いを示すものだ。もう一つは、そのメディアの読者・視聴者が、社会階層と関係なく共通して関心を持つ問題を取り上げようと努めること。さらにもう一つ言えば、報道職場内の民族やイデオロギーの構成を多様にし、自分たちがニュースを取材しまた提供するコミュニティと同程度になるようにすることだ。

これは難事業だ。報道機関は大体失敗してきた。デジタル時代、ネットワーク化されたメディアはこの国の有権者がトランプ支持と反トランプ、保守とリベラル、あるいは右翼、保守、リベラル、進歩派などとレッテル貼りして「分極化した」というだけでなく、分断された各グループに沿うよう語り口を学んだり創造したりするのに懸命だった。報道機関は二一世紀最初の二つの選挙で保守派のうねりをほぼ見逃し、ティー・パーティ（茶会）運動や、後のトランプ主義の盛り上がりを、予測も理解もできなかった。同じく、その反転の動き、すなわち二〇〇八年のオバマ当選と、彼の二〇一二年の比較的楽勝な再選も一部の例外を除き予測できなかった。メディアは社会階層の変化が不可避的にもたらした結果だとほとんど簡単に片づけた。同様に、ヒラリー・クリントンへの反感の広がりも誤解し、あるいは少なくとも過度に単純化し、メディアはオバマへの反動、そして女性蔑視の表れであるようにみる傾向があった。二〇二〇年の選挙で多くの州で接戦だったことに対しても同じだ。選挙戦の結果がジャーナリストにとっても人々にとっても説明できないという衝撃的なものとなったとき、それはジャーナリズムの敗北である。

メディアの中には、公共広場への注視を意識的に広げていこうと手立てを取っているところもある。そうした手立ての一つが「報道コラボレーション」の増加だ。クリーブランド、オクラホマシティ、フィラデルフィアなどの都市で、互いに異なる読者・視聴者層を持つ複数の報道機関が、業務を合同で行いつつある。クリーブランドでは、一四の報道事業者が「クリーブランド都市圏・近隣コミュニティ・メディア協会」に参加する。ニュースをお互いにシェアし、会議の場をともにする。ある地域で何が起きているかを一つのメディアが知らせ、それにより別のメディアがその地元地域で似たニュースを追うことが可能になる。広告販売でも協力し、財団による助成金の出願も一緒に行う[44]。

こうした協働から、メディアの在り方が分断的であることが、一方で多元的にもなり得るという希望も生まれる。私たちは生き生きとした民族系報道機関、強力な黒人メディア、ユダヤの報道機関、カトリック報道機関、高度なプロによる近隣地区メディア、他にもいろいろあってほしいと思う。しかしそれらがばらばらである必要はない。重点が異なる諸メディアのジャーナリストが交われば、コミュニティ全体が情報を得られる。

クリーブランドの一四のコミュニティ・メディアから、最も力がある報道や、最も大切なニュースを集めたニュースレターやアプリを想像してほしい。ぱっと開いて見るのは、自分の主たる属性に関連するメディア――例えばクリーブランドのヒスパニックに向けたメディア、といった――だけではないかもしれない。中国語、アラビア語メディアや、街中の近隣情報ニュースレターやその他から集められた記事の見出しが目に入ったり、中身に触れたりするかもしれない。

新聞は誰もが行く総合ストアで、各ページに誰でも興味を持つものが何か載っているよう努める、という時代は過ぎたかもしれない。が、コラボレーションという考えは、紙面スペースの分け合いというデーブ・バーギンの考えのデジタル時代版に近いかもしれない。これには手間がかかる。だが私たちはチャンスを見いだせる。

ほかにもチャンスを見いだす者はおり、地元情報の発信源を多数取りまとめたニュースレターや携帯アプリを始めたスタートアップ事業者たちもそうだ。一例が６ＡＭシティで、主に米南東部の中規模都市に主眼を置く会社だ。これらの都市の多くにもともとコラボレーションがあるというわけではない。しかし今なお多くのニュース発信源がある。そして人々は、情報供給を取り仕切ってくれるメディアを評価しているようだ。こうしたやり方が、結び合う民衆という在り方もまた取り戻してくれるということまでは分かっていないかもしれないが。

全国レベルになると、このような取り組みはずっと厄介になる。〔保守派の〕『ナショナル・レビュー』と〔リベラル派の〕『ニューヨーク・タイムズ』が協働するのは想像しがたいし、ＦＯＸニュースとＣＮＮもそうだ。それでも情報の取りまとめサービスは全国規模でも存在する。さまざまな記事があるのだから、保守派の「ディスパッチ」が、リベラルメディアから面白いと思った記事を載せてもいい。左の『ネーション』が逆をしてもいい。

しかし、特に全国レベルでは、その逆向きに強い力が働いている。ますます多数のメディアがひしめく環境で、〔読者・視聴者の〕注目が誰にとっても最も貴重な商品になった。これを手に入れ、維持するため、一部メディアは政治版センセーショナリズムに頼るようになった。恐怖を煽り、ステレオタイプを用い、対立意見側をはみ出し者としておとしめるのだ。

二〇世紀後半、重要な社会問題——公民権、〔抑圧的な性道徳からの自由を求めた〕性の革命、ベトナム反戦感情、移民、そしてグローバリゼーション——の報道で、伝統的メディアはしばしばこうした一般化と固定観念にはまり、過激なグループの広報担当者に依存した。ステレオタイプとレッテル貼りが社会の議論での共通言語になり、これらの立場がどの程度広く支持されているのか、そもそもどういう意味なのか、メディアが立ち止まって考えることを不可能にする。多くの点で、報道機関が二〇一六年大統領選の初期にドナルド・J・トランプを候補者として持ち上げたこと——テレビにおあつらえ向きな、しかし勝つことはない候補者として——は、この種のセンセーショナリズムの一例だった。

最も情熱的で、仕掛けも整った関心事は多くの声を集め、それこそが「社会一般の声」であるように見せることもできるウェブの開かれた文化で、過激化と分極化の傾向は増大するばかりだ。その文化の中でプラットフォーマー企業が利益を得てきた。彼らが言う「有意なエンゲージメント」すなわち「いいね」や「シェア」の価値を持ち上げ、そうすることで過激主義者の雄弁術がはびこる場所を作り出した。拡散力は広告収入を増大させた。その一方で、プラットフォーマー企業は報道としての、また市民としての責任を免《まぬが》れ、しかもそれこそが市民の美徳であるかのような説明に努めた。実際には、彼らは二本立ての空虚なスローガンである「言論の自由」「開かれたウェブ」

（もしウェブが全ての人に開かれていれば、真実や市民としての対話が自然と実現するという考えだ）を隠れ蓑にしていただけだった。そうやって彼らは両概念とも無邪気に、あるいは身勝手に、おとしめた。言論の自由を定めた憲法修正条項が禁じるのは、議会が言論の自由を制限することであって、営利企業が言論の自由を使って金稼ぎをすることは禁じていない。

　これらの企業はほぼ独占企業であり、彼らは規制のほぼない業界で強欲なやり方をすることで、インターネットも、そこからの収入も、実質的に支配することを可能にした。これらの企業が開かれたウェブにかつてどんな価値を見いだしていたとしても、今は、企業として収入を確保し成長し、株主価値を築くため必要な勢いに飲まれてしまっている。

　同じように、ＳＮＳでの議論は手が加えられていないから何となくリアル、あるいは本当の人々のものに近いと想像するのも間違いだ。これは幻想である。米国人のごく一部しかＳＮＳで積極的に活動していない（ピュー・リサーチセンターのデータによれば、二〇一九年、インターネットが使える米国人のわずか二二％しかツイッターを使っていない。ツイッター投稿の八〇％はツイッター利用者の一〇％で占められていた）[45]というだけの理由ではない。ピュー・リサーチセンターが一年にわたりツイッター上の議論を閲覧し、一方で、そこで出た同じ話題について社会の人々に質問して得られた回答の科学的サンプルを作成し、両者を比べると、ほとんど無関係だった。ＳＮＳ上に表れている感情は何かを反映しているのではなく、その時々、何か怒っている側があればそれに支配されることが多いのだ[46]。

　こうした一連の問題は、アンダーソンが言ったように、人々を理解する上でまた新たな難問となる。ここに、ジャーナリズムの果たすべき責任がある。私たちの新しいジャーナリズムが民主社会の市民のために機能するものなら、人々への理解を促していかなければならない。その理解によって複雑に結び合う民衆が統治を行う上で鍵になる、一種の妥協が可能になる。

新しい課題

インターネット時代の初期、未来は規模の大きさが鍵を握ると考えた伝統メディア企業は多かった。そこで起きたのが、合併や吸収の波だ。そしてこうした集中戦略のほとんど全てが失敗に終わった。これらの企業が合併するとき、彼らの関心はジャーナリズムから遠ざかりはじめ、営業上の利益へと移っていった。ある意味、自分たちの存在理由が責務から遠ざかり、利益に向かったのである。

二一世紀となり、今**メディア**という単語が示すものは、コンテンツはほとんど作り出さないのに、前世紀のメディア企業のどこよりも大きく力のある企業だ。これらの企業はジャーナリズムが歴史的に自任してきた社会への貢献や、責任追及の報道を約束したことはまずない。二〇一八年段階で、二つの企業――グーグルとフェイスブック――は米国のデジタル広告収入一ドルあたりほぼ六〇セントを支配してきた。[47]アマゾンも入れればこの数字は七〇セントになる。ウェブが成熟してくると（概ね無規制のまま）、それは米国の歴史で最も独占された産業となった。グーグル、フェイスブック、アップル、アマゾンは大半の国家よりも金があり、力も持つようになった。彼らが企業としての私利私欲により、民主主義の利益を無視するようになったのも驚くに値しない。

ライターのダン・ギルモアはグーグルの力があまりに大きくなり、この企業は実質的に「インターネットの大君主」であるとの考えを示した。[48]また、ライターのレベッカ・マッキノンはグーグル、フェイスブック、そして他の数社が私たちの生活に対して大きな力を握り、事実上の国家君主として機能していると主張した。「私たちの安全、娯楽、そして物質的な快適さに対する欲求は巧みに操られ、私たち全員が自発的に、熱心に、隷属を申し出るまでにさせられている」。彼女は次のように呼びかけて締めくくる。「私たちには責任がある。デジタル権力の濫用者の責任を追及しよう。その推進者、協力者もだ。もしそれをしなければ、ある朝目覚めて私たちの自由が跡形もなく崩れ落ちていたとしても、責めるべきは自分たちということになるのだ[49]」

これらの企業は地理的な場所と関わりを持たないし、市民活動の舞台とも、国家とさえも関わりを持たない。この事実の持つ意味を考えると、ニュース作りの背景にあるはずの、市民社会の一員としての企業とか、企業の社会的責任といった考え方はより一層あやしいものになる。

『ビッグの終焉』著者のニコ・メレのように、これらの大きな企業は短命ではないかとの見方を示す人もいる。ネットワーク化された経済の状況からみると、新しい変革を生み出すには、緩やかにつながる個々人の持つ機敏さのほうが有利という。私たちはそこまで確信が持てない。事実に基づくなら、米国に先立って欧州各国が導入しつつある規制強化や、さらには企業分割の方が、彼らの力を抑制することになるのではないか。しかし仮にメレの言うことが正しかったとしても、現状ではこれらの大きな企業の後に取って代わるのも別の短命の、やはり巨大企業だろう。新しいメディア経済のお金であてにされるのはストックオプションと株式公開であり、参入と撤退を繰り返すようなものにますますなっていくかもしれない。ならばこの世界で、企業の責任や価値観という考えは時代遅れとなり、無意味にさえ思える。

もしニュースの伝達経路を握る会社がニュース事業を買収したり、あるいはニュースを自ら制作したりするようになれば、ニュース事業部門子会社はその独立性を維持するため闘い、抵抗することになろう。だが歴史が示すのは、彼らは少数者の地位に苦しむということだ。ジャーナリズム研究者ジェームズ・キャリーはこのことを、ウェブ時代初期に懸念した。「私たちは一九三〇年代のこと、鉄鋼、化学産業が欧州のジャーナリズムを買収し始めたときのことを考える」。これは、ファシズムの台頭に対する欧州報道機関の態度を変えた出来事だ。軍国主義は良いビジネスだった。キャリーは米国のジャーナリズムが「エンタメビジネスに買収され始めている――それとネット通販業界にもだ。今のエンタメとネット通販は、一九三〇年代の鉄鋼、化学産業にあたる」と懸念する。[50] それから二〇年が経ち、エンタメ企業の内部資産とするためにニュース企業が買収されることはなくなっている。衰退する市場における価値下落中の商品だからだ。これを買うのは残された資産を根こそぎいただこうというヘッジファンドとみられている。

報道の自由という考えは、独立性と、多様な声に根ざす。米国の建国者たちは、政府の検閲から自由でいられる報道機関だけが真実を語れると考えた。これを近年に当てはめれば、この自由はさらに、その他の政党、広告主、ビジネスなどの機関からの干渉も受け付けないことを含む。ニュースの経済的破綻がもたらした副産物の一つが、報道機関が独立した機構としてあることに対する脅威だ。ニュースがかつてのようにビジネスとして独立採算できないというだけでなく、その制作もまた、他の商品との一体化（ブルームバーグニュースの金融端末レンタル）や、政治的な動機との一体化（社会運動グループによる、彼ら自身のジャーナリズム制作）が進んでいる。そして、テクノロジーは情報や意見がかつてなく自由に流れるようにした半面、その中で進む報道職場の縮小は、責任追及を旨とするジャーナリズムの衰退を意味した。これが現実であり、全市民が懸念すべきことである。

となると、問うべきはこれだ。ジャーナリズムは過去三世紀半にわたりその目的として掲げてきたことを、二一世紀にも続けられるか。

この問いへの答えは、まずジャーナリズムの目的は何かを明確にすることから始まる。次に来るのは、ニュース報道をする者が私たちの立場に立ち、ジャーナリズムの目的を守るために必要な原則について、理解することである。

第2章

真実——最も大切で最も分かりにくい原則

ジョン・F・ケネディ暗殺の数日後、大統領の職を引き継いだリンドン・ジョンソンは、国防長官を呼び出した。地球の反対側の一万マイル離れた小さな国、ベトナムで何が本当に起きているのか知りたかったのだ。ジョンソンは副大統領として聞かされていたことなど信じていなかった。自分自身で情報を知りたかった。当時の報道によれば、南ベトナムの状況はクーデターによる政権交代から直近までの数か月で悪化してしまっていた。どの程度悪いのか。国防長官のロバート・マクナマラはサイゴンに飛び、全ての将官から話を聞き、さまざまな戦闘地域を視察して回った。

マクナマラは帰路、タンソンニャット空港で記者会見した。敵の行動は静まっていると発表し、「今後一年になし得る前進について楽観している[1]」と述べた。翌日アンドルーズ空軍基地に到着したマクナマラはヘリコプターでホワイトハウスに向かい、ジョンソンに直接報告した。その後、ホワイトハウス記者団に短くコメントし、その中で大統領とのやりとりについて説明した。「私たちは、一九六四年〔この翌年〕の作戦をめぐり、南ベトナムによる計画、またわが国の軍事顧問団による計画を詳細に検討した。それらは成功すると考えるべき十分な理由がある。成功させると決意している」。当時『ワシントン・ポスト』の編集主幹だったベンジャミン・C・ブラッドリーは何年も後に言っている。「そして、世界はそれ以上は何も、長官の視察についてもジョンソン大統領への報告についても、耳にしなかった[2]」

八年後、『ニューヨーク・タイムズ』と『ワシントン・ポスト』はベトナム戦争について指導者たちが本当に知っていたこと、考えていたことに関する政府の秘密記録文書を報道した。後に「ペンタゴン文書」と呼ばれることになる文書の山の中には、その日マクナマラが大統領に報告した本当の内容もあった。「非常に憂慮すべき状況だ」と、マクナマラはジョンソンに秘密メモで警告している。「現在の趨勢が二、三か月以内に反転しない限り、よくても無力化に至る」と、膠着状態を意味する当時の用語を用いて記し、「それ以上に共産主義国家となる可能性が高い」。つまり一九六四年の早い時期にベトナムで米国が完敗するというのである。南ベトナムの新政府は「決断力はなく迷走を続けている」。それを支援する米国のチームは「指導力を欠き、情報が不足し、共通の計画に従って動けていない」。敵との戦闘状況は「地方において七月以来、我々の認識よりはるかに悪化している」。

衝撃的な評価であり、マクナマラの公開の場での発言と全く逆だった。米国市民が知っていたどんなことよりも厳しく恐ろしい内容だった。

ベトナムの状況が厳しいことは現場の記者たちにとってミステリーというようなものではほとんどなくなっていた。マクナマラが大統領に情勢報告した二日後、『ニューヨーク・タイムズ』のデービッド・ハルバースタムは現地の状況について詳しく評価する記事を書いた。ベトナムでの戦いは「重大局面」に達したと、一年三か月の同国滞在から戻ったばかりで記したのだ。彼の書いた内容はある意味、マクナマラの秘密メモとそっくりとさえいえる内容だった。[3] しかしハルバースタムの記事の出典は匿名情報源であり「西側のベテラン観測筋」というぼかした表現や、名前のない「政府関係者」という言葉が使われていた。UPI通信社の記者ニール・シーハンはさらに踏み込んだ。国防長官マクナマラのベトナム訪問に関する彼の記事は、同長官が南ベトナムの指導者たちに対し、状況がどれほどひどいかを容赦なく突きつけたことを示すものだった。しかしシーハンの情報源もやはり名前を伏せられており、ジョンソン大統領に対してマクナマラが示した現状評価がいかに厳しいものだったかについては触れておらず、あるいは把握していなかったようだった。

ブラッドリーは二〇年後に問うことになる。マクナマラが本当に考え、大統領に本当に伝えたことが「〔「ペンタゴン文書」が報道で明かされた〕一九七一年ではなく、一九六三年に世に出ていたなら、どうなっていただろうか」と。[4]

私たちは毎日、**真実**や**嘘**、**正確**や**誤謬**という言葉を使っている。これらの言葉に何か意味があると考えている。マクナマラは記者会見で**嘘**をついた。「ペンタゴン文書」は彼が本当に考え、ジョンソンに報告した内容の**真実**を明らかにした。報道機関は、マクナマラが記者会見で話したことを正確に報じた。何人かの記者は、マクナマラは発言内容より、実際はもっと懸念しているのではないかという感じを、名を伏せた情報源を用いて、伝えようともした。しかし、マクナマラが記し大統領に伝えた真実に、記者たちはたどり着かなかった。八年後に「ペンタゴン文書」報道はセンセーションを巻き起こし、その大きさは、ニクソン政権が連邦最高裁を使って彼らの報道を止めようと企てた――そして失敗した――ほどであった。戦争はマクナマラが予測した敗北が最終的に起きるまで、なお一〇年間続いたのだった。

過去三〇〇年にわたり、報道のプロフェッショナルたちはニュース――人々が世界について意見を持てるようになるため用いる、間接知識――を伝える役割に必要な一連の原則や価値観をざっくりとまとめてきた。それらの原則の最初に来るべきものはこれだ。

ジャーナリズムの第一の責務は真実である。

このことには全面的に意見の一致をみる一方で、途方もない混乱もある。ジャーナリストは真実を伝えなければならないことには誰もが賛成するだろう。だが、「真実」の意味について人々は混乱しているのだ。

私たちがピュー・リサーチセンターと憂慮するジャーナリスト委員会の協力で一九九九年、ジャーナリストたちにニュースでどういう価値が最重要だと考えるか質問したとき、一〇〇％が「事実を正しくつかむこと」と答えた。[5] それから二〇年後、アメリカ・プレス研究所はＡＰ通信やシカゴ大学国内世論調査センターとの共同研究で、この数字が変わっていないことを明らかにした。調査を受けたジャーナリストの実に九九％が、「事実の裏付けを取り、正しくつかむこと」が「極めて重要」または「とても重要」と答えたのだ。[6] この責任感に変化はなかった。

私たちの調査に協力する大学が実施した長いインタビューで、ジャーナリストたちは新旧メディア問わず圧倒的に、第一の責務として「真実」と答えた。[7] 公開討論では、イデオロギーのあるジャーナリストたちさえ同じ答えをした。「言いたいことは、客観的にはなれないということ。最初からある程度バイアスをもっているからだ」と、〔文化や市民活動に軸を置く〕オルタナティブ週刊新聞『ウェストワード』編集者のパティ・カルフーンは言った。「だが必ず、正確さ、公正さ、そして真実を追究することはでき、その追究は終わらない」[8]

情報の真実性を求めることは基本だ。ニュースとは、人々が自分で立ち入れない世界を知り、考えるために使う材料だから、その質で最重要なのは有用性と信頼性だ。明日は雨か。この先渋滞か。わがチームは勝ったか。大統領はなんと言ったか。知ることで生まれる安心安全の感覚は、真実であってこそであり、それがニュースの真髄だ。

真実に対する基本的な欲求は強いもので、生まれつき備わっているとの証拠がある。「はじめに言葉ありき」は新約聖書ヨハネ福音書の出だしだ。最初期のジャーナリストたち――文字ができる前の社会のメッセンジャーたち――は物事を正確、確実に記憶することが期待されていた。それが必要でもあった。というのもこれらメッセンジャーが伝えるニュースには生命に関わることも多かった。族長たちはとりわけ、丘の反対側の部族が攻撃してくるかどうかについての正確な情報を必要とした。

抑圧的な社会では、真実を正確に言葉で示すことは軽視される。現代においてポストモダンの学者が行うように（理由は異なるが）。中世、修道士は真実には等級が実際にあると考えていた。最高級の真実は聖書の神秘的解釈に関する真実で、どのような出来事が天地万物の運命を示すものか、たとえば天国はあるのか、だ。次が道徳的真実で、どのような出来事が私たちに生き方を示すのか。それに続くのが教訓になる真実で、どのような出来事に意味があるかを示す。最後に、最低位にあり、最も重要でないのが、何が起きたかについて正確に語ることだ。ある一四世紀の祈禱書は、今のポストモダン研究者やハリウッド・プロデューサーが言いそうな論理を用いて説明する。「歴史上の真実かフィクションかはどうでもいい。この事例それ自体に意味があって提示されているのではなく、その意義が重要だからだ」[9]

現代にあって、政界人が同じような考え方にとりつかれ、公人の世界では世間にそう思わせたことが真実になると説くことがよくある。一九六八年、リチャード・ニクソン周辺の政治工作員は選挙で自分たちの役割を大きく見せるためにこのような考えを称揚した。これはビル・クリントンやミット・ロムニーに至る幅広い政治家の工作員たちも行ったことだ。[10] 二〇〇四年には、ジョージ・W・ブッシュの顧問を務める匿名人物が記者のロン・サスカインド（『ニューヨーク・タイムズ・マガジン』の）に対し言っている。「［ジャーナリストたちは］われわれがいう、現実ベースの社会の住人だね……世界は実際にはもう、そんなふうには回っていない……われわれが動けば、われわれの現実を生み出すのだ。君たちがその現実を調べている間……われわれはさらに動き、別の新しい現実を生み出す。それを君たちはまた調べるのだよ」[11]。それから一二年後、ドナルド・J・トランプが大統領に当選し、気に入らない発言には何でも意図的に「フェイクニュース」のレッテルを貼り、記者たちを「国民の敵」と表現するのだった。

情報支配のツールがここまで強い時代はなかった。テクノロジーは、もっと真実が知られ、もっと寛容な世界というユートピア的な希望を与えながら、今や政界高官らにＳＮＳプラットフォームで嘘をついて何のチェックも受けないですむ力を授け、外国政府に選挙妨害と偽情報発信をさせている。二〇一三年、米新聞五一紙の記者が投稿したツイートを分析した研究では「政治家の発言は市民の一二倍ツイートで引用され、また、政府官僚の発言とあわせると、発言引用の七五％を占めた」[12]という。新たなコミュニケーション・テクノロジーによって人々の心が、特定の利害につながるメッセージをこれほどまでに浴びていることが示された。

もし報道が、有力者の言うことに反した不都合な事実を発信すれば、今の指導者たちはかつてないほど多数のツールを手に、自らこしらえた「オルタナティブ・ファクト」を伝える。[13] これを彼らがたびたび繰り返して述べれば、そっちの方が優勢になる。大統領として、ドナルド・トランプは事実に反すると証明されている主張をあまりに何回も繰り返し、『ワシントン・ポスト』はファクトチェックがまるで効かない政治目的の嘘のための新カテゴリー「底なしピノキオ」を創設したほどだ[14]（「ピノキオ」は『ワシントン・ポスト』がファクトチェックに使う単位で、事実に反する度合いを「〇～四ピノキオ」のように示す）。

繰り返しがものをいう。嘘を何度も繰り返し聞けば、耳になじみ、真実らしく聞こえるようになる。ハンナ・アーレントは政治目的の嘘について言っている。「嘘が現実よりもずっと真実らしく、ずっと理性に響くことはよくある。嘘つきはそもそも聴衆が何を聞きたいと願い求めているか知っているという点で、非常な優位に立っているからだ。人々が受け止めてくれるよう注意深い目で準備し、信じられるようにこしらえるのだ[15]」

しかし、単純な話はだいたいどこかおかしい。ある日の出来事を正確に知れば、その中にはだいたい必ず、道理との矛盾や食い違いがあるものだ。アーレントが言うように「現実とは、気持ちを落ち着かせない性質を持ち、私たちが心構えをしていない予想外のことをぶつけてくる」のである。

民主主義理論の誕生とともに近代的な報道機関が生まれ始めたとき、真実であり正確であると約束することはジャーナリズムの最初期のマーケティングにおいても力を発揮した。イングランドで最初に確認できる一般新聞は、「最良の、最も確かな情報に」基づいているとうたった。フランス最初の新聞の編集者は、事業が国有であるにもかかわらず、創刊号でこう約束した。「このことは誰にも譲れない――真実をつかむ私の努力は」。正確さに関する同じような約束は、米国、ドイツ、スペイン、ほかのどこでも見られる[16]。

米国が英植民地だった時代のジャーナリズムは、エッセイと事実の不思議なミックスだった。船舶や貨物の情報は、正確だった。政治をこき下ろす場合はそこまでではないが、こちらは厳密な情報というより論説や主張であることは明らかだった。スキャンダル売文屋として悪名をはせ、アレグザンダー・ハミルトンやトーマス・ジェファーソンの性関係を暴いたことで有名なジェームズ・カレンダーも、話をゼロから創作することはせず、事実に噂を加味したものを売っていた。[17]

一九世紀、政治の支配から逃れたジャーナリズムは、初めて大衆を読者として得るために、ある部分ではセンセーショナルな犯罪、スキャンダル、スリルの追求、セレブへの敬愛に頼った。しかし同時に、普通の人々に向けてやさしい言葉でニュースを書くこともした。新聞の政党離れが一八三〇年代の『ニューヨーク・サン』に始まり、一九世紀末、ジャーナリズムは人気と評判の新たな絶頂に達した。ウィリアム・ランドルフ・ハースト、ジョセフ・ピュリツァー、そしてイエロージャーナリズムの時代だった。だがイエロー・プレスの王様たちでさえ、読者には内容を信じていいと保証することを目指した。その訴えが必ずしも受け入れられたわけではないとしてもだ。ハーストの『ニューヨーク・イブニング・ジャーナル』は、捏造よりもセンセーショナリズムの罪が重いのだが、街で最も真実を報じる新聞だとうたった。ピュリツァーの『ニューヨーク・ワールド』は「正確さ、正確さ、正確さ」というモットーのもとに運営され、通常言われるよりは信用がおけるものだった。[18]

読者にその内容を信じていいと保証するため、ピュリツァー〔ジョセフ・ピュリツァー(一九一一年没)の息子ラルフ〕は一九一三年、『ニューヨーク・ワールド』に「正確・公正局」を創設した。一九八四年の『コロンビア・ジャーナリズム・レビュー』の記事でカサンドラ・テートは、『ニューヨーク・ワールド』による難破船報道のパターンに同紙の初代オンブズマンが気付いた経緯について書いている。記事はどれも生き残った猫の話を紹介していたのだ。そのオンブズマンが記者に対し、この気になる一致について問うと、こう言われたという。

これらの難破事故の一件では船に猫がいて、乗組員が戻って助けた。私はその猫の話を自分の記事の中心に取り上げ、他の記者たちは猫に触れなかったため、彼らはしてやられたということで社会部の編集者たちにしぼられた。次の難破事故が起きたときには船に猫はいなかったのだが、船の取材を担当した記者たちは事を起こしたくなくて猫の話を入れた。私は記事を書いたが猫の話は入れていないため、やられたということでひどく叱責された。それで今や船の難破事故があれば私たちは全員猫の話を入れるわけだ。[19]

これが皮肉なのは、もちろん、この脚色は何より事実らしさを演出するためにほどこされたということだ。

事実らしさか真実か

二〇世紀初めまでに、ジャーナリストは事実らしさと事実——または正確性、真実——が同じだとはそう簡単にいえないと気付きはじめた。一九二〇年、ウォルター・リップマンは著書『自由《リバティ・》とニュース《アンド・ザ・ニュース》』で**真実**と**ニュース**を同等の言葉として使った。しかし一九二二年、『世論』の中ではこう述べる。「ニュースと真実は同じものではない……ニュースの機能は、ひとつの出来事を目立たせること」、つまり人々が気付くようにすることだ。「真実の機能は、隠された事実を白日の下に出し、それらを相互に関係づけ、現実を描いてそれに基づき人が行動できるようにすること」[20]。一九三八年には既に、ニュースが実際のところどれほど真実であり得るのか、ジャーナリズムの教科書が疑問を呈し始めていた。[21]

それから五〇年、ときには政治イデオローグ、ときにはポストモダン脱構築論の研究者による数十年の論争と主張を経て、事実を意味ある文脈に入れ、その真実を報じるなど誰にもできないと否定する主張が一部から出てくるに至った。認識論に基づく懐疑が、芸術、文学、法律、物理から歴史まで、私たちの知的生活のあらゆる面にはびこり始めた。コロンビア大学の歴史学者サイモン・シャーマは「究極的には見ることができ、実証的な検証もできる真実という確実なもの」は死んだとの見方を示した。[22]

デジタル時代の中、こんな考えを示す人もいる。私たちが真実だと考えていたのは、単に限られた既得権益層の発信する意見を、少数が牛耳る報道システムが仕掛けて「総意」になったものに過ぎない。それは変化し得るし、私たちが想像するようなしっかりしたものでは全くない、と。「真実とは、ある特定の主張を信じる気にさせる、という評価のことだ」と論じるのは、ニューヨーク大学教授のクレイ・シャーキーだ。[23] これらは全て、ドナルド・トランプが大統領になり、ジャーナリズム、事実、科学、実証的調査に基づき判明したことに対して、国の指導者が米史上最も持続的、組織的、連続的に攻撃する事態を米国が経験する以前のことである。

つまり真実というものの存在を疑う主張は、前からあるのだ。真実は複雑すぎ、ジャーナリズムにせよ何にせよ追究などできそうにない。あるいは、おそらく存在さえしていない、私たち一人一人が主観的だからだ――。これらは興味深い主張だ。多分ある種の哲学的なレベルでは正しいのだろう。だが、それでいいなら私たちがジャーナリズムと呼ぶものはどうなるのか。「真実」という言葉は日常会話で使うのはいいが、真剣な検証には値しないものなのだろうか。

明らかにいろんなレベルがある。ジャーナリストでメディア批評家のリチャード・ハーウッドは、この本のための調査の初期に私たちが開いた公開討論の一つで言った。「『ニューヨーク・タイムズ』の記者が先日、ニューヨーク・ジャイアンツがアメフトの試合で二〇対八のスコアで負けた——と伝えた。さてこれは真実の小さな断片だった。しかしなぜジャイアンツが負けたのかという記事であれば、異なる一〇〇通りもの伝え方ができる。それぞれ、異なるレンズを通して書かれ、そのレンズはステレオタイプや個人的な好みにより曇りが生じている」[24]。ハーウッドの見解は、先の疑問に取り組む上でなかなか良い出発点になる。

私たちは事実のスタートとなる説明——その試合のスコア——を越え、もっと背景事情も含む理解に進みつつあると思うわけだが、どこまで進むことができるのか。こう言い換えてもいい。ジャーナリズムの真実に対する責務とは、何を意味するのか。

通常、この問いに答えようと努力しても、セミナーとか哲学の世界とかでは、混迷して終わる。一つには、こうした会話は通常、現実世界に根ざしていないからだ。「真実」が本当に存在するかという哲学的議論は語義論で行き詰まる。

もう一つには、ジャーナリストたち自身が、真実であるという意味をどう捉えるのかについて、あまりはっきりしていないという理由がある。ジャーナリズムはその性質上、何かを受けて動くものであり、実務的なものであって、哲学的でも内省的でもない。こうした論点についてジャーナリストの考えを書いた真面目な書物は豊富にはなく、その数少ない書物も大半のジャーナリストは読んでいない。ジャーナリズムの理論は学術の世界に任され、報道人の多くは歴史的にジャーナリズム教育の価値を低くみて、仕事の実際を通じて身につけるのが唯一の学びの場だと主張してきた。高く尊敬され思慮も深いテレビネットワークのジャーナリスト、テッド・コッペルはある時言い切った。「ジャーナリズムスクールは、明白かつ完全に時間の無駄」と[25]。

どのように真実にたどり着くかについて、ジャーナリストたちによる従来の説明は、インタビューやスピーチからの安直な引用であったり、もっとひどいのになると宣伝スローガンから取っていた。雑な比喩を使うことも多くあった。報道機関は社会の「鏡」だと言ったのはラジオテレビ報道幹部協会元会長のデービッド・バートレットで、一九九〇年代によく言われた言葉を繰り返したものだ。ジャーナリズムは「その日の情熱を映し出すもの」とは、高名な著述家でテレビネットワークのキャスター、トム・ブローコーが私たちの調査に協力する研究者に述べたことだ。ニュースは「その日最もニュース価値があるもの」なら何でもだと、あるCNNのプロデューサーは言った。[26]これらの説明では、ジャーナリストは受け身に見えた。出来事を記録するだけで、調査したり、選択したり、編集したりはしない。[27]まるで彼らは真実がパン生地〔が発酵するとき〕のように、自分で立ち上がってくると考えているかのようだった。ジャーナリストは真実を発見するための技術や手法を擁護せず、そういうものの存在を否定しがちで、まして自分の判断に主観的な経験、文化、年齢、ジェンダー、人種が何かしらの影響を与えていることはなおさら否定するのだった。

秘密主義か理想主義か無能なのか、何にせよジャーナリストが自分たちのやっていることの意味を丁寧に説明しないなら、市民からすれば報道機関は何か思い違いや隠し事をしていないかと疑うことになる。これが、ジャーナリズムの客観性をめぐる議論が空転しやすい一因となっている。客観性という語があまりに誤解、歪曲され議論が迷走するのだ。

説明しないことはまた、別の問題の一因にもなっている。デジタルの先駆者たちが作る時代において、専門職としてのジャーナリズムは否定されがちという問題だ。先駆者たち自身は、ジャーナリズムという自分たちが混乱させている対象について考えてみてはいる。だが彼らが思い描くジャーナリストは、だいたい言われたことをそのまま書くという仕事であり、乱雑な情報源リストを持ち、正確であるためのバランスについてかなり雑に考えているというものだ。だがジャーナリストたちの、大半とは言わずともその多くは、もっと真っ当だった。にもかかわらずジャーナリストたちは自分たちのことを説明する言葉に乏しい。ましてジャーナリズムに関する標準的な説明法などまずないし、ジャーナリズムを説明する書物となるともっと少ない。

第4章の事実確認に関するところで詳しく論じるが、本来客観的と考えられたのはジャーナリストではない。ジャーナリストの用いる手順である。しかしながら今日、ジャーナリストが自分たちのしていることを丁寧に説明してこなかったこともあって、客観性について私たちの理解は現段階では大きく混迷、混乱している。多くの人々は、この本で既に触れ、後に詳しく述べるように、客観性を中立性の意味だと誤解している。

多くの人が混同しているとはいえ、ジャーナリストたちは自分たちのことを、単に言論の自由だけを求めるのでも、あるいは商売だけを考えるのでもなく、真実の追究を目指していると考えていることはまず間違いない。そうでなければならない——それが、彼らに社会が求めることだからだ。

そして、後に見ていくように、「ジャーナリズムにおける真実」は単に正確である以上のことだ。これは、選択と整理のプロセス——最初の情報がもたらされ、それを社会の人々と、メディアに発信する立場の人々と、そしてジャーナリストたちが互いにやりとりする中での——をいう。ジャーナリズムの最初の原則、すなわち無私に真実を追究することは、ジャーナリズムと、他の形態のコミュニケーションとの根本的な違いである。

ジャーナリズムにおける真実

この選択と整理のプロセスを理解する上では、ジャーナリズムは社会のつながりの中に存在することを覚えておくことが大切だ。市民と社会は、必要に迫られたとき、出来事についての正確で信頼できる記述を頼りにする。そして「実際に用いるための真実」とでも呼ぶべきものをつかむ手順や手立てを発達させる。事実に基づいて、警察は容疑者を捜し、逮捕する。裁判官は公判を開く。陪審は評決を下す。産業に規制がかけられ、税が徴収され、そして法律が作られる。私たちは子どもたちに規則や歴史、物理、生物を教える。これら全ての真実——科学の法則さえも——は見直しを受けることもあるが、そうであっても今は、それらに基づいて活動する。それらが必要であり、また、実際に使えるものだからだ。

これが、私たちのジャーナリズムが追わなければならないもの——実務的な、実際に用いるための真実である。絶対的な、あるいは哲学的な意味での真実ではない。化学式における真実でもない。私たちの日々の活動を可能にするための真実を、ジャーナリズムは追究することができる。そして追究しなければならない。「私たちは、陪審員たちが公正な評決を下せると予測するのはおかしいと考えない。教師が誠実な授業をすることも、あるいは科学者が先入観を持たずに研究することもおかしいとは考えない。それなのに愚か者であるジャーナリストたちには低いゴールを設定する、などということがあっていいだろうか」と、当時『ニューヨーク・タイムズ』編集者だったビル・ケラーは私たちに言った。「真の客観性があり得ようがあり得まいが——そんな話のために私たちはここにいるんじゃないと思うが……私たちは、読者が自ら判断をするために十分な情報を提供することをできる限り目指し、報道に邁進する。それが私たちの最高の理想だ」[28]

このことが示すのは、ジャーナリズムとはただ正確さにこだわり、名前や日付を間違えないということだろうか。それで十分か。現代ジャーナリズムの多くは物事の解釈を提供する性格を強めており、ならばノーだ。正確さだけが取り柄のジャーナリズムでは、この時代の市民社会の役には立てない。

そもそも、正確さだけ、ということ自体が、一種のゆがんだ発想だ。古くは一九四七年、ジャーナリズムの責務を概観した文書を何年もかけてまとめた学者グループであるハッチンズ委員会は「事実としては正しいが、内容的には真実でない」ことを報道する危険について警告した。[29]そのころでさえ、同委は有色人種の人々に関する記事が背景事情の説明を欠いていたり、人種や民族を意味なく強調していたりして、誤ったステレオタイプを強めてしまう例を挙げていた。「事実関係を正しく報道するだけでは、もはや十分ではない。その事実に関する真実を報道することが、今必要なことである」と、同委は結論づけた。

ただ正確さだけというのはまた、人々が求めているものでもない。ジャーナリストのジャック・フラーは著書『ニュース価値《バリューズ》』で、真実には二つの基準があるという哲学者たちの想定がどのようなものか説明している。一つは合致性、もう一つは一貫性だ。この二つの基準はジャーナリズムでは、大まかに言うなら、前者は事実を正しくとらえること、後者は事実の意味を解くことだと解釈される。両者のうち一貫性が、ジャーナリズムにおける真実の究極基準でなければならないとフラーは断じる。「過激な懐疑論者が何を主張しようと、人々はなお、意味というものを情熱的に信じている。人々は全体像を求めるのであって、部分像だけを求めるのではない……分極化した議論には飽きているのだ[30]」

常識からも、同じように考えられる。市長が園芸クラブの昼食会で警察を賞賛したという報道は、不適切に、さらには愚かにすらみえる――もしも警察が汚職問題を起こし、紛糾中だったなら。あるいは、この市長のコメントは明確に政治的言い回しを込めていて、彼の批判者による最近の非難への返答として発したものだったなら。あるいは、その市長は根拠のない噂やゴシップを伝えた過去があるのだったなら。

正確さはどうでも良いとか、あるいは事実かどうかは全て相対的で論争のネタの一つでしかないとか言いたいわけでは全くない。その反対で、正確さこそ基本で、他のあらゆるもの、背景、解釈、論争、全ての社会的コミュニケーションは正確さの上に築かれる。基本に欠陥があれば、残り全てが駄目になる。対立者が論争するとき、間違った数字や、完全な偏見に基づいて主張がされていたなら、それは物事を伝えるとは言わない。怒りをあおっているだけだ。社会を動かさない。私たちがジャーナリズムに求める真実、あるいはジャーナリズムから期待できる真実とは、出来事の最初の記述に始まり、時を経ながら築き上げていくプロセス、言ってみれば理解に向けて続いていく旅だと理解すれば分かりやすく現実的になろう。

例えば、最初にニュースで記述されるのは、新しい状況や動向について知らせるものだ。これは何か簡単な報道で始まるかもしれない。事故、会議、怒りを呼ぶ発言などだ。詳細は乏しく、短い速報の形で入ってくるかもしれない。事故の日時と場所、被害内容、車のタイプ、逮捕、天気や道路状況の異常、要するに事案の外形だ。これらが記録され調べられる事実関係となる。まずは事実の裏付けを取ったら、ニュース報道に当たる者は、今度はその意味について、公正で信頼してもらえる説明を伝えるべく努力しなければならない。現段階では正しいといえる内容でも、今後更に精査していくことになる。

このことをジャーナリストのカール・バーンスタインは記者たちが「真実の、入手可能な最良のバージョン」を提供しようと努力するのだと表現した。[31] ジャーナリストのハウイ・シュナイダーはこれを「条件付きの真実」と呼び、新たな情報が入れば修正されるものだとした。『ワシントン・ポスト』の基本方針はユージン・マイヤーが一九三五年に記したものだが、「突き止めうる限り、真実に最も近い真実」を伝える、と表現している。[32]

一人の記者が最初に記述する内容は、表面的なレベルでの正確さ以上のものにはなり難い。とりわけその記述がブログや速報や「実況」報道であればそうなる。それに、これら最初の記述は、分かっていることが少ないだけに、ゆがみや不正確さを非常にはらみやすいものだ。

しかしニュースは作って終わりの製品ではない。最初に伝えたことに次が積み上げられ、そこでは新たに詳細が分かり、取材を受ける人々がそれに反応し、報道機関は初期の誤りを訂正し、分かっていなかった要素を追加する。次に伝えたことに、さらに次が積み上げられ、と続く。次々に積み重なる中に背景の説明も加えられていく。もっと重要で複雑なことであれば、論説面、ブログ、ＳＮＳのやりとり、関係者の公式反応なども続いて加わり、公共公開の場でも私的な場でも会話が幅広く展開する。こうした実際に用いられる真実は形を変えていくもので、それは物事の学習と同様、洞窟の鍾乳石が時を重ねて一滴一滴のしずくで成長するようなものだ。

真実とは複雑で、ときに矛盾もある事象だが、これを時間を積み重ねるプロセスだとみれば、ジャーナリズムも真実に到達できるものだ。最初は情報に混ぜ込まれたあらゆる誤情報、偽情報、あるいは自己宣伝目的の偏向を取り除く。次に選択と整理のプロセスが続き、それにコミュニティが関われるようにする。常にそうだが、真実の探究は会話の形になる。

以上のように捉えれば、**真実**と**虚偽**という言葉について私たちの日常での使い方と、哲学論争の実験皿で分析するときの用語法とを、調和させやすくなる。この捉え方は、よく言われる鏡とその反射という粗雑な比喩よりも、ジャーナリストたちにとって自分たちの仕事の本能的な理解に近い。

私たちは真実を終着点、それもどうみても捉えにくい終着点と理解する。そしてなお、それを大切にする。私たちはそれを、アルバート・アインシュタインが科学は真実を扱うのではなく、私たちの知識から間違いを減らすことを扱うと言ったのと同じ意味で大切にする。人生の現実とはそういうもの、つまり私たちは努力し、それに完全な到達はないものなのだ。歴史学者のゴードン・ウッドは歴史を書くことについて言った。「歴史の記録は断片的で不完全であり、歴史学者たちがその解釈をめぐって最終的な同意に至ることなどあり得ない、ということは誰でも理解できる」が、それでもなお「観測可能で、実証的な検証が可能な、過去についての客観的な真実」の存在を信じているものだと。それを信じすぎだと言うべきではない。実生活の中で、誰かが正しい判断に近づいたとき、その情報源が信頼すべきものであるとき、その調査が徹底したものであるとき、その手法が可視化されているとき、そのことは分かるものだ。あるいはウッドが言ったように「歴史家は真実の全体、最終形を示すということはできない。しかしある者は他の者よりそれに近く、完全なものに迫り、より客観性があり、より誠実であることが、彼らの書いた歴史の中に示される。私たちはそれらを見ればそのことが分かるだろうし、分かってきたのだ[33]」ということになる。

報道の仕事や公人の生活をしたことがある人は非常に似たことを言う。真実の完全バージョンに近いニュースを手に入れることは、本当に大きな意味を持つ。出来事が起きて最初の数時間、正確につかむことが最も困難な時期は、正確性がおそらく最も大切だ。情報が示される文脈が人々の考え方を形成する――ときには頑固なほど――のはこの時期だ。自分にとって脅威になるか。自分にとって良いことか。自分が心配すべきことか。これらへの答え次第で、新しい出来事を自分はどの程度詳しくウォッチしようとするか、事実関係に裏付けをどれほど求めるかを決める。ジャーナリストとして長い経歴を持ち、カーター政権で広報担当の国務次官補を務めたホディング・カーターは、政府が人々の考え方に最大のコントロールを利かせられるのがこの期間だと話した。「三日間重大な横やりがなければ、出来事の背景事情を政府が決めてしまい、その出来事について人々がどう受け止めるかコントロールできる」[34]。インターネット研究者のダナ・ボイドも同じように、出来事が形を見せつつあるときこそが、悪意のある者が事実でない情報、事実でない物語を持ち込み、それらを検索の上位に持っていくことも含めて最大の影響力を与えることができる時期であることを明らかにした。そうしてこれらの企てが、出来事に興味を持ち調べようとする人たちの認識を形作る[35]。

　デジタルの時代が、実際に用いる真実、条件付きの真実を探り出そうとするこのプロセスに、様々な方向から圧力を掛けている。第一の圧力は速さだ。ニュース取材において、速さはほぼ常に正確さの敵となる。報道しようとする人が事実をチェックする時間が減る。これが原因となり、常に報道を流しているケーブルテレビニュースチャンネル（CNNやFOXニュースなど）は、放送テレビチャンネル（NBC、CBS、ABC）が夕方の決まったニュース番組のため数時間かけ報道内容を精査できるのに比べ、誤った情報を報道しがちだ。全ての報道機関がツイッターやその他ネット上にリアルタイムでニュースを投稿するようになったことで、ケーブルテレビ同様のこんな危うい立場に身を置くことになる。

　もし、最初の記述が不完全だったり、記者の思い込みに影響されていたりすれば、批判者がメディアの偏りに反論を出す動きはもっと速いものとなる。考えてほしいのが、二〇一九年にリンカーン記念堂で起きた、コビントン・カトリック高校の生徒たちとネイティブアメリカン高齢者とのやりとりの動画が拡散した件だ。ほとんどが白人の男子生徒——特に、トランプ支持の「アメリカを《メイク・アメリカ・》再び偉大に《グレイト・アゲイン》」という赤い帽子をかぶったニコラス・サンドマンという名の少年——たちが、高齢のネイティブアメリカンであるネイサン・フィリップスに嫌がらせをしている場面を示すとみられたこの動画を、『ワシントン・ポスト』も『ニューヨーク・タイムズ』も、その他も報道した。別のビデオや報道から、真実はもっと複雑だったことが示された。フィリップスが生徒に近づいたのであり、その逆ではなかった。そして全くの第三者であり、トラブルによって知られる「ヘブライ・イスラエライト」〔新宗教潮流の一つ〕の人々からなる団体が、全員を挑発したように見えた。初期報道が一つの観点〔トランプ支持の少年がネイティブアメリカンに嫌がらせをしたというもの〕だけを示したとき、SNS上では保守的な感情が渦巻き、これはトランプの主張――報道メディアは反米的な虚偽偏向記事を伝える連中というもの――を証明しているとの見方を示した。テクノロジーによるリスクの一例だ。記者たちが推測に動かされたり単に急ぎすぎたりして出来の悪い初期報道をすることが、既存の対立感情の炎をさらに煽る原因になってしまうのだ[36]。

このほかの圧力として、自動化技術や、プラットフォーマー企業の価値観がある。SNSプラットフォームに組み込まれたアルゴリズムが、事実重視、穏当、真実と思われるコンテンツよりも、センセーショナリズム、論評、そして誤情報とみられる感情的コンテンツのほうを目立たせることがよくあることを、研究者たちは発見している。計算社会心理学の研究者、ウィリアム・J・ブレイディが同僚とともに二〇一七年、ツイッター投稿五〇万件の拡散を調べたところ、ツイートに精神的あるいは感情的な単語が一つ使われるごとに、拡散力が二〇％高まることが分かった。同年、ピュー・リサーチセンターは同様の発見をした。フェイスブック投稿のうち「憤然とした不同意」を表したものは、他のタイプの投稿に比べ、二倍のエンゲージメント（いいねやシェア）を得られたのだ。アルゴリズムが選ぶものはだいたい、ユーザーをフェイスブックにかかりきりにする一方、全体的な現実感覚のゆがみを引き起こす。さらに悪いことに、プラットフォームの設計自体が、市民にもジャーナリストにもこうした動きを引き起こすようになっている。イェール大学の心理学者、モーリー・クロケットが発見したように、反応やリツイートを求めるデジタル空間は、通常の人間が憤怒にかられた応答を避けるために取る対応、たとえば熟慮する時間とか、他の人の表情を見てみるとかの余裕をほとんど与えない。[37]

この憤怒に動かされた感情はニュースの受け取り方にも影響する。二〇一八年、『ニューヨーク・タイムズ』の調査メンバーは、記事中のいくつかの単語が読者にどんな感情を引き起こすかを計測した。「憎悪が読む人を増やす。私たちの誰も認めたくないほどに」と、営業部門の一人が雑誌『ニューヨーク』の記者に話している。[38]

三つめの圧力は、批評と主張への指向が強まっていることだ。論争をするとき人が集中するのは人々を説得したり、自分の主張が通るような事実を選ぼうとする。情報の提供ではない。そのため、何かを訴える人は自然と、自分の主張が通るような事実を選ぼうとする。時がたつにつれ、アルゴリズムに取り上げられやすいものを知り、その点でもうまく行くよう、怒りを煽る部分を作る。これら全てにより、重要な点がジャーナリズムの仕事――第一印象が正しいか調べ、異なる見方に共感を示し、背景事情を加えてもっと完全、公正にし、何が起きたか真相を探り、そして事実の最も完全な理解にたどり着こうとする仕事――とは大幅に違うところに移ってしまう。

ネットワークにつながり開かれたメディア環境にあるということは、より多くの噂、より多くの誤情報が公開の場で伝えられるということもまた意味する。利用者の混乱もより大きく、報道機関への圧力もより大きくなる。

それに加え、ドナルド・トランプやその政権の一部による、事実を馬鹿にする態度や誤った噂を広める傾向があり、他国の権威主義的な指導者たちの多数もまた似た姿勢を取る。二〇一六年にトランプが共和党の主導権を握った後、彼は人種差別的な考え、陰謀論、誤りと既に判明している主張、事実でない噂を常態化させて、自分の支持基盤を活性化したりスキャンダルから注意をそらしたり、批判者を脅したりするため用いた。ファクトチェックされると、むしろその嘘を二倍も三倍も繰り返した。嘘も繰り返せば信じる人が出てくる、少なくとも真実に疑問を感じるようになるという信念を自ら証明しようとしているのだ。トランプが事実を見下し、それによって政治的成功を収めたことは、民主的共和政治においては人々も政府官僚も事実に基づいて行動するという考えに対し、一人の米国大統領が臆面なく広範な攻撃をしたことを示している。それはリンドン・ジョンソン政権下のベトナム戦争や、リチャード・ニクソン政権下のウォーターゲート事件でみられたいかなる問題をも上回るものだ。この不誠実さが残した負の遺産は整理に何年もかかるだろうし、回復に計り知れない時間を要するボディブローとなった。しかし、私たちはこのダメージは癒えると信じる。伝染病や戦争など現実の問題がもたらした実際の事態を解決するには、事実を必要とするからだ。

真実と正確性に背こうとする圧力はまた、デジタル時代に生まれた、別のプラスの方向に作用するものによりバランスが保たれている。インターネットは自動的に自己ファクトチェックが働くだろうという夢想家たちの考えは明らかな間違いだったが、市民同士の対話に、より多くの意見がもたらされ、事実確認のプロセスが強化される可能性があることは事実だ。今、ファクトチェックをする世界中の人たちがメーリングリストに集まり、事実に反する主張を検証しようと互いに助け合っている。[39]

新しい技術が生まれ、写真が加工されていないか、ある出来事のものという画像が本当はどこか別の時間、場所ではないのかを突き止められる。そして大衆が、初期のウェブ熱狂家のダン・ギルモアやクレイ・シャーキーが予言したとおり、出来事のファクトチェックを助ける市民監視員として機能している。政治演説の最中、ツイッターや他のプラットフォームで人々は不正確なところをほぼリアルタイムに指摘しシェアしている。コロナ禍の最中、トランプ政権から誤導的な情報が発せられると、医療専門職の人々が訂正をし、大統領自身がこの感染症にかかったときにはトランプの担当医による矛盾した発言に対処した。

ネットは力強く、奥深いが、選択と整理のプロセスが常に効果を発揮する——一部の人が言うようにインターネットは「自動清掃機能付きオーブン」になる——とみるのは、依然として無邪気な考えだ。既に述べた速さだけでなく、さまざまな別の要素が邪魔になる。分断化されたメディア文化の中で、既に述べたように、自ら選んだ興味と情報源で満たされた自分だけのバブルの中で活動する人が増えているかもしれない。情報を得るための情報源が一人一人ばらばらとなり、私たちが集まる場の中心、すなわち基本的な事実に関する共通の理解が欠けているかもしれない。出来事の最初の記述は常に最も重要で、急いで作られたものほど不正確になりやすい。先述したように、悪意のある者は第一印象に偽情報の影響を与えることが効果を持ちうると知っている。問題はさらに私たちの、単純に新しいものに移る性質にもある。これこれについて必要なことは分かった、次に行こう、と決めてしまう。学生が授業を気持ち半分でしか聞かず、テーマのだいたいの感じはつかんだが、細部は一切分かっていないようなものだ。現実には、そうした学生たちに半分間違って理解しているということを知らせる期末テストは、私たちにはないというだけだ。

真実を知る必須の手順——事実の確認

さらに重要な意味がある。真実を得るには努力を要し、事実確認のプロセスに力を入れなければならないわけだが、その追究はジャーナリストと人々が互いに手を結び、伝統的なジャーナリズムの技術や信頼と、ネットワークで結ばれたコミュニティの力とを合わせた構造を作ることで、より強力に行える、というものだ。

このような協働情報分析のすばらしい例がいくつかある。イアン・トムリンソンのケースを考えてみたい。二〇〇九年四月、英国でG20会合への抗議活動のさなかに拘束された後、死亡した新聞売りの男だ。当初の警察の説明は、トムリンソンは歩いて帰宅中に心臓発作を起こし、医師らが手当てをすれば助かった可能性があったのに、抗議参加者たちが到着の邪魔となり、彼らに責任があるというものだった。翌日の『イブニング・スタンダード』――トムリンソンが売っていた新聞だ――は「警察に投石多数、瀕死男性の救助中に」という見出しを掲げた。

『ガーディアン』はこの見方に疑問を持ち、また同事件における警察の情報秘匿の徹底ぶりにも疑問を持ち、深掘りするため二つの手法を用いた。一つは伝統的な足で稼ぐ取材で、抗議活動を取材した記者のノートにある取材相手に当たり、目撃していた可能性がある人を割り出すこと。同紙はまた、誰かが偶然現場をちょっとでも目にしていないかを調べるため自社の写真を精査した。努力のかいがあって、目撃者一人が見つかり、トムリンソンが警察官の足元のところに倒れていた証拠になるとみられる写真が発見され、その場所は後にトムリンソンが再び倒れて死亡した場所から一〇〇ヤード離れていた。

二つ目の手法はインターネットを通じて読者に呼びかけるものだった。先に述べた写真は、トムリンソンが死亡前、警察官のそばに倒れていたことの証明に実際になると、同紙は四日間かけて結論づけた後、この証拠写真をネットに上げ、もっと事情を知る人がいないか呼びかけた。こうして同紙は、トムリンソンの死をめぐる状況に疑問を持つネット議論の一部に加わった。ツイッターを通じて『ガーディアン』記者ポール・ルイスは別のSNS、フリッカーにある写真アルバムを見つけ、そこにはトムリンソンの死に疑問を投げかける他の写真が含まれていた。しかしこれはすべて状況証拠で、ネット上の憶測を盛り上げはするものの不正行為の証拠とまでは言えないとルイスは考えた。言い方を変えると、大衆は、『ガーディアン』同様、気になってはいるのだが何が起きたかを本当に知っているわけではなかった。

そんな大衆の一人が、ニューヨークの投資ファンドマネジャーのクリス・ラジョニーで、抗議活動の時期にロンドンにいた。ラジョニーは大問題になると思われる動画を撮っていた。一人の警察官がトムリンソンを押し倒すところが映っていたのだ。これをユーチューブにアップすることも考えたが、考え直した。気付かれないかもしれない。反論を受けるかもしれない。前後の文脈が一切ない単発の映像で、聞いたこともない投稿主による動画だ。彼は、警察の言い分に対する追及でもっとも実績を上げてきたのは『ガーディアン』だったと考え、ルイスに連絡を取った。同紙は彼の説明を検証し、彼の動画を別の証拠と突き合わせ、そして八日後、警察による事実上のもみ消し工作を打ち破ってトムリンソンは警察官の行為の結果死亡したと立証した。

トムリンソン事件は、『ガーディアン』がそのとき「オープンジャーナリズム」と呼び、私たちが「協働情報分析」のジャーナリズムと呼ぶものの持つ相乗効果を示していると、ルイスは主張する。どう呼ぶにせよ、この手法はジャーナリストたちの持つ専門職意識、情報を持つ人とのつながり、そして人々の目撃や経験に基づく知識とが組み合わさったものだ。[40]

もっと最近では、伝統的取材と人々の協力とテクノロジーを組み合わせた協働情報分析の考え方を効果的に取り入れた例として、『ワシントン・ポスト』のピュリツァー賞受賞記者、デービッド・ファレントホルドの右に出る者はいないだろう。具体的には、ドナルド・トランプのチャリティ団体についてだ。トランプの財団がトランプの肖像画を購入し、それが彼の「ドラル・カントリークラブ」に飾られるという違法行為をファレントホルドがつかんだやり方は、改めて述べる価値のある実例だ。ファレントホルドはある朝、そういう肖像画が存在するという情報提供を受け、同時に芸術品向けグーグル検索という具体的な方法でそれを発見できるというヒントも示された。彼はグーグルのテクノロジーを使ってその肖像画がどんなものかを特定した。彼は次に、宇宙のように拡大を続ける自分のツイッターのフォロワーに目を向け、その絵が今どこにあるのか誰か知らないか尋ねてみた。もし、この絵が慈善事業ではなく商行為の場で使われていれば、法に違反する。

その時点でワシントンは午前一〇時だった。ファレントホルドをツイッターでフォローする一人の女性が、その肖像画がどこかのトランプ系ゴルフクラブに飾られているのではと考え、〔旅行ガイドサイトの〕トリップアドバイザーの写真から、そうした複数のクラブについて、利用客が投稿したものを調べ始めた。午後八時ごろ彼女はトリップアドバイザーの中の、マイアミにあるトランプの「ドラル・カントリークラブ」のページで、利用客が投稿した三八五枚の写真の中にそれがあることを発見した。その写真は二〇一六年二月付で、数か月前のものだった。ファレントホルドはフォロワーに向け、誰かこの肖像画が今もクラブのその場所にあるかどうか知らないか尋ねた。

マイアミのユニビジョン系地元テレビ局のキャスター、エンリケ・アセベドは、職場が「ドラル」のわずか数ブロック隣で、ファレントホルドの問いかけに応え、その晩クラブに一部屋予約することを決めた。夜中に仕事を終え、チェックインした。いったん入ると、彼は歩き回り、客室係や施設係に、その肖像画を見たことはないか尋ねた。ある人が、その時は閉店していた「チャンピオンズ・バー&グリル」に彼を入れてくれ、そこにその肖像画が飾られていた。アセベドは写真を撮り、それをファレントホルドにツイッターで送った。同記者が指摘するように、「チャンピオンズ・バー&グリル」が営業時間外に無料炊き出し所として使われているということでもない限り、トランプの財団が一万ドルで購入したその肖像画を、彼の営利企業であるゴルフクラブに飾ることは法に違反するものだった。「私がやったとしたら、仮にやれたとしても一年かかることを、一日以内で裏付けることができた」とファレントホルドは説明する。そしてこの経過は公開されており、完全に可視化され、その意味でどんな反撃にも耐えられるものだった。[41]

この参加型、あるいは協働型ジャーナリズムの目覚ましい特徴は、かつてジャーナリストたちが事実をつかむのに使ったやり方と比較してみると、追究の目的は変わっていない一方で、真実に至る方法はどれほど変わったかが分かるところにある。

五〇年前、サウスカロライナ州オレンジバーグで、公民権を求める抗議活動中に学生三人が死亡、二〇人以上が負傷する事件があり、警察は州兵との「銃撃戦」だったと説明した。『ロサンゼルス・タイムズ』記者で同紙アトランタ支局長だったジャック・ネルソンは銃撃を知った後、経緯を調べようとサウスカロライナに飛んだ。大半の記者たちは記者会見に集まったが、ネルソンは負傷学生二七人が手当てを受けていたオレンジバーグ地域病院に向かった。彼はジャケットの内ポケットに記者用メモ帳二冊を詰め、拳銃を装着したホルスターのふくらみに似せて、病院事務長フィル・メイブリーの部屋に入っていった。ネルソンは自分のことを「アトランタの支局《ビューロー》の者だが」と説明し、怪我をした学生たちのカルテを調べたいと伝えた。メイブリーはネルソンが連邦捜査局《ザ・ビューロー》（ＦＢＩ）のアトランタ事務所から来たものだと思い込んだ。ネルソンはその誤解を解くことをしなかった。

この真面目な病院事務長はカルテを自分の机の上に並べた。そこには、本当は何が起きたのかが示されていた。負傷した学生の大半も死者たちも背後から撃たれていた。つまり逃げようとしているところに一斉射撃を受けていたのだ。ネルソンはこのカルテの内容を目撃者への取材や他の公式書類で補強し、警察の説明が事実に反することを証明した。彼は自分の記事を隙のないものにしたかった。彼の報道は州警察が嘘をついていることを証明し、公民権を求める抗議活動に更なる勢いを与えることになった。[42]

ネルソンは目撃者が示した疑念からスタートした。『ガーディアン』のポール・ルイスや『ワシントントン・ポスト』のファレントホルドは取材に際して人々の支援を求め、そのプロセスの透明性を見事に保って仕事をした。協働して情報分析するネットワークを、人々が自分たちの力で発生させることが増えつつある。よくあるのは不正な行いの証拠を動画で提供する場合だ。それによりメディアは当局に回答を迫ることができる。ミネアポリスのジョージ・フロイド、ファーガソンのマイケル・ブラウン、ジョージアでジョギングしていたアマード・アーベリーの死（いずれも黒人男性が白人男性に命を奪われ、大衆的な抗議が起きるとともに、映像や目撃証言が報道された）は、ひたすら長い同種事例リストの中のたった三件だ。ここでのポイントは、ジャーナリストはかつてだいたい一人で働いていたということだ。今日、真実を探すジャーナリストは、私たちの真相解明の力を強化してくれる何百万人もの市民監視員とともにいる。ジャーナリストと市民監視員のどちらかがどちらかに取って代わるのではない。市民が真実に近づくため、一緒に働くのである。何年にもわたるこれらすべての事例で、真実とはプロセスにあった――しかしそれは、手に入る範囲にあるものだった。

真実を超える新規範がジャーナリズムに生まれるのか

長い年月にわたって、伝統的ジャーナリズムの内部にさえ、真実がニュースの実際の目的なのか確信が持てないという人たちも存在してきた。様々な時代の中で真実に代わるものを提案したジャーナリストもいた。その中で最もよくある二つが、おそらく、公正さとバランスだ。もし報道人が真実を知ることができないなら、せめて、公正でバランスが取れていなければならない。だがいずれの概念も、よく考えれば不適切だ。公正さは抽象的すぎ、結局は真実より主観的だ。公正とは誰にとってのことか。公正さをどうやって検証するのか。真実性は、大変困難ではあるにせよ、少なくとも検証することはできる。

バランスもまた、主観的すぎる。報道のバランスを取るため両方の側に公正になることは、もし両者の重要さが実際には異なる場合、真実に対しては公正《フェア》といえない。物事に三つ以上の立場があるという、よくあるケースの場合、どの立場を尊重するかをどうやって決めるのか。バランスは、それが形だけのバランスになれば、歪曲になる。両論併記主義では政治家の言い分をそのまま流すことになりかねず、そこでは報道機関は嘘や誇張の伝言者になってしまう。

それ以前の手順にも、テクノロジーが厄介な問題を起こしている。一九九〇年代終わりまで、私たちの本『ワープの速度《スピード》』で説明したように、ジャーナリストによる真実性の追究を揺さぶろうとさまざまな力が掛けられてきた。ジャーナリストたちのほとんどはその追究を忠実に行うと宣言し続けてきたにもかかわらずだ。ニュースの二四時間三六五日態勢がケーブルテレビに始まり、ウェブとともに発展して、ニュースはますます断片的に、部分的になった。かつてはジャーナリズムの原材料だったものが、そのまま人々に届けられはじめた。

読者・視聴者は細分化され、様々なニュースメディアがそれぞれ違うジャーナリズムの規範を採用するようになった。ぶっ続けニュースの文化において、最新情報を拾い上げようとするニュースチャンネルは物事を調べる時間が少なくなった。競争も速度も激しくなり、私たちが新たに「断言ジャーナリズム」と呼ぶものが現れ、より伝統のある「事実確認ジャーナリズム」を圧倒した。

「事実確認ジャーナリズム」は動きが遅く、物事を正しくつかむことをより重視していた（これについては第4章でさらに詳しく説明する）。ここでは、「断言ジャーナリズム」の記者たちは物事をよく調べることにあまり時間をかけないと述べておくにとどめる。ニュースの記述は、そのような場合、より正確な全体像に向けて積み上がっていくことはない。ただ移り変わっていくだけだ。あなたが知る内容は、いつチャンネルを合わせたかで決まった。ニュースは完成品から遠ざかり、原材料が流れ続けるものに近づいた。

「断言ジャーナリズム」はまた、ほとんど知られていないが重要な、ニュースのもう一つの変化の一部でもあった。取材相手とジャーナリストの力関係に変動をもたらしたのだ。ニュースメディアの数が急増したため、情報を出す側、つまり報道機関に話し人々に影響を与えたいと考える側が、彼らを取材するジャーナリストに対して相対的に強くなった。メディアの数が増えたことは、実質的に、情報の売り手市場〔取材を受け情報を出す側が有利な立場〕をもたらした。ニュースのネタを出す側にとっては、どのメディア、どの記者に話をしたいか、えり好みできる力を強めた。そしてまた、「断言ジャーナリズム」で好まれる形式は、編集の手を入れた報道、すなわち「パッケージ」ではなく生《ライブ》インタビューであり、これはインタビューを受ける側により大きな力を与え、誤魔化したり、逃げたり、誤信させたりできるようになった。ファクトチェックする時間はなく、背景を補う時間も殆どない。それをやると話をさえぎることにもなり、失礼に映り、しかも通常は結果に結びつかない。結局、生インタビューはニュース取材というよりパフォーマンスなのだが、この事実をまだしっかり分かっていないテレビ人が多すぎる。

ウェブの出現で読者・視聴者がさらに細分化され、数多く広がったニュースメディアは、その読者・視聴者の注目を得ようと競い合う。そうした中で、私たちが「肯定ジャーナリズム」と呼ぶ三番目のメディアモデルが急速に拡大していることも分かった。トークショー司会者のラッシュ・リンボー、ショーン・ハニティ、レイチェル・マドーらがその典型だ。視聴者に自信を与え、すなわち視聴者が思い込んでいることを肯定することで、彼らを引きつける。新しいメディアができ、新しい政治潮流ができれば、それを肯定する新しいチャンネルも出現可能になる。トランプ時代、私たちは「ワン・アメリカ・ニュース・ネットワーク」「トゥルーニュース」の出現や、「ブライトバート」「ニュースマックス」などいわゆるオルタナ右翼ウェブサイトの勃興を見た（これについても第5章でさらに述べる）。

つまりジャーナリズムは、オルタナティブ週刊新聞、日刊紙、地方テレビの夜ニュースなどで多少スタイルが違うにしても、大体は同じようなもの、取材するという点では変わらないと捉えられていたのだが、これが別の形のものに取って代わられつつあった。それらのうちの一つはスピードと便利さが基盤、もう一つは自信を与えることが基盤だ。違いは微妙なものではあった。こうした新手のメディアで働くジャーナリストの中にも、ニュースに対する価値基準が変化していることをほとんど分かっていない人がいた。ケーブルテレビのジャーナリストたちは、事実確認に重きを置いていていないことを簡単に認めなかった。やり方が違うだけだと思っていた。しかし分かっていてもいなくても、読者・視聴者の心をとらえるための中心軸がぶれたなら、それがどんなに微妙なものでも、倫理面では重大な変動があったことを意味していた。

インターネットによってさらにニュースの第四のモデル、「集約ジャーナリズム」が生まれた。「ビジネスインサイダー」「スキム」「ハフィントンポスト」といった報道機関、グーグルなど検索エンジン、そしてSNSの拡大によって、個々の市民自身もコンテンツを推奨したり紹介したりするが、コンテンツ制作に自分たちでは直接関係せず、内容の確認作業もしていない。グーグルはユーザーのために他人の制作物を集め、そのアルゴリズムは典拠の確かな記録に基づいて検索結果に順位を付けていると確信させ、地球最強の機関の一つになった。取りまとめが行われたニュース環境は濃密無比であることに疑いはない。一つの出来事について、数分間で多数の記事を苦もなく読み進められる体験は、深さ、背景、統御の感覚を得られ、かつての一本の記事を読む体験とはまるで異なる。

だが同じくらい知っておくことが重要なのは、私たちは今、〔雑多なコンテンツからなる〕分散型メディア環境で活動しており、そこでは報道機関もプラットフォームも、人々も、そして時にはジャーナリスト自身さえも、中身の保証はできないし、中身を保証するための努力すら何もしていないかもしれないものを伝達し、私たちはそれを何ら気にせず受け入れているということだ。事実かどうかを確認する負担は少しずつ、ニュースを伝える側から受け手の側に移ってきたのだ。

こうした脆弱さだらけの土壌の中にあって、私たちは陰謀論がはびこるのを目の当たりにした。たとえば、政府の高官たちには小児性愛者で悪魔崇拝者のカルトが深く食い込んでいると主張するQアノン、事実でないことを信じさせるよう仕組まれたディープフェイク動画、コロナ禍はマイクロソフト創業者ビル・ゲイツが利潤目的で作り出したとする「プランデミック」など事実に反する説、そして、こうした説を信じる人々のグループにアピールしたことも一因となって権力の座についたトランプのような政治家だ。

これらの圧力に加え、独自報道に尽くしてきた報道部門の人や金が減っていることも影響している。従来の仕組みなら得られた広告料も、デジタルの仕組みでは小銭にしかならない。この世界で、報道、編集、解説に初期段階で間違いがあれば、それが原罪のように永久に残って私たちに影響し続ける。

今、ジャーナリズムにおける真実は

真実を求める本能は今日も重要であり続ける——が、より大きな圧力を受けている。マウント・ホリヨーク大学の歴史学名誉教授ピーター・ビーレックは、ネットワーク化され接続された世界において、真実追究に尽くすグループの価値はますます高くなると主張する。「これ以上勇敢なことは思いつかない」とビーレックは述べる。「何度失敗したとしても、事実をつかもうと挑み、現実はどうなのかを伝えようと挑む。少なくとも、完全にではないにせよ、現実を説明することはできる。現実は、あなたが信じなくても、消えるものではない」[43]

そして再び、テクノロジーが私たちに二つの異なる方向の圧力をかけている。実際には、情報が増えるほど真実追究は大変だ。しかしそれを経ることで、私たちが到達する真実はより正確になりやすい。問題は真実を伝えるプロセスにすさまじく手間がかかり、難しいものになっていることだ。これを、情報時代における知識のパラドックスと呼ぶことにする。情報が供給過剰な量産品になれば——取り入れる情報が非常に増えるのに——知識を得ることはより難しくなるのだ。知識を得るにはより多くの情報をふるいに掛け、つなぎ合わせ、整理しなければならないからだ。それにより得られる情報はより深くより良いものになるかもしれないが、よりつかみづらく、そしてより専門的なものとなりやすい。そんなものを得るエネルギーが誰にでもあるわけではない。

このパラドックスは今日、何が真実か知る上で最もやる気をくじき、能力を損ねそうな矛盾であり、また、民主主義に脅威を与える圧力の一つだ。エッセイストで学者のナシーム・タレブは著書『ブラック・スワン』で、いま人々の前に豊富な情報が存在することは、実際には物事の真実をつかむ上ではプラスでなくマイナスだと論じる。これほど多量の複雑な情報があることを踏まえてタレブが主張するのは、私たちは道筋を見つける頼りにしたくて、先入観や偏向にしがみつきがちだということだ。私たちはまた何かの専門家としての経歴の中で身につけた専門的な手法を採りやすく、そのことで偶然や想定外の出来事とその説明には対応できなくなりかねない。「問題は、自分の考えというのは捨て難いことだ。いったん一つの説を持てば、考えは変えにくい。だから説を展開するのは後回しにする人の方がうまくいく。薄弱な根拠に乗っかって自分の意見を作り上げれば、意見と食い違う情報が後から出てきて、その新情報のほうが明らかに正確なとき、解釈に困るだろう」[44]

タレブの意見は、なぜ人々が今日、自分の考えを支えてくれる嘘や陰謀論を信じがちなのかについて、基本となる考えを示す。

これは、本当にあったことは何かを人々が知るため、その力になりたい側にとって、存在をおびやかす難問だ。メディアが対立する見方を報じて不快な不協和音が生じれば、物事に焦点を合わせる力は下がる。声がガンガン響き合うのを冷静に見るのは難しくなる。もしウィンストン・チャーチルの「嘘は地球を半周する、真実がパンツをはく前に」が正しければ、進化したテクノロジーはそれを加速させただけのことだ。[45]マサチューセッツ工科大学（ＭＩＴ）の研究者たちによる二〇一八年の調査によれば、実際にフェイクニュースは真実のニュースより六倍速く拡散する。この数字では、情報をもっと速く拡散させるボットの存在も研究担当者が考慮に入れて算出している。[46]なぜ二一世紀の新しい政治党派的ジャーナリズムである「肯定ジャーナリズム」が一部の読者・視聴者にはより強くアピールするのか、まさにこれによって説明できる。「肯定ジャーナリズム」は話を簡単にする。世の中はもっとややこしいものなのに、選り分けたり手を掛けたりせずともすっきり整理する手段になる。また、安心感を与えてくれる。私たちの心の空間を片付けてくれる。新しい党派的論者たち、例えばショーン・ハニティ、タッカー・カールソン、ドン・レモン、ローレンス・オドネル、あるいは多数のイデオロギー的ウェブサイトも、自分たちこそ物事の解説者だという印象を読者・視聴者に与える。

私たちに必要なのは、急いで解釈することではなく、何が本当に起きたのかをまずはっきりさせるというジャーナリズムの存在を確固たるものにすることだ。つまり前後の文脈と事実確認に集中するジャーナリズムだ。情報源、根拠、そして報道すると決めた判断などを含め、作られた過程に透明性があるニュースを目指していかなければならない。噂、匂わせ、情報操作を取り除こうと、外部にも分かる努力をしているジャーナリズムを求めていかなければならない。つまり必要なジャーナリズムは「これはなぜ信用すべきか」を私たちが言えるものだ。「これに同意するか」ではない。そして、ジャーナリズムが透明性を保ち、ニュースがどのように作られたかを受け手に考えてもらおうとするほど、受け手は何が信頼できるニュースかを情報に基づき判断するスキルを高める。

要するに二一世紀のジャーナリズムに私たちが求めることは、二〇世紀に求めていたことと、考え方や機能の面ではそう変わらない。しかし、ジャーナリズムの姿かたち、その提供のされ方、ジャーナリストが目的を果たすために行う日常業務は大変異なる。この本の中では、他の何をおいても、次の考え方が重要だ。ジャーナリズムの根本となる機能、人々に果たすべき任務は変わらず、それゆえにジャーナリストたちが目指す目的、ジャーナリズムの条件も変わっていない。真実は、今も同じようにこれらの目標の第一であり、最重要なものだ。しかし、これらの目的を達するためジャーナリストがどう行動するかは、著しく変化せずにいられない。

新しいジャーナリズムは、自分たちのコンテンツだけが唯一、読者・視聴者の目に入るものだと考えてはならない。出来事を説明する至高の博識者のように振る舞うこともできない。私たちは他にもっと断片的な情報をリアルタイムで既に見ていると考えておかねばならない、しかしそうでない場合にも備え、出来事の一貫した説明を独自に作成し提供することも欠かせない。既に出回っている誤った情報に気を配り、是正に取り組まなければならない。誤情報が言論界で反響を呼んでいると考えられるときは、特にそうである。誤情報にいつどう対処するかの戦略を持ち、嘘を意図せず広めることのないようにしなければならない。

もっと簡単に言えば、最良の新しいジャーナリズムは言論界の競争に加わるにあたり、これまで以上に深い報道を行い、透明性がなければならない。誤情報を与えられた読者・視聴者のため、彼らの記録を修正しなければならない。他の言説がはっきり答えていない疑問に答えていかなければならない。読者・視聴者に耳を傾けて理解することを任務とし、読者・視聴者がどう情報を処理するかの科学を理解しなくてはならない。人々が物事を知るのを助けなければならない。単に情報を提供するのではない。

一方で、この新しいジャーナリズムでは、直接の読者・視聴者を超えたところにまで影響が伝わる。同じ出来事に関して、他で作られたニュースにも影響と変化を与える。制作するのがマネジメントにたけた人なら、社会の人々に対する影響を強めるだけでなく、他のニュース制作者、ニュースアナリストにも影響を強めるよう、マーケティングにかつてより力を入れるだろう。

ジャーナリズムを作り、提供するこの新しい方法について、今後の章で説明していく。しかし全ては、ネットワーク時代の新しいジャーナリズムであっても、真実という基礎の上に築かれなければならないと心得ることが出発点となる。そして、真実は情報源が増えれば自動的に現れると思い込んではならない。真実の追究は、知性に基づく規律と緊張を要するプロセスだ。記憶力も要する。

議論がどんどん先に行くからといって、誤情報の問題を忘れないようにするためだ。新しい世紀に、この必要性は低下することなく高まっている。真実でないものが現れる可能性が非常に大きくなっているからだ。

真実が広まるようにするため、ジャーナリストは自分たちの第一の忠誠が誰に対するものか、はっきりさせなければならない。次はこれを取り上げる。

第3章

ジャーナリストは誰《た》がために働く

ほとんどの仕事には、その責任を果たしたかどうかを示すかなり直接的な指標がある。普通、成功は金額で測られる。弁護士、医師、実業家、そして多くの上級管理職のボーナスは、仕事でどれだけお金を生み出したかにかかっている。

ジャーナリズムの担い手の場合、価値をどう測るのが一番良いか。

ジャーナリストたちは長年、その仕事の質に対する非常に主観的な判断に基づいて評価されてきた。記者が送り出したニュースの数もそのいろいろなものの中に入っているのだろうが、これは持ち場によって決まってくるし、上司は——編集者たちということになるが——それにより評価を受けるものでは必ずしもない。

二〇世紀末、新しい動きが生まれた。この業界は成熟しており読者・視聴者は増やせないという見立てから、業界内では効率や利益を気にする動きが強まった。そして報道の最高責任者の成績基準を、部下たちが作り出したコンテンツの質よりも報道部門の収益性に置くようになったのだ。それまで広告や販売の担当役員に行っていたことである。報道担当役員の成績や報酬額を決める基準の中で、仕事の質の要素が占める割合は半分かそれ未満になっていった。ボーナスは、少なくとも責任者たちに対しては、彼らの会社がどれだけ利益を上げたかに大きく基準を置くようになった。[1]

こうしたビジネス志向の仕組みが、報道部門のマネジメントの新しい理論となった。名目上はともかく実質上は、二〇〇〇年までに米国のジャーナリズムのトップは実業家に変貌させられた。新聞の編集局トップの半数は、キャリアの三分の一以上をジャーナリズムでなくビジネス関連で過ごしたとの調査がある。[2]

この目標変更は少なくとも望ましい効果はもたらさなかった。報道職場のトップをコスト管理者にしてしまったことは、報道業界ぐるみで激動期への適応に失敗した一例だった。全員が利益と株価の最大化に集中するようにしたことで、ニュース企業に堅実な守りの気質が広がり強まっただけだった。そのことは革新的なものを作るよりも、収益を守る姿勢に集中して現れた。報道責任者たちにとって、社内で公益性を訴えることや、リスクやコストが大きく当面の収益性を損ないかねない実験的報道を推進する難しさは増した。メディア経営者や役員たちは「報道部門の文化を吹き飛ばす」企てを大っぴらに話すようになった。その文化は営業上の業務命令に抵抗するものだからというのだ。このようなニュース企業の文化の変化が、市民のニュースへの信頼やつながりが低下した原因として調査結果に現れた。偶然の一致ではない。人々はニュースを公益事業であるよりビジネスと見始めた。業界がビジネス目標と報道責任者たちの給料とを結びつけたまさにそのときのことだ。

あるいは大して関係ないかもしれない。守りの姿勢が革新を阻み、より多くの優れたデジタル人材がニュースではない別の業界に流出したことも、どのみち起きたことかもしれない。しかしニュースを作り出す人々に求められる責任が、そのジャーナリズムの質でなく稼いだ利益に変わる動きのタイミングは、業界にとって収入を守ることより何を作り出すかの新構想が求められる、まさにそのときだった。

他方、視聴者が新しいプラットフォームに移ることで収入源が変わるという転換は、テレビニュースにも起ころうとしている。視聴者がケーブルテレビと縁を絶ってストリーミングに全面移行するとき、テレビニュース番組とのつながりは大きく損なわれる。四〇歳未満の視聴者には既に広く起きている流れだ。

今、ネット化されたニュース環境で、ジャーナリズムとして成功したかどうかを判断するのは以前よりさらに厄介だ。多くの新興メディアが求めるのはまず読者・視聴者の獲得とブランド作り、つまり注目を得て認知されることだ。収入を生み出すことはそこまで求めない。そこでイノベーションはもっとも刹那的で無意味な計測方法、つまりページ閲覧数を求めて進む。そして、それを生み出す手法であるセンセーショナリズム、速さ、過激主義の発言、性搾取、そして物議をかもす論議にも向かう。ティックトックでは「やってみた」のたぐいが、記者が手間暇かけて市の水道の重大問題を明らかにした仕事より閲覧数を稼ぐということはよくある。CIA（中央情報局）やNSA（国家安全保障局）を取材する調査報道記者で、匿名を求めることが多い情報源を守るため自分自身も目立たぬ存在でいるような人は、映画やセレブの話題でテレビやブログに積極的に登場して、ツイッターでも注目を集める映画評論家と、SNSでの自己宣伝を競おうとは思わないはずだ。

ウェブの指標について考えようとする多くの人が、ジャーナリズムのより良い物差しは「影響」だと考えるようになっている。ページ閲覧数、ユニークビジター数、サイト滞在時間が錯綜して相反する意見を生み、評価会社も各社相反するデータを提供する。そんな数字の泥沼の中にありながら、ジャーナリズムに価値があるかどうか、そしてブランドを築いていけるかどうかの基準を、「民主社会にどれほど良いことをしたか」で測ることができるのだろうか。これを問う新しい議論は非常に理想主義的なものになる。そしてこの論議を進める人たちは、ジャーナリズムの責務は複雑なものであってどんな指標を使っても間接的にしか測れず、検討の入口にしかならないと簡単に認めてしまうのだ。

今、別のもっと前向きな圧力もかかっている。ジャーナリズムのビジネスモデルはこれまで広告だったのが、消費者からの直接収入（有料購読、会員制、寄付）に移りつつあり、ウェブ上での価値をどう測るかも変わっている。良い方にだ。ページ閲覧数はあまり重要でなくなりつつある。一つの記事が読者のブランド愛を生み、シェアされ、購読契約や新しい購読者と結びつくかが重要性を増している。この点はすぐ後でまた説明するが、消費者からの収入にシフトすれば、ジャーナリズムの任務とジャーナリズムのビジネスとが、新しく力強い方法で足並みを揃えることになる。報道人が良いジャーナリズムと考えるもの——深みがあり、新しい問題に挑んだ独自報道で、伝え方もうまい——が、同時に事業存続のためにもなる、ということが、何世代かを経て初めて見えてきた。

結論はどうなるにせよ、ジャーナリズムの仕事の価値をどう評価するかという問題に取り組めば、基本的な問題の核心に行き当たる。私たちは前章で、ジャーナリストは真実を追究しなければならないという考えを打ち立てた。しかし、ジャーナリズムを実際に担う人が真実にたどり着くには、そしてその真実を、市民たちに信じてもらえるように社会に伝えるには、どんな条件が必要か。その答えが、ジャーナリズムの二番目の原則である忠誠だ。

報道機関が多くの関係者の声に応えるものであることに誰も疑いは持たない。成功する報道機関は地域の諸機関、地元の人たちのグループ、親会社、株主、広告主、その他多くの利害を考慮し、それらの役に立たなければならない。新聞社主たちが一九世紀に少しずつ理解するようになったこと、以後様々なテクノロジーを使った報道も含めニュース発信者たちが何世代もかけ大変苦労して練り上げた考え、しかし後に二〇世紀には強圧の中で忘れるようになったもの——それは、組織の中でニュースを作る人々（その最終的な動機が利益、名声、コミュニティ作り、権威、読者・視聴者への接触、あるいはそれらの組み合わせのどれであるにせよ）には、他の何よりある一点への忠誠がなければならないということだ。この献身性が、ジャーナリズムの二番目の条件を形作る。

ジャーナリズムの第一の忠誠は、市民に対するものである。

市民への献身は、プロフェッショナルの自己満足にとどまるようなものではない（ここでもう一度、私たちは市民という言葉を法律上の意味でなく、市民の権利と責務を背景とし、法的地位や在留資格にかかわらず公共の一員という意味で用いる——消費者、読者・視聴者、あなたが金を稼ぐ材料として注意を引こうとする誰か、ではなく市民ということだ）。人々に対するこの献身は、ジャーナリズムの制作を行う者と、それを消費する人々との間に結ばれる盟約を意味する。そしてこの献身は、ニュースを制作する者に対し、その仕事に偽りがないことを証すよう求めるものだ。この献身は、場合によっては市民たち自身にも及ぶことがある。市民たちがコンテンツをシェアしたり作ったりしている場合、その自分は何者か、なぜそうしているのかを、透明性をもって開示するということでもあるからだ。誰が出すのであれ、ニュースを出すことの目的が理解されてこそ、例えば映画レビューは率直で、レストランレビューは広告主の影響を受けておらず、報道内容は私利のためでなく、友人やスポンサーや政治仲間のため曲げられてもいない、「この仕事は実は一種の隠れ蓑で真の目的は表向きと違う何かだった」などということはない、と読者・視聴者に分かってもらえる。

たとえオーナーの他の金銭的利益、資金支援者の政治信条、広告主の製品に差し障っても、ニュースを報道する者が真実を掘り起こして伝えることは邪魔されない――これが、ニュースを正確さのみならず、説得力をもって伝えるための前提条件である。見たり聞いたり読んだりしたニュースを、市民はなぜ信じてくれるかの基盤はそこにある。自分たちが誤解させられたり嘘をつかれたりしないと分かるからだ。つまり人々に対する忠誠心は、ジャーナリズムの担い手を自任するどんな報道機関も持てる最も大切な財産なのだ。これはニュースの内容に信頼をもたらす。他方でそのメディアの広告の信用性も増す。そのウェブサイト上で読者が行うネット支払いは安全に見える。収益につながるイベントが、参加価値のあるものに見える。これはまた、広告内容をもっと強力に届かせるための新しい試み――「ネイティブ広告」と呼ぶにせよ「スポンサード・コンテンツ」と呼ぶにせよ――が決してニュース事業の信頼を損なう形式を取ってはならないということでもある〔「ネイティブ広告」「スポンサード・コンテンツ」はいずれも記事形式での広告。ただし報道と誤解させないよう広告と明示することが求められる〕。これらは全て、市民への忠誠という発想が出発点となる。人々は奉仕を受けるのであって利用されるのではない、ましてだまされるのではないという考えである。

ジャーナリズムを担う人々は、他の仕事で働く従業員とは忠誠を尽くす相手が異なる。彼らには社会への責務があり、時には会社やスポンサーの直接的利害をさしおいてもこれを重視する。ところがそういう責務が、彼らの会社の金銭的成功の源にもなってくれる。

市民への忠誠こそ、私たちがジャーナリズムの独立と呼ぶに至ったものの意味である。後にみるように、この独立は自分の利益のためではないが、逆に誰の利益にもならないものでもない。市民への献身の一形態だ。これもまた人々の誤解を受ける。ジャーナリズムの独立という言葉は別の概念の同義語として使われることも多い。つながりを持たない、関心を持たない、距離を置く、あるいは中立だ。これらの言葉は、皮肉なことに、ジャーナリズムの知的独立の真の意味に対するいい加減な理解につながっている。プロのジャーナリストたちまでこの誤解を人々に広め、当然ながら市民たちは疑念を持ち、さらには冷笑的になり、怒ることとなり、その結果、ジャーナリストたちの悲痛の原因を作り出している。

　ジャーナリストの第一の献身は人々に対してであるというのはジャーナリストと市民の両方が深く感じてきた伝統だ。私たちがこの仕事を始めた際に立案し、ピュー・リサーチセンターと憂慮するジャーナリスト委員会が実施した価値観調査では、「読者・リスナー・視聴者を自分の第一の責務の対象とする」ことを「ジャーナリズムの核となる原則」として八〇％超が挙げた。[3] 発達心理学者と自由に深く突っ込んで話してもらうインタビューでは、七〇％のジャーナリストが、自分たちの第一の忠誠にやはり「読者・視聴者」を位置付け、会社や自分自身、自分の仕事、自分の家族さえも大きく上回った。[4]「私は常に、テレビをつけてくれる人々のため働いた」と、ニック・クルーニー――俳優ジョージ・クルーニーの父親で、ロサンゼルス、シンシナティその他でニュースキャスターを務めた――は話した。「常にだ。ジェネラル・マネジャーや役員会メンバーと議論になると、私の最後の結論は常に、『私はあなたのために働いているんじゃありません。あなたが私の給料を払ってくれるのはありがたいですよ。でも本当のところ、私はあなたのために働いているのではない。では忠誠心はというと、私の忠誠心はテレビをつけてくれる人のためにあるんです』……。この立場を明確にしたとき、それを問題にされたことはない」[5]

　ジャーナリストには会社よりも強く高く忠誠を示す相手がいる、という感覚がとても深いことは、まさに最高の報道機関において、他業界では考えがたい劇的な大衆反乱という事態が起きたことで示された。二〇〇三年、『ニューヨーク・タイムズ』の記者や編集者たちは、盗用と捏造をした記者ジェイソン・ブレアの行為を編集局で最も力を持つ二人、編集主幹と編集局長が容認した上に自分たちの責任を逃れようとしているのは、この忠誠に反すると感じ取ったその編集局内の怒りが実質的に社主による二人の解任に結びついた。[6]

反乱は同紙に限ったことではない。『ロサンゼルス・タイムズ』も地元スポーツ競技場とのなれ合い合意を巡って編集局から同種の反発を受け、編集者と発行人が解任された。『ワシントン・ポスト』も、ロビイストや議員との非公式ディナーという思慮浅薄な計画を撤回した（二〇二〇年に人種問題やジャーナリズムの既存文化をめぐり、様々な報道職場で反乱が起きたこともまたこうした例であり、第4章でさらに述べる）。

この任務は弱まったのか。人々への献身は、ジャーナリズムのビジネスが利益確保に苦労する中では、もはや負担しきれないぜいたく品なのか。これを考えるための材料は、一〇年前には今ほどはっきりしていなかった。デジタル時代も三〇年が過ぎた現在、希望ある答えが見えてきたように思われる。米国の新聞はかつて、収入の約二五％を購読料から、七五～八〇％を広告から、またテレビニュースは実質的に一〇〇％を広告から得ていた。今、広告が減少し、『ニューヨーク・タイムズ』や『ウォール・ストリート・ジャーナル』といったメディアは重点を顧客からの収入に移し、この比率はほぼ逆になろうとしている（テレビは今後の一〇年にストリーミングのプラットフォームに転換したときに、同じことが起きるだろう。消費者はこの方向を選ばなければならなくなろう）。全国的メディアの有料購読の成功が、もっと小規模な地方メディアにも同じように可能かははっきりしない。しかしこのやり方は、少なくとも全国レベルでは、ジャーナリズムによる読者への忠誠と、ジャーナリズムのビジネスとが、かつて見たことがないほどつながったことを示す。ジャーナリズム復活の鍵にさえなるかもしれない。

人々への忠誠という感覚を、一部党派への忠誠ではなくコミュニティへの忠誠として広くとらえることが、ジャーナリストの仕事の意欲に密接に関係し、これは文化が異なっても同じであることを示す根拠がある。それはジャーナリストにとってほとんど神聖な使命感で、私たちが会った無数の国のジャーナリストから無数に聞かされた。「私は世界中のジャーナリストを、真実の軍の兵士と見ている」と、カメルーンのジャーナリストでウェブサイト「ジュルナル・ドゥ・カメルーン」に記事を書いていたイドリス・ンジュタプブイは二〇一三年に私たちに話した。[7] 部屋のだれもがうなずいた。同じ感覚は何年か後、実に多様なジャーナリストたちの会合でも共感された。世界中で政府をファクトチェックする何百ものジャーナリストがメーリングリストに集い、色々な国を回りながら毎年大会を開く国際ファクトチェッキング・ネットワークのような団体でもこれはみてとれる。フィリピンのジャーナリスト、マリア・レッサ（二〇二一年、ノーベル平和賞受賞）が記したように「真実を求める闘いにおいて、事実を求める闘いにおいて、ジャーナリズムは行動主義なのだ」[8]。

出来事の真相をつかみ、それらは人々にどう関係するのか示しつつまとめていく行動には、ニュースを取材し報道する者同士をつなぐ何かがある。別々の国、別々の伝統、別々のメディアで働いていても、ジャーナリスト同士、その類似点は相違点よりはるかに重要だ。

人々もまた、ニュースを担う側、特にプロフェッショナルにこの献身を期待している。何年にもわたり、ピュー・リサーチセンターは人々に対し、自分の意見に合うニュースと全ての立場を反映したニュースのどちらを求めるか尋ねてきた。信頼や正確さなど多くの他の指標は低下しているのに、この問いについての数字は大きな変動がない。六割超の米国人、ほぼ三分の二（六四％）は二〇一二年、特定の意見に沿っていないニュースの方がよいと答えた。[9] 二〇一九年、八三％の米国人は一方的なニュースがSNS――ニュースを得る主要な場として今や地方テレビのライバル――が抱える「大問題」との考えを示した。[10] だがもっと懸念されるのは二〇二〇年、ジャーナリストはみんなの利益のため行動しているという理由でかなり信頼しているという米国人はわずか約半数（四八％）であり、大変信頼していると答えたのはたった九％だったことだ。[11]

特定政党ではなく人々みんなの立場で制作されるニュースが生まれたのは一八三〇年代だが、主要日刊紙の社主たちが政治イデオロギーの代わりに、編集の独立性というこの新発想を打ち出したのは一九世紀後半になってからだった。知的、経済的な独立の宣言として最も有名なのは一八九六年、アドルフ・オックスというテネシー出身の若い新聞社主が経営難の『ニューヨーク・タイムズ』を買収したときのものだ。オックスは、ウィリアム・ランドルフ・ハーストやジョセフ・ピュリツァーの派手なセンセーショナリズムに多くのニューヨーカーは飽きており、彼らはもっと趣味が良い、そして正確なジャーナリズムのスタイルを歓迎すると確信していた。オックスはオーナーとなった初日、「経営についてのお知らせ」という簡素な見出しの下に、彼の伝説となる言葉を掲げた。そこには「ニュースを不偏不党の立場で、何者も恐れずひいきせず、政党、宗派、利害に関係なく報じる」という彼の「熱望」が記されていた。

他の新聞社主たちも独立性について似たことを掲げていたが、アレックス・ジョーンズとスーザン・ティフトが『ニューヨーク・タイムズ』の歴史を記した著書で触れたように、オックスは「自分が掲げたことをその通り本当に信じていた」。[12] イエロージャーナリズムが退潮していくその時に、オックスは時代精神の何かをつかんでいた。国中の新聞が彼の告知を全文転載した。『ニューヨーク・タイムズ』がニューヨークで、そして世界で最も影響力ある新聞になる中で、他紙もオックスのモデルに追随し、政治的な利益や目先の経済的利益よりも読者を優先することが長期的な経営戦略として最良だという考えに基づいてビジネスプランを立てた。ユージン・マイヤーは一九三三年に『ワシントン・ポスト』を買収し、行動規範集をまとめ、その中で他と並び「真実の追究にあたり、公共の善のため必要なことであるならば、本紙は物的財産を犠牲にする覚悟を持たねばならない」と述べている。[13]

社主たちが誰も彼もマーケティングを狙って独立を編集方針に打ち立てる一方、ジャーナリストたちはこれを専門職としての意識を高める機会ととらえた。報道批評家の初期世代が現れた。例えば元新聞記者で『マクルーアーズ・マガジン』の編集者だったウィル・アーウィンは一九一一年、〔雑誌の〕『コリアーズ』に、報道機関の悪行を全一五部の構成で詳しく大胆に述べた鮮烈な記事を載せた。アーウィンは電球という新テクノロジーを例に出し、ジャーナリズムは「暗い裏道の電灯」として新たな公共奉仕の役割を引き受けるべきだと訴えた。[14] 一方、新聞の編集者たちは、自分たちのボスが掲げるうたい文句に対抗し、批評家からの叱責に応え、専門職として団体設立に取り組んだ。米国の新聞の編集局を動かす人々による初の職能団体となった米国新聞編集者協会、現在のニュース・リーダー協会の設立に至る展開は、『デトロイト・フリープレス』のコラムニストだったマルコム・ビンゲイが記している。一九一二年、新しく開園するグレイシャー国立公園の内見会のため、編集者たちのグループが夏のある夜、ロッキーに集まった。「キャンプファイヤーを囲んで座りながら、彼らは［キャスパー・］ヨスト［『セントルイス・グローブ・デモクラット』の論説面担当編集者］から、彼が夢中になっている考えを聞いた。彼の夢は米国の新聞編集者で倫理についての組織を作ること……『毒薬と老嬢』〔戯曲、映画の題〕とも同僚にあだ名された『リトル・キャスパー』は報道機関の責任という近代概念を作ったことで、もっと真っ当に記憶されて良いのではないか」[15]

この組織の倫理綱領は、編集の独立性を最上位に掲げた。「独立：みんなの利益に対する忠実のほかは、いかなる責務からも自由であることが死活的に重要である」と訴える。「全ての人の福利でなく私的な利益を拡大しようとすることは、いかなる理由があっても誠実なジャーナリズムと相容れない……政治党派性を持つことは、論説コメントにおいて意図的に真実から離れることであり、米国ジャーナリズムの最良の精神に対する暴力である。ニュースコラムにおいては、専門職としての原則を破壊するものである」

コマーシャルの時代は読者・視聴者の注目を独占する絶頂期だったが、公共への献身を求めるこうした見解を報道機関がどれほど真剣に考えているか、折に触れ試された。一九八〇年代、『ウォール・ストリート・ジャーナル』所属コラムニストの一人フォスター・ワイナンズのインサイダー取引関与が露見したとき、同紙は行動規範を公開の場で再検討し改正することを余儀なくされた。「この規範の柱となる大前提は、ダウ・ジョーンズ〔同紙の発行会社〕がその仕事の質、報道の独立性と高潔性により受ける評価が、わが社の事業の心であり魂だということだ」。だがこれは経営上の問題としてであり、純粋にジャーナリズムを論じたものとはいえなかった。というのも、他の報道機関も同じなのだが、ダウ・ジョーンズは「私たちの分析は私たちの最良かつ独立した判断に基づくもので、私たちや取材相手、広告主、情報提供主の要望を受けたものではないということを、顧客が納得しなければ、ダウ・ジョーンズは成功できない」とも言うのである。[16]

新聞は一九六〇年代に独占企業になり、こうした宣言のトーンは弱まっていた。例外はだいたい『ウォール・ストリート・ジャーナル』のように危機にぶつかった時だった。また、どういう「公共」にそのメディアは奉仕するものなのか、常に疑問を持たれた。新聞が重視する層を絞り、報道職場が多様性を欠くと、公共の利益という考えはどのような人たちが編集局にいるか、どのような人たちが新聞を買うかに左右されるようになった（私たちは人種と報道職場の文化について、全体像を伝えることや良心に関することを考える第9、10章で詳しく述べる）。一方、テレビジャーナリズムはこれよりはるかに営業上の競争が厳しく、公共の名の下に自らを売り込み続けた。例えば一九九〇年代を通して、報道機関への疑念が膨らむまさにその時期、「あなたの側に立つ」と「あなたのため働く」が地方テレビニュースに最もよく使われた二つのスローガンだった。放送局の内部調査でも、「ジャーナリズムの真髄プロジェクト」によるフォーカスグループ調査でも、これらは最も効果的なスローガンだったことが示された[17]。二一世紀になり、この種のスローガンは非営利ジャーナリズムの運動に使われている。

独立が孤立に

多くの専門職における考え方同様、編集の独立も次第に一部で先鋭化し、孤立へと変化した。政党や商業圧力からの独立を注意深く勝ち取ったジャーナリストたちは、これを尊重し守ろうとした一方、独立を自己目的化して追求するようなこともあった。外部圧力からの隔離が、コミュニティからの隔絶にまで拡大することもありえた。客観性をニュース報道の仕方についてではなく、空白で平板な意識を指すものと考える誤った安直な理解が、混乱に拍車を掛けた。

これは皮肉にもジャーナリズムが専門職化した結果という面があった。ジャーナリストたちの教育水準が上がり、報道機関がグループ企業になると、会社は傘下の各新聞社やテレビ局を使い、ジャーナリストをまず小規模なエリアで訓練し、後に大きな場所を担当できるようにするという一軍二軍制（ファームシステム）を取り入れるようになった。ある調査によると一九九七年には、新聞記者の三分の二は現在取材を担当している地域の生まれ育ちではなかった。[18] 自分たちはそこに住む他の人々よりも地域との「関係が乏しい」と感じており、この傾向はそのわずか八年前に比べ顕著に増加していた。[19] ジャーナリストは渡り歩く存在となり、住民であるのはジャーナリズム・コミュニティにおいてのみという「流浪するニュースの民」階層となっていった。

孤立が深まる二つ目の要素は、ジャーナリズムの姿勢の変化だ。ベトナム戦争とウォーターゲート事件、さらに二四時間ケーブルニュース出現の後、ジャーナリズムは目に見えて、主観的な在り方を強め、判断を下してみせるものになった。[20] 報道はシンプルに報告するよりも社会の人々がどう言っているかをまとめて伝えることに重点を置いた。ある注目すべき研究では、例えば選挙の年、ネット局の夜のニュース番組で使う各候補者のコメント、つまりサウンドバイトの時間が短縮しており、一九六八年は平均四三秒だったのが一九八八年にはわずか九秒になっていた。[21] 同時に、記者がそのニュースを締めくくるスタンドアップ・クローズは長く、そして記者の見方を示すものになった。[22]

新聞の場合、記事は候補者が何を発言したかより発言の戦略的動機に焦点を当てるようになったことが、さまざまな研究により分かった。[23] 著者の一人が『ニューヨーク・タイムズ』と『ワシントン・ポスト』の一面について行った研究では、「ストレート・ニュース」〔出来事を論評や情感なく伝える〕の記事数は減り、解説や分析の記事が増えた。多くの場合、これらの分析記事は分析記事と表示されたり分類されたりしていない。[24] 公人の世界の裏側を見せる用語である「スピンドクター」〔世論操作を狙う広報担当者〕や「フォト・オプ」〔設定された撮影機会〕などが報道で使われ始めた。これらは同時に、ジャーナリストたちによる望ましくない振る舞いを指す新語も生んだ。「フィーディング・フレンジー」〔ネタを取り合う過熱競争〕や「ガッチャ・ジャーナリズム」〔引っかけ的なインタビュー取材〕といった用語である。

ジャーナリストの中に懐疑心を超えた冷笑主義や、ジャーナリズム的ニヒリズム――何も信じない哲学――の類に陥った同業者が多すぎるという懸念を抱くようになったジャーナリストもいた。『サンホセ・マーキュリーニュース』の政治担当編集者だったフィル・トランスティンはこの問題に心を痛め、憂慮するジャーナリスト委員会にエッセイを寄稿した。「とあるグループ内では、記者やコメンテーターは不正確や不公正を非難されることではなく、すぐ信じ込むと非難されることが最悪と考えられているようだ」[25]

ペンシルベニア大学教授のジョセフ・N・カペラとカスリーン・ホール・ジェミソンは『冷笑主義のスパイラル《スパイラル・オブ・シニシズム》　報道と公共の善《ザ・プレス・アンド・ザ・パブリック・グッド》』の中で、問題の核心はジャーナリズムが公職者の行動よりその意図に重点を置く傾向だと主張した。それによれば、公人の仕事について「何」から「なぜ」にシフトすることで、ジャーナリストたちは公人の仕事を「内面化」し、つまり政治家の心理や自我の問題を重視し、市民に実際に影響する公共政策の結果は軽視した。この冷笑的な焦点の当て方はジャーナリストと市民のつながりをさらに失わせた。

最後に、じわじわ進むジャーナリズムの孤立は、多くの新聞と、後にテレビも採用した営業戦略と重なっていた。利益を増やすため、最も多数ではなく、最も裕福な、つまり効率のいいターゲットになる読者・視聴者を狙ったものだ。テレビでは、家庭で何を買うかの大半を決める一八～四九歳の女性に合わせてニュースを組み立てた。新聞では、裕福な地区に発行を絞り込んだ。広告主が接触するつもりのない読者に向けた印刷や配達はしないことで、制作と配達のコストが下がった。ニュースを届けるターゲットを絞ることで、報道機関は理論上、少ない仕事で多くを得られた――

少数の読者・視聴者向けに、単価の高い広告を取る。このことは、その新聞やテレビ局がカバーする地域の住民を一部無視してよいということも意味した。そうする対象は通常、貧困な地域、有色人種が多い地域だった。それもまた金の節約になった。これはジャーナリズムの責任放棄というだけではなかった。一世代後に広告モデルが崩壊したとき、高い代償を伴う経営ミスであることが証明された。

つまり孤立がビジネスプランになった。ミネアポリスの『スター・トリビューン』が一九九〇年半ばの三年間で部数を四％減らしたとき、発行人のジョエル・クレイマーは『ニューヨーク・タイムズ』に「私たちは、より健全なビジネスになった。発行部数が多少減ることを受け入れ、読者により高い料金を求められるからだ」と述べた。[26] こうした考え方を表現する上で、ブルーミングデールズ〔ニューヨーク中心部の百貨店〕の役員がルパート・マードック〔多数のメディアのオーナー〕に対し、あなたの所有する『ニューヨーク・ポスト』〔大衆紙〕には広告を出さない、なぜなら「あなたの読者は私たちのところで万引きをする」と言ったという話ほどぴったりなものはおそらくなかったろう。これは多分実話ではないのだが、新聞業界では都市伝説となった。業界で広がっている仕事の仕方をとても簡潔に示したからだ。

分断からの反転

このとき気付いた者はほとんどいなかったが、一九九〇年代には報道部門の独立性の見直しにつながる動きが始まっていた。最初のきっかけは、一部の層にターゲットを絞る営業戦略が逆効果になり始めたことだった。部数が伸びなくても稼げるというのはジャーナリズム・ビジネスが非常に独占的で、広告が確実に取れるのは当たり前と思っていたから成り立つやり方だった。一九八九年には、米国の小売業と通信技術は形を変え、状況は崩れ始めた。食料雑貨店と百貨店——新聞社の経済的な支え——は経営破綻、合併、負債に揺らぐようになっていた。それらに代わった安売り量販店は新聞広告を出さなかった。どの日も全てが安売りなので、特売を知らせる必要がなかったのだ。サンフォード・C・バーンスタインによると、一九八〇年から九一年の一一年間に、大都市の日刊紙の広告スペースは八％減少した。[27] 一九九一年だけで新聞業界は小売業の広告を四・九％減らした。一年での減少幅として当時過去最大だった。テレビも同じような転機に苦しんでいた。視聴者はニュース風の情報番組、ケーブルテレビの再放送、そして結局、インターネットに移り始めた。

つまり、ジャーナリズム・ビジネスはインターネット登場の一〇年前には既に構造的な退潮に苦しみ始めていたのだ。経営陣は仕事の仕方を変えるようになった。新聞においては経費を削減し、読者を増やすためのニュースへの更なる投資はしないことを意味した。一九九二年から九七年にかけてのまだ収益率が高かった時期、小規模な新聞は報道の予算を一一％、大規模な新聞は一四％削減した。[28]

経費削減の一方、経営責任者たちはまた、目先の経済利益を追うことをジャーナリズムとして容認するよう、報道部門に対して期待し始めた。営業部門の人たちは市場調査とあらゆる新テクノロジーを手にしていた。テレビの一分ごと視聴率、フォーカスグループのデータ、読者の視点がページ内のどこを動いたかを追跡する赤外線眼鏡さえもだ。期待されたのは、もしジャーナリストたちがテクノロジーを何らかの方法でもっと使えば、部数が増やせるし、それほど不人気にはならないですむのではということだった。

営業部門と報道部門のメンバー間に亀裂が生まれた。さらに悪いことに、記者たちと報道幹部との間にも生まれた。ジャーナリストたちは営業側が自分たちのジャーナリズムの独立を揺るがしていると見てとり、社内で責任という言葉が使われるときは、ニュースを広告主に作らせることの婉曲表現だと危惧した。営業部門は、もし報道部門がこうも変化を受け入れないとすれば、その動きが鈍い原因は報道部門がおとぎ話のように別世界にいることだと考えるようになっていた。ニュース企業の中で文化戦争が勃発しようとしていた。

企業内でジャーナリストが公益に尽くす責務を論じれば無邪気、古くさい、難物とレッテルを貼られることはある。「会社の『公共奉仕』に言及すれば、理想主義者、非現実的な人の烙印を押され、話を聞いてもらえなくなるだろう」とジョン・キャロルは著者らに語った。キャロルは『ロサンゼルス・タイムズ』の舵取り役を務めた二〇〇〇年から〇五年の五年間に一三件のピュリツァー賞を取るという記録を打ち立て、〔同紙発行元の〕シカゴのトリビューン・カンパニーの経営幹部と衝突した後に退職した。

衝突の真の原因は、変化でどんな価値が生まれるかでなく、変化が何のためかを巡る考えの違いだった。変化を促そうとする側は、自分たちを業界存続のため闘っていると見た。抵抗する側は自分たちを、業界の成功基盤となるプロフェッショナルの倫理を防衛していると見た。

どちらの側に立つにせよ、報道部門に持ち込まれたビジネス手法の中には全員の最良の利益になるとはいえないものがあった。報道部門にもっと責任を負わせる最も基本的な技術の一つが「目標管理」、すなわちMBOと呼ばれる報奨プログラムで、この章の始めに説明したものだ。この考え方は一九五〇年代にマネジメントの巨匠ピーター・F・ドラッカーが開発したもので、シンプルだった。目標を定め、達成に報奨を出す。それで会社は役員たちがすることへの協力と監視を両立するシステムが作れる。問題は、業界として報道部門の責任者たちに誤った動機付けをしたことだった。目標が仕事の質や革新ではなく、短期の収益性に置かれることがあまりに多かったのだ。

新しい世紀のはじめには、テレビや新聞・出版の報道担当役員の大多数がこのMBOプログラムのもとで働くようになっていた。[29] 多くのプログラムの構成は、ジャーナリストの役割や地域社会のニーズをゆがめ、弱らせるものだった。一九九八年の「米国新聞の現状プロジェクト」による調査では、編集者の七一％が自社で目標管理が行われていると述べた。そのうち半数は、自分たちの給与の二〇〜五〇％がそうしたプログラムによって決まると答えた。そしてこの編集者たちの過半数が、自分たちのボーナスの半分以上はその新聞の経営成績に連動していると述べた。

広告の時代にジャーナリストの収入を自社の経営成績に連動させたことは、ジャーナリストの忠誠心を変えた。来たるべきウェブの激動に立ち向かうため、ジャーナリズムがイノベーションに投資すべきまさにその時だったのに、会社はジャーナリストの忠誠心の大部分を読者、リスナー、視聴者よりも親会社や株主に向けなければならないと公言したわけだ。もし広告主から、ある件の報道を甘くしてくれれば、あるいはある記者がクビになるか担当を外されるかすれば、広告料を増やせると確約されたらどうするか。逆に広告主が、ビジネスの不正や価格談合についてもっと書けと求めたことがあっただろうか。編集者に、君の重要目標の一つはこの四半期に利益を上げることだと命じつつ、同時にニュースは何者も恐れずひいきもせずに伝える、ということなどどうすればできるのか。編集者たちは、まだ、抵抗はするだろう。だが忠誠心は決算書に連動するMBOに引き裂かれてしまっているのだ。

ポートランドの『オレゴニアン』の編集者だったときにサンドラ・ローはこの問題を痛感した。部下のジャーナリストにビジネスについて教えるのはいいと彼女は言った。彼女の言い方を借りれば、問題は自分のところのジャーナリストはどっちの宗派に従って動いているのかだ。ビジネスをよく知るジャーナリストなのか。ジャーナリズムをよく知るビジネスパーソンか。この違いは、忠誠心の問題だ。すなわち、その企業文化は、ひたむきに市民に奉仕することで収益がよくなるとの考えに基づいているか。あるいは、市民の求めを犠牲にしても、主に広告収入からなる利益の最大化に専心する考えに基づいているか。

今から振り返れば、報道部門にMBOによる責任を持ち込もうとしたのはあまりに単純で、また、他の業界を模倣しすぎたと見ることができる。彼らは、報道のビジネスが、特に広告の時代には、他とは違っていることに気付くことができなかった。そして報道業界にまずい方向の動機付けを、デジタル激動直前というまずいタイミングで行った。報道部門の管理職たちに動機付けられるべきだったのは、変革、新しいプラットフォームでの読者・視聴者の拡大、新たなニュースの伝え方、若年層や貧困層の読者への接触であって、利益ではなかったはずだ。今となればそのことはよく分かる。

そして今、購読収入へのシフトは報道業界を変えつつある。その意味は、少なくとも人々がニュース事業に直接払ってくれる金に関しては、ニュースが大切なのか収入が大切なのか、どちらかを選ぶという問題がなくなりつつあることを意味した。価値の高い、より良いジャーナリズムを生み出すことは、存続への道であって利益への脅威ではないだろう。

市民は顧客か

ビジネス式の責任を報道部門に持ち込んだことで、ビジネス式の用語も持ち込まれた。場合によっては、マーケティング用語をニュースに当てはめ、読者や視聴者は「顧客」、彼らを理解することは「マーケティング」になった。[30] ジャーナリストは社会に向けたサービスをマーケティングすべきでない、と主張する人はまずいないだろうが、特に変化の時代に、言葉は正確さが大切だ。商業の枠組みでニュースを提供することは、単に視聴者の視線を広告主に向かせることよりはるかに複雑だ。

この事実は、ニュースの収入源がシフトし、ネットでコンテンツに金を払う消費者が重視される中ではっきりした。ジャーナリズムが生み出すものにとって大切なのは信頼――伝えられた中身は偽りがなく、よく考えられ、生きていく上で役立つという感覚である。この信頼の鍵になるのは、報道判断が、いかに欠点があるにせよ独立してなされ、儲けや政治や他の隠れた思惑には関係ないということ、そして、目にしている報道にはさりげないプロダクト・プレースメント〔スポンサー製品をそれとなく映像内に配置する宣伝手法〕や、営業や政治がらみの改変はされていないという感覚である。

ニュースを提供する人々は読者・視聴者との関係を築く。その基盤は読者・視聴者が感じとるさまざまな性質、例えば価値観、判断、説得力、知性、経験、勇気、そして地域への献身などの組み合わせだ。こうした貢献をすることが、人々とのつながりを作り上げる。

古い広告モデルだと、ニュース企業は人々とのこうしたつながりを、商品やサービスの販売者――人々に接触したいと欲する人たちだ――に賃貸していた。つまり広告優位の時代においてジャーナリズムの商取引関係は、伝統的な消費者マーケティングとは別物だった。そしてある重要な点で、もっと複雑なところがあった。これは三角形を形作っており、一辺にニュースを発信する側、もう一辺には人々、三番目の辺には商品やサービスを売るため人々に接触したい側が置かれた。この三角形では、人々からの収入は歴史的に広告主からの収入より少ないが、肝心な立場にいるのは人々であり、他より長い辺を作っていた。ヘンリー・ルース〔『タイム』『ライフ』などの雑誌創刊者〕のような起業家精神に溢れたビジネス界の大物さえ、この関係は理解していた。彼は一九三八年に「もし私たちがどこからか支援金を受けなければならないとしたら、広告主には極めて興味深い可能性があると思う」と側近たちに話した。彼の目標は「ジャーナリズム魂のほんの小さな断片以上」は損なわないことだった。[31] ルースは「タイム社が頑固に独立を守ることを分かっていない広告主は米国に一社もない」と豪語した。ルースのやり方の鍵は広告主を多数にし、単独の広告主に余計な力を行使させないというところにあった。

壁

ジャーナリストがまずもって市民に献身するのなら、ニュース企業で働く他の人々——広告担当者、営業局、新聞の販売局、発行人、本部長、社長、株主、寄付支援者、役員はどうか。市民は彼らに何を期待すべきか。彼らと、発信されるニュースの独立性との関係はどうあるべきか。ニュースの経済的モデルが変化する中で、その答えも変化する。

二〇世紀のジャーナリストは伝統的に、ニュース企業の報道と経営の間には防火壁があるとしばしば話した。タイム社の編集者たちはよく、ヘンリー・ルースが同社において教会（報道）と国家（経営）の分離を明言していたとして賞賛した。『シカゴ・トリビューン』発行人として毀誉両面あったロバート・マコーミックは二〇世紀初頭、シカゴ川を見下ろす華美なトリビューン・タワーの内側に、二つの別々なエレベーター乗り場を作った。広告営業担当者が記者と乗り合わせるのさえ望まなかったのだ。

ジャーナリストは読者・視聴者に奉仕するため壁の向こうで出家生活を送り、他は誰もが自由に利益を追い求めるというのは、残念ながら誤解に基づく比喩だった。第一に、これは報道の人々に対し、経営からかけ離れたり、経営を意図的に無視したりすることを促すもので、これまで述べたように、彼らを策略に対して弱いものにした。第二に、ニュースを提供する機関で二つの側が本当に相反する目的のため働いたなら、ジャーナリズムは腐敗しやすいものになる。

一九九九年、『ロサンゼルス・タイムズ』とスポーツ競技場「ステープルズ・センター」が関わったスキャンダルで、この壁の比喩がいかに弱いかが明らかになった。新聞社は競技場オーナーとの間で、広告出稿を請け負ってもらう代わりに利益を提供する合意を結んだ。オーナーらは下請け企業に、広告を出すよう強く求める文書を出した。この競技場について同紙が執筆を担当し、〔『ロサンゼルス・タイムズ』が発行する〕雑誌に掲載されたすべての記事が好意的な内容だった。編集局はこの合意について聞かされていなかった。つまり壁が完全に機能していたわけだ。合意が明らかになったとき、記者も読者も憤った。

二〇〇件を超える手紙、メール、ファックス、留守電メッセージが読者担当ナーダ・ザチーノのデスクに一週間もしないうちに殺到した。『ワシントン・ポスト』のシャロン・ワックスマンがザチーノの取材に行くと、机の上に留守電メッセージの書き取りが置かれ、一件一件の重要部分に黄色いマーカーが引かれていたのが目に入った。「基本的に読者の方々はこの件で本紙に対する信用、信頼が揺らいだと言っている」とザチーノはワックスマンに話した。「人々はたくさん質問をしてくる。私たちの記事に、広告主が影響を及ぼしているのかを尋ねる。私たちの誠実さを問う。私が懸念するのは私たちの報道が正直なものかというこんな質問だ。『これこれの会社はおたくと取引をしているのか』と」

やがて『ロサンゼルス・タイムズ』メディア担当記者デービッド・ショーは、同紙幹部らが報道部門に知らせることなく、広告主の立場に立って読者を食い物にするというやり方が増えていることに気付いた。問題は全て、同紙を運営するタイムズ・ミラーの経営をマーク・ウィルスというシリアル会社元役員が、ジャーナリズムの経済学についてほとんど無経験で浅い知識しかないまま、受け継いだ後に起きていた。つまり神話的な壁は、ほとんど誰も守らなかった。営業部門は報道を売り飛ばしており、そして編集局が知らない間にそれができるだけの力を持っていた。

ニュース企業において報道部門と営業部門の緊張関係は何年にもわたり積み上がっていた。今から見れば、デジタル以前、良いジャーナリズムは良いビジネスかという点を巡ってくすぶり続けた戦争は、将来への疑問から発したものだった。紙の新聞や電波の放送など旧来メディアの事業はもはや読者・視聴者の拡大ができない「成熟産業」だったのか。もしそうなら、コストを管理し、広告主にもっと注意を払う意味もあったろう。だがその手法は、衰退は避けられないと暗黙のうちに認めることでもあった。そんな運営をする者は新聞を守っているのではなかった。彼らがしたことは財産の処分である。つまり数年後に多くのヘッジファンドのオーナーがやったことの先取りだった。そうでなく、旧来の報道機関も今またビジネスとしてうまく適応できれば、新しい方法、新しいコンテンツや製品で新しい読者・視聴者を開拓できるといえただろうか。だがウォール街による判断は、およそこれらのメディアはもう伸びないというものだった。そして結局、コストに厳しく、非効率なものを排除したメディア企業を評価した。

この、大半の伝統的メディアは成熟産業だとの将来展望を、メディア界は自ら首を絞めるような行動によって実現させた。新聞業界はその質の向上、読者につながる新手法を編み出す研究開発投資をするのではなく、コスト管理の方にことさら重点を置いた。同時に広告料を値上げし、細分化された今のニュース環境では広告出稿がエリート読者層に接触する唯一の方法になったと訴えた。

なぜ良いビジネスといえるかについての主張を変えた〔現状では成長余地が乏しいという姿勢をとった〕のに、業界はビジネスモデルを変えていなかった。ということは同業界は産業基盤が弱まる中で値上げをしたことになる。新聞の収入は二〇〇五年にピークに達し、業界を収縮させる全ての構造要因は温存されたままだった。[32]

営業部門が主導権を握りはじめる中、その戦略は間違った方向を向いているという根拠が学術研究で次々に判明した。それは報道部門への投資と決算の改善とに強い相関関係があることを指摘するものだった。研究によると、ニュース取材を支えることは上質のジャーナリズムを生み、それはまた部数を伸ばす。別の経済的利益もある。ミズーリ大学のエスター・ソーソンの計量経済学モデルでは、報道部門への投資額——記事の質の向上を示すと想定される——は、新聞社の広告料金値上げの力と相関関係があることが明確になった。この考えはしかし、こうした議論の多くを行う役員たちのレベルでは不評だった。何年にもわたり、この論争はジャーナリストとその関係者にとって周りの雑音でしかなかった。ノースカロライナ大学のフィル・マイヤーなど一部の研究者たちは、この業界は自殺しようとしている、利益率を高く保つために制作物の経費削減を行うという死のスパイラルに自らを置いていると主張した。経費削減により、ニュースを他でも得られる読者に去られ、それがさらなる経費削減を招く。意識しているのかいないのか、これは業界解体に向かう戦略だった。

報道業界はそれらの研究にほとんど気付いていなかった。デジタル激動の幕開け期、新聞業界はデジタル革新に投資する代わりに、利益率を守るためにコスト管理に重点を置いた。そして経営は急速に崩れ始めた。

読者減はそこまで大きな問題になっていなかった。例えば米国新聞協会のデータでは、二〇〇六年から一二年にかけ、米国における日刊紙の紙の部数は一七％減少し、日曜版は一六％減少した。しかし紙版が失った読者の多くは単に同じ新聞のウェブ版に移っただけで、内容に愛想を尽かしたのではない。オンラインの読者を含んだ新聞読者総数は比較的安定を保っていた。スカボロー・リサーチのデータによれば、二〇〇七年から一六年にかけ、米国人の成人で新聞の内容を紙かオンラインかで読む人の比率の低下は数ポイントで、二〇〇七年に七四％、一六年は六九％だった。[33]

しかしこれを金銭面でみると、ずっと厳しくなった。新聞の広告収入は二〇〇六年から二〇年までに七〇％超減少し、紙版読者の減少率の概ね三倍、読者総数の減少率の約五倍だった。正確に言えば、問題は広告収入が読者と同じようにウェブ版に移らなかったことにある。さまざまな理由があるが、中でも人々はポップアップ広告やバナー広告にあまり手を出さなかったという事実、そしてウェブサイトは希少なものではないという事実によって、広告に払う金額は下落した。[34]

この収入減は、ひるがえって多くの報道機関のニュース取材力に甚大な影響をもたらした。ピュー・リサーチセンターの推計によれば、二〇〇六年から一八年の間に新聞の取材と編集の人員は五〇％減った。最も金銭的打撃を受けた多くの主要大都市の新聞は、さらに減少幅が大きかった。[35]

放送の三大ネットワークの報道部門は、ケーブルテレビの出現で、一九八〇年代から半分以下に削減された。旧来メディアを離れて新興ニュース事業者に移ったジャーナリストもいた一方、多数がこの職業を離れ、あるいは広報やシンクタンクなど他の分野に移った。国勢調査局データの分析によれば、広報従事者とジャーナリストの比率は一九八〇年には一・二対一だったのが、二〇一八年には広報従事者がジャーナリストを大きく上回り六対一になった。[36]

二〇世紀後半、ニュースの主要なプラットフォームだった〔地上波の〕放送テレビニュースはもっと前に、また別の問題で信頼を失っていった。一九九〇年代、ネット局の夕方ニュース番組にはケーブルテレビのニュースや、ネットワーク外で配給される娯楽情報番組の影響が出はじめ、大衆紙的な犯罪やセレブものに徐々に重点を置くようになった。この年代におけるネット局の夕方ニュースの第一のトピックは犯罪だった。全国の犯罪率はこの時期急減していたにもかかわらずである。ケーブルテレビや、後のオンラインプラットフォームのような新しいプラットフォームに投資するよりも、ニュース番組をもっとエンタメ寄りにすることに、放送局は重点を置いた。この時期、一つの例外だったのがNBCで、報道部門の勢いが保たれた。大きな理由は同局のケーブルニュース事業、特にCNBCからの収入で、これが同局のプラットフォーム全体を通じ、健全な報道部門の費用をまかなった。

まとめると、既に二〇年前、長い衰退は始まっており、それがインターネットにより加速されたのだった。二〇〇〇年、当時インターナショナル・ヘラルド・トリビューンの会長兼最高経営責任者だったピーター・C・ゴールドマーク・ジュニアはアスペン研究所での会合で、会社は「ジャーナリズム事業の価値観を、ここに集まった巨大企業帝国の中で確固たるものに」しなくてはならないとの考えを示した。そして「全てのCEOは株主の信託に基づく責務があることを理解している。ジャーナリズムについて言えば、それと同程度に厳粛な信託に基づく責任が生じる――人々の信頼を預かる報道機関のオーナーであることによって。このことを理解した企業経営をもっと重視したい」と述べた。[37]

ゴールドマークは四つの提案をした。毎年、同じような企業のCEOが集まって各社のジャーナリズムの健全性を評価すること、取締役会から一人を選び、報道機関の独立を守る特別責任者とすること、その会社の報道機能の独立性と活力に対する毎年の点検または監査を導入すること、同種の会社と共同で報道機関の独立性を確認、支援、点検、防衛する独立協議会の出資者となること、である。

数年後、ウェブの経済的影響が明確になると、多くの旧来メディア企業の首脳層における理想主義者と経理担当者の戦いは終わった。理想主義者の敗北だった。収入が減少したことで、多くの経営幹部にとって重点を読者・視聴者と報道の質に置く考えは、見栄のための過度な支出となった。消費者たちが、どこでどうやってニュースを得たいかの決定権を強めつつあった、まさにその時のことだった。

二〇〇五年、三大ネットワークの一つの役員が会議で幹部社員に「倫理の重しはなくなった」と述べた。ジャーナリズムとして適切かどうかに関する伝統的な考えを、プロデューサーたちは捨てていいという意味だ。[38] みんなの利益に資するジャーナリズムがなぜ影響力を失ったのかについて、最も説得力ある説明はおそらく、会社が完全になくなるところまで行った〔メディア企業の〕ナイト・リッダー社の広報担当、ポーク・ラフーン四世が示したものだ。「良質なジャーナリズムと……新聞販売の間に、一目で分かる強い相関関係があったら良かったのにと思う」と彼は言った。「これは……そんなに単純なものではない」[39]

経営上の判断により良質なジャーナリズムの尊重をやめるということに対しては、重要な例外がいくつかあった。多くは、壁のない組織、経営サイドが報道部門の価値観を事業の魂として受け入れている組織だった。これらの会社では、独立した、みんなの利益のためのジャーナリズムが販売商品となっており、それに伴う利益は予想された副産物で、長期的な会社の健全性を保つために、戦略上からも、必要上からも求められていた。

二〇〇二年、英国ガーディアン・メディアグループはこの課題に、「我々の価値観に生きる」という年次監査制度を創設し、透明性のため重要な取り組みを打ち出した。この独立監査の目的は、営利報道機関と市民との関係にある、特別な性質を読者に明示するためだった。年次監査は、同社の社会的、倫理的な姿勢や、同社の「リベラルで進歩的な、国際性を重視する新聞」を作るという約束、そして営利ビジネスとしての従業員、ビジネスパートナー、そのほか地域と世界の諸機関との関係について、詳細な文書で社会に公表するものとなった。『ガーディアン』の監査は、みんなの利益に貢献するため、営業と報道の両サイドがどうやって価値観を共有しているかを示すものだった。

浮き沈みはあったが、『ガーディアン』は新しいテクノロジーに対する機敏な早期の対応をしたメディアの一つとなり、読者の人々にコミュニティを形作ってもらい、同社スタッフの目や耳になってもらうことさえ可能になったことが明らかになった。同紙はたいていの旧来メディアより素早くデータ・ジャーナリズムを重視する姿勢を打ち出し、すなわち、新しい形の報道として大規模なデータベースを組み込んだ。ツイッターやフェイスブックなどSNSを活用するのも早く、単に伝統的なコンテンツを売り込むだけでなく、読者コミュニティと協力してそこから情報を集めるために用いた。

ニューヨーク・タイムズ社もそれ自体の浮き沈みはあったものの、良質なジャーナリズムへの献身を全般に維持しており、それはその主力紙がよく示している。アナリストたちは、同社が新聞事業に過剰に重心を置き、他の商品への投資を通じた収入多様化を考えていないことに懸念さえ示していた。「私たちはジャーナリズムに献身する会社だ」と二〇〇五年、ニューヨーク・タイムズ会長兼社主のアーサー・サルツバーガー・ジュニアは〔雑誌の〕『ニューヨーカー』のケン・オーレッタに述べた。「これが私たちにとって核となる強みだ。私たちにとって鉄壁の要塞だ。教育や料理のビジネスではない。私たちがジャーナリズムを投資価値あるものとするのを、あなた方は見ることなろう」[40]

その後のニューヨーク・タイムズCEOマーク・トンプソンはこの感覚への共感を何度も明らかにした。よく言っていたのは、自分が同紙の編集者のために働いているのであって、その逆ではないということだ。しかし、これはジャーナリズムの価値からぶれないという意味であり、昔のジャーナリズムを同じように作るのではないことが少しずつはっきりしてきた。制作するものは劇的に変わる必要もあったろう。だが価値は岩盤だ。例えば、二〇〇五年にアーサー・サルツバーガーが否定した、料理の会社になるという考えが、二〇一四年には〔レシピ記事の人気により〕『ニューヨーク・タイムズ』のジャーナリズムの重要な部分となっていたことについて、トンプソンはこう言う。「料理は、私たちが他の新商品で学んだ多くのことがあったからこそ、今年うまく成り立った。私たちのデジタル商品開発手法の根拠となるもので、タイムズのジャーナリズムとデザインにおけるすばらしい強みを土台とし、しかしどんどんユーザー中心、データ主導で進み、臆することなく実験を行い、意欲的に取り入れる」[41]

二〇一一年から『ニューヨーク・タイムズ』がオンライン記事に課金すると決定したとき、同紙はかなりの程度嘲笑された（それまで、ビジネス上の理由で買われる経済紙だけがコンテンツ課金に成功していた）。だが間違っていたのは疑問を持った人たちの方だったことを同紙は示した。二〇一三年までに、同紙のデジタル版だけの購読者は約七〇万人になり、二〇二〇年一一月には同社アプリとニュースの有料購読者が六〇〇万人を超え、紙版購読者の一〇倍に迫った。[42]『ニューヨーク・タイムズ』は経営モデルも変えた。二〇一一年には収入の約八〇％を広告から得ていたが、二〇二〇年までに逆になり、収入の三分の二近くが購読料から来ていた。[43]

疑問を持つ人は、『ニューヨーク・タイムズ』は特別だ、質の点でかけ離れた全国紙の同紙だから課金でき、他紙はできない、との主張を続ける。この点でも彼らは間違っている。[44] 二〇一六年には、部数五万部以上の米新聞の七八％がデジタルコンテンツを有料販売している。[45] 国際研究によると、二〇一九年には世界の比較的規模の大きい新聞の六九％もそうしている。

二〇二〇年には『ニューヨーク・タイムズ』に対し別の指摘も出てきた。その一部は、ちぐはぐな話だが『ニューヨーク・タイムズ』自身のメディア担当記者ベン・スミスも取り上げたもので、同紙の成功は地方の報道機関を衰弱させている、地元紙購読者になり得た人たちを全国メディアである同紙へと向かわせているからだ、という。この主張も表面的だ。

『ニューヨーク・タイムズ』が二〇一一年、メーター制〔記事の一定本数まで無料、超えると有料購読が必要な仕組み〕により先駆けた広告収入から購読収入への移行により、微かだが多くの意味で重要な、別の一連の変化の素地を作った。デジタル時代に私たちがジャーナリズムをどう理解していくかについてだ。広告主導のモデルでは、ページ閲覧数が読者の「エンゲージメント」すなわちどれくらい多くの人に読まれているかを記録する最重要指標だ。いざ収入源が購読者に変われば、他の指標の重要性が相対的に増す。ある人が一月に何回訪問したか。その人はどれくらいの時間読んでいたか。それを友だちとシェアしたか。同じ人が複数の機器から訪問したか。その人はニュースレターに登録したり、ニュース速報通知をオンにしたりしたか。

このように読者をもっと全体的に見始めることになれば、読者がオンラインニュースを読んで反応する別の動きも見始めることとなる。購読者はいろいろな種類の記事を読む。彼らはこれまでより長く読む。オピニオン・コラムや政府についての記事を好む。ページ閲覧数を調べることから離れると、ウェブに対する理解として長い間言われてきたことの数々——何かを非常に長い時間読む人はいない、人々がだいたい興味を持つのは箇条書きのまとめ記事やセレブの記事や子役の現在の姿だ、などの考え――は消える。そしてメールアドレスを入手することで、その人が複数の機器を通してどのように動くかを把握する（人々を観測するのであり、いわゆるユニークビジターの数というだけではない）こともでき、ページ閲覧数だけに比べ、人数は少なくともブランド愛の大きい読者を見つけ出すことができる。

オンラインコンテンツへの課金という二〇一一年に始まった動きは別の影響も生んだ。報道部門はコストセンター――金を使うが、何ももたらさない――から、収入を生む場所――何が読者を増やすかについて、データに基づいて優れた判断をすることで、元を取る以上の利益が出る――に変わる。新聞社の中には報道の質のためのリソースに資金を再投資し始めたところもある。ガネット社は元CEOアル・ニューハースの下、二〇世紀末に四半期ごと増益予測をしてきた先駆者だが、二〇一一年以降には取材のため必要なものに新しく何千万ドルも投資した。まもなく再び経費削減が行われたが、このとき同社内で報道部門は他部門に比べ守られた。理由は、その何年も前に敗れた理想主義者が主張して退けられていたものだった。コンテンツに読者からちゃんとした金を取るなら、コンテンツは良くなっていかねばならない。品質は結局、経営戦略なのだ。『ニューヨーク・タイムズ』が先陣を切った、一般読者を対象にデジタルコンテンツへの課金をするという動きは、メディアビジネスの核となる考えへの回帰を示すものとなった。ジャーナリズムは読者・視聴者に価値をもたらすもの――読者・視聴者は広告主の役に立つ、ではなく――という考えである。成長するために、ジャーナリズムは変化し、読者・視聴者を増やしていかなければならない。ビジネス面でのこうした変革を訴える人こそ、ジャーナリズムの価値を信じぬく人であることが、明らかになったのだ。

壁のたとえは常に神話であり、そして結局はジャーナリストたちを守るのではなく失望させた。

報道の上層幹部と営業の上層幹部はいずれにせよ話が通じている。いわゆる壁と呼ばれるものは、ジャーナリストは何者にも干渉されないと読者に思ってもらうための安直な手段以上のものではなく、また、トラブルが起きて幹部が対応に追われることのないよう、下のレベルでの接触を防ぐという狙いも付け加わっているというものだ。

独立への五つの鍵

信頼できるニュースを出す報道機関には他にも特徴があって、それがその報道機関の文化を長年にわたり形成しているのが現実だ。それは現場レベルの隔離壁よりもトップのジャーナリズムに対する献身に関係するものだった。そうした市民への献身を大切にする報道企業や報道機関であるための鍵として、次の五つを挙げる。

1 オーナーは何よりも市民に献身せよ

報道部門が組織内の他部門から隔絶するのでなく、また、一方はビジネスやイデオロギーやその他の動機、もう片方は公共奉仕、というのでなく、両サイドとも正直で独立したニュースの価値のため献身することで、ジャーナリズムは最も良く機能する。歴史が示すのは、これは事業のオーナーがジャーナリズムの核心となる価値観を深く信じているときのみ可能だということだ。

いわゆる壁の擁護者の中にも、ジャーナリズムの価値観を優先させつつ、この協働哲学を実践する人は実際のところいる。歴史家トム・レナードによるとヘンリー・ルースは伝説とは違い、本当に教会と国家について話したという根拠は乏しい。ルースはむしろ会社が全体の在り方として「独立を意固地に保つ」必要があると信じていた。『ロサンゼルス・タイムズ』元発行人で後にCNN社長となったトム・ジョンソンは自分のキャリアを振り返り、一世代前のルース、そのさらに一世代前のオックスと同じ結論に達した。すなわち、

メディアのオーナー、あるいは株式公開企業の場合は取締役会が選ぶCEOが、報道部門が制作または放映するニュースの質を最終的に決める。報道部門を動かすジャーナリストたち——編集者、発行人、トップ管理職、報道ディレクター、編集局長——の選定、雇用、解雇、昇進を最も頻繁に行うのは彼らだ……オーナーは報道部門の予算を決定し、時間やスペースをニュースと広告にどう割り当てるか決める。選ぶ人材の質、彼らが採る方針によって、品質水準を決める。オーナーはメディアの財産を使ってどの程度の利益を生むべきかを決める。オーナーは自社のジャーナリストたちへの給与をどの程度良く、あるいは悪くするかで、質をどういう水準で支えたいか決める。[46]

歴史的にジャーナリズムを保護してきた慈父的な存在は、一部に例外はあるが多くは消え去った。ウェブによる激動の初期、企業文化が果たしてきた役割はその大半が投資機関や億万長者の個人オーナーへと、また、小さいが広がりつつある動きとして非営利組織や公益法人へと、譲り渡された。ミネアポリスのグレン・テイラー、首都ワシントンのジェフ・ベゾス、ロサンゼルスのパトリック・スンション〔黄馨祥〕、ボストンのジョン・ヘンリーは、個人的な主義主張を通すために新聞を保有するわけではなく、事業家として報道への投資を望んでいるように窺える。一方でオールデン・グローバルキャピタルというヘッジファンドは二〇二〇年には傘下のメディアニュース・グル

ープ社を通じ約一〇〇の新聞の主要株主となったが、『バニティ・フェア』誌の言葉を借りれば新聞業界の「死神」との幅広い見方があり、利益を刈り取り、新聞とそのコミュニティを最悪の方法で奪い去るために新聞経営を行っていることがあらゆる根拠からいえる。[47]

非営利組織の中には、『フィラデルフィア・インクワイアラー』を保有するレンフェスト・ジャーナリズム研究所のように、運営面で混迷していたニュース事業の経営サイドに一定の安定をもたらしたところもある。一方では『タンパベイ・タイムズ』（形式上、ポインター研究所〔米ジャーナリズム教育研究機関〕が保有している）のように、最近までウェブへの対応やオンライン新技術の面で下位に甘んじていたところもある。株式公開企業であることは、種類株システム〔経営への関与権限が異なる複数種の株を発行し、一般株主の経営支配は限定する仕組み〕によって『ニューヨーク・タイムズ』で成功している。タイムズ・ミラー〔『ニューヨーク・タイムズ』とは別、『ロサンゼルス・タイムズ』などを保有〕においては失敗で、同社はトリビューンのものとなり、トリビューンは、山師や疑わしいオーナーに次々と売られ、そこから今度はヘッジファンドのオールデンに買われようとしている。

非営利組織がオーナーになることで未来につながるという思いは多くの人が持つ。これは無邪気な希望的観測だ。歴史すなわち過去と現在を見れば、非常に明確だ。問題はオーナーの価値観でありオーナーの形態ではない。非営利組織の中には知見に富むところも、浮世離れし無邪気なところも、政治的動機で動くところもあり、善意の非営利組織の中にはそのことを自覚してさえいないところもある。企業の中にも賢明なところも貪欲なところもある。億万長者の中には傲慢な者も政治的な者も、コミュニティと新しい未来を開く変革に関心を持っている者もいる。ある形式のオーナーでさえあれば市民を第一としてよりよく献身するとの考えは、事実に即したものではない。

2　市民を第一とする経営幹部を雇用せよ

組織の価値観を最後に決めるのはオーナーである一方、成功するビジネス人たちは、使命感が同じ幹部を雇うことについても述べている。広告販売や部数拡張と、ニュース報道とは別の道筋であるにせよだ。『ダラス・モーニングニュース』を保有するA・H・ベロの会長兼最高経営責任者、ロバート・デチャードは献身と理解が組織の上から下まで貫くべきだと言ったことがある。「ニュース判断に優れ、ジャーナリズムの経験を有し、利害衝突の可能性に敏感な人を選ぶ、ということだ。そうした深い判断力を持つ人が欲しい[48]」

3　ニュースについて最終的な意見はジャーナリストたちが持つ

報道機関が新たな収入モデルを試す中、ニュースを担う人々の役割は大きくなっている。事業において真っ当な報道を守り、企業としてのブランドも真っ当に保たなければならない。今はまた、読者・視聴者を理解し、そして収入の大半を稼ぐ製品を作るという中心的役割をも担っており、営業戦略の心臓部にいるのだ。ニュースの担い手はこれら全ての役割を果たすため、もし組織が一線を越え、自らを破壊する営業活動や、自らを裏切る報道活動をしようとしていると考えたなら、手を挙げ声を上げなければならない。購読者獲得の鍵であるブランドの質を傷つけることになるからだ。一〇年ほど前『ワシントン・ポスト』がニュース報道と関係なく、議員とのつながりを提供するための非公式ディナーを開いて収入にしようとし、当時の発行人も編集者も大恥をかいた。二〇二〇年、『ソルトレーク・トリビューン』の編集者ジェニファー・ネイピア＝ピアースは突然辞任した。報道によればそれに先立ち、同社会長兼発行人のポール・ハンツマンが、兄のジョン・ハンツマンが関係する州知事選の報道に影響を与えようとしていたという[49]。こう考えるべきだ――現代のニュース事業において、報道部門の責任者は事実上、ブランドの防衛者なのだ。

4　組織内の明確な規範を決め、語り合え

オーナーがジャーナリズムについての任務を重視し、それに賛同する幹部や編集者を雇用したとしても、こうした規範ははっきり詳しく現場に伝えなくてはならない。開かれた雰囲気を作り、営業側と報道側が、少なくとも一定のレベルでは話ができ、お互いの役割を理解し、大切にするためだ。特にこの時代、編集プロセスは短くなり、初報は編集作業をほとんど、あるいは全く経ず、ツイートは個々の記者に任され、そして判断の時間が秒単位にまで縮められている。報道部門の責任者にとって、記者に従ってもらいたいビジョンと規範を明確に詳しく説明することは、過去に比べてもますます欠かせなくなっている。

『ワシントン・ポスト』のマーティ・バロンは自らが決めた規範について公開の場で何度も話し、この点の模範となっている。その規範とは、裏付け確認を大切にする、そしてドナルド・トランプのようなやっかいな公人を報じる場合も規範を守るということだ。彼の『ニューヨーク・タイムズ』における同輩、ディーン・バケットも積極的に発言して透明性ある態度を強め、客観性というような哲学的問題に関する長いインタビューに応じ、二〇二〇年に起きた問題で同紙が経験した試練についてもオープンな姿勢を取った。

5　明確な規範を社会の人々とも語り合え

最後の鍵は、報道機関がどのように活動するのかを、読者・視聴者に対してもこれまでよりも明確にするということだ。メディア組織「テキサス・トリビューン」の創始者で編集者のエバン・ス

ミスは、透明性の大切さを情熱的なまでに信じ、自社業務の内部戦略計画まで公表している。調査報道ウェブサイト「プロパブリカ」代表のリチャード・トフェルは、組織内で決めたことについての考え方を読者向けに定期メールで出している。南カリフォルニアの公共ラジオKPCCはそのウエブサイト「ミディアム」に、地元地域に貢献するため同局が行う数々の試みについて議論するスペースを創設した。

説明をもっと尽くそうという動きはもともと、テクノロジーによる激しい変化を説明するために出てきたのではなく、前の世代から起きていたニュースの信用危機の拡大に対処するものだった。一九九九年、米国新聞編集者協会会長でありカンザス州マンハッタンの『マーキュリー』編集者エドワード・シートンが協会の会合で挨拶し、新聞が信頼、信用を取り戻す最良の道について述べた。「自らを説明すること……編集者として、私たちはその先頭に立たねばならない。私たちの価値観を述べねばならない。規範があるなら、私たちには社会の人たちにも自社の人たちにも説明できることがある。誰もが聞いて理解してくれることがあるということだ。私たちはこれまでよりもっと多く、もっと良く、説明しなければならない。そこで強調すべきは市民の皆さんにどう貢献するかであって、決算やテクノロジーではない[50]」

テレビ局の中にも似た方法を取ったところがあった。故フォレスト・カーはトゥーソンのKGUN－TVで報道ディレクターだったとき、トゥーソンの市民が同局、そしてそのスタッフに何を期待すべきかをきっちりとまとめた「視聴者の権利の章典」を創設し、繰り返し放送した。

これは七つの権利からなる項目リストで、人々の知る権利（当放送局は厳しい質問をし、調査を行う）、倫理的な取材の権利（当放送局はプロフェッショナル・ジャーナリスト協会＝ＳＰＪの倫理規程に従う）、解決志向のジャーナリズムの権利（当放送局は問題に焦点を当てるだけでなく解決策を見つけ、注目することを目指す）などだった。

権利の章典という言葉をわざとらしく思う人もいるかもしれない。しかし同局が綱領を導入したとき、「ジャーナリズムの真髄プロジェクト」がトゥーソンで行ったフォーカスグループ調査では、共感を呼んでいることが示された。「取材報道に際し何らかの指針を持つ、報道倫理と呼ばれる何かを持つ、そういう放送局へと戻っていくのではないか」と一人の男性は述べた。

トゥーソンでのテレビ視聴のシェアを、同局は着実に増やしていった。カーが言うには、この綱領には別のメリットもあり、組織としての価値判断を、そこで働く人に対しても明確にするというものだった。自分たちがしたことの中で、これほど自身の報道局の文化を向上させる助けになったものはないと、カーはよく話していた。

「権利の章典」の発想に共鳴する動きは、今日もなおあることが他にも示されている。二〇一三年六月、ケンタッキー州ルイビルのＦＯＸ系局ＷＤＲＢは「私たちの視聴者との契約」を発表した。同局がジャーナリズムの重要な一連の価値観と視聴者を大切にすることを表明する一〇の原則をまとめたものだ。この「契約」には「私たちは誇大な内容の制作は行わない」「偏りのない報道を提供するよう努力する」ことも含まれ、そして**今入ってきたニュース**という言葉は分別をもって用い、売り込み目的の見せかけだけということにしないとも書かれている。同契約はまた、視聴者が時間を使ってくれることを当然と思わないとも約束していた。[51]

報道機関がどんなやり方を取るにせよ、忠誠心という問題は、重大であり続けながら通常は無視されたり誤解されたりしてしまう。しかし忠誠心が死活的に重要な理由はまさに、報道機関がここまで評判を落としているからだ。報道機関に対する人々の信頼低下を考える際に見落としがちだが、この信用危機で問われているのはジャーナリストの動機だ。市民として私たちは、この社会のジャーナリストたちに完璧を求めるわけではない。ジャーナリズムでは全ての単語の綴りが正しくなければとさえ言わない。問題はもっと本質的なことだ。

ジャーナリストは自分たちのことを、人々の代理人であってみんなの利益のために社会のあらゆる面を取材していると考えたがる。しかし人々はそれを信じなくなっている。センセーショナリズムであり、人を利用していると見る。ジャーナリストが仕事をするのは金、個人の功名心、あるいはもっとひどく、人の不幸に対する一種の歪んだ喜びのためではないかと感じている。ボブ・ウッドワード〔『ワシントン・ポスト』の著名記者〕が政権当局者たちへの取材を自分の本のため行い、多くの情報を得ながら記事にすぐには使わないという仕事の仕方をしたことが明らかにされたとき、読者たちは彼の忠誠心に疑問を呈した。彼は自分のために働く著述家なのか、それとも人々のため働く『ワシントン・ポスト』記者なのか。読者の中にはウッドワードに対し、すぐに市民に暴露すべきか、本にするため一、二年待ってもいいかを天秤に掛けるなんて信用できないという人も出た。ウッドワードにはこの問題が数年間つきまとい、おそらく最も厳しく問われたのは二〇二〇年、ドナルド・トランプが新型コロナウィルスについて、自分が公の場で言っているより致死性も感染力もはるかに高いものだと二月に〔非公式発言の中で〕認め、その発言の録音をウッドワードは持っていながら、なぜそれを夏の終わりまで明らかにしなかったのかと批評家たちが疑問視したときだった。

人々をニュースと再びつなげるため、ニュースを通じてより広い世界につなげるため、ジャーナリズムは業界として、誤って駄目にしてしまった市民への忠誠心を取り戻さなければならない。だがこれをしたとしても、それで最終的に十分とはいえないだろう。真実と、市民への忠誠とは、ジャーナリズムを機能させるための最初の二歩に過ぎない。次の一歩も同様に大切だ。ジャーナリストたちが真実に迫るため用いる手法と、その手法をどう市民に知ってもらうかだ。

第4章

事実を確認するジャーナリズム

そのギリシャ人記者は筆を執ろうと机に向かった。読者に、自分は信頼できると分かってもらいたかった。戦争について——公式文書を書こうというわけではない。人々に知ってほしかった。急ごしらえの速報でもなかった。もっと独立性ある、信頼性ある、長く読まれるものにしようと努力した。書き始めた際、記憶力、視点、政治が原因となってあいまいな回想を書いてしまうおそれに注意した。彼は、自分が集めた事実をダブルチェックしていた。

このことを全て伝えるため文章の冒頭でまず、自分の報道の仕方を説明しようと決めた。これが紀元前五世紀、トゥキュディデスがペロポネソス戦争を記した著作の序文で、真実を伝える方法論に貢献した内容である。

出来事を事実に基づき伝えることについて……最初に私の身に起きたことから書くことはせず、私自身の大まかな印象に引っ張られることもしないことを原則にした。私が書いた出来事は、その場に私自身いたか、そうでない場合は目撃者から聞いたことであり、その目撃証言は最大限徹底的に検証した。それでも真実はたやすく見いだせない。ひとつの出来事でも別々の目撃者は別々の話をし、ある側に立って、あるいは別の側に立って訴え、あるいは不完全な記憶に基づいている。[1]

書かれて二〇〇〇年以上経つのに、この一節はなぜこれほど今も通じるものに感じられるのか。それは、ノンフィクションの任務の核心を突いているからだ。噂、ゴシップ、記憶違い、物事の改変を招く主義主張をふるい落とし、何かをできる限り正確につかもうとし、新たな情報や見方があればそれに照らして再検討する。それをどう行うのか。自分自身の理解の限界、偏り、経験をどう乗り越え、これは信用できるとより多くの人に認められる記述をするにはどうすれば良いか。あらゆるジャーナリズム論争も、メディアの違い、時代の違いも関係ない。これらが、ニュースを取材し、理解し、他者に伝えようと取り組む人々が日々直面する本当の問題なのである。

標準化された規則に従っていなくとも、ニュースとして見られるもの、あるいはもっと広くノンフィクションの枠に入るものを作る誰にも、情報を点検して提供する際に頼る方法がある。それが、一人一人がそれぞれ持つ事実確認の規律である。出来事の目撃者は複数探す、情報の出典をできる限り明示する、多くの側にコメントを求める、といった実務は実際、事実確認の規律を守るツールで、扱う物事の真実にできる限り近づくには欠かせないプロセスだ。これらの方法は極めて属人的で一人一人違うだろう。『ロサンゼルス・タイムズ』記者リック・マイヤーは事実と取材内容をメモカードのような紙片で組み合わせ、職場の床で整理した。『ニューヨーカー』のファクトチェック部門のように組織で取り組む方法もある。名前や手段がどうあれ、これらの慣行や方法はジャーナリズムの三番目の原則を形作る。

ジャーナリズムの本質は、事実確認の規律にある。

結局は事実確認の規律が、ジャーナリズムと、エンターテインメントやプロパガンダ、フィクション、芸術とを区別する。エンターテインメント――あるいはその親戚に当たる「インフォテインメント」――は、何が最も人の気を引くかに重点を置く。プロパガンダは、事実を選び、あるいはでっち上げ、真の目的、つまり信じさせ操ることに使う。フィクションは、それが真実と呼ぶものを一人一人が感じ取れるようにシナリオを創作する。

ジャーナリズムだけが、起きたことを正しく捉えるためにはどんなプロセスを経るかを重視する。ネットワークテレビの報道局の仕事であっても、市民が一人でSNSに目撃証言を投稿する仕事であっても同じだ。そしてこれが、ジャーナリズムを名乗るどんな仕事に対しても、その名に値する仕事か判断する最初の基準になる。

ジャーナリズムを担う人々は、自分たちの技巧に対し、深い思いはあっても、ジャーナリズムの役割というもっと大きな哲学に照らして問わないことが多い。彼らはどのように記事をチェックするかは知っている。たとえ、記事のチェックが社会でどんな役割を果たすか詳しく語れるとは限らなくてもだ。しかし、事実の確認はジャーナリズムの中心的役割だ。一九二〇年にウォルター・リップマンが述べたように「コミュニティに、嘘を発見するための情報がなければ、そこに自由はあり得ない」[2]のである。

劇作家や映画制作者など他メディアの人々が現実世界のストーリーを伝える時、ジャーナリストの気持ちが乱れる理由はこれだ。二〇一二年、公共ラジオ番組『ディス・アメリカン・ライフ』が中国の製造業について放送した回を、放送後「取り消す」ということがあった。その回の著作者である劇作家マイク・デイジーが、紹介した名前や出来事について、自分自身が中国を訪れた際の内容と、他の人の話とを混ぜていたことに同番組側が気付いたのである。「私たちはこの放送を取り消す」と、番組の司会であり『ディス・アメリカン・ライフ』エグゼクティブ・プロデューサーのアイラ・グラスは告知で述べた。「これが真実だと保証できないからである」[3]

デイジー自身はそんな疑いを持っていなかった。「私は、私の仕事を信じている」と自身の声明で述べ、「私の番組は演劇的な作品で……事実、回想、ストーリーを伝えるためのドラマ的な自由さを組み合わせて使うものだ。誠意をもってそれを行っていると考えている。『ニューヨーク・タイムズ』や多数の労働人権グループが、電子機器製造業の労働環境を記録するため行った網羅的な調査から、そのことは間違いなく言えた」とした。しかし、こう付け加えた。「私がしていることは、ジャーナリズムではない」[4]

デイジーと『ディス・アメリカン・ライフ』の例は、ジャーナリストと、他の形式のコミュニケーションを扱う人々との間で真実の意味が食い違った多数のケースの一つに過ぎない。『60ミニッツ』〔CBS調査報道番組〕の記者マイク・ウォレスは一九九九年、映画『インサイダー』について、ウォレスが話したことになっている言葉は創作されており、時系列が変えられ、彼が報道を巡りたばこ業界に屈したときに自分の「レガシー」を心配したように示されていることに激怒した。「私が**レガシー**という言葉を持ち出したのを聞いたことがあるか。全くのでたらめだ……私は気持ちを害された」[5]。同映画の監督マイケル・マンは、物語をよりドラマティックにするため変えたところはあるが、ウォレスは実際に譲歩はしていたわけだから、この映画は真実性の大きな定義のようなものに基づけば「基本的に正確」だと反論した。

この二つのケースで、意見がぶつかっている人々は使う言語が違うのだ。マンやデイジーにとって、真実は話の大きな輪郭に見いだされるものであって、あらゆる事実の細かい点にではない。だが、グラスやウォレスにとっては、細部が正確に記述されていないのに真実があるということは決して認められない。どちらの主張にも言い分がある。しかしジャーナリズムにおける事実確認のプロセスは、両方を踏まえていなければならない。事実を正しく捉え、かつ真実を伝えなければならない。

ニュースが量産品になり、ほぼ無数のメディアを通じていつでもすぐに手に入るようになった時から、事実確認のプロセス——みんなの利益を目的とした、信頼できるジャーナリズムの命となる核心部——は、新たな圧力を受けている。その圧力の元は主に二つある。一つ目は、後で訂正できるのだからすぐに報道をという誘惑だ。二つ目は、既に「出ている話」で、新しいネットのメディアシステムで話題になりかけているからというだけで、報道しようという衝動だ。

この問題は、九・一一の余波で宣言された対テロ戦争が生んだ新しい現実の中で、複雑さを増した。この新しい現実は、広く支持される「ウィ・メディア」の考え、つまり市民はお互い意思に基づきコミュニケーションできるようになったのだから、本当の真実やより正確な情報に近づくことができるという見方と、対立する。

コミュニケーションがしやすくなったのは間違いない。その結果最終的に「事実確認ジャーナリズム」が持続できるかどうかは、情報の制作をする人々が、人を説き伏せ、操作する目的で情報を作る強力な情報発信機関と闘いながら、この目的にどれほど献身するかにかかっている。

失われた客観性の意味

事実確認の規律についてはおそらく個人的にその場その場で語られるだけであり、それゆえジャーナリズムを巡る、ある重大な混乱ともつながっている。それは客観性という概念だ。客観性という考え方の本来の意味は今、全く誤解され、そして失われかけている。二〇二〇年に、コロナ禍、ドナルド・トランプ政権、そしてミネアポリスで警察がジョージ・フロイドという男性を殺したことから起きた人種と正義に関する全国的な抗議運動の中で、この原則は改めて問い直された。そこでは**客観性**という言葉は、白人男性が多くを占める報道職場での既存文化というものと同義語のように見なされた。とはいえ、客観性の概念が二〇世紀初め、科学からジャーナリズムに取り入れられた際の背景にあった本来の意図をつかむこと、そしてその失われた意味をとらえる新しい言葉を見つけることは、将来のよりよいジャーナリズムに向け、進むべき道を指し示す助けになり得る。

ジャーナリズム界の多くの人も含め、批評家たちが客観性という考えを退けるとき、通常それは、人は誰も客観的ではあり得ないということに基づいている。『ブログ　世界を変える個人メディア』の著者、ダン・ギルモアは二〇〇五年によく読まれたエッセイ「客観性の終焉《ジ・エンド・オブ・オブジェクティビティ》」[6]において「私たちは人間だ。私たちの毎日の仕事には、偏りと背景と多くの葛藤がある」と記した。ギルモアはジャーナリストに対し、**客観性**という言葉を捨て、代わりに**綿密性**、**正確性**、**公正性**、そして**透明性**を用いるよう訴えていた。

客観性という考えに対しては八〇年近く疑念が向けられ、こうした声を上げるのは彼だけではない。しかしこの議論は全体が混同だらけになっている。客観性の概念がもともと社会科学からジャーナリズムに取り入れられたとき、ジャーナリズムは偏りのないものだと言おうとしたわけではなかった。全く逆だった。

この言葉は前世紀初め、とくに一九二〇年代にジャーナリズムの一部に現れ始めた。それは、ジャーナリストたちは偏りが著しく、しかもそれに気付いていないことが多いという認識が広がったことに基づく。客観性を求める主張は、ジャーナリストに対し、個人的、文化的な偏りによって仕事の正確さが損なわれないようにするというまさにそのため、情報を判断するための一貫した方法を開発するよう、つまり根拠の扱い方の透明化を進めるよう求めるものだ。

一九世紀、ジャーナリストたちは客観性よりもリアリズムについて語った。[7] これは、もし記者が事実を単純に発掘し、並べれば、真実が自然に姿を現すという考えだ。リアリズムは、ジャーナリズムが政治党派から離れ、正確さを増していた時代の中で台頭した。これはまた、ジャーナリストがニュース記事の中で、事実を最も重要なものからあまり重要でないものへという順番で並べ、読者の理解を助けると考えたやり方、つまり「逆三角形」とジャーナリストが呼ぶものが発明された時期とも重なった。

しかし二〇世紀初め、ジャーナリストの中にはリアリズムの単純さに懸念を抱き始める人も出てきた。一つには、記者や編集者がプロパガンダや広報代理店の役割の拡大に気付いてきたということもある。フロイトが潜在意識の理論を発展させ、ピカソなどの画家がキュビスムの実験をしていたとき、ジャーナリストたちは人間の主観性について認識を深く発展させていた。一九二〇年、ウォルター・リップマンと、『ニューヨーク・ワールド』共同編集者のチャールズ・マーズは、雑誌『ニュー・リパブリック』が出した四五ページの特別企画の中で、文化がいかに視野を妨げ、『ニューヨーク・タイムズ』のロシア革命報道をゆがめたかを巡って書いた。[8] 影響力の大きい辛辣な記述で、「一般に、ロシアに関するニュースは見たものを伝えているのではなく、見たかったものを伝えている」という。リップマンは他の人たちとともに、一人一人のジャーナリストが「ニュースを観察、理解、提示する際には、理性や検証と相容れない無意識の予断を取り除き、それに縛られないようにする」方法を探し始めた。[9] 別の言い方をすれば、彼らは私たちが現在「無意識のバイアス」と呼ぶようなものを懸念していた。現在、客観性に対する批判者が打ち出す批評そのものである。

リップマンは、ジャーナリズムが「訓練を受けていない、たまたま居合わせた目撃証人によって実践されている」と言い切った。ジャーナリストによる善意の意図、すなわち一部の者が「誠実な努力」と呼ぶであろうものでは不十分なのだった。頑張る記者の無骨な自助努力を信じること——リップマンが「業界の皮肉」と呼んだもの——でも不十分だった。当時現れてきた、仕事の透明化をわずかながら向上させるもの、たとえば署名やコラムニストの登場でも不十分だった。[10]

リップマンはその解決策について、ジャーナリストがもっと「科学的精神」を持つことだとし、「私たちのこの多様な世界にあっても一つの点では一致できる。それは目的でなく方法の一致だ。規律ある実験という一致だ」と主張する。リップマンが言おうとしたのは、ジャーナリズムが「知識に関する共通の方法、立証された事実とみなす範囲についての共通の理解」を求めるべきだということだ。最初にやることとしてリップマンは、ジャーナリズム教育という生まれたての領域が「既存の枠組みを温存したまま、人を高給に見合うよう鍛える職業学校」から脱皮させるべきだと考えた。では何をすべきかといえば、この領域は、根拠と事実確認について学ぶことを土台にすべきだという考えだった。[11]

科学信仰の時代であったが、リップマンはほとんど幻想を抱いていなかった。「ニュースは数学

にできる。

のように物を言い切るものでないが、それは問題ではない。実際のところ、ニュースは複雑であいまいであり、だからこそ良い報道には最高の科学的道徳が求められる」[12]。つまり、そもそもの概念においてジャーナリストは客観的になれないが、しかしジャーナリストの使う方法は客観的なものにできる。

客観性に関するこの本来の理解は同時に、二一世紀にメディアを理解する上で欠かせない重要なものを示す。第一に、客観性とは意見を持たないことではない、ということだ。そうではなく、客観性の目的は、規律をもって統一した方法を、透明性をもって用いるということにあり、これはギルモアや他の人たちが、客観性に代わるものとして打ち出したものに近くなる。もう一つ示されるのは、多くの報道機関が使う偏りのない言い方——よく見かける、ニュースの書き方で中立スタイルと考えられているもの——はジャーナリズムの原則ではないということだ。むしろこれは単に、多くの報道機関が、客観的な方法で得た内容を報じようとしていると強調するため用いる手法である。三つめに示されているのは、こうした中立的な言い方が事実確認の規律を欠いたまま用いられるときは、不誠実な内容を取り繕っているだけという場合が多いということだ。ジャーナリストが本当は自分自身の見方を打ち出すために取材相手を選別しているのに、そのコメントを中立的な発言として、客観的に見せるために使うのは、欺瞞を行うことである。この欺瞞、つまりジャーナリズムのスタイルをジャーナリズム以外の目的で利用することは、他の全てのジャーナリズムの仕事にも規律がなく不正直で偏っているとの見方を招き、信用を傷つける。報道の規範に疑問が持たれている時代には、このことは特に重要な注意点だ。

大切なことだから、もう一度強調して言う。客観性に関する本来の理解では、中立性はジャーナリズムの原則ではない。中立性は読者・視聴者に正確、公正だと訴えるための物の言い方であり手法にすぎない。客観性とは中立性を意味しないし、人々が自分なりの個人的経験、感覚、考えを持っていることを無視したり否定したりできるなどという明らかに間違った考えでもない。逆に、客観性に関するこの本来の、そしてより洗練された考えによれば、客観性とは、見て確認ができる、規律ある調査の方法であり、その経過を把握して再現することもでき、それによりニュースをさらに正確にし、真実にできるものだ。

　興味深いのは、商業メディアで論説にこだわるジャーナリズムを担っている人は右も左も、自分たちが意見を広めていることを否定し、逆に公正さや正確さを強調することが多いということだ。ＦＯＸニュースの初期の宣伝スローガンは「公正さとバランス」だった。右派コメンテーターのアン・コールターは左派の「嘘」を暴露するという。アル・フランケンはリベラル派コメンテーターだった時、自分の本を「真実」だと売り込んだ。これらはハーストやピュリツァーなど一九世紀のイエロージャーナリズムが、自分たちのセンセーショナルな報道を、ライバルのものよりも正確だと自称したことと重なる。ジャーナリズム界にいる人々は、業界内でオピニオン寄りの場所にいてさえも、自分たちのことをより良い論説家だと売り込むことはない。そうではなく、自分たちはより正確で、真実に近いとうたうのである。

　方法としての客観性という本来の意味から言えることはもう一つある。一つの規律を守るためのやり方は幅広く複数あるため、他の多様な形式の米国ジャーナリズムがそこに収まるという点でも調和するということだ。現在の市民による情報発信にも、一九六〇～七〇年代の左派系が典型となる市民派オルタナティブ・メディアにも、そしてあらゆる政治的立場の論説ジャーナリズムの雑誌にも、うまく当てはまる。ニュースの取材報道において、正確さ、透明性ある慎重な手法や規律、そして事実確認に一定程度統一したやり方を用いることがまず大事だとするなら、これは物事を伝える場合に広範に適用できるものとなろう（これについてはより詳しく、党派からの独立という概念の意味を取り上げる次章で論じる）。

目的ではなく方法を統一した場合、リップマンが一〇〇年前に言ったように、その統一した方法は文化が違っても善し悪しを評価できる。そしてここでいう方法とは、情報を集める方法ということであって、情報を伝えるスタイルのことではない。リップマンは非常に洗練した主張をしたとはいえ、ジャーナリストが専門職であることの意味の大きさを主張したのはリップマンだけではなかった。その一世代前、大衆ジャーナリズムの偉大な革新家であったジョセフ・ピュリツァーは、多くの点で同じ理由から、ただ説明はそこまで詳しくはできていなかったが、コロンビア大学のジャーナリズム大学院を創設した。米国新聞労働組合は、ジャーナリズムの専門職化の支援を大きな目的として創設された。

しかし長年の間に、客観性についてこの本来の、より洗練された理解はまったく取り違えられ、その意味の大半が失われた。ジャーナリストの社会学的研究が大きな反響を呼んだレオ・ロステンをはじめとする著述家たちは、ジャーナリストが客観的だという意味でこの言葉を用いた。それでは駄目だったと彼が気付いたことは驚くに値しないだろう。客観性を持つことは不可能と断言したいろいろな法学上の議論も同じだった。多くのジャーナリストたちはリップマンの言おうとしたことを本当の意味では全く理解していなかった[13]。やがてジャーナリストたちは**客観性**という言葉を幻想だとして排斥し始めた。彼らはたいてい「偶然の目撃証人」で居続けた。

市民派オルタナティブ・メディアの人々は、いわゆる主流メディアのジャーナリストたちの客観性信仰に対してしばしば敵意を抱いたが、両者の本当の相違点は、中立的な発言に対する自分たちの立ち位置であり、情報の集め方、事実確認のやり方ではなかった。新聞の人々は、『ニューヨーカー』のような雑誌の仕事に苦もなく移籍し、そこでは市民派オルタナティブ・メディアや、あるいはさらに主観的なテレビニュースとも変わらない伝え方をするジャーナリズムを作った。

二一世紀初め、ニューヨーク大学准教授のジェイ・ローゼンは、客観性を中立性と定義することを「どこでもないところからの眺め」と呼び、視点を持たないようにすることは無意味どころか有害だと示唆するという、藁人形論法〔対立意見をゆがめたり誇張したりする論法〕を用いた有名な批判を行った。ローゼンはこのように定義される客観性であれば、それは実態なきポーズであって「ニュース制作者の意見のなさを宣伝材料に、信頼を得ようとすること」「作り物の不偏不党を築いて、権威を持とうとすること」と呼んだ。[14]

ローゼンは「どこでもないところからの眺め」という言葉を一九八六年の哲学者トマス・ネーゲルの本から借りた。これは皮肉で、同書はこれまで書かれた何より雄弁に、客観性を方法論として弁護するものである。ネーゲルは『どこでもないところからの眺め』で、リップマンと同じく「客観性は理解の方法である」と述べ、彼の本の目的は「客観性の持つ高い可能性を擁護するとともに、その限界を理解すること」と記している。[15]

ではこの客観的な方法を人々はどうやって追求するのか。「人生や世界のある面について、より客観的な理解を得るため、私たちは当初持っていた見方から一歩引いて、その見方と世界との関係を対象とした新しい概念を形作る」。それをするため、自分の当初の見方と世界との関係を理解するためには、他の人々の見方を理解する努力、すなわち調査が必要になり、それによって私たちは私たち自身の見方をもっと完全な、もっと網羅的な文脈の中に位置付けることができる。つまり、意識の中立さを訴えたり、主観性を否定したりするのではない。ネーゲルが言うのは、私たちはそこ〔意識の偏りや主観性〕から出発しなければならないということ、彼が言うところの「私たちの当初の見方」を把握しなければならないということである。私たちはこの当初の見方や、私たちが観察するものへの個人的な反応を意識できるようになるとともに、この限界を謙虚に受け止めなければならない。そして他者の見方を理解しようとすることで、私たち自身の理解が深まる。これが、ネーゲルの言う「世界をより完全につかむ、深まった意識」を私たちが獲得するやり方である。

要するに、ネーゲルは「どこでもないところからの眺め」という言葉を「視点のなさ」（ローゼンが意味したように）ではなく、広く様々な人への共感というのに近い意味で用いている。つまり「私たちのように限界がある存在が、自分の世界の理解の仕方をどう変えるか、私たちがいる場所から見た眺めというのではなく、世界には（違う見方の）人がいることを捉え、理解し、その人たちの世界の見え方はどうしてそうなるのか、その人たちにとってそう見えるようになったのはどういう経緯かを説明できるという、ある意味どこでもないところからの眺めに変える」にはどうすれば良いか、それを知りたいということなのだ。[16] 別の言い方をすれば、ネーゲルの意見では、個人的な経験やもともと持つ指向性はジャーナリズムによる調査の出発点であり、終着点ではない。

ネーゲルは哲学者であって記者ではないが、方法に関する彼の助言はジャーナリズムにも使える。ジャーナリズムにおける客観的な方法の特色は、科学的精神に対するリップマンの考えとも重なり、複数の取材相手に聞くこと、根拠を集め吟味すること、厳しい質問をすること、当初は理解や賛成のできない主張にも心を開いて聞く姿勢を明確にすること、そして自分が個人的に心を寄せている見方に対しても厳しい質問をする態度を同じく明確にすること――そしてこのプロセスを、報道の受け手の人々にも見えるよう、できる限り透明にすることである。

その上で、こういうジャーナリズムの努力の目的は何かを頭に入れることが肝要だ。宣伝者や活動家の目的とは異なり、このジャーナリズムの追究で大切なのは、伝えようとする出来事を、さらに幅広く理解することだ。それによりもっと正確に、全体像を、真実を、伝える。もともと持っていた考えを正当化したり補強したりすることではない。

このように客観性を捉えるならば、視点がないどころか、深い自己認識に基づくものとなる。

客観性は中立性だとしてこれを退ける人はその概念にきちんと向き合っていない。客観性とは根拠を集め、吟味し、理解する手法であって、両論併記や政治家発言のベタ起こし、悪平等、あるいは自己の否定ではない。ジャーナリストが十分な報道をしながら、意見は持たないという意味でもない。同時に、中立的な発言の形を隠れ蓑に用い、無意味なバランスを持ち出し、何も考えずに均等を求める人々（そういう人が多すぎるとローゼンは言う）は客観的ではない。多くの場合、ただの駄目ジャーナリストであり、またはジャーナリストのなりをした社会運動家だ。

客観性の意味についての議論は左右問わず思慮ある人々が担っている。骨太で独立した取材に取り組む保守系ネットメディアの「ディスパッチ」は、自らに対する説明でこう記す。「最良のジャーナリズムの一定部分は、筆者が読者に対し、自分の立場を正直に述べるときになされる。最悪のジャーナリズムの中には、客観性のうわべに隠れ、そのうわべがもたらす権威を拝借するものがある」[17]。賛成だ。しかし自分の偏りに正直であれば良いジャーナリズムということではない。それよりはるかに多くのことが必要だ。それがこの本の論じることだ。そして、劣悪なジャーナリストや宣伝者の中には中立の装いをまとうことでジャーナリズムの権威を拝借する者や、都合の良いコメントのつまみ食いや藁人形論法を独立した取材に基づく言葉のように仕立てる者もいるだろうが、そのことによって、純粋な追究への思いを持つ側まで否定されることはない。むしろ、純粋な追究であればなお尊敬を生むということを示している。

客観性か、道徳の明確さか

どの世代もある程度、自分たち自身のジャーナリズムを新たに打ち出していて、これは歴史を見れば二〇年ごとに起きることが示される。二〇二〇年夏、コロナ禍と、選挙運動と、ミネアポリスのジョージ・フロイド殺害や全国の一部警察官の行為に対する抗議の中、ピュリツァー賞受賞記者ウェスリー・ラウリーが『ニューヨーク・タイムズ』に書いたコラムは、主流メディアの報道人たちが米国の人種差別を理解せず、有色人種に関する報道をしていないことを、ジャーナリズム界で普通と思われている意識への疑問に結びつけ、そうした問い直しのきっかけを作った。

「主流メディアが黒人社会を正確に報じていないことは、彼らが黒人を雇用せず、ともに働くことなく、その声を聞いていない問題と、本質的に結びつく」と彼は記した。「主流メディアは、自分たちが客観的真実と考えるものを、白人記者と、彼らの大部分白人の上司とがほぼ独占的に決めることを許してきた。そしてこれら選ばれた真実は、白人読者の機微には触れないように調整されたものだ……白人的な意見や傾向が、客観的中立として認められてきた」。しかし「記者個人は誰一人客観的ではない、なぜなら人間は誰一人客観的でないからだ」。そしてラウリーはおそらく総まとめのように述べた。「中立的客観性は、真実を伝えるのを避けることとなり、自縄自縛に陥る」[18]

ラウリーは「中立的客観性」に代え、既に使われることが増えてきた言葉、「道徳の明確さ」をジャーナリストは考えるべきだと指摘した。彼は「道徳の明確さがあるなら、人種差別に基づくステレオタイプや比喩表現を持ち込む政治家——いかに巧妙でも——に対し、そういうことをした者だと明確に表現し証拠を暴露して明示することが欠かせない」という。

ラウリーのコラムは、報道職場の大半を白人、男性、中高年が占める中、そこを支配する既存文化が真実を伝えるという目標を窒息させていないかという、既にくすぶっていた議論にさらなる公然の声を与えるものとなった。ラウリーの分析の多くは正しかった。既存文化は多くの報道職場に存在しており、それが見えていない報道幹部が多すぎる。問題は白人や男性だけでなく、エリート、リベラルもである。報道職場は五〇年にわたり、現場人材を多様化すると口では言ってきた。後の章で詳しく述べるが、その目標は全く果たされず、約束は薄っぺらく、まともに理解されてこなかったことを示す、際立つ数字がある。一九七〇年代初め、米国のジャーナリストのうち黒人はわずか三・九％だった。四〇年後、報道職場を多様化するという努力があったはずの数十年を経て、この数値は四・一％とほぼ変わらなかった。[19] そしてこの既存文化は、米国のかなりの人々の間で、ジャーナリズムへの信頼を危機に陥らせた要素として、唯一ではないものの重要なものとなっている。

この既存文化の根にあるのは、ラウリーが言うように、均質性だ。報道職場の文化、民族、階級、考え方の面での多様化、特に報道トップにそうした多様化が進まないという古くからの問題であり、むしろ一部では悪化している。報道職場にいる有色人種、女性、ＬＧＢＴＱコミュニティのメンバーほか、報道トップにその属性の人がいないというグループのメンバーは外様のように感じ、のびのびと語って自分の経験を持ち寄りニュースに生かすことに困難を感じている。米国の報道の職場はその文化的な均質性により、知識偏狭と多数の死角を抱え、その根本的な責務である真実の把握に、いわんやその伝達にも、欠陥が生じている。

しかしラウリーが提案した解決策の一部は、問題を解決するものではないだろう。悪化させるかもしれない。もし私たちがここで定義した、事実確認の方法としての本当の客観性を理解したなら、報道職場の目に見えない既存文化は客観性が機能していないためであり、客観性が引き起こした結果ではないということになるからだ。

ラウリーは「個人的には賛成したくないかもしれない相手の考え方に対し懸命に目を向け、賛成したいと思う相手に厳しい質問を確実に行うようにすることで、正確さに」献身することを求めた。しかし、なぜジャーナリストたちはこの目標を守れないのか説明しようとする中で、彼は二つの異なる考えを混ぜている。ローゼンのように、客観性と中立性を混同している（中立的客観性という一単語にまとめさえしている）。これまで述べてきたように、これはジャーナリズムのよりよいプロセスに対する理解から私たちを遠ざけてしまう誤りである。ここで皮肉なのは、真実を発見するためとしてラウリーが訴える丹念なプロセスが、リップマンやネーゲル、そして私たちも説明した取材報道のまさに客観的な方法であることだ。

「私たちの仕事をしている最良の人々は既にこれを行っている」とラウリーも認める。「しかし、最良の人々と、その他大勢とはかけ離れていることを私たちは直視する必要がある」。かけ離れている原因についてラウリーは、多くは文化的要因だとする。また、ジャーナリストが読者・視聴者を白人だけと考えて彼らを不快にしたがらないことを挙げる。だがこれは、多くは有色人種のジャーナリストたちによって進められてきた、新しい意向聴取の技術を用いて多数のニュース読者・視聴者層を定義する長年の取り組みを過小評価している。

拙速で中身の薄いジャーナリズムの原因は民族的属性の問題だけではない。ジャーナリズムに映し出されるのは、それを担う人たちの文化に加え、制作するテクノロジー、デジタルニュース環境の性急さ、そのために活用される人的・物的資源、報道部門を空虚にする経済モデル、そして米国のジャーナリスト数減少もある。悪しきジャーナリズムは、様々な力が複雑に絡んで生み出された邪悪な問題だ。本質的な解決には、問題を正しく定義する必要がある。

おそらく最も重要なこととして、ラウリーの提起ではジャーナリストはジャーナリズムにおける客観性という目標を放棄し、それに代えて「道徳の明確さ」を希求すべきだというが、それでは彼が支持する、異論にも心を開いた深い追究へとジャーナリズムが変わっていくことはなく、逆にそこから遠ざかる危険があるということだ。そしてジャーナリズムに対する恐るべき信頼失墜は回復せず加速し、この職業だけでなく民主主義の今後に対する脅威となる。

道徳の明確さが目標なら、ネオナチは自分たちにそれがあると言うだろう。〔イスラム過激派などの〕聖戦実行者たちもだ。事実、道徳の明確さは過激主義に顕著だ。明確さは曖昧さがないという意味だ。確信を示している。そして確信は追究とは縁がない。それどころか確信は、ネーゲルが記したように、世界をもっと包括的で内包的に理解するための、異論に心を開く姿勢から私たちを遠ざけていく。だが理解すればするほど、物事は複雑になっていく。グレーゾーンが広がる。不確実さを尊重しなければならなくなっていく。確信は知識が増えた結果ではなく、理解できない闇をパスするために私たちが架ける橋だ。哲学者ラインホルド・ニーバーが言うように、「確信を持てないということには、私たちはいっそうの確信を持てる」のである。

もしも、指標が明確さと確信だけとなり、根拠、実証性、事実確認、透明性、方法論は含まれないなら、ジャーナリズムは意見と演説の絶叫合戦へとさらに転落し、そこでは事実は真実をつかむためというより、主張を支えるために動員されるものになるだろう。公共広場はさらに縮小するだろう。私たちが共有する事実の範囲はますます小さくなろう。

客観性という言葉は問題に満ちている。対義語は**主観性**だが、そんなことを言っても人をますます混乱させるだけだ。しかし**道徳の明確さ**の方は、ラウリーが求めている明確さを欠く。もっといい用語を多数思いつける。**包括的ジャーナリズム**がその一つ。**道徳的追究**も別の一つだ。結局しかし、この論議は用語の問題であってはならない。ジャーナリズムのプロセスについてであるべきだ。

ジャーナリズムに何が求められるか問い直すことを私たちは歓迎する。二〇年前、私たちが最初にこの仕事に取り組んだとき、私たちは問い直す側の一部であった。それ以前のジャーナリズムの責任に関する問い直し、例えば一九四七年のハッチンズ委員会や、一九二〇年代にリップマンとデューイが導いたジャーナリズムの責任を巡る論争に、私たちは触発された。二〇二〇年のラウリーによる力強い主張に私たちは敬意を表する。しかしもし、二一世紀のこうした問い直しに携わるジャーナリストたちが客観性について、政治家の発言をそのまま流すことだとか、両論併記主義だとかいうステレオタイプと藁人形論法に切り縮める――そして異論にも心を開き追究し、深く報道するという望みを放棄する――ことになれば、私たちはジャーナリズムを単に、社会運動の別形態にしてしまう危険を負う。そしてもし私たちが**客観性**という紛らわしい用語を**道徳の明確さ**という一つの用語に差し替えたなら、ジャーナリズムは人々が世界について知るのを助けるプロセスではなく、人々が自分のもともと持っている考えを正当化するための新たな手段に一歩近づくのではないかと危惧される。

客観的方法、その現場と実務

客観性に関する論争が白熱して一世紀以上、記者たちはリップマンやネーゲルが抱いていた考えを練り上げ、自分たちの報道の中で客観的方法を開発してきた。彼らはこれをテクニックとか取材の手順という名の下で私的に行い、ジャーナリズムの大きな目的を持ち出して語ったりはしない。それでもこれらのテクニックの中には取材報道の客観的方法という考えが生きており、そして記者から記者へと、多くの場合少しずつ、口伝されてきた。

例えば、スタンフォード大学の発達心理学者ウィリアム・デーモンはジャーナリストたちが自分たちの取材で事実確認を行うため開発してきた数々の「戦略」を明らかにした。デーモンは聞き取り調査で、これらの考えをどこで学んだか尋ねた。答えは圧倒的に「試行錯誤」「自分で」、あるいは「友人から」だった。ジャーナリズムスクールや、自分たちの編集者から習ったというジャーナリストはまれだった。[20]

このテーマについては便利な本がたくさん書かれている。例えば、米国調査報道記者編集者協会という団体は、公共公開文書をどう使うか、どう読みこなすか、そして情報自由法に基づく情報公開請求書をどう作成するかの手法開発に取り組んできた。

しかし、事実確認のさまざまな手法や戦略を統一して一つの方法にまとめるという取り組みはほぼなく、ましてカリキュラムや、知的な規律として定められることもなかった。事実を突き止めるための多様なテクニックや慣行を開発してきたジャーナリズムだが、それらの事実の解釈の仕方については、その信頼性を検証するシステムをあまり開発してこなかった。

最も重大なことは、二一世紀になって、ジャーナリストは、あるいは他の誰にせよ、物事の真実の理解にたどり着ける、事実を確認する客観的な方法に従うことができるという考えが、人々の心の中でますますしぼんでいるように見えるということだ。そしてプラットフォーマー企業は、自分たちで「オープンウェブ」と呼びたいものを報道責任よりも重視し、報道責任は廃れるがままにしている。これはジャーナリズムという概念のみならず、市民社会が問題に立ち向かい解決する可能性をも脅かしている。公共圏は譲歩や合意、解決ではなく、分極化された論争だけが行われるアリーナになる。

もしジャーナリストが、ジャーナリズムは正確で真実を伝えると論じるのであれば、彼らはまず事実を正しくつかむ原則と方法を理解しなければならない。そしてその方法を人々に公表しなければならない。今、世界は細分化されており、人々はジャーナリズムの報道を目にする前に既にSNSプラットフォームから事実の断片を手にする。社会の多くの人々は、情報が欲しいという以上に、自分のメディアにずばり自分の考えを肯定して欲しい。読者・視聴者が肯定を欲することは、ジャーナリスト自体の混迷も相まって、ジャーナリズム、ひいては民主主義が直面する新たな最大の脅威かもしれない。

このように見てみると、公正さのような観念や、記事には複数の意見を入れるという考え方は、新たな意味を帯びる。これらは高度な原則ではなく、既に述べたように、実際には単なる技術、言ってみれば道具であり、出来事について述べられたことを集め、事実かどうか確認しようとするどんな人にも役に立つものではある。だが公正さや、複数の意見を入れるということは、それ自体が目的となったり、ジャーナリズムの目標として語られたりするべきではない。これらは、私たちが事実確認をより綿密に、出来事の伝達をより信頼できるやり方で行うための方法としては、価値がある。しかしあらゆる技術同様、慎重に用い、過大評価はしてはならない。

例えば、複数の意見のバランスを取ることが話を歪めることになり得る。圧倒的割合の科学者が地球温暖化を科学的事実だと考え、あるいは、ある治療法が明らかにもっとも安全だと考えているのに、科学的な論議は五分五分で分かれているかのような印象を作り上げれば、市民に害を与え、真実を妨げる。事実、これは嘘つきや偽情報拡散者が簡単に悪用するジャーナリズムの習慣なのだ。残念ながらジャーナリズムにおけるバランスをめぐり、良い報道は両側の意見から同数のコメントをとっているかのように言う、ほとんど算数めいた意味の取り違えがあまりに多い。ジャーナリストたちは分かるだろうが、物事において立場が二つだけではないことはよくある。そして対立意見にそれぞれ同じスペースを割くことが、現実を真に表したものにならず、誤ったバランスにつながることもある。ある問題にさらに多くの立場があるのに無視されていたり、ある問題の反対意見は科学界を代弁する意見ではなかったり、意見の一つは事実でない情報に基づいていたりすれば、バランスを取ることで真実に近づくことはなく、それを歪めることとなる。

公正さもまた、それ自体が目標のように見られると誤解が起き得る。公正さとは、事実に対し、またその事実を市民が理解することに対し、ジャーナリストが公正《フェア》〔誠実に向き合う〕という意味であるべきだ。「私の取材相手がだれも嫌な思いをしないようにするため、取材相手に対して公正」という意味であってはならない。「私の記事は公正に見えるか」を問うものであってもならない。これらは主観的な判断であって、これによるならジャーナリストは仕事の裏付けに努めなくていいということになりかねない。つまり公正さとは方法ではなく目的であって、結局は主観的なものだ。**客観性**はあまりに誤解されているからと、公正という言葉を好むジャーナリストもいる。だが公正さは方法としては大した力を持たない。

公正に見えるようにすることで、異なる意見がそれぞれ道徳的に同じ重みだという、誤った均等感を伝えてしまうことも起こり得る。CNNは二〇一三年三月、二人の高校アメリカンフットボール選手、トレント・メイズとマリク・リッチモンドがパーティで一六歳の少女一人をレイプした罪で有罪となった裁判を伝えた。この報道を考えてみよう。この二人の若者には一～五年の少年院送致が言い渡された。この二人のティーンエイジャーは言い渡しの際、苦悶した。

この裁判の報道の中で、CNNキャスターのキャンディ・クローリーと司法解説者のポール・キャランは感情を揺さぶる場面を視聴者に伝えようとして、被害者は誰なのかを見失ったように見えた。「一六歳は法廷でただ泣いています。アメフトの偉大な選手でも、この様子は一六歳の子どもたちでしかありません」とクローリーは言った。「言われていることを聞けば、彼らは二一歳になるまで「少年院に」とどまるかもしれないと理解できます。彼らは、償いの年月を過ごしたことを認められることになるでしょう。しかしそれが二人の若者にどんな影響を残すでしょうか……」

その場における感情に身を寄せることと、ニュースの文脈から外れてしまうこととは別である。

断言ジャーナリズムVS事実確認ジャーナリズム

ウェブが現れるずっと前から、現代の報道文化の変化によって、ジャーナリストが開発してきた事実確認の方法は力を弱めてきた。そうした諸手法には名前の付け方や体系化が適切でなかったところもあるにせよだ。二四時間ニュースが流れる時代、ジャーナリストたちは独自に新しい事実を見つけたり事実を確認したりするよりも、既にあるニュースに何か付け加えられないか——通常はその解釈——を探すことに時間を割く。事実は量産品になっており、簡単に入手でき、外見を変え、利用目的を変えることができる。「ひとたびニュースが発生すれば、そこにはあらゆる群衆行動が当てはまるかのようになる」と、編集者、オンブズマン、そして教育者としてメディアの変化を注視してきたジュニーバ・オーバーホルサーはみている。「ストーリーは一つのメディアによって——新聞一紙やテレビの報じ方で決められる……報道機関の連携が進み、報道の電子化もあって、私たちはみんな、同じ餌箱から食べ物を食べている」[21]。そしてこれはウェブの影響が完全に感じられるようになる前のことだった。ウェブは問題を加速させたに過ぎない。

単純に言えば、ウェブはコンテンツの再利用を大変簡便にし、ニュースが流れるペースを加速させ、この二つが組み合わされば誤情報が流れる可能性は増加する。

新しいニュース速報の報道のたびに事例が増える。二〇一二年、CNNとFOXは連邦最高裁が医療保険改革を退けたと誤って報じた。記者たちがライバルより一瞬でも早く放送しようと懸命になるあまり、裁判所の判断をあまりよく読まなかったからだ。ボストンマラソン爆破事件の容疑者たちが殺されたとか拘束されたと、実際にはそんなことは起きていないときに報じられた。最も悔やむべきケースの中には、二〇一二年一二月、コネティカット州ニュータウンで起きた児童二〇人の殺害に関する報道もある。

一二月一四日午前九時三〇分ごろ、アダム・ランザはサンディフック小学校に入り、発砲し始めた。午前一一時一七分、ツイッター上で @CNN が「CNNの @SusanCandiotti〔スーザン・キャンディオッティ記者〕の報告によると容疑者はライアン・ランザで二〇代」と伝えた。キャンディオッティは、このことは州警察で確認したものではないことを認めながら、午後二時すぎ、放送でもこの間違いを繰り返した。午後三時、AP通信は同社が身元をライアン・ランザと確認したと報じた。いくつかの報道機関はCNNに従い、ライアン・ランザのフェイスブックの写真を流し、彼の投稿もいくつか報道した。

間違いはそれだけではなかった。『ニューヨーク・タイムズ』を含む多数の報道機関が、ランザの母親は同校の教師であり、そこで息子により殺されたと報じていた。

問題は、ライアン・ランザは乱射犯ではないことだった。乱射犯は弟のアダムだった。彼らの母親は同校の教師ではなく、乱射があった時にその場にいたわけでもなかった。アダム・ランザは母親を既に自宅で殺害していた。

誤りを性急さのせいだけにはできない。ランザの母親に関する誤報は、ニュースには筋道や動機があるべきだと感じた記者がいたことを示すのかもしれない。「これほどに恐ろしいことが、完全に行き当たりばったりで発生するという考えを受け入れるのは困難だ」。メディアがもたらした神話について研究した『誤り《ゲッティング・イット・ロング》 米ジャーナリズム最大の誤報10《テン・オブ・ザ・グレーテスト・ミスレポーテッド・ストーリーズ・イン・アメリカン・ジャーナリズム》』著者のW・ジョセフ・キャンベルは話す。「彼女がその学校にほとんど、あるいは全く関係ないと考えると、これほど戦慄を覚える無分別な行動を理解することは難しくなってしまう[22]」

事実確認の破綻は時々、単に誤情報をつかんだだけが原因ではなく、より大きな、多くの人に受け入れられるマスターナラティブ〔社会から支持され、広く浸透する言説〕と適合するから、そういう事実があるはずだとジャーナリストが思い込むことも原因となる。マスターナラティブ、あるいはメタナラティブは、ジャーナリストたちが一人の政界人やニュースの出来事について、一つの大ざっぱな見方で凝り固まり、その上でこのマスターナラティブに合う話を探し始めたときに起きる。例は無数にある。

長期にわたった事例の一つで、経緯を正確に示せるものとして、二〇〇〇年大統領選の民主党候補だったアル・ゴア副大統領が、人々を感銘させようと過去の成果を誇張し続けていたとして広く話題になった話がある。ある人はゴアの「ピノキオ問題」と記し、別の人は彼を「嘘つき」と呼び、さらに別の人は「妄想」と言う[23]。根拠の鍵となる部分は、連邦政府の政策変更につながったニューヨーク州北西部ラブキャナルの廃棄物処分場の有毒物質汚染問題を、ゴアが自分が発見したように断言した、と思われているものだ。問題は、ゴアはそんな断言は全くしていないことだ。彼はニューハンプシャー州の高校生グループにこう言った。自分が有害廃棄物の危険性について初めて知ったのは、地元有権者がテネシー州のトゥーンと呼ばれる汚染された町について話したときで、そして自分は聴聞会をしたいと思った、と。「他にこうした場所がないかと国全体を調べた」と彼は生徒たちに言った。「私はニューヨーク州北西部の、ラブキャナルと呼ばれる小さな場所を見つけた。

その問題と、テネシー州トゥーンの件について、最初の聴聞会を開いた。そのことを皆さんは聞いたことがないだろう。だが、それが全ての始まりだったんだ」[24]

ところが翌日、『ワシントン・ポスト』はゴアの発言を完全に誤って引用し、「私が全ての始まりだったんだ」と記した。共和党は報道発表文で、このコメントを変えて「私という人が全ての始まりだったんだ」とした。『ニューヨーク・タイムズ』は『ワシントン・ポスト』と同じ誤引用を記事に使った。すぐ、両紙のデータベースに記録された誤記述に依拠して一斉報道が始まった。AP通信が同発言を正しく記していたことは誰の注目も得なかった。この問題は、その高校の生徒たち自身が苦情を言うまで正されることはなかった。今でも、ゴアの言ったことについて間違った記述を覚えている人の方が、実際のことを知る人よりおそらく多いだろう。

新たな情報経路を通じてデータの流れが拡大し続け、ジャーナリストはそれらをつなぎ合わせることに時間をかけるようになる中、危険なのは彼らが受け身の姿勢を強め、取って集める人でなくもらう人になりかねないことだ。これと闘うため、客観性の本来の意味は規律や方法についてであることをもっと理解することが、ニュースの土台をより堅いものにする役に立つだろう。これを訴えているのは私たちだけではない。「ジャーナリズムと科学は同じ知的起源を持つ」と、ノースカロライナ大学の伝説的ジャーナリズム教授、フィル・マイヤーは言った。「それは一七世紀、そして一八世紀の啓蒙思想だ。〔報道の自由を定めた〕憲法修正一条につながる同じ考えが、科学的な方法につながる……私はジャーナリズムと科学のこのつながりはできる限り回復されるべきだと考える。私は、方法の客観性を強調するべきだと考える。それが科学的方法だ――私たちの人間性、私たちの主観的な衝動は、何を客観的な方法で調べるか決めるよう導かれているものなのである」[25]

ニュースは「私に示してくれ」の時代――

「私を信じなさい」の時代ではない

ネットワーク化された世界では消費者のコントロールが強まり、コンテンツは発信した組織と無関係に流れることがあるだけに（例えば図や画像は、併用の記事なしでツイッター上でシェアされるかもしれない）、ニュースを集める方法をもっと厳格にし、その方法を各コンテンツ内でもっと透明性をもって伝えれば、客観性の本来の意味に近づく。ニュースの消費者に対し、何を信頼すべきか的確に判断するため必要なツールを提供し、援助することにもなる。

古い秩序の中では、人々は知るべきニュース、聞くべき事実を把握するために、責任ある関門係（事実の取捨選択をする者）に頼った。これを行う、信頼されるブランド――多くの新聞の場合、二〇世紀末には独占企業になっていた――のジャーナリストたちは、そこまで透明性をもって情報を示す訓練はできていなかった。このニュースはどう取材したかについて記事中で長々と説明すれば、不格好なことになるかもしれない。ブランドが信頼されているということで十分だった。それが私たちのコンテンツへの接し方だった。新聞の中で記事を読み、ニュース番組の中で報道を見た。これが、私たちが他でも述べてきたように、ニュースの「私を信じなさい」の時代だった。

今、私たちの情報システムの中で力はニュースの消費者に移り、ニュースは「私に示してくれ」の時代に入った。友人による推奨、検索結果、SNSでの言及、メールで来る記事、取りまとめ集積しての配信――に私たちが依拠している世界において、コンテンツの一つ一つ、ニュースの仕事の一つ一つに誠意が込められていること、そしてそのコンテンツを作るに至った根拠と判断を明確にすることが、非常に重要性を増した。

私たちは、消費者が「私はこれを信じる、この発信源から来るものはすべて信頼しているからだ」とは言ってくれない時代に入った。市民は、どのコンテンツについても、なぜ信じるべきなのかを示してもらうよう要求するのが普通になった。ニュースは断片化し、報道機関から切り離され、個別の記事として分解されている。ニュースの一片一片が、信頼できることを個別に自己表示できなければならない。

この意味で、公正さやバランスについてありがちな誤解を明らかにし、同時にニュース報道における事実確認の規律を向上させることは、私たちが受け取るニュースの質を上げ、私たちがニュースから生み出す社会的議論をよりよくする上で、最も大切なステップではないだろうか。結局、事実確認の規律こそが、ジャーナリズムを他のコミュニケーションの分野とは違うものにし、ジャーナリズムが存続するための経済的な力ともなる。

客観的方法を使うジャーナリズムの実際

この客観的方法によるジャーナリズム――単に善意の意図ではなく――はどんなものになるのか。合理的規律をもって報道する報道機関に、市民は何を期待すべきか。ニュースの出元が聞いたことのない情報源、あるいは同じ市民たち、党派性ある制作者という場合、私たちはそれが信頼できるか、有用か見分けるためにどこを見れば良いのか。私たちはジャーナリスト、市民、他の人々からニュースに関して意見を聞き、その考えを学び、その中で、事実確認の規律についての根本概念が一揃い見えてきた。報道の科学における知の原則である。

1 もともとなかったものは決して付け加えない
2 読者・視聴者を決して欺かない
3 自分の方法と動機をできるだけ透明に開示する
4 自分自身の独自の取材に依拠する
5 謙虚さを保つ

一つ一つ見ていこう。

新しい「断言ジャーナリズム」に匹敵する重大なものが、ノンフィクションのように見せるフィクションの出現だ。これは分野によって呼び名が違う。テレビのプロデューサーはこれをドキュメンタリードラマと呼んできた。出版界では、自叙伝の分野を乗っ取り、真の伝記のように偽ってフィクションを書く者――著述家ジェームズ・フライなど――がいた。二〇〇六年、フライはその自叙伝『ア・ミリオン・リトル・ピーシーズ』の多くはフィクションとして書いたことを暴露された。だがそれは結局でっち上げることだ。場合によっては単なる嘘だ。『真夜中のサヴァナ』の著者ジョン・ベレントのように、ノンフィクションの叙述を行う作家は、読者の注意を引きつけるため、ストーリーに彩りを持たせるため人物の思い、対話の断片など細部の一部は創作してもいいと主張する。

『ニューヨーカー』のライターで叙述スタイルの強さで知られるジョン・マクフィーは鍵となる鉄則をこうまとめる。「ノンフィクション作家は読者に、現実の場所にいた現実の人々について伝えている。その人たちが語る場面では、あなたはその人たちが言ったことを書く。その人たちがそう言ったとあなたが決めたことを書くのではない……対話を作り上げない。人造の登場人物を作らない……そして彼ら［登場人物］の頭の中に入って彼らの代わりに考えたりしない。死者に話を聞くことはできないのだ。これらを作家が守らない場合、これを守る作家たちの信頼を悪用していることになる」

第二次世界大戦における初の原爆使用の影響について記した『ヒロシマ』の著者で、ピュリツァー賞を受賞したジョン・ハーシーは一九八〇年、ジャーナリズムが事実とフィクションの境界線を越えることなく、魅力的なものであるようにするための原則を詳細に述べようと考えた。エッセイ「認められた伝説《レジェンド・オン・ザ・ライセンス》」でハーシーは次のような厳格な規範を提唱した――決して創作しない。ジャーナリズムは「一切、作り物はない」が暗黙の信条なのである。[26]

今日私たちは、ハーシーの「決して創作しない」規範をさらに洗練させる必要があると考える。フロリダ州セントピーターズバーグのポインター研究所で上席研究員を務めるロイ・ピーター・クラークとともに、私たちは事実とフィクションの間にある浅瀬をうまく航行していくための考え方を新しく生み出した。

付け加えない

起きなかったことを付け加えてはならない。これは「創作しない」、すなわち物事を作り上げないというだけではなく、出来事の時間や場所をずらしたり、人物や出来事を合成したりすることもそれに含まれる。もしテレビの報道内容を収録中にサイレンが鳴り、劇的な効果のためにそれを一つの場面から別の場面に移動させた場合、これは後者の場面には付け加えられたことになる。元は事実だったものがフィクションになる。

通常、付け加えたり脚色したりすると、その人はそのことを隠す。その創作は許されないものだと自分で認めているわけだ。ノンフィクションの著者が創作をほどこし、そのことを認めたときには、批評家や読者たちは大概、いい反応をしてこなかった。ハーシー独特のエッセイ「認められた伝説」ではここがポイントで、同エッセイは作家トム・ウルフや他の人々に異議を唱えたものだった。伝記作家エドマンド・モリスはロナルド・レーガン本人公認の伝記『ダッチ』を書いたとき、そのことを思い知った。この本でモリスは自分自身を登場人物にし、レーガンの前半生を見てきたことにしているのだが、その時期に著者は生まれていなかった。モリスは、レーガン自身がいかにしてフィクションを現実のように作っていたかを指摘しようとしたのだと述べた。しかしこのファンタジーと現実の混合は、レーガンを描き出す役にはほとんど立たず、同書の信用性を傷つけることには大いになった。『ワシントン・ポスト』元編集者のベンジャミン・C・ブラッドリーは「何で私があれを読もうと思うかね」と声を荒げた。[27]

欺かない

読者・視聴者を誤信させてはならない。人々に思い違いをさせるのは嘘の一形態であり、ジャーナリズムは真実に献身するという考えを愚弄することだ。この原則は一番目のものと近い関係にある。もしサイレンの音を移動させ、それを視聴者に言わなければ、彼らをだますことになる。自分のしたことを認めたら、読者・視聴者が不快になるというのであれば、不適切であることを自ら証明している。これは使えるチェック法だ。もしあなたが、もっとドラマティックなものにするため、その音を話の中の別な場所に移動させたと視聴者が知った場合、視聴者はどう感じるだろうか。

「欺かない」ということは、述べ方、語り方のテクニックとして、目撃証言の言葉を最大限ありのままの形で伝えたとは言えない場合、読者・視聴者に知らせるべきだということだ。人々のコメント引用については、私たちがジャーナリストに行った調査で、幅広い共通理解が見受けられた。文法上の間違いで言葉を修正する場合は別として、もし分かりやすくするために引用符の内側の言葉を変えたり語句を削ったりするときは、読者が分かるよう、省略記号（「……」など）や括弧によって知らせるべきだ[28]〔日本語メディアはこの点で英語メディアほど徹底せず、分かりやすさ優先で「　」内を変更する場合がある〕。

出来事を報道する人が、自分で見聞きしていない発言や出来事を再現の形で書く場合、読者・視聴者にこれらは再構成されていること、内容は裏付けが取れていることが具体的に伝えられるべきだ。本や記事の始めや終わりに、著者の漠然としたおことわりで読者へ「一部のインタビューには再構成したものが含まれます」と伝えるだけでは不適切だ。どのインタビューなのか。どのように再構成したのか。こうした類の漠然とした情報開示は全く情報開示といえず、言い訳だ。

これら二つの鉄則「付け加えない」と「欺かない」は事実とフィクションの間に境界線を引くための標識になると私たちは考える。ではしかし、どのジャーナリズムを信頼すべきかを、私たちは市民としてどう見いだすか。他にもいくつかの考えが必要になる。

透明性を保つ

ジャーナリズムを担う者が真実の探究者であるなら、読者・視聴者に対しても正直かつ誠実でなければならない。つまり、真実を提示することだ。この責任は、ジャーナリズムに従事するものが読者・視聴者に対し、何を知っているか、そして何を知らないかについても、できる限り隠さず正直であることを求めるものだ。もしあなたがそもそも読者・視聴者に対し真実の態度を取らないなら、自分は真実を伝えようとしていると、どうやって言えるだろうか。

実際において、あなたが何を知っているかを人々に正面から明かす唯一の方法は、情報源と取材方法を可能な限り開示することだ。これを知ったのは、どのようにしてか。あなたの情報源は誰なのか。その人たちはどれほど直接的な情報を持っているのか。その人たちはどんな偏りを持っている可能性があるか。話に食い違っているところはあるか。私たちが知らないことは何か。

これを、透明性の精神と呼ぼう。私たちはこの考えが、事実確認のより良い規律を作る要素の中で、最も大切なものだと考えている。

ジャーナリストが正確性から真実へ進むことを阻む壁の多くは、自分たちの得た情報がどういう性質のものか——なぜ自分たちはその情報を信用するのか、さらに深く調べるためどんな努力をしているか——を率直に明かすことで、無くせないとしても対処はできる。

透明性には、重要なもう一つの価値がある。読者・視聴者への敬意を示すということだ。透明性によって、読者・視聴者は情報の妥当性、情報を得たプロセス、情報提供した人々の動機や偏りについて判断が可能になる。このことは、情報源による誤りや欺きに対しても、透明性が最良の防護になるということでもある。ある人が手にした最高の情報が、偏っている可能性のある情報源からもたらされていた場合でも、その情報源の名前を明示し、その情報源には意見があることを認めれば、読者・視聴者には情報が偏っている可能性も開示することになる。さらに、その情報源が嘘をつくことも防げるかもしれない。記者として、最も信頼できる情報源を探すことを強く自覚することにもなる。

透明性は、ジャーナリストがみんなの利益のためという動機を持っていることを明確にする足がかりとなり、そこに信用への鍵がある。透明性への意欲があることは、その記者が真実を気にかけていることを示す核心である。嘘や間違いは、全てを知っているふりや、実際以上に知識があるような姿勢を取るところに生じるものだからだ。

透明性の精神はどう機能するか。まずトップ層から始まる。公の会合やスピーチ、あるいは特に議論が起きている際の編集長コラムかもしれない。そして具体性が求められる個別の記事へと降りていく。ある記事が「複数の専門家によると」と記している場合、では何人の専門家にその記者は実際に話を聞いたのかを明らかにすることが求められる。透明性をめぐりおそらく最も価値あることは、インターネットの開かれた構造がその本来の味方になるということだ。デジタル空間では消費者は批評家でもある。記事にコメントができ、ニュースを出す側に質問し、他の情報源を調べ、あるいは、SNS上の一つのコンテンツに自分自身のコメントを付けることもできる。ニュースに関するこうした対話から、ニュースの消費者は自分が見ている情報の信用性に関し、できる限り重要な質問をする力を身につけてきた。「それはどうやって分かったのか」。ニュース提供者にこれを問うことにより、断定されていることや、結論、評価、そして事実の、元となった情報源について明確に説明するよう促すことにもなり得る。報道機関はこうした質問を歓迎すべきだし、公開のコメントにも非公開のメッセージにも対応すべきだ。だがまた、あらかじめこうした質問を予想し、分かったことはどうやって分かったのか、問われなくても最初から読者・視聴者への提示につとめる報道文化を作るべきだ。

　情報源を特定してはっきり詳しく示すことは、ニュース報道者が自分でできる、透明性実現の最も効果的な形だ。人々ともっと開かれた関係を作る基礎となる。ジャーナリストはいろいろな意味でウェブを受け入れるのが遅かったが、読者・視聴者とのこの新しい関係は認識しており、より高い透明性レベルや、デジタル表現ならではの根拠表示が、ニュースを出す際いかに力になるツールかも認識している。例えば二〇〇二年『ロサンゼルス・タイムズ』は、ホンジュラスのあるティーンエイジャーが母を探して米国に旅するという六部構成のピュリツァー賞受賞記事「エンリケの旅《エンリケズ・ジャーニー》」

において、厖大な脚注をつけ、コメントの発言者、事実関係、場面、その他の情報の詳細を示した。七〇〇〇語超にのぼる脚注は、記事本文で出典を細かく記しすぎることを避け、文章自体はすっきりさせながら、情報源について詳細な情報を読者に提供した。

もしあなたが、情報源のうち何人が直接の経験を述べ何人が伝聞を述べているのか、警察関係者というのは広報官か捜査官か、コメントを使った教授の背景や専門は何か、を読者・視聴者に分かるよう透明化すれば、あなたの読者・視聴者により多くを提供して真実に近づいていることになる。ある記述が誰かの記憶でなくビデオ録画に基づくとか、引用された研究は査読を受けていると伝えることができれば、読者・視聴者がなぜあなたを信じるべきか、より多くの証拠を提供することになる。

ウェブはまた、ニュースや情報を見せるための新手法を多数作り出し、テレビとか紙メディアといった旧来の様式を取るに足らない存在に見せた。データ・ビジュアライゼーション、インタラクティブ・グラフィックスからアーカイブ、マルチメディア、キュレーション、その他多数だ。私たちの本『インテリジェンス・ジャーナリズム　確かなニュースを見極めるための考え方と実践』では、ある出来事のニュースを紙のメディアで報じる際、ニュースの提供側が内容を伝えるのに使う素材がざっくり七種あると記した。見出し、記事本文、図表、写真、地図、サイド（副次的な記事）、そして多分プルクオート（記事中の面白いコメントを切り出して大きく示したもので、読者を引きつけ記事を読ませるための視覚的な材料として使う）だ。デジタルの形だと、ニュースの報道側はおそらくその一〇倍もの素材から選べる――データベース、書類の原文、情報源へのインタビューや記者の話の音声や動画、市民が提供した動画の画像分析、コンピューターを使った報道プロジェクトで用いたコード、チャットやコメントでの読者の質問への回答、旧版記事をＳＮＳでシエアしたユーザーに送る訂正文、その他多数だ。[29] これらのツールは全て、透明性をもたらし、読者による関わりを促し、そしてニュースをもっと信用できるものにする。これらのツールでニュースを透明化する戦略は今なお発展中だ。しかしこれらのツールを脅威と見るのは、あるいは余計な負担と見たりするのは、間違いだ。鍵は、チャンスと見ることだ。

透明性の精神によってまず、ジャーナリストは出来事が何か起きるたび「この情報の価値判断を私の読者・視聴者が自分でするには、何を分かっている必要があるか」を問うことになる。その答えの中には、実際上可能な限り、その報道機関が情報をどのように得たかを説明することも含まれる。

二つ目の透明性の要素は「私たちのこの件の取り扱い方に、説明を要するものはあるか。〔記事やニュースの中に〕何かを入れる、または取り除くという判断に、論議を呼びそうなものはあるか」という問いに答えることだ。ジャーナリストが容易に信じてもらえない時代、誤解を受けかねない報道判断の説明は極めて重要だ。

「トラスティング・ニューズ」〔ニュースを信頼する〕と呼ばれる団体を運営するジョイ・メイヤーが言うように「ジャーナリストたちは報道判断について長い時間をかけ、議論し論争するものだ。これら全ての、考慮に満ちた意思決定も、公開の場で説明しない限り読者・視聴者の目には見えないことを忘れてはならない」。

透明性の要素をめぐり判断をするとき、ジャーナリストはユーザーの、つまり読者・視聴者の好奇心を予測することから始めるべきだ。読者・視聴者は、あなたの動機、倫理、プロセスは何だと思う――あるいは誤解する――だろうか。どこに反発を受けそうか。どうやってあなたがこのニュースを報道したかについて、読者・視聴者に何を知ってほしいか。これらの問いに対する答えが、透明性に関する判断の土台を形成する。

もし報道部門として何か難しい判断をした場合、どのように、そしてなぜ、その判断をしたか、どれほど悩み抜いたか、公開の場で説明する価値はおそらくある。これらの判断をした難しさを隠さず明らかにすれば、信頼が増すだけではない。あなたの読者・視聴者がもっと違いの分かるニュース消費者となるのを助けることにもなる。

透明性の精神の三つ目の要素は、大半のジャーナリストの直感に逆行しそうなことを要求する。**ニュースを担う者は、聞かれても分からないことがあると認めるべきだ。**伝統的に、ジャーナリストたちは記事で答えられない疑問は決して持ち出さないよう訓練されてきた。記事は答えられない穴を避けるように書き、記事が完璧であるように、分かっていないことはないようにさえ見せるよう求められた。二一世紀、社会の出来事のうち人々は何を知るかを、ジャーナリストが全てコントロールすることのできない時代、事実の関門係ではもはやない時代には、そんな考えはもう理にかなっていない――かつては理にかなっていたのかは別として。

透明性に関するこれらの考えが解決する問題は数え切れない。リチャード・ジュエルのケースを考えてみよう。ジュエルが一九九六年の〔アトランタ〕五輪での爆破犯ではないかと警察が考えていた時期があり、当時『アトランタ・ジャーナル・コンスティトゥーション』紙はニュースとしてこれを報じた。この話は匿名を希望する捜査当局の情報源から出たもので、当初は警察にパイプ爆弾について知らせたヒーローとして賞賛されたジュエルが、捜査の中で容疑者になったと報じた。記事はまた、ジュエルが「一匹狼型爆弾犯」の性格特性に一致するとも述べた。

話がさらにややこしいのは、同紙は匿名情報源を用いることを禁じた同紙自体のルールにも対応しなければならなかったことだ。では『アトランタ・ジャーナル・コンスティトゥーション』はこの話をどう取り扱ったか。同紙がいう「神の声」方式、つまりジャーナリストは情報の出典に触れず、単に自分たち自身が知った事実として記述するやり方を用いた。

この記事は、警察が何を把握していなかったかについて言及を尽くしたとは到底言えなかった。警察はジュエルを犯行に結びつける物証を持っていなかったという事実は書かれていなかった。警察はジュエルを容疑者として取り調べていなかった。〔パイプ爆弾が入った〕ナップサックを発見した場所に、ジュエルが警察に犯行予告電話をした上で、割り出された時間内に到着できたか、時系列を調べてもいなかった。

同紙は何も問題はないとの姿勢に終始した。単に、警察が考えていることについて報じたのだ。しかし、警察がジュエルのあやふやな容疑を固める上でやれていなかった全てのことを、もしこの報道機関が記していたら、ニュースはこう大きくはならなかったかもしれないが、ずっと完全な——そして正確なものになっていただろう。報道後の何年間にもわたった訴訟を引き起こすことも避けられていただろう。[30]

透明性の精神は科学の方法に適用される原則と同じだ。あることはどのようにして分かったか、なぜそれが信じられるのかを説明し、読者・視聴者が同様のことをできるようにするのである。科学において実験の信頼性、すなわち客観性は、誰か別の人もその実験を再現できるかどうかで決まる。ジャーナリズムで、望むならその取材過程を再現できるという考えに近づくための方法は、分かったことはどうして分かったかを説明することだけだ。これが科学における、あるいはジャーナリズムにおける、方法の客観性が意味するものである。

ウォルター・リップマンは、ジャーナリストが本当に真実を探し出せるのか疑い始めた後でさえも、次のように認識していた。

信用できないことが何度も明らかになっている情報源によるレーニン死去報道が、その新聞が持つ唯一の情報だったときに、レーニンは死去したと六回も述べることには、何の弁護も情状酌量も弁明も全く認められない。ニュースはこの場合「レーニン死去」ではなく「ヘルシンキ〔からの報道〕がレーニン死去と伝える」である。そして新聞に求められるべき責務は、そのニュースの情報源の信用度合いの範囲でしかレーニンの死亡を言わないことである。もし編集者が最も責任を負うべきものが一つあるなら、それは情報源の信用度についての判断である。[31]

残念ながらデジタル時代に入って二〇年を経た今も、あまりに多くのジャーナリズムが取材方法、報道動機、情報源について何ら明らかにしない。テレビニュース番組は貴重な放送時間を節約するため当たり前のように単に「取材では」とだけ言うが、こういう取材の情報源のほとんどは秘密と言いがたいものだ。同様に、連邦議会の多くの職場では議員秘書たちはどんなときもコメントは匿名、議員だけが実名コメントという慣行ルールとなっている。

このような形で情報を人々に出さないでいることは間違いだ。市民がジャーナリストと、政治エスタブリッシュメントの双方に疑念を強める中で、人々にこのように害を与えることは、ジャーナリズムにますます大きな疑いをもたらす。

取材相手を誤信させない――もう一つの透明性

透明性の精神からはまた、ジャーナリズムに携わる者の取材相手との関係の持ち方についても提案がある。ジャーナリストは自分たちの読者・視聴者に真実を伝えようとするプロセスの中で、当然自分たちの情報源を欺いたり誤信させたりすべきでない。

残念ながら、ジャーナリストは原則をしっかり考えてこず、それを自覚していないこともあまりに多い。情報源を脅したり、記事の本当の狙いについて正直に話さないでいたり、どういう報道をしようとしているのかについて情報源を全くだましてしまったり、などは全て、多くのジャーナリストが真実追究の名で用いたことのあるテクニックだ。率直であることは一見、記者の手を縛るものに見えるが、多くの場合そうではない。それによって大いに相手を動かす結果を勝ち取れるということに、多くの記者が気付いてきた。「情報源に正直になり、何をしようとしているか、どんな記事にしようとしているかを話すことが常にベターだと気付いた」と結論づけるのは、『ボストン・グローブ』や『シカゴ・トリビューン』で政治記者として働いた後、政府や広報の仕事に就いたジル・ザックマンだ。『ワシントン・ポスト』記者ジェイ・マシューズは情報源に記事の原稿を見せることを長い間の習慣にしてきた。彼はこれにより書いた内容の正確性やニュアンスをより良いものにすると信じたのだ[32]〔原稿を事前に見せることは、米報道界では、この本の次章でも触れる報道の独立性の観点から通常は厳しく禁じられる。マシューズは同紙契約コラムニストとして例外的に許可を受けていたが、原稿を見せた結果、事実の誤り以外の変更をする場合は編集者への報告義務を負っていた〕。

故意に誤信をさせた情報源はその名を明らかにする

同時に、ジャーナリズムに携わる者はその情報源にも、同じく正直さを期待すべきだ。実際のところ、もう一歩踏み込みたい。もし、匿名を許された情報源が、故意に記者を誤信させたことが判明したなら、その情報源の実名は明らかにされるべきだ。情報源に匿名を認める約束は、その情報源が真実を話すことが交換条件の一部となっている。もし情報源が嘘をつき、つまり匿名を嘘をつくための隠れ蓑に使った場合、その情報源の身元は暴露されるべきだ。その情報源は盟約を破ったのだ。単にジャーナリストが人々に代わってこの手段に訴えるというだけではいけない。このやり方が普通になって広く知られることが必要だ。情報源たちもこうなると知り――そして、恐れるものであるべきなのだ。

覆面取材――特別な状況に限定し、読者・視聴者に説明する

ジャーナリストが情報源に誤信をさせる特別な実務を分類して覆面取材と呼ぶ。これは取材をするため、ジャーナリストが別の何者かを装うことだ。「潜入」取材のテクニックは何ら新しくない。二〇世紀が始まる前後に調査報道記者たち、例えば精神科病院に患者を装って入り、心を病む人たちへの悪質な処遇を暴露したネリー・ブライなどは、覆面取材を用いた。テレビは特に、不正を暴くために覆面取材と小型隠しカメラを用いることが多くある。

読者・視聴者や情報源をだまさないようにし、透明性を保つという点からは覆面取材についてどう考えるべきか。これらはジャーナリストが覆面取材を用いることを排除しないが、その代わりにジャーナリストに対し、この手法を用いるかどうか決めるに当たり、市民的不服従〔良心に反する法律や政府の命令に対し、あえて従わないこと〕を認めるときと似たテストをするよう促す。市民もまた、自分たちはどう考えるべきかの物差しとするため、このテストを適用するべきだ。このテストには三つのステップがある。

1　その情報は、だますことが正当化できるほど、みんなの利益にとって十分に重大なものでな

ければならない。

2 他に取材する方法がない。

3 ジャーナリストは情報を得るため情報源に誤信をさせた場合は必ず、読者・視聴者に対してそのことを明らかにし、また、なぜだますことを正当化できるニュースなのか、なぜそれが事実を把握する唯一の方法だったのかを含めてその理由を説明すべきである。

このやり方により、市民はジャーナリズムの不正直な行為が正当化できるケースだったか否か、自分で判断できる。そして一方、ジャーナリストたちは自分たちの第一の忠誠を果たすべき市民たちに対しては、曇りのない態度を取ることになる。

この、より透明性の高いジャーナリズムという考え方について私たちは、長い目で見れば目の肥えた人々を増やすことになるとして、詳細に述べてきた。目の肥えた人々とは、原則あるジャーナリズムと、いい加減で利己的な偽物との違いを見抜けるようになった人々である。これが市場で新しい力となってジャーナリズムの質向上を進め、ジャーナリストの力となる。この場合透明性とは、この報道内容はどのようにもたらされ、なぜこのような形で提示されるのかという意味もニュース報道の中に盛り込むことを意味する。

メイヤーのグループで、信頼を築くため透明性活用に取り組む「トラスティング・ニューズ」と、テキサス大学の研究者チームでメディア実地調査を研究する「センター・フォー・メディアエンゲージメント」は合同調査をし、報道機関がそもそもなぜその報道をしたのか説明したとき、ニュース消費者はこれを特に評価したことが示された。何を報道するかの選択自体が、非常によくある偏りの形態だからだ（面白いことに、「独自スクープ」という、社会の人々よりジャーナリストたちにとって大切とみられる価値の表示に対しては、人々は否定的な反応を持つ傾向があった)。

WCPO－TVはこの調査を活用し、視聴者に対してなぜコロナ禍の報道にここまで時間を割り当てるのか説明した。自明の判断だと簡単に決めてかかる人もいるが、実はそうではないと同放送局は気付いたのだ。WCPOのマイク・キャナンはブログで、「コロナウィルスの話は全てメディアによる誇張だ」と言う人々に会ったことを認めた。その中には自分の友人もいたという。「ジャーナリストたちにとってこのウィルスはおいしい、なぜならページ閲覧数やテレビ視聴率を押し上げるからだ、と人々が言うのを見聞きした。私たち報道の現場にとって、現実が真実からかけ離れることがあってはいけない……私は、コロナウィルスの報道がテレビ視聴率を上げるかどうかは知らない……うちの記者たちは、私たちの地域にとって大切だと考えるニュースを報道している……報道に関する私たちの目標は、誰かを脅すことでもないし、パニックを起こすことでもない。そうではなく私たちの目標は、みなさんに情報という装備を提供し、何が起きているのか、ご自身とご家族の健康を保つにはどうすれば良いかを理解する助けとなるようにすることだ」

このメッセージを送ることが視聴率の助けになるか妨げになるかは問題ではない。同局のローカルコンテンツのシニア・ディレクターであるキャナンは、自分自身このことを説明したかった。コミュニティに、彼の、一人の人間としての動機を分かって欲しかったのだ。彼はジャーナリズム的な言い回しを振り回してごまかすことをしなかった。[33]

独自性——自分自身の取材に依拠する

ジャーナリズムに透明性向上を要求するのとはまた別に、私たちが作り、あるいは消費するニュースに対し、品質面でもう一つ求めるべきことがある。独自性だ。マイク・オレスケスは『ニューヨーク・タイムズ』ワシントン支局長だったとき、真実を追究する際の規律として、一見単純ながら力強い考えを提唱した——自分自身の仕事をせよ。この考えは、テクノロジーによって他人が出した情報を拡散させることがより簡単、日常的になり、事実が価値の低い量産品めいたものにされる中、ますます重要になった。

デジタルの黎明期、最初に報じられた大型ニュースの一つは、ビル・クリントン大統領とホワイトハウスのインターンであるモニカ・ルインスキーが関わったセックスと法律のスキャンダルだった。この件には学ぶところが多い。というのはまさに、当時報道機関は、その時期によく言われるようになった言葉でいう、既に「出ている話」という概念になじんでいなかったからだ。同スキャンダルの間中、報道機関は、しばしば衝撃的な事実の暴露を他の報道機関にやられ、しかし自社では独自には裏付けられず、それをどう扱うか決めなくてはならない厄介な立場にあることを知るはめになった。事態がさらにややこしいのは、これらの報道は大抵、匿名の情報源に基づいており、つまり報道機関はその報道の正しさについて、誰かが実名で述べている場合に比べ、とりわけ大きな責任を負わなければならないことだった。このような情報源を根拠に、三つの別々の報道機関が、大統領とルインスキーが親密な接触をしているのを第三者の目撃証人が見ていたと伝えた——後に、不正確と分かった報道だった。報道機関は、他社が報じると知っていたからという理由で、そして拡散力の強い新たなメディア界ではこの話はどのみち別のところで表に出るのは明らかだからという理由で、これらの暴露を報道するべきだったろうか。

オレスケスは、その答えは断固ノーと結論づけた。「正しく動けた人たちは、自分の仕事をし、慎重で、情報の出所明示について基本的な規範に従い、複数の情報源から情報を得ていた。何が『出ている話』かを気にし、ジャーナリズムにおける数多くの罪を正当化するこのひどい言葉を用いていた人たちは、できるだけきちんと、できるだけ迅速にやろうとするのでなく、競争に負けることを気にし、そして失敗したのだ」[34]

独自性を守ることがより良いジャーナリズム、より深い理解、そしてより正確な報道を守る壁だ。昔の報道の掟も大体同じことを言っている。「疑わしいなら報じるな」。〔アプリやウェブサイトによるニュースの〕選別や集約がなかった時代、報道の「自力での後追い」の伝統は同じ考えに根ざしていた。他メディアによるスクープとして報道する〔スクープした他社を出典とし「〇〇新聞によると……」などと伝えること〕より、ジャーナリストたちはまずは自社記者の一人が情報源に電話し、その報道内容が正しいことを確認することを求めるようにしていたのだ。自力で後追いする伝統は報道機関にとっては、ライバル社の名前を記事に使わなければならないという、以前の時代ではスクープでの負けを認める恥と考えられていた事態を避ける手段だった。しかし自力での後追いの伝統には別のもっと重要で有益な効果があった。独自に確認できない話が繰り返し報道されることがないのだ。

独自性の概念は、透明性の考えと合致する。報道に当たって、知識のレベルはいろいろある。ニュースを担う側はそれを自覚し、読者・視聴者にそれを認めることを考えるべきだ。ジャーナリズムはまず最初は出来事の物理的な外形に関心を持つ。ダンプカーが赤信号を無視してバスに衝突した。大統領がこれらの言葉を述べた。これだけ多くの人々が死亡した。その文書にはこう書いてある。扱うのが物理的、外形的なレベルに近い情報であるほど、情報の事実確認は簡単だ。

ここにおいても、もちろんレベルはいろいろある。記者が文書や事実を見ることができて、自分で確認できるのは最も堅いレベルだ。もし他者にこれらの事実の伝聞を頼っているなら、それを伝達した情報源は、伝えてくれた情報をどうやって知ったか把握することが重要になる。その情報源は直接見たのか。二次情報（例えば、会議に出てはいないがそれについて説明を受けた広報担当者）か、もっと遠い関係の人（警察の広報官で、目撃者を自分で事情聴取したわけではないが、話された内容についての説明は受けた場合など）か。

しかし報道が人の内面の世界に入り、誰かが考えていることや誰かの動機を報じようとすると、ジャーナリズムはどうしても推測的になる。そのダンプ運転手は信号無視したとき何を考えていたのか。なぜ大統領はこれらの言葉を述べたのか。コネティカット州ニュータウンの乱射犯の動機は何だったのか。

内面での考えも読者・視聴者が知るべきことだとジャーナリストは感じるかもしれないが、こうしたことの細部にわたり堅い証拠を得るには難しさが増す。解釈が複数あり、理解にも異なるレベルのものがあるかも知れない。証明が堅いといえないこのような場合は、そのことも読者・視聴者が分かるようにすべきだ。動機を解明し「なぜ」に答えるための一番良い方法はある専門家を使うことだと報道の職場で判断したなら、人々に対して、なぜその専門家を選んだのかを明確にし、そのテーマをその人は専門としているのかどうか、どのように関わっている人かを説明すべきだ。報道現場として専門家の陰に隠れ、真実にできるだけ近づくという自分たちの責任を放棄するのではいけない。

なぜこんな提案をするのか。ジャーナリストが読者・視聴者に対し、自分の知ること、知らないことについて正直であるほど、読者・視聴者はその報道を信頼する傾向があるからだ。人々に対し率直になることだ。そんなわけもないのに、知らないことなどないかのように言ってはならない。何が分かっていないかを認めることは、あなたの信頼性を高めるのであって、損ねるのではない。

公人の中には非常によく知られた人物となり、そのため報道機関はその真意を実際以上に分かった気になるという場合もある。大統領だったドナルド・トランプは最も派手な例だ。一つには彼がツイッター投稿を非常によく使うことで、自分の個人的な、現在進行形の会話に人々を招き入れているように見えることが理由だ。ここにおいても、報道機関は手堅く、何が立証でき、何が単なる推測かを透明に示す必要がある。行動のパターンを説明することと、その行動を政治的な、まして心理学的な動機に結びつけることは、別のことである。

謙虚さを保つ

報道の科学や手法の開発に携わる人が心すべき第五の、そして最後の概念は、自分自身の力について謙虚であることだ。つまり他人から見聞きしたことに対して疑い深くあるだけでなく、同じくらい重要なこととして、それが実際にどういう意味かを知る自分の能力についても疑い深くあるべきだということだ。『シカゴ・トリビューン』編集発行人だった故ジャック・フラーは、著書『ニュース価値《バリューズ》』で、ジャーナリストは自分たちが何をどのように知っているかに関し「自分の判断についての謙遜」を示すことが求められるとの考えを示した。[35]ジャーナリストは謙虚さを保つことで、さまざまな利益を得られる。最初に気をつけるポイントは、報道に使う言葉かもしれない。ハーバード大学で調査をしているジュリア・ミンソンらの心理学研究では、言葉に「〜ことがある」「場合により」など不確実であることを認める特徴がある場合、物事や他人の考えに配慮を込めた扱いをしていると思ってもらいやすいという。これにより、あなたの伝えることは聞いてもらいやすくなる。たとえイデオロギー的に反対の立場の人に対してもだ。[36]

さらに、出来事を誤って伝えないための鍵となる方法は、自分の知識と理解力に限界があることを、自戒をもって正直に認めることだ。ベテラン宗教ライターのローリー・グッドスタインが私たちに説明したある事件が、その点で詳しい例になる。問題が起きたのは連邦議会の階段のところで開かれたキリスト教ペンテコステ派の伝道集会についての報道だった。集会では信仰による癒し、学校礼拝の要請、中絶や同性愛への非難が取り上げられ、かなり典型的な伝道集会だった。この催しを取材していたある新聞の記者はこれら全てに触れたが、この一文を付け加えた。「場の雰囲気は時折、ステージ後ろの威厳ある白い建物の中にいる議員たちに対する敵意に変わることもあった」。そしてその記者はあるキリスト教ラジオの局員がステージ上から話したことを書いた。「神が議事堂内の皆を slay〔殺すという意味で使われることが多い語〕するよう祈りましょう[37]」

キリスト教ラジオの局員は slay を「殺す」の意味で使ったとその新聞記者は思い込んでいた。しかし、グッドスタインは「ペンテコステ派の人なら、神が誰かを slay するようお願いするといえば霊、聖霊の意味において slay する、つまり神、イエスへの愛がその人たちを圧倒するよう祈るという意味だと知っている」と説明した。

問題は、その新聞記者がこのことを知らず、質問できるペンテコステ派の人が新聞編集局内におらず、そしておそらく、話題になりそうな話に心を奪われるあまりに、そのキリスト教ラジオの局員が本当に議会全体の殺害を訴えていたのかどうか、後で誰かによるダブルチェックをしなかったことにある。「とても恥ずかしい訂正になった」とグッドスタインは話した。同時に、謙虚さの必要性を強く示すものとなった。

謙虚であることとはまた、もう一人話を聞けば自分の報道内容の意味が全部変わったり、それはニュースではないと分かったりしたときでさえも、それを受け入れられるほどに虚心坦懐でいるということでもある。

これら五つの考え方を合わせると、事実確認の規律の枠組みをなす根本哲学となり、取材の科学、すなわち取材方法の指針となる。また、ジャーナリスト――私たちはニュースを作り出すどんな人も指して言っている――と市民の関係をより緊密にし、お互いに有益な関係を築ける。透明性があり、語る力もあるニュースの伝え方は強力なツールで、これによりニュースを取材し報道する人々は市民を重要な情報に結びつける。同時に、自分たちの仕事をもっとオープンに見せることで、ジャーナリズムに携わる人々がニュースの入手、整理、提示をする際、より深く考えるよう促される。

デジタル時代に事実確認がぶつかる困難

この本の第一版が出版されてから二〇年近くたち、私たちはある一つの質問を何よりも繰り返し受けてきた。バーチャルな公共広場に噂、ゴシップ、当てこすり、そして誤情報がリアルタイムで流れ、それにジャーナリズムが気付きもしないということがあり得る時代、事実を確認する規律はなお実践可能なのか。次々に出てくる事実をどうさばくのか、それも事実でない情報が既に拡散しているという時に。

毎日新たな例が現れる。大統領のツイート、下院議長ナンシー・ペロシが酔っ払っているように見せかけた偽動画、映画監督マイケル・ムーアがフェイスブック上で、ドナルド・トランプのコロナ陽性診断と入院は彼の選挙出馬に向け共感を生むために仕組まれた偽物だと主張した投稿、などだ。

もっとずっと高尚な目的の対面開催イベントでもこうしたことは起こり得る。シラキュース大学ニューハウス・ジャーナリズムスクールで開かれたシンポジウムが好例だ。テーマは、児童性虐待の告発を報道はどう扱うべきかだった。同大学のバスケットボールコーチのバーニー・ファインがこうした告発を受けていた。地元紙は取材したが、これは裏付けが得られないと判断していた。だが何年も後、メディアはこの告発を表沙汰にするべきだと決断した。衝撃的な問題となり、事態は動き続けていた。シンポジウムの午後のセッションの一つで、シラキュース大学で性虐待被害者のケアに当たったセラピストが突然、詳しいことは言えないが大学には今でも子どもの性虐待をするコーチがもう一人おり、大学は彼を守っていると明言した。他のパネリストは驚愕した。

セッション終了後すぐ、一人の地元紙記者が私たちのところに来た。この全く裏付けを伴わない主張をどうすれば良いかと尋ねた。この討論は実況ツイートされ、ネット中継されていた。そこにもう告発内容は出ていた――一方、報道は何の関わりも持たないままでいる。この記者は、これは裏付けがないものだからと無視すべきか。それとも、このように述べられたと報じるべきか。それとも、何をすれば。

こうしたケースで進むべき最善の道は、私たちの考えでは、透明性と謙虚さだ。記者がこの主張をただ無視していいということはあり得ない。ツイートとウェブキャストで既に「公表」されている。だから最初のステップは、報道までに取材時間が少しでもあるならば、裏付けを取ろうとすることだ。その発言をした人を探して、公開の場でのこの主張の証拠となる、あるいはこの主張が許される根拠が何かあるのか示すよう求めよう（彼はそれ以上のコメントは拒んだ）。警察に、何か被害届が出ているか尋ねよう。大学がこうした主張をこれまでに聞いているか調べよう（同大学も警察も、このシンポジウムでもともと取り上げられた件では迅速に動いていなかったことが示されていたことに留意すべきだが）。

次のステップは、今や公開公表のものとなったこの主張について、読者・視聴者のためできる限り背景事情を示すことだ。告発した人はその主張を裏付ける証拠を示していないことを説明しよう。壇上の他のセラピストたちはこうした中身のない告発が公表されたことに驚き呆れていたことを報じよう。すなわち、事実を確認するジャーナリストの責務により、この地元紙記者は公開の場で主張されたことについて背景事情を含めて示すことが求められたと言える。単なる復唱をしてはならない。また、これは裏付けられていないと言って終わるだけではいけない。それでは不十分になる。証拠のない主張に対しては、事実とはっきりさせるか潰すかするため手立てをとり、分かったことを読者・視聴者に共有しよう。改めて言うが、透明性を保とう。読者・視聴者にも事実確認のプロセスを見てもらおう。

三つ目のステップは、告発内容を事実と証明するには何が明確になる必要があるかを、人々に知らせることだ。そうすることにより、みんながどれほど慎重でなければならないかを示すことになる。実際、ネット化されたメディア環境でのジャーナリズムの責任の中には、公開の場で主張されたことを信じるか否かを人々が自分で判断できるよう、できる限り多くの情報で人々を装備させるということも含まれる。つまり、読者・視聴者は大人として扱われなければならず、守られるよりも知らされなければならない（この問題にともに取り組んできた人の中には、何か新たに報道する前に、告発が与えた印象の大きさをみるため、ＳＮＳを確認するよう提案した人もいた）。

デジタル以前の世界では、簡単に言えば、報道機関は裏付けのない主張がある場合、それに箔を付けないという口実で無視することも正当化できた。デジタル世界では、到底そんな単純な答えにはならない。とりわけ偽情報と分断化の時代、裏付けはないが既に知られていることを調査することは、特にそれがクリティカル・マス〔社会に影響を与えるほどの大人数〕に達している場合に、ジャーナリズムの技巧の中でも重大な部分となった。現代においてニュースを出す側は、そうした主張をどう考えればいいか市民に分かるようにするため、主張のどの部分にはなお証拠が不足しているかを社会に知らせなければならない。そしてその答えを探そうとするコミュニティに対しては先導役を務めなければならない。事実確認のプロセスはこうして、さらに公開の、さらに協働的なものとなっている。失われたわけではない。

同時に、ウェブのオープンな性質は悪意ある者にとって、事実でない情報、ボットによる拡散、ディープフェイク、事実でない告発、ほかいろいろなものを用いて愉快犯行為をしたり歪曲したりすることを容易にしている。次に述べるのは、政界関係者、さらには外国政府までもが事実の混乱や疑いの種をまこうとする環境に対処するための、いくつかの策である。

誤情報に対処する——その技術

戦略的に拡声する

何かに裏付けがないというとき——真実かどうか純粋に疑いがあるという意味で——ジャーナリズムの責任として求められるのは、ジャーナリストはその主張が真実か否かを確認するためにできることを何でもするということだ。もし根拠がないと考えられた場合、ジャーナリストは、その主張は広まっていないので新たに何か報じる必要はない、と判断することもあっていい。つまり何かが限定的な範囲内で「表に出ている話」の場合、ジャーナリストがこれは証明されていないと言えれば十分だと判断し、放置すると決めるのでもいい。主張がまだ大して広まっていなさそうだと考えれば、その主張の拡声器となるリスクは大きすぎる。しかしそのジャーナリストはそれでも、裏付けるか、あるいは潰すかのため可能なことは全部しておき、もしその主張がクリティカル・マスに到達したらすぐ動けるようでなければならない。もしその主張がまた出てきて、もっと広まった場合には、そのジャーナリストは真実を知らせる準備が整っていることになる。

この拡声機能という問題は、何かがもしネット上に投稿されたとき、それが事実ではなく、しかも人々を混乱させるためのディープフェイクとして作られたと分かっている場合、もっと複雑になる。つまり、報道機関が何かを事実でないと言うことで逆に、むしろ嘘を広める拡声器にもなるかもしれない。なら、いつ動けば良いのだろうか。このことは、研究者ダナ・ボイドが「戦略的拡声」と呼んだ問題につながる。すなわち嘘を否定するために嘘について改めて言及する必要があるのはどんなときで、自然に消えていかせる方が戦略的に賢明なのはどんなときかということだ。

単に放っておいていいかどうか、どのような場合そうかを決める計算式は決して単純ではない。最も興味深いケースは、下院議長ナンシー・ペロシの偽動画の投稿で、ペロシはまるで酔っ払っているかのように加工されていた。『ワシントン・ポスト』はこの動画が偽物だと証明することに決めた。そして、それを慎重に行った。

同紙は、最初に動画を見つけた際にはそれを報道しなかった。細工されたペロシの動画がフェイスブック投稿で一定のレベル、つまり爆発的に広がるところまでは待っていた。フェイスブックがこの動画の削除を拒んだ影響が出ており、これはユーチューブが削除を決めたこととは好対照だった。同紙はまた、この動画は選挙に向けて何が起ころうとしているかを警告する話だと考えていた。この類の変造された動画がもっと出てくる、そのからくりはどういうものかを説明することにはニュース価値があるということである。『ワシントン・ポスト』のデービッド・チョウは私たちに、報道すればより多くの視聴者を集めてしまう危険を検討したと話した。彼らは、自分たちの記事なら、動画が偽物であることに気付かせる一方、人々を混乱させ偽動画をさらに広めることはないと考えていた。[38]

私たちは根拠を検討した結果、『ワシントン・ポスト』の報道により動画について知った人は増えたが、偽物だとの暴露が進み、動画の悪影響を広げるものではなかったと納得した。記者も編集者も、これは偽動画についての記事であってペロシについてではないことを明確にした。見出しの最初の単語は「偽造の」、本文の最初の単語は「ねじ曲げられた」で、読者の第一印象と検索エンジンとの両方に効果がある、有用なテクニックだ。『ワシントン・ポスト』の報道後にこの動画をダウンロードした人の大半は、これを信じるのでなく偽であり変造されたものとみていることを示す根拠もある。『ワシントン・ポスト』は事実上、この動画を、背景事情説明と真実性否定の大きな池に沈めたのである。

簡潔に、しかし決定的に、潰す

戦略的拡声〔に基づき、不要な場合は報じないで様子を見ること〕は誤情報に対処するツールの中の一つでしかない。主張に対し無視すると決めるだけでは十分でないこともある。それ以上の努力を尽くして、事実でないと証明しなければならない主張もある。そういうものは無視するだけでは不十分だ。

二〇二〇年の選挙でドナルド・トランプの風変わりな弁護士であり元ニューヨーク市長でもあるルドルフ・ジュリアーニは、民主党候補ジョー・バイデンの息子のハンター・バイデンがノートパソコンを修理店に預けたまま放棄し、その中にハンターが中国人からの賄賂を父親に渡したことを示す情報があったという主張を広め始めた。『ニューヨーク・ポスト』はこれを報じた。大半の報道機関は、裏付けがないとして単に無視した。餌に飛びついて罠にかかることを避けようとしたのだ。その四年前、ウィキリークスとロシアの情報工作員が盗み取った、ヒラリー・クリントンの選対責任者ジョン・ポデスタのほぼ取るに足りないメールが毎週のように報じられたということがあったからだ。その時ツイッター社は裏付けがないとしてハンター・バイデンの記事を人々がシェアするのを難しくしたが、このプラットフォーマー企業は後にこの判断を誤りだったとしている。[39] しかしハンターに対する指摘はＦＯＸのトーク番組など右翼メディアを通じて広く拡散した。『ウォール・ストリート・ジャーナル』は違う判断をした。同紙の論説面ではコラムニストのキンバリー・ストラッセルが、事実ではないこの説を取り上げたが、報道担当の記者たちは時間を掛けてこの指摘を吟味した。保守派は、大手報道機関がこの指摘に対し単に背を向けたとして憤った。しかし『ウォール・ストリート・ジャーナル』の記事はそうしていなかった。そしてこの記事は簡潔かつ決定的だった。同紙は『ニューヨーク・ポスト』記事にあった指摘内容は掲載しなかった。彼らは、その指摘を広めているトランプ陣営の人々に会った。それらを吟味した。そして、この指摘には裏付けがないことを確定的にする記事を出し、それによって自紙の別の面でストラッセルが書いたことを否定することにさえなった。『ウォール・ストリート・ジャーナル』の記事は決定打となった。[40]

選挙後、ハンター・バイデンは自分は司法省の捜査を受けていることを知らされていたと発表し、しかし詳しいことは知らされず、また父親に関連することが含まれるとの示唆はなかったとした。一二月には、司法長官は同事件で特別検察官による捜査は不要と発表した。

誤情報や偽情報をどうするかについては、さらに他の考えもある。

真実サンドイッチ法

事実でない内容に関し、そもそも報道で扱うかどうかが判断の焦点となる場合がある一方で、これを潰す場合に事実でないことをどう示すかも課題として取り組まれている。トランプ政権の間、事実でない、あるいは誤信を起こさせる主張について報道する手法の一つが注目を集めた。「真実サンドイッチ法」というこれ自体話題になりやすい名を付けられたことも理由の一つだ。考え方はこうだ。ある主張が事実でないと暴く場合、ジャーナリストは最初に真実の記述を出し、次に違っている内容、そして再び真実を繰り返す。考え方としては、人々は最初に聞いたことを覚えるものであり、この最初の印象が事実に即した内容となるように、ジャーナリストは考えるべきだというものだ。

この考え方はニュースの現場の多くでは、頭では分かるが実際にやるとなると簡単ではない。それでも重要なポイントは共感を得た。ジャーナリストが可能な限り優先して取り扱うべきは事実であって、反事実の方ではないということだ。発想は新しいものではなく、一九九〇年代のファクトチェック初期におけるキャスリーン・ホール・ジェミーソン教授の仕事にも重なる。その中で彼女は、選挙運動広告のファクトチェックをするテレビの制作者たちは、それらの広告は画面の中にテレビを表示し、その中に入れることで、現に放送されているのではなく分析を受けている広告であることが視覚的に明らかになるべきだと記している。

誤情報についての見出しをどう書くか

事実でない内容に重みを与えすぎないという注意は、記事本文だけで守られればいいわけではない。見出しを書くとき、記事をSNSに投稿するとき——人々に与える第一印象もである。

多くの人たちがSNSをスクロールして目に入ったものからニュースを吸収する時代、これは記事本文と同じぐらい、あるいはおそらくそれ以上に重要だ。もし、事実ではないが、そういう主張をしたことは報道価値があるため報じなければならない場合、その事実でない内容を大見出しにして拡散すべきではない。例えば「ブラウン市長は選挙不正がセンタビルであったと主張、しかしその告発に根拠なし」とツイートしては誤認につながる。検索アルゴリズムは見出しの最後でなく頭の部分を取り上げる可能性が高く、よって事実でない内容を広げることとなる。それによって、人々は混乱するだろう。見出しは逆に「ブラウン市長が事実でない主張を拡散、センタビルで選挙不正と」であるべきだ。そして、見出しで事実でない内容を単に復唱する「ブラウン市長、選挙不正を主張」とするのは絶対駄目だ。トランプ政権では米国大統領が、コロナ禍のグラフの角度から、開票中の選挙が米史上最大の不正だということまで、日々根拠のない主張をしており、そんな形式の見出しになってしまうことが常に問題だった。このような見出し作りについて、アリゾナ州立大学のダン・ギルモアは「嘘つきに拡声器」を与える一例と呼んだ。また、事実確認を欠いており、ジャーナリズムではなく聞いたことをそのまま流しているだけだと非難する人々もいた。

さらに大きなポイントはこうである。新しい事実確認の規律においては、ジャーナリストは人々が何を知るかの取捨選択を担う関門係ではなく、人々が既に聞いたことに注釈を加える役を担うことが多い。どんなときにその仕事をし、どんなときはやめておくべきかよく考えて決めなければならない。しかし、事実でない内容に注釈を加えることは、真実に関するジャーナリストの任務の中でも、今や重大な部分である。

注釈はジャーナリストが「勝つ」ことの決してないゲームだが、続けなければならない。誤情報や偽情報との闘いは、パイプの水漏れのように穴をふさいで修理完了ではない。これは犯罪や貧困など社会情勢のように、継続的に、変化への対応を続けながら、注意を保つことが求められるものだ。悪人は変化への対応を続けるだろうから、この仕事が本当の意味で完了することはない。

偏り

事実確認の規律、とりわけその一部となる透明性の考え方は、ジャーナリストが偏りの問題に対応するための最強手段の一つだ。**偏り**という言葉は単に政治上、イデオロギー上の偏りを示すわけではない。偏りとは、あらゆる種類の好き嫌いを含み、適切なものも問題なものもある。私たちは**偏り**という言葉を、ニュースの取材報道にあたる人々のあらゆる判断、決定、確信に関わるもっと広い意味で用いる。これには真実あるいは事実を目指す、力の弱い人に声を提供することを目指すという偏りも含まれるし、自分の個人的な社会的、経済的、政治的な指向性という偏りも含まれる。私たちはみんな、個人的な歴史と、私たちが暮らす文化の偏りによって形作られているという批評家たちの言は正しい。このように見ると、こうした偏りに何らか関わらなければコミュニケーションを取ることは不可能だし、そうした偏りの中にはニュースを面白くするものもある。

このことをもっと広く、もっと現実的な意味で理解するなら、偏りは取り除けるものでも、取り除くべきものでもない。そうではなく、ジャーナリズムに携わる人の仕事は、ニュースに表れる偏りにもっと意識を向け、どんなときに適切、有用で、どんなときに不適切かを判断することだ。ジャーナリストは自分の偏りのマネジャーになる必要がある。組織で働く場合には、ニュース発信業務における偏りのマネジャーに自分がなるのだ。

自分の偏り、自分が出来事に対しまず示す反応というものがあることを認め、あるいは気付くということが、いうまでもなく、厳密で虚心坦懐な追究を行う規律への第一歩でもある（これはまさしくネーゲルがその手法の中で示したことだ。自分の当初の考えがあることへの否定、「視点のなさ」という幻想の正反対である）。次はどう実践するかを考える。偏りが障害物になってしまう問題を、偏りを否定するのではなくその存在を認めることにより避けるには、どうするかである。

次の二つの考えを頭に入れてほしい。あなたには、ジャーナリストとして自分の力になる偏りがあるかもしれない（例えば、懐疑心への偏り、自分自身を疑って全ての事実をダブルチェックすることへの偏り）。偏りや昔からの態度で、良くないものもあるかもしれない（自分ではぼんやりとしか気付いていない微妙な人種差別、自分と政治的意見が違う人たちへの不信感、宗教へのひどい無知）。ジャーナリズムでの追究を妨げるような偏りは、ジャーナリストが自分でも分かっていないもの、ぼんやりとしか気付いていないもの、思い違いから認識できていないものだ。人々が気付いていない偏りは、その人たちの行うジャーナリズムに入り込んでそれをねじ曲げる可能性が高い。私たちが修正できる偏りは、私たちが認識しているものだけだ。

私たちは誰でも、元々偏りを持っている。男性、あるいは白人、アジア人、女性、黒人であることは元々の偏りだ。これらは、物事にまずどう反応するかを決める要素となる。しかしラウリーら批判者が正しく指摘するように、報道職場のメンバーには個人的な経験や背景があって報道判断の上で意味のある、時には貴重な役割を果たしている、ということを自覚しないなら、報道職場全体が元々ある偏りから抜け出せなくなり、実害が出るほど有害なことになり得る。もし報道職場の人たちが、自分たちは客観的であるかのように装うなら――客観的な方法をニュースの判断や報道に用いる責務を受け入れるのではなく――動機が真面目であれば本当のプロフェッショナルな方法を用いたことになる、と勘違いする罠に陥る。

事実確認を純粋に虚心坦懐に行う規律を、報道職場において育てようとするなら、管理職は報道職場のメンバーたちが何か決める場合に、個人的経験が影響していることを認めなければならないし、最も大切なのは、報道職場で扱う内容、ニュースの選択、ニュースの中にある考え、報道に方向性を持たせるか否かについて、開かれた建設的な論争を促すことである。こうした環境を育むために報道部門幹部は、報道職場の大多数が同じ文化に属することが原因となって異論が出にくい状態には、特に手を打たなければならない。集団の力学が、少数派の考えや背景を代弁する一、二人の考えをかき消してしまうことはしばしばあり得る。幹部はこうした考えに目を配ることで、世界で論じられている問題について、自社職場内多数派の意見が代表的見解のようになってしまうのを防ぐお手本にならなければならない。

報道職場に元々ある偏りを乗り越える唯一の方法は、つまり、まず私たちは人間であって偏りがあることを受け入れ、偏りの中身を見定め、そして何か決める際の見方を幅広くする手立てを取ることだ。これが最初の重要な一歩となって、公正さや理解を目指そうと良い意思を持つことと、実際に良い仕事をすることとの混同をやめ、コミュニティ全体の経験を反映したジャーナリズムを創出する方向に進める。

一人の記者の個人的経験と、当初からある偏りは、ジャーナリズムにとってプラスにもなり得る。例えば、政府はできるだけ透明であるべきだという情熱だ。有害にもなり得る。官僚は全員、ほぼ常に嘘つきだとか、ビジネス界の人は全員腐敗しているとかだ。鍵は、自分の偏りは何なのかを調べ、それによって乗り越えられるようにすることだ。

ある小児疾患を取材する記者を想像してみよう。そして彼女のきょうだいが数年前、その同じ病気だったと想像してみよう。その経験は記者の理解を間違いなく深いものにする。そのことを記事に入れるべきか。入れるべきかもしれないし、そうでないかもしれない。どちらにするにせよ、その病気の人の家族が気持ちにどんな影響を受けるか知っていることで、彼女の記事はより良いものになるだろう。

では政治記者の場合を考えよう。政治記者にはほぼ確実に、政治や政策について自分の考えと思いがある。そこで、政治記者で、個人としてはいつも民主党に投票し、仕事では民主、共和両党候補者の選挙運動を日々追う担当になった人を考えよう。彼もまた、自分自身の考えの中で、個人としての好き嫌いに対処しなければならない。しかし個人的な好き嫌いによって、選挙戦をどう捉えようとするかに色がつくことはない、と想像するのは考え違いである。言い方を変えれば、両党の候補者に公正でありたいと思えば自動的にそうなると考える過ちをおかしてはならない。実際には、公正であるためには、彼はおそらく、反射的に異議を言いたくなる候補者を理解するための仕事の方により力を入れる必要がある。より真剣に耳を傾け、あるいは話を聞く機会を持ち、そして分かろうと努力する必要がある。候補者たちとやりとりしながらその記者は自分がリベラルに育ったことを認め、ある候補者が言おうとすることを分かりたいと本当に願いさえするかもしれない。つまり、いずれのケースでもジャーナリストの個人的な経験は、その人の報道を形作る上で良い役割を果たす。そうならない唯一の場合は、彼らが個人的な経験や態度などないと否定したときだ。

偏っているとは、そうみる人の方が偏っているのだ、という言い方はある意味正しい——すなわち、偏った記事というのは、そのように言う人が記事に賛成していないだけ、というわけだ。こう解釈することの問題は、それによって全員のタガがはずれる口実があまりに簡単にできてしまうことだ。全員を納得させることはできないのだから、仕方ないではないか。これにて一件落着だ。だがこうやって問題の存在を否定しても、読者・視聴者のモヤモヤは解消しないし、報道の改善にもならない。

偏りをうまく扱う上で必要な要素はいくつもあり、それらは事実確認の規律と結びついている。最初の課題は、この後説明するテクニックのあらゆるものを用い、事実を正しくつかむための仕組みを重視し、意識を高めることだ。単に自分や他人の善意に頼るのではなく、事実確認の手法を取り入れることこそが、ニュースの取材と報道に携わる者が思い込みを克服する最も効果的な第一歩になる。

偏りをうまく扱ったり抑制したりする二番目のやり方は、透明性の精神に向かって進むことだ。これにより読者・視聴者との関係は変わり、上から説くのでなく、対等に情報共有するものになる。判断について説明することで、ニュースに携わる人々は自分のしていることの意義を改めて考え、時には再考するよう求められる。もし判断について説明ができない、あるいはそれをすると気まずそう、恥ずかしくなりそうだというなら、判断に問題があると分かる。透明性は読者・視聴者がジャーナリストの動機に対して持っているだろう思い込みを取り除く素晴らしい効果があると、ジャーナリストたちは私たちに話している。

しかし一番難しいのはこれから言う三番目のステップだ。自分自身に冷徹な目を向けよう。物事に自分が反射的な対応をすることを認めよう。自分が持つ元々の偏りを認識しよう。簡単に一つの立場を取って自分の元々の考えを訴える宣伝者にならないようにしよう。それをするとジャーナリストとして劣り、学ぶ者として劣り、コミュニティがあなたに求める知識は広がるのでなく狭まることになる。

事実確認のテクニック

もちろん、これらの考え方は報道の「科学的方法」が組み立てられるほどには具体的でない。それは個々のジャーナリストが突き詰めることだ。鍵は、ジャーナリズムに携わる人々が、取材した内容の事実確認をするため用いているテクニックに意識を向けることだ。伝えようとしていることが公正で幅広い背景に基づいているか、元々持つ偏り、あるいは反射的に抱いた偏りもすべて乗り越える手立てを誠実に取ったか、確かめなければならない。実際の例を示すため、全国のジャーナリストから集めた具体的な方法を示していきたい。百科事典のようには行かないが、どんなジャーナリストもこれから挙げるテクニックをいくつか取り入れることで、ニュースを集め、伝えるすばらしい方法を編み出すことが可能になるだろう。

編集は疑い深く

サンドラ・ローはオレゴン州ポートランドの『オレゴニアン』編集者だったとき、とある仕組みを取り入れ、これを彼女とその後任編集者のピーター・バティアは「検事式編集法」と呼んだ。用語が攻撃的なのが残念なところだ。コネティカット州ニューロンドンの『デイ』の元編集発行人、リード・マクラゲージはもっと良い言い方を提案している。「懐疑的編集法」という。[41]

この手法では、記事に対する審理が行われる。実際に一行ごと、記述ごとにである。記事中の言い切り方についても、事実関係同様に、編集していく。私たちはどうやってこれが分かったか。なぜ読者はこれを信じていいのか。この一文の裏にはどういう仮定があるのか。記事中で、ある出来事について、人々の心に疑問を投げかけかねない、と書くなら、そういう考えを示したのは誰か。記者か。ある取材相手か。一人の市民か。

『オレゴニアン』編集者のアマンダ・ベネットはこの発想を『ウォール・ストリート・ジャーナル』から得たのだが、目指すのは「事実関係の誤りの根絶というより、言い切り方や書き方の面での、無意識の誤り――『みんなそう思っている』からそう書くということを根絶する」ことだと言う。[42]

もしある記事で、ほとんどの米国人は今やパソコンを持っている、と書いてあれば、編集者は事実確認を求めることになる。もしある記事で「関係者〔複数形〕によれば」と書いてあれば、編集者は「関係者とは誰か。二人以上なのか」と尋ねることになる。もし一人だけなら、記事にはそう書かなければならない。もしある記事で、スミス候補がある税制法案の提出に対し態度を急転換したことで、同候補のイデオロギーの一貫性に疑問が投げかけられた――と書いてあれば、編集者は「疑問とは何か」「誰の心に投げかけたのか」を尋ねることになる。もしその答えが、ただ記者やその友人たちだけというなら、その記事はそう書くか、この部分を削るかしなければならない。

この種の編集法は、間違った思い込みを根絶するために考えられた。元々ある偏りを根絶する一つの方法でもある。

ローは、この種の編集作業では実際上可能なら常に編集者と記者が一緒に座ってやること、記事の原文を書いた記者がいるようにすることだという。「やればやるほど、真の恐れを」報道職場全体に知らしめるとローは話す。[43] ベネットは後に『フィラデルフィア・インクワイアラー』や「ボイス・オブ・アメリカ」を率いることになり、この方法を報道職場の記者と編集者に向け教え始めた。「こういう疑問を示してもいいのだということを、みんな知らなかった」とベネットは話した。その目的の大半は「疑問を示す役割を肯定し、それを意識してもらうこと」だという。記事の中に入れるものを増やすよりも、取り除くものを増やす――完全に立証できたものだけがそれを免れる。[44]

ベネットとローは、このテクニックによって、編集者や記者がより優れ、もっと綿密な仕事をすると考えている。『オレゴニアン』の懐疑的編集法の目的は、記者の誠実さには疑問を投げかけないようにしながら、記事への疑問をぶつけることができる雰囲気を作り出すことにある。これは報道職場において、開かれた対話の雰囲気につながり、それは上から下へだけでなく下から上へも向かいうるものだ。

正確性チェックリストを常に使う

報道機関の中には、自社のジャーナリストに事実確認の重要さを思い起こしてもらうため正確性チェックリストを使い始めたところもある。私たちが入手したチェックリストのいくつかは理念的で、次のように問う。

- 原稿のリード部分に十分根拠があるか。
- 報道内容を理解するため必要な背景を伝える材料は揃っているか。
- 報道に出てくる関係者は全員身元を特定しているか。そして各立場を代表する人には接触し、話す機会を提供しているか。
- この報道は一定の立場をとったり、価値判断を微妙に示したりしているか。一部の人が、必要以上にこの報道を好ましく思うことはあるか。
- 報道内の情報の正しさを確保するため、誰が述べたことか、文書なら出典は何か、のいずれかまたは両方を明示しているか。
- それらの事実が、あなたの報道の根拠を支えているといえるか。論議を呼ぶ事実については、複数の相手に取材をしているか。
- コメントが正確で、文脈が正しいかを確認するため、ダブルチェックしたか。

これらの理念的な質問に、私たちはもう一つ加えたい。

・そもそもなぜこれを記事にし、ニュースとして出したかは明確か。つまりニュースの選択自体が説明を要するということはないか。その選択自体が偏りを反映したものだと考える人はいるか。このニュースのためにあなたが力を割き、読者・視聴者が時間を割く価値がある理由は何か。それを説明することに何らかのリスクはあるか。

私たちが目にした他のチェックリストは、より実際的、具体的だ。

・コメントが正確で、文脈が正しいかを確認するため、ダブルチェックしたか。
・ウェブサイト、電話番号、珍しい名前はそれで正しいか確認したか。
・ニュース内の人名は初出時に姓と名の両方があるか確認したか。
・年齢、住所、肩書が正しいことを確認するためにチェックしたか。その場合、自分の記事署名の上に、これらが正しいと示すため「以下全てｃｑ〔確認済み〕」と記したか。
・ニュースがいつのものか示すため日付と曜日の両方が入っているか。

編集者の中には、このようなチェックリストは機械を扱っているような感じが強すぎ、そして使い方を間違えればニュースの伝え方の創造的な要素を破壊し、記者の信頼を損ねる恐れもあると考えており、それには私たちも賛同する。しかし正しく使えば、こうした質問によって記者と編集者が力を合わせ、仕事をより正確に、信頼できるものにできる。

伝え方を複雑化する——でないと、またも対立を面白おかしくしてしまう

二〇一六年の選挙後にジャーナリストのアマンダ・リプリーは、自分の職業は有権者を理解することに根本的に失敗していると感じ、これはジャーナリストが人に話を聞く際の伝統的方法に問題があるためではないかと考えた。彼女は、さまざまな傾聴スキルを持つ人々と何か月も過ごした。紛争仲介者、心理学者、法律家、聖職者——聞くことを、仕事（コメントを得る）目的で行うことが少なく、人々を助けることのほうに重点を置く人たちだ。その結果は、美しく影響力がある「伝え方を複雑化する《コンプリケーティング・ザ・ナラティブズ》」という名のエッセイになった。

リプリーのエッセイによれば、対立を単純化しすぎるのは歪曲の一形態であり、報道の正確性を下げるという。こうした単純化を行うのは、ジャーナリストとしては物事をわかりやすくすると考えてのことだが、実際には分極化を引き起こすことになる。人々は、重要な問題を漫画的にまとめたと見るからだ。物事のニュアンスをもっと重視し、もっと複雑にし、そしてバンパー・ステッカー〔車のバンパーなどに貼る政治、社会、宗教の一言アピールのステッカー〕的にしないことで、正確性が増すだけではない。人々が、立場の違う考えにも心を開いて知ろうとしてくれる。

これをやり切るため、そして論争の報道をもっと真実のもの、正確なものにするため、リプリーは話を聞く新テクニックをジャーナリストがいくつか学ぶ必要があると提唱した。彼女はまた、ジャーナリスト不信を募らせた人々が素っ気ない答えしかくれないときのため、その奥に隠されたものを探る新たな質問の開発に乗り出した。[45] その取り組みは「ソリューションズ・ジャーナリズム・ネットワーク」を動かし、リプリーの提言を実現するためジャーナリストが問うべき質問をワークショップやクラウドソーシング〔ネットで市民の参加、協力を広く呼びかける仕組み〕で生み出すようになった。[46]

次がその例だ。

矛盾をはっきり伝える　話の流れに沿わないディテールを切り捨てず、人々は複雑な存在だと示すためにそうしたディテールはしっかり取り上げるよう、リプリーはジャーナリストたちに呼びかけている。過度に単純化してはならない。彼女のエッセイから生まれた成果は、人々に次のようなことを質問することも助言している。

- 「この問題で、単純化されすぎている点は何でしょうか」
- 「どういうところに、〔どちらの立場も分かるというような〕引き裂かれる感覚がありますか」
- 「相手側の主張の中に、自分としても理解できるところはありますか」

動機につながる質問をする　人々に単純に「これについてどういう立場ですか」「相手側の言うことはなぜ間違いなのですか」と、仕事的に尋ねるよりも、その人たちの動機や、なぜそのように感じるか、などを尋ねることにより人々が話しやすくなるよう努めよう。そういう働きをする質問には次のようなものがある。

- 「このことはあなたにとって、どうして大切なのでしょうか」
- 「あなたのお考えはどんな経験から生まれたのでしょうか」
- 「あなたについて、相手側にはどんなことを理解して欲しいですか」
- 「相手側については、あなたは何を理解したいですか」

・「この紛争はあなたの生活にどんな影響を与えましたか」
・「あなたに賛成する人が増えれば、あなたの生活はどう変わるでしょうか」

より多くよりよく聞く　リプリーのエッセイの最も濃密な部分は、単純によりよく聞くよう提案するところだ。実のところインタビューというより傾聴だ。エッセイの中でリプリーは、紛争解決の用語を用いてこれを「ルーピング」と呼ぶ。彼女の提案のいくつかは単純で力強い。

相手が話すのを聞いた後、それをあなたが相手に述べ返し、「私が正しく受け止めているか確認したいのですが、あなたがおっしゃったのは……ということでしょうか」と言ってチェックする。そして相手の答えに耳を傾ける。もし相手が、あなたのまとめ方に共感しているようだったら、もっと話してもらう。もし気乗りしない様子で、あなたが正しく受け止めていないように思われたら、「私は何か受け止め損ねているようです。ちゃんと理解できていないですよね？」と言おう。

これは傾聴であり、インタビューではない。「ソリユーションズ・ジャーナリズム・ネットワーク」がリプリーのエッセイに追加したその後の仕事の中では、他のジャーナリストがさらに、インタビューから傾聴へと進むような質問を提案した。例えば、次のような質問である。

・「そのことについてもっと教えてください」
・「このお話をされているとき、どのようにお感じになりますか」
・「誰も聞こうとしない質問というのはありますか」

インタビューの相手には個人的な正直さをもって接する。意見なき立場ではなく リプリーの方法に、私たちはもう一つ付け加えたい。こうしたインタビューに行く時、十分な透明性を保てるよう考慮すること。『ニューヨーク・タイムズ』、あるいは『デイリー・ビューグル』の者です、いくつかお尋ねしたいのですが」と、あたかも自分には何の意見もないように——視点なき記者というありえない存在のように——言うのではなく、もっと率直に、個人を出した接し方を考えよう。もしあなたが、「私は『デイリー・ビューグル』の記者で、あなたにいくつかお尋ねしたいのですが、どうもあなたとはちょっと違うところもあるんです」と言ったならどうだろうか。そして、正直になろう。「私は若くて白人でリベラルなんですが」とか「ニューヨークのユダヤ系の若造で」とか「黒人なんですが、皆さんのような方に怖い思いもしていて」などだ。あるいは「若くてリベラルな同性愛者の女なんです。あなた方のことを理解できるようお手伝いいただければ」。あなたが正直であれば、その分、相手も正直になってくれやすくなる。これは過激グループを取材する人たちが使い、非常にうまくいくことが多いと聞くテクニックだ。

トム・フレンチの赤鉛筆

リプリーの方法が網羅的なものだとすれば、トム・フレンチは素晴らしく簡素だ。フレンチはフロリダ州の『セントピーターズバーグ・タイムズ』で長く深く書くノンフィクションを専門としていた。一九九八年にはピュリツァー賞の特集記事部門を受賞した。締め切りのある〔時々刻々の〕記事も書いていた。

フレンチは自分の記事の中のどんなファクトに対しても事実確認をするため、簡単だが強力な検査法を開発した。原稿は提出前に紙に印刷し、赤鉛筆で一行一行見直し、ファクトや断定部分について一つ一つチェックマークを付け、正しいかどうかダブルチェックしたことを自分でも分かるようにした。

匿名情報源には要注意

私たちが市民として知っていることの大半は他人が情報源で、つまり他人に依拠している。ジャーナリズムを担う人々も、報道するための詳細は他人から得ることが極めて多い。ジャーナリストが読者・視聴者に、自分たちは信頼できると分かってもらうための最も古くからあるテクニックの一つが、その情報の源を示すというやり方だった。ジョーンズ氏はエルクス・ロッジでの何々に関するスピーチで、これこれこう言った、年次報告書でこう述べた、などだ。このように情報を他人に頼る場合には、懐疑的な心の性質が常に必要となる。古い格言は「あなたのことを愛していると母親が言ったなら、本当かチェックせよ」という。もし情報源について十分に説明されていたら、読者・視聴者はその情報が信用できるか自分で判断可能だ。

情報源が匿名だとこれができない。その場合読者・視聴者は、情報源は信用でき情報は真実だということについて、報道している側により大きな信頼を預けなければならない。既に述べたように、この事態を少しましにする一つの方法は、ジャーナリストが情報源を保護しながらも、その匿名情報源についての情報を読者・視聴者にもっと提供することだ。とはいえ、時代を経てこれは複雑さを増してきた。

ニュースの取材対象が報道操作の技に長けるようになり、情報源の秘匿は、ジャーナリストが、ためらう内部告発者に対して重要な情報を打ち明けるよう説き伏せる際に使うツールから、それとはかなり違うものに――メディア慣れした情報源がジャーナリストに対し、取材に応じる前から押しつける条件に変わった。

重要な公共情報を匿名情報源に頼る状況が拡大する中、ジャーナリストたちはニュースの匿名情報源から独立を保っていることを、自分自身でも理解し、自分たちの読者・視聴者にも理解してもらうため、ルール作りに取り組むようになっている。次の二点は、どのように、どんなときに、匿名情報源を頼っていいかに関する最良のルールだ。メディア環境が細分化され、規範も多様になる中、この二つのルールは以前に増して重要であろう。

ジョー・レリーベルドは『ニューヨーク・タイムズ』編集主幹だった時、記者と編集者に対して匿名情報源を使う前には自分自身に対して二つの質問をするよう求めた。

1　その匿名情報源は、その出来事について直接の知識をどの程度持っているか。
2　その情報源はその出来事に対する私たちの印象を変えるような、誤認させたり話を過度に盛ったり、重要な事実を隠したりする動機があるか、あるとすればどのようなものか。

これらの質問に対する答えに納得して初めて、彼らはその情報源を使うことができるとした。そして最大限可能な限り、読者・視聴者に対し、その情報源は何をどのように知る立場といえるのか（例えば「その文書を見た一人の関係者」）、その情報源は特段の利害を持つどんな可能性があるか（例えば「独立検察官事務所内部の関係者一人」）を示す情報を提供しなければならないとした。透明性を高めるこうした努力は、その報道にどの程度信頼を置くか読者・視聴者が自分で判断する力を広げるために欠かせない要素だ。しかしそれ以上に重要なのは、報道機関としてニュースのために守る規範があると知ってもらうことであった。

『ニューヨーク・タイムズ』は匿名情報源の使用について、もう一つ重要な警告を付け加えていた――私たちはそれが常に破られているのを見ているが。同紙が「匿名非難」と呼ぶものを禁止するルールだった。この匿名非難とは、名前を伏せた情報源が、誰か個人に対する否定的な意見を、自分の名を出さずに言うことが許されることを指した。例えば「『政治家の誰それは支離滅裂な人物で、自分が何を話しているか分かっておらず、そしてその事で恥をかくとつねに秘書たちに当たり散らした』と元秘書の一人は述べた。『そんなにできる人だとは思わない』」というものだ。これは意見で、それを公開の場に、自分の名前は出さずに言うことを許すことは、先のルールのもとでは不公正とみなされた。私たちもそう思う。

故デボラ・ハウエルは『ワシントン・ポスト』オンブズマンやニューハウス社各紙のワシントン支局編集者、セントポールの『パイオニア・プレス』編集者として活動し、匿名情報源についてさらなる二つのルールを作った。レリーベルドのルールの強化版であり、匿名非難への対策を強めたものだ。

1　他人に対する意見を言ってもらうために匿名情報源を使うことは絶対に認めない（つまり、匿名情報源はファクトに関することで、あなたが自分で確認できることのみに使うこと）。

2　記事に出てくる最初のコメントに匿名情報源を使うことは絶対に認めない（つまり、記事全体が匿名発言に乗っかるようなことには絶対にしない。他にやり方があるはずだ）。

『デンバー・ポスト』元編集者のグレン・グゾーは、記者や編集者が情報源の名前を読者に明かさず匿名とする承認を求めてきたとき、答えるよう求める質問を一揃い持っていた。見方によれば、グゾーはレリーベルドの質問とハウエルのルールを一つのチェックリストにまとめたといえた。

1　その情報は記事に欠かせないか。
2　その情報はファクトであって、意見や判断ではないものか。（判断にわたる発言については、彼は匿名を認めなかった）
3　その情報源は、真に知る立場か――自分の目で見ている人か。
4　他に信頼性を示す材料はあるか（複数の情報源、独自の裏付け、その情報源の経験値）。
5　読者がその情報源をどの程度重視するか決められるよう、どんな説明を付するか。

これら三つのバージョンの質問あるいはテストは、匿名情報源が提供した内容を使うと決めた後も、ではどのようにニュースを伝えるかについて実用的な教えとなる。

誰もがこれらのテストの全てに厳格に従うかどうかは問題ではない。ジャーナリズムの実務に携わる人たちは、情報源を秘密に保つことを許すと決める際には、意識を持って判断をすること、そして読者・視聴者に理由の何らかを説明することだ。ちなみに二〇二〇年の世論調査が明らかにしたところでは、人々は情報源を匿名とすることに好感を持たないが、成人の過半数は政治的立場を問わず、必要な場合にそのやり方をとることは支持している。[47]

こうした説明をするならその書き方はどうなるか。一例はこうだ。「同事件の詳細を知ることができる弁護士の一人によると、……。当紙は同弁護士を匿名とすることについて、この情報を人々が知る重要性と、実名を報じることで同弁護士に法的な危険があるとの考えから承諾した」

今は多くのメディアが、なぜ情報源に匿名を認めたかについて何らかの説明を出す。私たちが最初にこの本を出したときは、そんなことはほとんどどこもしていなかった。完全な方法はない。ある情報源がなぜ匿名を許されたかの説明は定型句であってはならない。情報源の身元が露見する危険を避け安全が保てる範囲で、できるだけケースごとに具体的に書かなければならない。メディアにとり、匿名使用についての明確な方針を立て、定期的に公表し、ウェブサイトに投稿することは意味がある。鍵は「透明性の精神」、つまり、常に完全ではないかもしれないが、読者、視聴者、リスナーのコミュニティに包み隠さず率直でいようと最大限努め、彼らを尊重し、そして自分たちのやり方についてもよく考える者でいる、という感覚の創出だ。ニュース活動がその手法を透明で具体的にするほど、他の、そこまで考慮のない仕事をする人たちに差を付けることができる。

真実を支える複数の根

結局、ジャーナリズムのプロセスに関わる全ての人は真実への旅において何かの役割を負う。発行人やオーナーは一貫し、何者も恐れずひいきせず、みんなの利益のためのジャーナリズムの仕事を訴えようとしなければならない。

編集者たちは、政府、企業、訴訟関係者、弁護士、その他ニュースのネタを出す側が、嘘の上に真実というラベルを貼り、戦争に平和というラベルを貼って誤信させたり情報を操作したりしようとする策動に抵抗し、表現の自由の通貨である言葉の価値を下落から守り抜く者でなければならない。

記者たちは追究することに不屈でなければならず、また自分自身の視点を乗り越えようとする規律を持たねばならない。シカゴのテレビニュースキャスターを長く務めたキャロル・マリンは言う。「あなたが今年の感謝祭、家族でテーブルを囲み、よくある家族の議論――政治、人種、宗教、性の何であれ――が起きたとき、あなたが家族の議論として見ているものは、あなたが腰掛けている場所から、テーブルのあなたの側から見たものだということを思い返してほしい。すると、あなたのものの見方は変わる。その瞬間にあなたは自分の立場を主張していると気付くからだ……ジャーナリストというものはテーブルから離れた場所に身を置き、全体を見ようとする」[48]。もし哲学者トマス・ネーゲル――彼の本『どこでもないところからの眺め』は客観性を理解の方法として擁護した――がマリンの食事の席にいたら、これに心から賛成しただろう。

　そしてもし、ジャーナリズムが会話であるなら、その会話はつまるところ、市民とニュース提供側との対話だけでなく、市民同士の対話もまた含む。市民にもまた役割がある。もちろん注意深さが必要だ。意見も持たねばならない。もし疑問や問題があれば、報道を提供した人々に尋ねるべきだ。どうやってこれは分かったのか。なぜこれを書いたのか。あなたのジャーナリズムにおける原則は何か。これらは正当な質問であり、市民は答えを得るべき立場にある。

　このようにして、ジャーナリズムに携わる人々はその第一の原則として真実に献身し、そして、市民がそれを自由に追究できるよう、何より市民に忠誠を尽くさなければならない。そしてこの探究に市民が関わるよう、ジャーナリズムに携わる人々は、透明性があり体系の整った事実確認の手法を用いなければならない。その次に来るステップは、報道する側と、報道される相手との関係を明確にすることである。

第5章 党派からの独立

一九七一年、「ペンタゴン文書」報道が『ニューヨーク・タイムズ』と米連邦政府との歴史に残る対立を引き起こして数か月後のことだった。ニクソン大統領のスピーチライター、ウィリアム・サファイアはある寄付集めディナーで、『ニューヨーク・タイムズ』発行人のアーサー・「パンチ」・サルツバーガーの隣に座っていた。会話の中で、サファイアは政府の仕事を離れる予定だと口にした。

サルツバーガーはサファイアの言葉を聞き逃さなかった。一九六八年にニクソンが大統領に当選して以来、サルツバーガーは同紙オプエド面〔多彩な社外識者が書くオピニオン面〕のバランスを取るため保守派論者を探す必要に迫られていた。そのプレッシャーをかけていたのは同紙ワシントン支局駐在で同支局長や編集主幹も務めたスコッティ・レストンで、レストンは同紙を政界がどう見ているか気にしていた。ニューヨーク・タイムズ社役員会メンバーからのプレッシャーもあった。彼らは論者のバランスをより優れたものにすることで、全国版立ち上げ計画の成功が確実になると考えていた。当時オプエド面筆者は軒並みリベラル派で、トム・ウィッカー、アンソニー・ルイス、フローラ・ルイス、そしてそれより中道寄りなのがレストン自身だった。レストンが賛成してくれる結論にサルツバーガーは達した。強力な保守派論者が、純粋な意味で必要だ。

サファイアは魅力的な選択だった。ニューヨーク出身で、ニューヨークにまだ多くの友人を持つ。

文章は明確で時に鋭く、報道に対し記憶に残る批判も含まれていた。『ワシントン・ポスト』発行人のキャサリン・グレアムがサファイアを起用しようとしたが給与の面で折り合えなかったという事実も、サルツバーガーにとってこの案が余計に魅力的に映る理由だった。

しかしサファイアを執筆陣に加えることでサルツバーガーが受ける圧力が一方からは弱まったにせよ、反対の側にいる長年の読者たち、そして『ニューヨーク・タイムズ』編集局の一部からも批判の嵐を巻き起こすことになった。さらに双方の側から、大統領のスピーチライターが転身してジャーナリストを称することに失望が起きた。

政党で政治活動をしていた人が突然自分をジャーナリストと呼べるなら、そのために必要な条件は何か。『ニューヨーク・タイムズ』のジャーナリストというには、単にコラムを担当する以上のことが、間違いなく求められる。サファイアは結局、ウォーターゲート事件が大きな問題になる三週間前に着任し、その時のことを何年か後に回想し、自分は徹底的に「ワシントン支局の同僚からのけ者にされた。古い思想から抜けられないニクソン宣伝係というわけだ。一緒にランチしてくれたのもマーティン・トルチンだけだったが、彼はずっと昔、ブロンクス科学高校のクラスメイトだった」と話した。[1]

二つの別々な出来事がサファイアの立場を変えた。最初は個人的なことだ。「毎年恒例の支局のピクニックで、ある記者の三歳の子が池に落ちて溺れ始めた」とサファイアは話した。「そこにいた大人は私だけで、服を全部着たまま飛び込んで助けた。全体的な見方が『あいつは完全な悪とはいえない』に変わった」。次はジャーナリズムに関わる。『ニューヨーク・タイムズ』記者ジョン・クルードソンが書いた記事で、〔ニクソン政権による〕秘密盗聴が記者一六人とニクソン側近一人に対して行われていたことを暴くものだった。その側近というのがサファイアだった。「これは見るからに報道の自由に対する前代未聞の攻撃だし、後に違法とされた。だが私がその盗聴された側近で、それによって私はニクソン派の言葉で言う『あっち側の一人』になった。この秘密盗聴について私が『ニューヨーク・タイムズ』のコラムで怒りを爆発させると、それが雑誌『タイム』に取り上げられて『サファイア氏、怒りファイアー』と書かれ、私は独立した立場だと証明する役に立った。シャワーで洗い流したようなもので、私はもう、のけ者ではなかった」

三二年後、『ニューヨーク・タイムズ』引退時のサファイアはピュリツァー賞受賞者になっており、ジャーナリズム界の同僚だけでなく何百万人もの読者から高い評価を受けていた。何がこれほどの賞賛に結びついたのか。決して、中立性、穏やかなトーン、両論に気を配ろうとする態度を取ったのではなかった。サファイアは根っからの保守派であり続け、敵対者は叩き潰してキャリアを終わらせ、やると決めたら執拗だった。

そうであるなら、サファイアと、政治党派の活動家や宣伝家との違いは何だったのか。

別の言い方をすれば、論説ジャーナリズムと、単なる誰かの意見はどこが違うか――あるいは、政治活動やプロパガンダと区別するのは何か。この疑問は、二一世紀のニュースや情報の供給に、強く関連してくる。

テクノロジーによって、メディアは無数の新たな声に開かれたものとなった。フェイスブックやツイッター上の全員が発信者だ。そして商業メディアの報道部門が縮小する中、シンクタンク、企業、政治活動家グループ、非営利組織など、社会に明確な課題を持つあらゆる団体もまたニュース組織となり、彼らに関係する問題を伝える記事を生み出すようになった――時には、彼らが感じる商業メディアの歪みや浅さその他の限界を取り上げ、ただす視点を伴っている。デジタル思想家たちが指摘したように、商業メディアでない私たちもまた報道ができるのだ。

これに、政治に起きたことを重ねよう。私たちの政治がこうも機能不全となり、私たち市民は分極化し、私たちのメディアは政党色を強め、私たちみんなの議論の価値が下落させられている中、ジャーナリズム上の論説は政治活動やプロパガンダと区別できるかという問題は、いよいよ重要になっている。

こうした全ての渦中で、では何をもって論説ジャーナリズムといえるのか。

答えの一部は、これまでの章で概説した価値観のうちの二つに表れている。意見を掲げるジャーナリストも、他のあらゆるジャーナリストと同じように、真実性への誠実さと市民への献身を保たなければならない。そして、後の章で説明するように、論説ジャーナリストの果たすべき役割は、監視犬でいること、みんなの議論のための場を提供することにある。

しかしまず、論説の役割はどんなときジャーナリズムにふさわしいのかを考えよう。

意見を伴うニュースはジャーナリズムとしての価値が低いと見ることはできない。もしそうなら、コラムニストや論説担当記者はこの職から除外されることになる。ニコル・ハナジョーンズ（『ニューヨーク・タイムズ』がピュリツァー賞を取った「1619プロジェクト」を率いた）や、ニック・レマン（コロンビア大学ジャーナリズム大学院の大学院長も務めた）のような雑誌記者は、報道の中で結論まで記したことで一線を越えたとして非難されることになっただろう。ロバート・キャロや故デービッド・ハルバースタムのような著述家たちの仕事はその綿密さによりジャーナリズムから歴史になり、より高度なものとして扱われているが、その報道の中で示した判断の深さ、勇敢さ、そして情熱を讃えられるのではなく、それらのため逆に追放されていただろう。『ワシントン・ポスト』のルース・マーカスやマイケル・ガーソンのようなコラムニストたち、『アトランティック』のデービッド・フラムやタナハシ・コーツ、そして『ニューヨーク・タイムズ』のデービッド・ブルックスやニコラス・クリストフのようなエッセイストたちも讃えられるのではなく非難されていただろう。最高に賞賛を受けた作品で、その著者が専門家であり、かつ報道として書いていることから「知識ジャーナリズム」として知られるもののいくつかは、情報が豊かすぎ有用すぎると非難されることになったはずだ。

毎年、ピュリツァー賞選考委員会は論評部門も「ジャーナリズム」の表題のもとに賞を授与する。そして、米国のオルタナティブ報道機関は、ニュースを中立的に伝えると公言する大手企業所有の新聞より、ジャーナリズムの歴史的な源流に近いと主張する人も多い。

ウェブが実現した新しいメディアへの執筆は論評であり、それゆえジャーナリズムではないと文句を言うなら、こうした前例を踏まえる意味があろう。取材をした後に意見を持ち、主張を出す場合は、その仕事をジャーナリズムと見なせないなどということは、いかなる伝統によっても、どんな区別の仕方でも、あり得ない。

しかしこれは、どんな論評でもジャーナリズムになるという意味ではない。

そこをはっきりさせるため、重要な点を改めて述べるべきだろう。不偏不党や中立性はジャーナリズムの根本原則ではない。事実確認に関する前章で説明したように、客観性とは中立性や、両サイドが同じになるようバランスを取ることではなく、公然と嘘をつく者が政治について述べた時にそれをそのまま流すことでもない。しかし、中立性がジャーナリズムの土台にないなら、何をもって、これはプロパガンダではなくジャーナリズムだと言うのか。プロパガンダ係も発信をする。政治活動家もだ。与野党問わず多数の人々が政党色のあるブログを書く。その人々はジャーナリストなのか。

答えはノーだ。発信し、放送する人は誰でもジャーナリストなのか。ジャーナリズムは政策主張ともプロパガンダとも、単に話すこととも違う。これらの違いが把握されていなければ――もしジャーナリストたちがそれを見分けられないなら、人々がそこを区別することもおそらく期待はできないだろう。そしてジャーナリズムは、一世紀前、映画とラジオの登場によりプロパガンダが新たな科学となった時のように、拡大する主張、偽情報、誤情報の大海に飲みこまれ、消えてしまうだろう。

サファイアが『ニューヨーク・タイムズ』を引退した後、私たちは彼に話を聞かせてほしいと依頼した。[2] 彼の考え方を支え、政治家からジャーナリストに転身する際の力になった素養は何なのか。核になるのは忠誠にほかならないという点で、サファイアも同じ考えだった。

> 忠誠をどこに向けるか――個人的な古い友人、同僚たちか、自分の政治的イデオロギーや党か、自分の報道メディアか、冷厳な事実か――それとも真実か？
>
> 現実の人生は、これら全てが揺れ動きながら組み合わさってできている。人は、とてもいいニュースを出すためだからといって、長く付き合ってきた良い情報源を切り捨てることはしない。いいニュースを、自分のイデオロギーのため諦めることもしない（［表現を整える］コピーエディターが「ニュース」［という原稿中の単語］を「記事」に変えるのでも、やり合わないでは済まない）。厳然たる事実を積み重ねた末、穏やかだが真実に反する、あるいは読者を誤信させる結論でまとめることはない。自分のイデオロギー上の盟友を集団攻撃する中に加わることでヒーローになることはしない。段落から都合の良いところだけを切り取ってコメントにし、報道は正確だが全体的な意味は駄目にする、ということはしない。

別の言い方をすれば、サファイアは他のどんなジャーナリストとも同じく、正確性と事実に対する忠誠心を抱いており、堅いファクトと真実の結論に対するこの忠義によって、彼はかつての政党のチームとは別の者となっていた。彼は彼自身であり、なおも保守派であり、しかし今は、彼の読者のために働いていたのだった。

サファイアはまた、政界での経験が、ジャーナリストというセカンドキャリアにおいて役立つ知識になったと考えていた。これは何度も行える転身ではないとも、同じぐらい明確に考えていた。「数年おきに行ったり来たりするようでは読者・視聴者が混乱するし、その転身常習者だって困るに決まっているのだ」と彼は述べた。ジャーナリズムとは、単にテレビ局や新聞オプエド面に場所を持っているという以上のことなのだ。ただサファイアは記者になる上で政治経験はいいトレーニングだったと考えている。

> ある事柄については避けたり発言をぼかしたり、〔政界〕内部にいたとき行ってきたことは、外部に出たとき、一人のジャーナリストとして、こうした言葉の操作を見逃さない役に立った。内部にいるときには信頼できる人々と一生ものの人間関係を築く（そして、そこまで信頼できない人々のことも記憶に残る）。道を渡って反対側に来れば、これらの友人関係は、秘密情報源関係につながる。内部者や、その前任者から情報を得る技巧であり、ジャーナリストとしてであれば得られそうにないものだ。政治的な苦難をともにしたことがある秘密情報源を超えるものなどない。その人からどれほどのことが期待できるか分かるだろう。この秘密を守るためなら何をするか誰も分かるまい。

サファイアは、論説ジャーナリストは他のジャーナリストより、物事について思いのまま、通常の記事なら記者に求められる要件を満たさずとも、書く裁量が自由にあると考えていた。責務もより重かったかもしれない。「私は『論説報道』と呼ばれる分野を立ち上げる役に立ったと考えたい」とサファイアは言った。「これはニュース報道と称しながら角度を付けるような、後ろ暗いビジネスではなかった。新しい事実を掘り起こすことで、それが輝きを、あるいは少なくとも注目を、率直にオプエド論説コラムと銘打った記事に与えたのだ」

サファイアが身に付け続け、『ニューヨーク・タイムズ』で新たに同僚となった人たちを不快にさせたものがもう一つあった。「『否定主義の駄話をするお偉方』の問題はまだ残っていた」と、サファイアは自分が起草に加わったスピーチの言葉に触れて、振り返った。これは主要政治家による米メディア非難としては最も有名な言葉の一つとなったものだ。「私はこの言葉をアグニュー副大統領が一九七〇年にサンディエゴで行ったスピーチの中で書いた。敗北主義者全般を非難したもので、報道を特に指したわけではなかったのだが、この直前にアグニュー副大統領はパット・ブキャナン起草のテレビ演説でメディアに『即席解説』ほかの罪があると酷評し、そして私のこの、頭韻が目立つ〔「否定主義の駄話をするお偉方《ネタリング・ネボブス・オブ・ネガティビズム》」の〕一節も、アグニューが親切にも私が考えたと言ってくれて、彼の辛辣な報道攻撃と結びつけられた（その誤解を私は解こうとしたことはない。メディア批判派という評価は、読者との関係では私に何ら問題ないからだ）」。ここからも分かることがある。サファイアは新しい同僚が自分をどう受け止めたかを、読者・視聴者がどう考えるかに比べれば小さな問題だと捉えていたのだ。

これらの在り方は、かくして、ジャーナリズムの四番目の鍵になる原則を構成する。

ジャーナリストは、取材対象から独立を保たなければならない。

これは論説、批評、論評の分野で働く人々にも適用される。ジャーナリストが重点を置き続けなければならないのは、魂と心のこの独立性であり、中立性でなく知の独立性である。社説、論説の筆者は中立ではない。その信用が根ざしている元は、正確さと、事実確認と、そしてより広くみんなの利益に尽くすこと、物事を知らせようと願うことであり、他の全てのジャーナリストが約束しているものと同じだ。「一方に肩入れしないため、両方の意見を示すべきか」とサファイアは自問した。「明らかに違う。あえて民間人を殺すことで民衆にテロル〔激しい恐怖〕を叩き込む者を『テロリスト』と呼ぶことに懸念を持つべきではない。その殺人者は『闘士』や『活動家』ではない、それは政治運動家や扇動家に使うべき言葉で、あるいはその彼か彼女かは『ガンマン』でもない、それははぐらかしだというだけでなく性差別でもある。過剰な平等は英国人が言う『カックハンデッド』〔イギリス口語で「不器用、ぎこちない」〕、つまり拙《つたな》いことになる」

サファイアはまた、見せかけの公平さは自分の読者に害をなすと感じていた。「まっすぐに対処するということは、面積や時間のバランスを取るという意味ではない。論争の一方当事者がニュースを生み出した時、つまり調査結果を発表したり、イベントを開いたりした時に、これを排撃したい人々を引っ張り出し、同じ程度の注目を与えるのは、記者の仕事ではない。コメントを取ることはイエスだが、行数計算やストップウォッチによる『バランス』はノーだ」

これは、藁人形論法を使って相手を倒そうとすることまで含むわけではない。政治活動家や宣伝家にとっては、事実は膨らませても、さらに選り抜きしてもよいものでもあり、そして意見を述べることも目的ではなく戦略としての行動になりがちだ。政治活動家や宣伝家にとっての目標は単に論争に勝つことではない。特定の政治的結果を達成することだ。論説ジャーナリストの目標は違う。その目的は、考え方を追究し、人々による考察を生み出すことだ。この目的の違いは本質的なものである。

最も優れた論説ジャーナリストには実際、対立意見の中でも最強のものに向き合おうとする人もいる。最弱の部分を論破するのではない。ジョージ・W・ブッシュのスピーチライターから「ワシントン・ポスト・ライターズグループ」〔論説などを提携先メディアに配信するサービス〕のコラムニストになったマイケル・ガーソンは、反対側の主張に注意を払うことは、自分自身の考えをより強く、より面白くする一つの方法だと述べたことがある。やはり『ワシントン・ポスト』にコラムを掲載するE・J・ディオンは、議論の技巧について著述家クリストファー・ラッシュが強く主張することを引用している。ものを書く者が対立意見と真剣に向き合えば、彼らはそこから学び、自分たちの考えを変えることにもなりやすいというのだ。

ある意味で、この第四の原則――ジャーナリストは知的独立を保たねばならない――は理論よりも実用面に根ざすものだ。ある出来事について報道し、かつ参加もすることは可能だと思う人もいるかもしれない。しかし現実には、参加者となるならばジャーナリストとして果たすべき他の任務は曖昧になる。別の見方で物事を見ることが困難になる。異なる立場の取材対象、対立者の信頼を得ることはもっと困難になる。そして、あなたの読者・視聴者に対して、あなたはある団体の力になろうとしているが、その団体の利益よりも読者・視聴者の利益を優先していると分かってもらうことは、不可能ではないにしても、困難となる。

心の独立

私たちが全国さまざまな分野のジャーナリストと話し、彼らの動機や職業としての目標を探る中で明らかになったのは、サファイアもガーソンもディオンも、重要かつ微妙な概念を説明しており、そしてその概念は広く共有されているということだ。『ニューヨーク・タイムズ』のリベラル論説コラムニストだった故アンソニー・ルイスは、ジャーナリストが他と違っている根本は真実性への献身に加え、その献身で示されるある種の信条にあると述べた。「論説コラムを書くようになったジャーナリストには、視点がある……しかしそれでも事実を何より重んじる。『マンチェスター・ガーディアン』（英国）の偉大な編集者だったC・P・スコットはこんな風に言った。『コメントは自由なもの、しかし事実は神聖なもの』。私たちは具体的なものから一般的なものへと進むのが普通だ。事実を発見し、そこから結論を導く」。ルイスは続けた。メディアの「挑発屋であるアン・コールターや、トーク番組のベテラン司会者ショーン・ハニティは逆だ。彼らが気にかけるのは意見だけ、好んでわめき立てるものだ。事実は、もしあるにしても、枝葉のようなものだ。彼らは〔『不思議の国のアリス』の〕ハートの女王の言うことに従っている。『刑罰が先、判決は後』[3]」。

精神の独立はイデオロギーを含まない論説の執筆にも波及する。芸術の批評・論評担当者の仕事だ。『ニューヨーク・タイムズ』の元ダンス批評者、ジョン・マーティンによると、彼は判断や意見を示そうとする場合、ジャーナリズムとしての独立を保つことを考えていたという。「私の第一の責任は、何が起きたかを伝えること、その次に、私の意見、例えば解釈とかを示すことで、そのシーンのその場所の、その個別の演技についてなるべく短く入れることだと感じている。そしてそれもやはりある意味、報道だと思う」[4]

誰がジャーナリストで誰はジャーナリストではないと問うことが近年流行っている。私たちは、これは間違った質問だと考える。問うべき質問は、この人はジャーナリズムを行っているか否かだ。その仕事は、真実の原則、市民への忠誠、そして操るのではなく知らせるという目的――いずれもジャーナリズムを他の形式のコミュニケーションから分かつ概念――に沿って進められたものか。ジャーナリストが投稿すれば全てがジャーナリズムの仕事ではない。例えば孫の写真は通常その要件を満たさない。しかし、とある人が休暇中、ハリケーンの影響を目の当たりにした個人的経験について、携帯電話を使って写真とともに目撃情報を述べた場合、十分にジャーナリズムになるかもしれない。

ここには重要なことが示されている。言論の自由も報道の自由も全ての人に備わっている。しかし**コミュニケーション**は何でも**ジャーナリズム**というわけではない。誰もがジャーナリストに**なり得る**。誰もがジャーナリスト**である**わけではない。

そこを分かつのは、その人が報道記者証を持っているか、それとも読者・視聴者かではない。テレビ最初の昼の人気トーク番組の一つを、オプラ・ウィンフリー〔米国を代表する司会者〕より何年も前に持っていたフィル・ドナヒューがずっと以前、私たちに示した考えは、チョルノービリ（チェルノブイリ）のバーに入って「あれが爆発した」と述べた男がいれば、その時点でジャーナリズムの行動をしたことになるだろうというものだ。彼がもし、自分の目で見たり、確認したりした出来事について報告しており、噂を右から左へ流したのではないなら、彼はジャーナリズムを行っていたのである。ドナヒューが仮定として挙げた例は、テクノロジーによって、公共空間がバーのような現実の場所以外にも広がった時代に、実例が何度も何度も現れることになった。ITコンサルタントのソハイブ・アタルのことを考えてみよう。オサマ・ビンラディンが潜んでいた邸宅などの敷地を米軍が攻撃した時、たまたまその地域、パキスタンのアボタバードに住んでいた人だ。二〇一一年五月のその日、アタルのツイートは見慣れないヘリコプターの目撃を記し、爆発音を指摘し、そしてタリバンによるいつもの活動を上回る軍事行動のようにみえると推測し、オサマ・ビンラディンを殺害した攻撃についての最初の報道として知られるものとなった。

だがこれらを識別する手立ては、人々から簡単に奪われているのではないか。人々がどんどんだまされていくのを私たちは目の当たりにしてきた。やっているのはジャーナリストを装う政治的宣伝者たちで、真っ当なニュース発信源に見せかけたウェブサイトに雇われているのだ。これらの人々、これらのメディアはジャーナリズムとは別の目的で動いている。まず、彼らは事実への忠誠を欠く（多くが近年、陰謀論やディープフェイクに手を染めている）。彼らは独立していない（通常、彼らは政党活動家から資金と人を提供されている）。そして彼らの目的は情報提供ではない。政治目的のため読者・視聴者を集めることだ。

それでも、ニュースの装いをした政党系宣伝メディア群は拡大する。そして正確、独立を求め、読者・視聴者を操るのではなく知らせることを目指す、本当のジャーナリストたちの評価を激しく傷つけている。

こうした偽物の増殖を止めるためにやれることは殆どない。しかし私たちには、純粋な「論説ジャーナリズム」がどのようなものかを明示することはできる。その実務を行う人たちがこの仕事の在り方を自ら防衛できるようにするためだ。そうしなければ、これらがどう違うのか分からなくなっていくだろう。

論説ジャーナリストと政党宣伝家の違いを頭で理解することはできても、その違いを現実に守ることはそこまで簡単でないかもしれない。友人関係、チャンス、甘言が互いに作用し、論説記者に一線を越えさせようと誘惑するだろう。

独立性の進化

古代ギリシャの哲学者たちは、人間とは生まれながらにして政治的なものであり、秩序あるコミュニティには何らかの政治的な活動が必要だと理解していた。初の定期刊行物が生まれたのは、こうした政治的事情の中であり、幅広い人々に、生活に影響する政治判断へ関わるよう促したのである。

第3章において、ジャーナリストの市民への忠誠を論じる中で見たように、過去三〇〇年のジャーナリズムの歴史は、とくに米国の伝統では、政党への信義から離れ、みんなの利益に対する忠誠へと変わっていくところに特徴がある。「ジャーナリズムの上で二〇世紀は、プロパガンダに対抗し、民主主義を求める闘いと定義できる。この闘いは必然的に『客観的』で『独立した』報道機関によって担われた」と、コロンビア大学のジャーナリズム研究者ジェームズ・キャリーは記した。[5]

つまり、報道機関は半世紀以上にわたる闘いの中で、政党への忠誠から徐々に立場を切り替え、新しい一つの盟約をした。それは、ジャーナリズムは隠れた裏の動機は持たないというものだ。社説や政治論説は、かつてはニュースと入り交じっていたり、時にはそれ自体が第一面でニュースとして扱われたりしていたが、今やスペースを分けたり表示をしたりして区別されることになった。今日の基本的なジャーナリズム倫理、特に記者たちが取る政治的立場に関する原則は、これらのシンプルな決まり事から形作られた。

これらの倫理は概ね二〇世紀を通じて強化された。ジャーナリストは専門職意識をより高めようと望み、都市部では競争を繰り広げる新聞の数は減り、生き残った新聞はより広範な読者に響くものになった。これは後にケーブルテレビが普及する前に、テレビ報道機関が目指していたものでもあった。

二一世紀の最大の問題の一つは、ジャーナリズムの独立という考え方が生き残るかということだ。新しいテクノロジーとそれが生み出した読者・視聴者の細分化は、イデオロギー周辺に基盤を持つニッチメディアを誕生させ、読者・視聴者が既に持っている考えを肯定することを売りにすること(「肯定ジャーナリズム」)につながった。例えばブライトバート、ワン・アメリカ・ニュース・ネットワークなどだ。これらのメディアの中には単純に、事実でない情報を発信するという罪を犯しているものがあり、それも恐らく分かった上でやっているということが、研究によりどんどん明らかになってきた。これら政党色あるメディアの中には企業がオーナーで、その目的は商業的であり、厳密には政治党派的といえないものもある(FOXニュース、MSNBC、「デイリー・コーラー」のようなウェブサイト、保守派論争家グレン・ベックのネット上の活動などが一例だ)。今のところ地方レベルでは現段階でこれらと完全に同じようなマーケットはないが、拡大している。シンクレア・ブロードキャスティングは、政党色がはっきりした番組作りと、傘下の全〔地方〕局に社論の放送義務を課したトップダウンの命令とに深い疑念と懸念が持たれたが、二〇二〇年までに約九〇の地域に二〇〇近い放送局を保有した。

〔さまざまな国の〕政府の意向を受けたオンラインニュースサイトも数を増している。資金源が非営利組織というものも、出所不明の暗い資金に絡んでいるものも、リベラルなものも保守的なものもある。「クーリエ・ニューズルーム」はスイングステート〔激戦州。民主共和両党の得票力が拮抗し選挙のたび勝つ党が変わる〕の進歩派ウェブサイトのネットワークで、「事実と一次情報が私たちの北極星です」と主張しているが、一方ではSNSの広告枠を買って、非常に政党色が強いコンテンツを広めている。同時に、公共情報を集めた地元ウェブサイト一三〇〇からなるネットワークも拡大を続けているが、これには少なくともかなりのケースで右寄りの政党色を持つコンテンツが入り込んでいる。[6]

こうしたことから、党派からの独立という米報道の伝統は将来どうなるのか、既に不安が広がっている。また、政党色のないジャーナリズムをもともと応援してきた広範な大衆市場が、今後も経営を支える可能性はますます弱まるだろう。新たなメディアの仕組みが整っていく中、問題は、二一世紀の読者・視聴者が二〇世紀と同じように、純粋な知的独立性をもって作られるニュースにより大きな関心を示すのかどうかだ。プラットフォーマー企業の役割にはこの点で、影響力がある。やる気があれば消費者がこうした違いを分かるように見せることもできただろう。

だが判断材料になるものを見ると、あまり前向きな気持ちになれない。政党色あるメディアをインターネットとケーブルテレビが拡大させた二〇年を経て、報道機関は党派から独立していると見る米国人は一時に比べはるかに少数にとどまる。人々はニュース報道に偏りがあると見ているという理解が、インターネット以後着実に増している。二〇一九年段階で、米国人のほぼ半数〔四六%〕がニュース報道に「大きな」偏りを見いだし、二〇〇七年に比べ一五ポイント上昇という憂慮すべき数字を示した。ほか三七%は「かなりの」偏りを見いだしており、計八三%がニュースに相当な偏りがあると見ているという意味になる。[7] おそらくそれ以上に厳しいのは、米国人の最年少層、この新しい政党色あるメディアの時代に育った人たちは、報道機関への信頼が最も低いと考えられることだ。三〇歳未満の米成人のうちニュースメディアに対し概ね好意的な見方をしているのはわずか一九％である。これよりも報道機関への信頼が低いのは、保守的共和党支持者だけだった。[8]

独立性の実際

時を経てルールが変更され強化され、多くの伝統的報道機関の記者や編集者は、政治問題化したテーマの市民集会のような政治的行動への参加を禁じられるに至った。一九八九年、『ニューヨーク・タイムズ』の最高裁担当記者リンダ・グリーンハウスが中絶の権利を支持する「選択の自由」デモに参加し、批判を受けたのは有名だ。彼女は、これに参加したのは名も無き一市民の行動としてであり、自分への注意を引くようなことはしなかったという事実を指摘した。「私は青いジーンズとダウンジャケットを着た、他の人と同じ一女性だった」と後に述べている。しかし『ニューヨーク・タイムズ』は、行進に参加したことにより、彼女の報道の見られ方に悪影響が生まれたとして、彼女を懲戒した。[9]

このグリーンハウス問題はジャーナリズムがリベラル偏向批判に神経をとがらせていく時期に起きた。一九六〇年代以後、政治論争の性格は変化しつつあり、一つには保守派シンクタンクの活発なネットワークが形成され、社会的議論に新しい考え方を持ち込んでおり、そこに刺激された面があった。そして共和党議員たちは報道が偏向していると断定する声を強めていた。

新たなデジタル発信プラットフォームの出現により、ジャーナリストが私生活で何をし、何を言っていいかいけないかの論争が再燃した。二〇〇四年四月、レイチェル・モステラーはダラムの『ヘラルド・サン』を解雇された。理由はブログ「皮肉屋《サーカスティック》ジャーナリスト」を書いていたことで、その中で彼女は報道記者としての生活を綴っていた。彼女のブログは会社名も同僚の名前も出していなかった。二〇〇六年一月、週刊『ドーバー・ポスト』は記者一人を解雇した。彼のブログには、他の記述に混ざって、同紙に報道してもらおうとする人々を誹謗する内容が含まれていたという理由だった。二〇一〇年にはCNNが、中東担当上席編集者のオクタビア・ナサーがシーア派聖職者の死を受けてツイッターに、「セイエド・モハメド・フセイン・ファドララの死去を知り、悲しく思う……私が大変尊敬するヒズボラの偉人の一人だ」と投稿した後、ナサーとの契約を切った。

顕著なケースの一つが、ウェスリー・ラウリーの『ワシントン・ポスト』退社だ。ピュリツァー賞を受賞した記者で、彼のコラムについては第4章で詳しく述べた。ラウリーはツイッターで『ニューヨーク・タイムズ』について、二〇一〇年代初期にティー・パーティ運動が盛んになった時を振り返り、同紙がこの運動を「本質的には、黒人の男が大統領だという事実に対しヒステリックに駄々をこねる草の根」の運動だと言い切ることができなかったとの投稿をした。『ワシントン・ポスト』の編集者たちは、報道によると、ラウリーと内々に面談し、彼のツイートは同紙のSNSルールに違反し、同紙が保守派を取材報道する力を損なわせたと述べた。その後すぐ、ラウリーは同紙を去った。

二〇二〇年、ジョージ・フロイドの死を巡る抗議活動の最中、報道職場で人種問題を考える動きが始まり、ジャーナリストが個人のSNSで何を言っていいかという議論はさらに熱を帯びた。これはラウリーが『ニューヨーク・タイムズ』のコラムで取り上げた、報道職場にある既存文化や、有色人種のジャーナリストたちがうまくやっていくため白人のような振る舞いを求められていたとの考えとも絡むところがあった。この問題はほとんど解決されなかった。だが多くの報道職場においてSNSや社会参加を巡る方針を再検討するきっかけとなった。

私たちは、報道職場で編集者たちがある価値観を支持している——つまり中立ではない——と認めるという、意義ある議論の中にいた。その価値観とは、法の下での権利の平等、人種間の平等、政府の透明性などだ。報道機関はそれぞれ独自の価値観リストを作ることができた（多くのリストに多くの同じ概念が現れる可能性が高いが）。報道機関によって、何が許されるか、わずかには異なる結論に至ったかもしれない。ある新聞の編集者が言うには、彼女のところの記者たちはSNSへの投稿で「Black lives matter」（黒人の命は大切）と書いてもいいが、その中でlivesのLやmatterのMを大文字にしない限りという条件だった。もし大文字で書けばグループ名を（固有名詞として）挙げて推奨する趣旨になるからということだ。別の報道機関は、社員は人種間の平等を求める抗議活動ではデモ行進してもよい、その目標は物議を醸すものでないといえるから、という。これら挙げられた線引きは微妙なものに感じられるかもしれない。それでもこうした線引きをしていることを知り、理解することはなお大切だ。一つの報道機関にとって、法の下の平等や社会正義、事実重視、政府の透明性など一定の原則を支持することと、これらの原則を巡る論議が発生している際、その分野で一つのグループの特定の政策や対策を、他より良いとして推奨することとは別だ。中立性ではなく独立性の問題だからである。

再評価される独立性

過去数十年の間に独立性のルールは厳しくなったが、これに異議をぶつけたり、これを避けたりする人たちも常にいた。

二〇〇三年三月、イラク戦争へと向かう時期に保守派のジョージ・ウィルは、米国はイラク侵略の前に同盟国から承認を得るべきだという従来の考え方に対し、これを否定するコラムを書いた。

多国協調主義は愚かだという自分の考えの支えとするため、ウィルは英上院議員で新聞社オーナーのコンラッド・ブラックのスピーチを長く引用した。そのスピーチでブラックは、米外交政策が成功しているのは、その目的が脅威にさらされれば、米国はその脅威をすぐ取り除くからだと言っていた。

ウィルのコラムで明らかにされていなかったのが、ウィルは何年にもわたってブラックの新聞社ホリンジャー・インターナショナルの国際諮問委員会に所属し、その報酬を支払われていたということだ。『ニューヨーク・タイムズ』によると、ウィルは会合に出席するごとに二万五〇〇〇ドル〔三五〇万円〕を受け取っていたという。ウィルは、何件の会合に出席したか記憶にないと述べた。ウィルはまた、自分のコラムを配信していた「ワシントン・ポスト・ライターズグループ」にこの利益相反を知らせることもしていなかった。ブラックからの金の提供を自分の読者に知らせるべきだったかと『ニューヨーク・タイムズ』から問われ、ウィルは「私の仕事は私の仕事。わかったか」[10]と応えた。

このコンラッド・ブラックの問題はウィルにとって初めてのケースではなかった。一九八〇年には、共和党大統領候補だったロナルド・レーガンの強力な支持者として、その指南役となり、同候補が大統領ジミー・カーターとの討論に臨む準備を整えさせた。そしてウィルは討論が終わるとABCのコメンテーターとして放送に出て、レーガンの討論ぶりを賞賛し、レーガンはプレッシャーに強い「サラブレッド」だと述べた。

このように政治家の秘密顧問役を務めた先例は多々ある。中でもウォルター・リップマンはリンドン・ジョンソンを含め様々な大統領のスピーチを書き、こうした秘密の仕事が後になって判明したとき彼の評価に傷が付くことになった。

ウィルが新しかったのは、一貫してこんなことはどうでも良いという態度を取ったことだ。レーガンの指南問題がやがてニュースとなったとき、ウィルは批判に対し重箱の隅をつつくものだと退けた。「ジャーナリズム界には（公益事業と同様、『利益相反』という言葉を響かせて）今や、『細かな道徳測定器』になった者たちがはびこっている。他人の道徳の測定に走り回り、勘違いした道徳主義者がやるように、くだらぬ良心とかそんな勘違いを拡散している」[11]

ウィルはイデオロギーを論じているのではない。そうではない何か、イデオロギーに関係なく他の人からも同意の声が出そうな考えを示している。ジャーナリズムの道徳や倫理は主観的なものであって無意味だというのだ。

ウィルの主張には一つだけ問題があった。その問題は同時に、独立という概念が理念ではなく現実的な問題になるのはなぜか、をも示すものだった。ウィルは、自分がレーガンを指南したこと（そしてコンラッド・ブラックから金を受け取ったこと）を秘密にしていたのである。レーガンがうまく振る舞えるよう自分が手伝っておいて、そのように振る舞うとそれを自分でほめちぎったということを、自分の読者には知らせたくなかったということだ。もし知らせれば、彼のレーガン賞賛は相手にされなかったはずだ。倫理の論者にではない。読者・視聴者にだ。

こうみると、現実にはウィルの仕事はウィルの仕事として完結しているわけではない。ウィルの仕事は、人々の議論と関わる仕事なのだ。

ウィルのパターンは古いものだ。例えばケーブルテレビニュースとなると、専門家の意見を装った利益相反〔視聴者を裏切り特定の人や団体の利益をはかる〕の内容がはびこる、不明瞭で気持ちの落ち込む異世界になった。これらはいずれも、ジャーナリストはみんなの利益などのためには行動せず、利害関係者のため動く別働隊でしかなく、しかも自分たちの懐を肥やそうとすることが多い、と感じる人をますます増やす原因になってきた。

選挙のたび、ケーブルテレビネットワークは越えてはならない一線をあいまいにし、ジャーナリズムの評価を傷つけ続けてきた。二〇〇八年、クリス・マシューズ、ポール・ベガラ、ドナ・ブラジルは自分たちをどことも繋がっていないコメンテーターであるように見せていたが、裏では民主党候補選びに際してバラク・オバマかヒラリー・クリントンに対し支持や助言をしていた。二〇二〇年、MSNBCはジャーナリスト出身の歴史家ジョン・ミーチャムが「MSNBCの番組コメンテーターとして登場することはもうない」と発表した。これは『ニューヨーク・タイムズ』の報道により、ミーチャムがジョー・バイデンのスピーチに携わった後に、今度は大統領史専門家としてMSNBCに出演し、いつも信頼が置ける感じたっぷりにバイデンのスピーチについてコメントしていたことが分かった後だった。ミーチャムはなおもMSNBC――番組は一貫して反トランプだった――に出演することはあり得たが、しかしミーチャムがバイデンに関わっていたことを明示し、以後は金を払っていない[12]〔番組側出演者ではなく、取材を受ける立場で出演という意味〕。この問題はケーブルテレビに多い病気だ。二〇二〇年、CNNの番組コメンテーターのアナ・ナバロはジョー・バイデンのために複数のイベントを行った。デービッド・アーバンと戦略研究家スティーブ・コーテスはトランプ選挙の助言をした。タッカー・カールソンやローラ・イングラムは、ドナルド・トランプとの関係において何度も一線を越えており、どの話から始めていいのか分からないほどだ（ショーン・ハニティについてもすぐ後に触れる）。ケーブルテレビには防止策があり、その中で「番組コメンテーター」は立候補者を正式に支持してはならないとしている。しかしこれらのルールは形式的なもので、目的を果たすためにはほとんど役に立たず、その局の倫理違反が明らかになった際の言い訳に使えるだけだ。

もう一つ、ジャーナリズムの独立違反が起きるのは、政界の立候補者がコメンテーターの好感を得ようと、「相談」し意見を求めるときだ。二〇〇五年、ブッシュ政権は大統領の二期目就任演説の起草に際して様々なジャーナリストに相談し、その中には『ウィークリー・スタンダード』編集者のウィリアム・クリストルや、提携コラムニストのチャールズ・クラウトハマーもいた。二人とも、自分たちは政策の一般的な助言をしたのであって演説の準備ではなかったと述べ、だから何ら問題はないと主張した。[13] しかし二人とも演説後には、あたかも独立の立場での意見のようにこれを賞賛している。

関係性を明らかにしないことは一つのミスだ。ただそれをしなかった理由は明らかだ。自分が賞賛した演説は、事前に相談を受けていたものだと知られれば、独立した立場の保守派としての評価に傷が付いただろう。しかしジャーナリストが、その取材対象と考えられている人々から「相談」を受けることには別の問題もある。ジャーナリストたちは、現実とは異なる思い違いをしてしまうのだ。政治家は普通、演説にジャーナリストの意見が実際役立つかどうかに全く興味がない。スピーチライターには事欠かないのだ。それより政治家たちがはるかに関心を持っているのは、ジャーナリストが、自分の言葉や知性の力が魔法のように素晴らしく、政策を作る上でジャーナリストとしての貴重な知恵を求めないわけにいかないのだと思い込むことだ。政治家がジャーナリストに助言を求めるときは、賢者の知恵を借りようとしているのではなく、好意的な報道をさせようとする戦術として取り組んでいることの方がはるかに多い。

新しいメディア環境では、二役を演じていることはほぼ秘密にできない。ショーン・ハニティは大統領だったトランプに私的に電話して助言し、そして自分の番組では自分は一人のジャーナリストであるかのようにトランプにインタビューしたが、この態度はテレビでインタビューを行おうとする本物のジャーナリスト全員に〔同じような二役を演じていると誤解を生み〕損害を与えるものだ。結果として、ハニティは大統領の側近として責任を負うわけでもなく、ジャーナリストとして純粋に問いただす立場で質問しているわけでもないということになった。自らを報道機関と呼ぶ企業が、この欺瞞を犯し、それを続ける。これを論説ジャーナリズムと呼ぶのは――あるいは単に論説というだけでも――拡大解釈だ。これはプロパガンダであり、多くは嘘まみれだ。ジャーナリストに対してもこの国に対しても、与える損害はどれほどになるか、計り知れない。

透明性と独立性と欺瞞

二役を演じるというかなり分かりやすく、かつ自滅的な行為の他に、ジャーナリズムの独立を考える上でもっと考えるべき難問がある。一つはジャーナリズムの独立が軌道を外れ、社会から隔絶した独房に自ら入る懸念だ。『サンフランシスコ・クロニクル』元記者で、後にクリントン政権で働いたエリオット・ディリンジャーが私たちの共同研究者に、「もしジャーナリストであるなら、私的関心を抑制し、市民が取り組んでいる問題から距離を置くべきだという考えがある。私はこれはかなり問題だと思う。社会を憂慮する市民であることが、なぜジャーナリストであることと対立概念になるべきなのか私には分からない」と述べた。[14]

伝統的なニュースの慣習に従って仕事をするとよそよそしく冷淡になる、という感覚を払拭するための対処の仕方には大きく二つがあった。一つはパブリックジャーナリズムとか市民ジャーナリズムと呼ばれ、一九九〇年代に活発化した運動だ。新テクノロジーがジャーナリストとコミュニティとをもっと強力に双方向的に結びつける前である。これらの運動が主張したのは、ジャーナリズムは問題を指摘するだけでなく、出せる答えを探り、コミュニティが解決にたどり着けるよう助けるべきだということだった。運動の推進側は、この手法がジャーナリズムの独立原則に反するとは見ていなかった。一方批判側は、結論を指し示せばジャーナリストは運動家の立場に置かれると主張した。しかしこの対立は突き詰めれば、哲学を巡る議論というより、仕事の上でどう注意を払うかを巡る議論だった。

さらに最近になり「ソリューションズ・ジャーナリズム・ネットワーク」は、ニュースの仕事においては問題を取り上げる以上の取り組みをする、すなわち解決策を探る必要があるとジャーナリストたちに気付かせるという成果を拡大している。この団体はジャーナリストの研修をし、問題意識が同じ仲間から学ぶよう促す。さらに、問題解決策に注目するコンテンツを報道機関が作ったり、具体的なテーマを巡り別の報道機関と協力関係を築いたりする支援もしている。加えて、大学教員が新世代のジャーナリストたちに対し、問題だけでなく解決策まで取材報道するスキルを教えるのを手伝っている。

解決策に重点を置くことはジャーナリズムの独立性を減じるものでは全くない。逆で、ジャーナリズムをより正確にする。より有用で身近になる。問題について語るだけのニュースは不完全で、背景を欠いてしまう。それでは、より劣ったジャーナリズムになってしまう。

ジャーナリズムの目的はニュースを報じる以上のところにあることもまた、思い出したい。もっと深いレベルでいえば、第1章で示したようにニュースの機能はコミュニティを作ることだ。コミュニティを作るとは、事実を一通り共有してもらうことに加えて、これらの問題に取り組む人たちがお互いつながるのに使える接点や議論の場を設けることも含まれる。

コミュニティ作りはいつも、ニュースの中心にあった――コーヒーハウスで起きた会話から出てきた新聞の最初期、最新ニュースを巡り何度も形成され直す市民とジャーナリストのコミュニティ、あるいはツイッターなどSNSプラットフォーム上の関心事のコミュニティまでだ。前に向かうか脱線するかを分けるのは、ジャーナリストの役割で活動する人々の実行力と、どういう意図を持つかだった。この人々はジャーナリストの格好をし、ニュースと情報を提供するそぶりでいるが、実際、真の動機は他人を操作し、既に決めた結論に向かわせることなのではないか。それとも純粋に情報提供をし、議論の場でコミュニケーションを行い、初めから答えを決めつけず、情報を提供してコミュニティに集まるよう呼び掛け、一緒に問題に対処し、取り組む助けになりたいと望んでいるのか。

独立したニュース提供者はどうも信用されないという感覚へのもう一つの対応の仕方は、独立性を全て捨て去り、何らかの側に立って主張することで読者・視聴者に結びつくというものだ。トランプ大統領時代、ジャーナリストはそのようにすべきだ、ジャーナリズムを一種の社会運動と捉えるべきだと要求し始める人も増えた（ウェスリー・ラウリーは、自分は独立性を捨て去ることは提唱していないと言う一方、彼の言葉遣いはその方向に他人を向かわせているとはいえまいか）[15]。恐ろしいことに、この暗黒社会の予想図はケーブルテレビのスイッチを入れさえすれば見える。

このモデルは保守派メディアの王ルパート・マードックとFOXニュースの政治コンサルタントロジャー・エールズによって、芸術の域に高められた。マードックの目的の一部は金儲けだ。だが彼もエールズも共和党を変えたかった。にもかかわらず二〇二〇年、放送開始から四半世紀近くを経て、FOXはプロパガンダ臭が強く政党色あるケーブルテレビニュース番組作りの守旧派となっていた。さらに、リア王をめぐる運命のように、同局からはさらに極右的な類似局やライバルが生まれた。ワン・アメリカ・ニュース・ネットワーク（OANN）、ニュースマックスTV、シンクレア・ブロードキャスティング、そしてブレーズなどだ。その全てが、それぞれ違う方法で、FOX以上に怒りっぽく過激な視聴者を基盤とし、その要望に応えようとしている。

FOXの最初の宣伝キャンペーンは「私たちは報じる、皆様が判断する」というスローガンで、これは後に「公正さとバランス」の方がよいということで置き換えられた。このスローガンは、それまでの人生でリチャード・ニクソン、ロナルド・レーガン、ジョージ・H・W・ブッシュの政治顧問をしてきたエールズが作ったもので、キャンペーンは喧嘩腰の姿勢を取る古典的なものだった。ライバル（古いテレビネットワーク、例えばCBSや、FOXの一九九六年の開局時であればCNNさえも）の強さを訴えろ、それが滑稽であろうが——そうすれば競争相手は守りに入った側ということになり、自分たちに欠点はないかのように、表面的にであれ訴えることができる。FOXニュースの主張には、エールズの政治キャンペーンを思い出す人もいるかもしれない。マサチューセッツ州の民主党政治家、マイケル・デュカキスは環境を悪化させる、彼は過激派で、殺人者を街に放つだろう、と主張した宣伝などだ。[16]

FOXがいう「公正さとバランス」や「私たちは報じる、皆様が判断する」はまた、ハーストやピュリツァーの宣伝とも重なる。自分たちの実際の姿ではなく、人々にそう思ってもらいたい自分たちの姿、すなわち単にあなたが賛成したくなる情報源ではなく、正確かつ公正だと。このように言うことは、一人一人の読者・視聴者の、自分は合理的だという感覚にアピールする。あなたが私たちのことを良いと思うなら、それは別にあなたが私たちに賛成だから気に入ったのではないでしょう、私たちの正確さ、完全さ〔をあなたが見抜いたため〕ですと。

FOXに続いて現れたテレビ各局も、こうした言葉の暴力を用いた。彼らもまた、当てこすりは行いつつ独立の立場だとし、自分たちの政党色を認めなかった。OANN（ワン・アメリカ・ニュース・ネットワーク）は、高校乱射事件の被害者は実は訓練を受けた俳優だというものから、新型コロナウィルスはジョージ・ソロスやクリントン夫妻、ビル・ゲイツ、中国政府、アンソニー・ファウシ博士らが作り上げたグローバリズムの陰謀だというものに至るまで、陰謀論を報じた。しかし局の宣伝では、可憐な金髪のニュースキャスターがカメラに向かって歩き「ニュースの見方が変わる時です。強い米国を求めるテレビネットワークの時です……信用できるニュースを探しているなら、ここがその場所です。ワン・アメリカは準備完了。あなたは？」と言うのだ。

ニュースマックスも同じように陰謀論や、事実でない情報を撒いている。コロナ禍の間、同局は契約者リストにある人たちにメールを送り、「あなたがするかもしれない最悪のことは、ワクチンが接種可能になったからといって接種すること」で、なぜなら「ワクチンは私たちの人生の中で、健康不安をもたらす最大のものの一つ。米国民に永続的な被害を与える詐欺」だからというのだ。その代わりとして同局のニュースレターを年間四〇ドル（五六〇〇円）で購読する方が「ずっと効果的」だと促す。購読すれば、抵抗力を高めるだろうと考えられているサプリメント食品のすすめが届く。ニュースマックスTVの宣伝スローガンは「本当の人々のための本当のニュース」である。[17]

この新たな政党色ある報道機関が訴求力を持つからくりは、単に正確で独立しているだけだと言いつつ、実は逆に、視聴者が元々持っている考えに沿った主張をすることだ。例えばOANNは「わが国の指導者たちを正直に評価する」と約束する。私たちはあなたに真実を伝えると。偏っているのは他のメディアの方だとこのスローガンは示す。政党色は全く否定する。

それは正しくない、というだけではすまないところに問題がある。公共性ある組織がこの種の言語の歪曲、単語の曲解に手を染めると、文化を腐敗させる結果を生む。言葉の意味は失われていく。信念が事実より上に来る。本当のことをフェイクと呼び、事実をでっち上げと呼ぶのが少しずつ簡単になる。ジャーナリズム組織がこの種のオーウェル的欺瞞に携わるとき、それは罪の中でも特別なものになる。この職責に根本的に求められるのは正確さ、精密さだ。それを捨てること、すなわち、ニュースの装いをしながら受け狙いや陰謀論、プロパガンダを身にまとうことは、専制主義、独裁主義への道である。

この新しい「肯定ジャーナリズム」は昔の米国の政党系新聞とは違う。昔の政党系新聞は政党のコントロールを受け、政党の目標実現へと前進し、教育し、説得するという目的を隠さない。「論説ジャーナリズム」はまた「論説ジャーナリズム」とも明確な差違を示す。「論説ジャーナリズム」は二〇世紀、左の『ニュー・リパブリック』、右の『ナショナル・レビュー』のような出版物の中で発展した。テレビではもはや多くないが、刊行物には今なお存在し、『ウィークリー・スタンダード』出身者らが作った保守派オンラインメディアの「ブルワーク」、奴隷廃止運動が源流のリベラル雑誌『ネーション』などに、さらに「ディスパッチ」のジョナ・ゴールドバーグ（同サイトを『ナショナル・レビュー』の同僚たちと創立した）、『アトランティック』のコナー・フリーダースドーフら保守派著述家たち、『ニューヨーク・タイムズ』のエリザベス・ブルーニグらリベラル派、さらにジャンル分けしづらい『ワシントン・ポスト』のクリスティン・エンバらの仕事の中にある。ネット時代には、オンラインでは知られているが伝統的メディアには所属していない発言者もいる。マット・イグレシアス（リベラルだが政党色はほぼない）、トーマス・チャタートン・ウィリアムズ（やはり左寄り）、グレン・ラウリー（右派）たちだ。

「論説ジャーナリズム」を、ケーブルニュースやその他の新しい「肯定ジャーナリズム」から区別するのは、その政党色について可視化している点だ。政党からの知的独立性も高い。そしてジャーナリズムの他の分野と同様の正確性を求める姿勢に、断固としてこだわっている。「論説ジャーナリズム」にはまた、陰謀論や、作り話に関与する傾向はない。理由は単純だ。「ディスパッチ」も『ネーション』も、考えを探究すること、人々が諸問題を考えるきっかけとなることを心の底から気にかけているのであり、人々を操作して特定の結論に向かわせようとはしていない――あるいは、ニュースマックスになぞらえれば、自局の別のビジネス利益に結びついたサプリメント食品を売ることでもない。

「事実に基づく報道と政治論評」を掲げる「ディスパッチ」は、自らをこう説明する。「私たちは分析を示す際、反対側の見方も正直に寛容に説明するよう努力する。報道をする際、その事実がどの政党、どの政治家に不都合であるかないかに構うことなく行う。私たちは自分たちで正しいと思っていることも検証し、私たちの読者にもそうするよう求めたいと考えている。私たちは人々が賛成してくれないことも予期しているが、私たちは誠実に自らの立場を示しており、隠れた意図はないことを分かってもらいたいと考えている」

「ディスパッチ」は、他の「論説ジャーナリズム」のように、責任あるジャーナリズムの領域に厳格に当てはまっている。同メディアはその目的について明確、率直に示す。考えを追究する論説メディアであり、その性質上、明確にイデオロギーを持っている、と。それを実際に最もしっかりと実行するのが、意見の異なる相手からの最強の主張に反論するときだ。彼らは考えを前進させたいのであって、結論にこだわらない。

対照的に「肯定ジャーナリズム」は、過去四半世紀やってきたように、中立であり事実に基づく在り方に則ると自称し、だが実際はそうでない。プロパガンダの新しい形になっており、事実はしばしば邪魔なもの、あるいは一つの政党を有利にするために使うものというのが普通だ。

「論説ジャーナリズム」(「ディスパッチ」や『ナショナル・レビュー』など)と、プロパガンダ型社会運動や陰謀論拡散を行う「肯定ジャーナリズム」(FOXやOANNなど)の違いは重大だ。「論説ジャーナリズム」はその意図を開示し、一定の知的原則に対する忠義があることについて透明性を保ち、それらは党派や政党よりも優先される。デービッド・ブルックスは自分のことをリバタリアンと説明し、同じように『ワシントン・ポスト』のジョージ・ウィルは自分のことを「米国の保守党員」と呼び、『ネーション』のビクター・ナバスキーは自分のことを進歩派《プログレッシブ》と呼んだ。「肯定ジャーナリズム」のほうは公正、バランス、そして中立をうたいながら、自らの立場を機敏に率直に言う姿勢はない。そして忠臣のような人たちに支えられている。これらのコメンテーター——レイチェル・マドー、ラッシュ・リンボー、ショーン・ハニティ——や、ネット上なら「ブライトバート」のようなサイトに寄稿している人々を注意深く見てみよう。彼らの価値は、感情を動員できるかどうかだ。彼らの話の多くは、対立相手がいかに間違っているかに重点が置かれる。あるいは、明らかに間違いをした反対者について、今後問題になると予測することだ。肯定の中身はつまり、嫌だと思おう、怒ろう、あるいは、彼らは報いを受けると確信しよう、というものだ。ある夜、ラジオトーク番組で私たちが出番のコーナーを終えた後、司会者は私たちに言った。「私の番組は本当はイデオロギーが問題なのではない。怒りだ」

もう一つ違いがある。「論説ジャーナリズム」は保守派コラムでもリベラル派でも、ニュース報道をするものではなく、その意味を理解するためのものだ。報道は別のところに任せ、解釈がその第一の関心事となる。「論説ジャーナリズム」に報道の部分があってもいいが、その報道は、主張をするためその情報を集めてきたという範囲を超えることにはならない。歴史的に見て「論説ジャーナリズム」は主たる、あるいは第一のニュース情報源を自任しない。

新しい「肯定ジャーナリズム」は対照的で、事実報道を自任することが多い(私たちは報じる、皆様が判断する〕。しかしプライムタイムにおいては、そして次第に一日を通じて、FOX、MSNBCやその他の局は政治活動家や著名人を、人気があり視聴者が得られるからといって、出演料を払ってコメンテーターとして、さらに番組の司会としてさえも起用することを認めるようになった。彼らはもはや取材を受けて報じられる側ではない。彼らは番組チームの一員であり、契約に金を払われる〔取材対象であれば通常の報道機関は取材謝礼を払わないことを踏まえた説明〕。そうしてホワイトハウス元報道官デーナ・ペリーノは今FOXで司会をし、政治家の顧問役を務め、政治活動委員会（PAC）〔政治資金を集め配分する団体〕活動家だったカール・ローブはコメンテーターだ。公民権運動家アル・シャープトンと元民主党活動家のローレンス・オドネルはMSNBCで番組を持つ。CNNでクリス・クオモはいつも自分の兄のニューヨーク州知事アンドルーにインタビューしている。

正確とか真実とかそんなものはない、あるいは情報を入手する唯一正統なやり方は論説を通じてだ、という考え方に魅力を感じる人々もいる。それならプロとしての規律もテクニックも、理想論も必要としないからだ。ここには単純化がある。手を加えない市場原理に信を置くとか、強く感じられる感情ならそれは何でも正しいとかいうようなものだ。しかしそれでは、人々の公共広場は広がるどころかさらに小さくなってしまう。

独立性と、階級や経済状況

独立性の問題は政党色ある報道機関や論説ジャーナリズムに限らないが、実際には、ジャーナリズムにおいて独立性にどういう意味があるかを知り、考える上では政党色あるテレビネットワークや論評の分野についての方が、ニュースの他の分野よりも簡単かもしれない。偏りの問題であれば、それを解決するには、事実確認についての第4章で概説したように、報道の方法をもっと明らかにすることだ。しかし、ニュースを取材し報道する際、知的に独立していることがどんな役割を果たすのか。それを完全に理解するには、政党とのつながりのほかにもジャーナリストに起こり得る利益相反や相互依存関係について見ていくことが重要だ。

二〇世紀のジャーナリストは訓練も教育も良いものを受けるようになり（そして一部では給与も良くなり）、独立性について別の厄介な問題が生まれた。ジャーナリズムはよりエリート的になり、そのことは人種問題やイデオロギーについての報道をややこしくした。ニューヨークのジャーナリストで『ニューヨーク・デイリーニューズ』コラムニストとしても活動し、米国ヒスパニック系ジャーナリスト協会会長だったファン・ゴンザレスは、ジャーナリズムにおいて階級が物の見方に与える影響について話すことがよくあった。「最大の問題は……ニュースや情報を作り出す側と、それを受け取る側に、階級格差があると米国の人々が感じていることだ。そしてその階級格差は、保守か中道かリベラルかを問わずほとんどの米国人に階級的偏見をもたらす。労働者階級で貧しいなら、社会にはあまり重要でないと考えられていると。これは根本的な偏見だと私は思う[18]」『ワシントン・ポスト』でオンブズマンを含め主要な職を多く経験したリチャード・ハーウッドも同意見だった。「ジャーナリストたちは、知能の高いエリート層に属する者として、世界観、感じ方、そして偏りを同じ階層の仲間から吸収する。彼らの仕事はこの新上流階級の好みと需要に合うよう形作られる。主要報道機関は、この階級がますます上流になるからということで自分たちの将来をそこに委ね……働く人々、低所得の人々を拒絶したり失ったりしている。その証拠は多数あると言わざるを得ない[19]」

元ジャーナリストで、後に福音派キリスト教組織「フォーカス・オン・ザ・ファミリー」副会長になったトム・ミナリーは、この階級的な偏りがニュースの商業化を加速させたと訴える。「報道の姿勢は、米国の大多数の、広範な中間層が営む生活の在り方を歪曲して見せるものだ」とミナリーは説明する。「米国では、公開株式の三五％を人口の一％が保有している。夕方のニュースを見たり新聞を読んだりすれば、私たちは誰もが、ＣＮＢＣの画面下部に流れ続ける株価を家で見ていると思ってしまうだろう」。あるいは彼はこうも続ける。朝のテレビネットワークの番組を見て「最新の機械やらアクセサリーやらを長々と、美しげに詳しく伝えるのを見るだろう。商売とニュース報道の混合は今やあまりに深刻重大で、境界はもはや全く分からない」[20]。

つまりハーウッドもミナリーもゴンザレスも、商業的な、広告主導のメディアは、市民社会よりも消費社会に役立つものになり始めたと主張していたわけだ。

理想論者の中にはウェブがこの多くを解決すると考える人たちもいた。発信の障壁が減り、誤りは自動的に修正され、正確と公正と背景付与というウィキ文化や発言者の多様性を生み出し、それによって情報を民主化するというのだ。そんなことは起こらなかった。

結局のところテクノロジーは魔法の解決策ではない。デジタル格差、階級格差、デジタル能力格差、そして活動的で影響力あるいろいろな人がいる場所も、いない場所も、いろいろあるという格差は残っている。例えば、世界は変わったと私たちは思っているが、二〇一九年時点で、インターネットが使える米国の成人の二二％だけがツイッターを使っており、一方ジャーナリストはツイッター上で活動的な人が多数派だ（参考にピュー・リサーチセンターのデータによれば、ツイッターアカウントのわずか一〇％――米国人のわずか二％――がツイートの八〇％を生み出しており、ツイッターに投稿されるリンクの六六％は本当の人間ではないボットから出されたものだ）[21]。

階級の孤立化につながりうるこの事態は、エリート層を戦略的にターゲットとすればさらに強まる。オンラインメディアが読者・視聴者の属性を割り出すため、ネット上での行動に基づくターゲティングを使うことで拍車がかかるだろう。ウェブが成熟する中、デジタルメディアは単に人を集めるだけでなく、利益を上げることを次第に期待されるようになってきた。そのことは、どんなネットベンチャー企業が立ち上げられ、資金提供を受けるかにも影響がある。そして、非営利ニュースサイトは金のある寄付者や政治課題を持つ財団に依存し、また人々からの会費や寄付金を得ようとする姿勢を強めているが、これも影響を受けないということはない。

メディアがニュースの対象とする社会階層を絞り孤立化する動きの最も大きな例外は、ローカル重視だ。全国メディアがターゲットとなる社会階層を絞ることはある。だが地方メディアがそうするのは難しいし、経済的危険が大きくなるだろう。また、ローカルにおいて信頼性についての問題は比較的小さい。人々にメディア不信の傾向はある。だがメディアというとき心に思い浮かべるのは全国メディア、特にケーブルテレビニュースだ。例えば著者らがアメリカ・プレス研究所、AP通信、シカゴ大学国内世論調査センターのため企画した調査では、米国人の四分の一（二七％）だけが、メディアは間違いを認めようとすると答えたのに対し、自分が使っているメディア――ローカル紙やローカルテレビであることが多い――について聞かれればこの数字はほぼ倍（四七％）になる。最大の違いは、報道機関を道徳的と考えるかを尋ねたときだ。二四％だけが、ニュースメディア全般が道徳的だと答えた。しかしその倍以上（五三％）は、自分たちが頼っているメディアについては道徳的だと考えていた。[22]

ローカル重視はニュースのエリート主義の流れを緩和する方法になるかもしれない半面、その反対方向にジャーナリズムを引っ張る別の圧力もある。地方ジャーナリズムは、私たちのニュース収集の中でも、ウェブにより最も脅かされている形態だ。理由はいくつかある。地方の報道メディアはもともと、米国人が全国ニュースを知る手段だった。それをテクノロジーが変えた。まず二四時間ケーブルテレビニュース、次いでウェブによって、人々が全国ニュースを入手する方法が増えた中、地元ニュースへの関心は下がりはじめ、全国ニュースへの関心が高まった。これは、市民の地理的なつながりに根ざした地元の問題から人々を遠ざけることにもなった。コミュニティの定義は政治意識の高い人も低い人も、場所とのつながりより、関心のつながりになり始めた。この影響は広い範囲に及んだ。政治は全国単位になった。政治家たちはどこでもスピーチの重点項目に同じ内容を用いた。他方で地方メディアの衰退がこの傾向を加速させた。地方で報道が縮小すれば、地元ニュースへの関心はますますしぼんだ。例えばある研究によれば、地元紙が廃刊すれば、分極化の拡大が投票行動に現れる形で見てとれた。二〇一二年の選挙の前に〔地元の〕新聞が廃刊になった場合、同一日に行われる〔全国選挙と地方選挙の〕複数の選挙で選挙ごと別々の政党の投票先に入れる割合〔政党色に凝り固まっていない投票行動と理解される〕は下がり、地方選の投票は増えた。論文筆者らは、地元ニュースが全国ニュースに置き換わったことを要因として指摘した[23]〔地方選の投票が増えたといっても全国選・地方選とも同じ党に投票した人の割合が高くなっていることから、地元独自の争点を判断する情報が失われ、「民主党か共和党か」と単純化した全国政治ニュースに引っ張られた層が地方選投票を増やしただけとの見方による〕。

解決法は、ジャーナリズムの独立性を否定し、もっとイデオロギーあるコンテンツに差し替えることではない。そうではなく、みんなの利益に、より強固な民主主義の利益に奉仕するジャーナリズムを作り上げるため、報道職場と外界との壁を打ち破る多様な階級と背景の人々を採用することだ。様々な視座を持つ人々が一緒に作り出すジャーナリズムは、どんな人々であれその一部分だけで作れるものより優れている。

これはまさに、ウェブが大半のメディアの財政基盤に激震を与える前から、ニュースをより良くすることに関心ある人々が目指していたことだった。「もし、ジャーナリズムで働く人の構成を変えようとするなら、既に別の仕事をしている人たちを取り込み……階級の面で多様にするためのプログラムのようなものがなければならない」とゴンザレスは提唱した。[24] 最近では、より多様な人生経験を持つ人々をジャーナリズムに採用するこの考えが、ジャーナリズム教育においてさらに革新的な取り組みのいくつかを活発化させた。これはニューヨーク市立大学に二〇〇六年に設立された新しいジャーナリズムスクール、現在の同大学クレイグ・ニューマーク・ジャーナリズム大学院の、創立時の代表だったスティーブ・シェパードの中心的考えだった。そして『ウォール・ストリート・ジャーナル』元記者のロブ・スタイナーによりトロント大学マンク国際問題研究所で展開されたアイデア、「グローバル・ジャーナリズム研究員制度」の中心部分にある。スタイナーの考えは、他の分野で深い専門知を持つプロフェッショナルを引きつけ、ジャーナリストとして教育することで、作り出されるジャーナリズムの内容も専門性も高めていこうというものだ。

細分化されたメディアという方向は、市場にメディアが溢れかえる中で避けられないのではと思われるかもしれないが、こうした類の多元的なメディア作りを脅かすものだ。もしジャーナリストたちがこれに立ち向かおうとするなら、もっと多様な視座がある報道現場を作ることから始めなければならない。そのための最も有望な場所は地元だ。だがそれを実現するには、ジャーナリストたちはまず階級以前に、経験と特性がニュース作りにおいて果たす役割をよりよく理解し、受け入れることから始めなければならない。

これが、次に見ていくことだ。

多様性とジャーナリズムの独立性

報道職場において多様性にはどんな意味があるか。何がニュースで何がそうでないかを選び、誰に取材するかを選び、どんな声を探し求めるかを選び、どのように報道の枠組みを決めるかを選ぶ際、個人の背景はどんな役割を果たすか。大切なことだと口で言うだけでなく、これらが力となって実際に効果を発揮し、人々の背景や特色がニュースに満ちる報道職場を作ることだ。全員同じように考えることが想定されるようでは、報道職場の既存文化が固定化する。ニュースの作り方の幅を広げるため、自分たちの違いが大切にされれば、そうならない。

報道業界は、個人の特性と経験がジャーナリズムでの意思決定に影響するということをはっきりと受け止めて、多様性の考えを二〇世紀後半に正式に受け入れるようになった。この方向を最も広く示した動きは一九七八年、米国新聞編集者協会が、米国の新聞で働く有色人種の人々の数は、人口全体の比率を反映したものであるべきだと正式に表明した時だった。

四〇年以上を経て、この取り組みは失敗したとしかいいようがない。デービッド・H・ウィーバー、ラース・ウィルナット、G・クリーブランド・ウィルホイトが中心となった最良の学術調査「米国ジャーナリスト・プロジェクト」によれば、一九七一年に全メディアの報道部門で働いている人たちのわずか三・九%が黒人だった。二〇一三年までにこの数字はほとんど動かず四・一%だった。[25]

こうした数字の裏にはもっと複雑な経過があった。人事採用制度、メンター制度、文化の衝突、そして苛立ちの中で報道職場を去る有能な有色人種の人々。前進も、それに続く後退もあった。しかし経済的な激動の中で報道部門が縮小する中、またメディア環境がより政党色のある媒体へと細分化される中、報道の職場に階級、人種、民族、文化の多様性が欠けているという問題はただ悪化していった。

報道の職場を人種や民族の面でもっと多様にするという取り組みが失敗し、政治やイデオロギーの多様性の問題、つまり私たち人間の文化における別の面は大概無視された。この失敗はひるがえって今、ニュースと民主主義が直面するもう一つの根深い問題に繋がっている。米国人のほぼ半数、自分たちを保守派だと考える人々とジャーナリストとの信頼関係の崩壊だ。

米国の報道の職場は単に高齢、白人、男性による既存文化に傾いているだけではない。過去二世代にわたり、ますますリベラルになってきた。保守派の考えを持つ人が去っていったのが主な理由だ。人種的な多様化が進んでいないことを発見した同じ研究者たち、ウィルホイト、ウィルナット、ウィーバーは、政治属性においてはむしろ後退していることを発見した。過去二世代にわたり、保守派は地方の報道職場からいなくなっていった。一九七一年、米国のジャーナリストの二六％が自らを共和党支持とし、三六％が民主党支持、三三％が無党派としていた。二〇一三年、報道職場で働く人たちの七％だけが自らを共和党支持とし、四分の一への下落を示した。自分を民主党支持と述べたのは少し下がって二八％。無党派は五〇％に膨れ上がった。別の聞き方で、三九％は二〇一三年に自分を「左寄り」、四四％が「中道」、一三％だけが「右寄り」と説明した。[26]

報道職場内でイデオロギーの幅が狭くなった理由は、人種や民族の面で多様化できていない原因と同じだ。実務では締め切りの圧力の中で、ジャーナリストたちは個々人の背景から生まれる議論を大切にするのではなく、報道職場では全員同じように考えるはずだと思ってしまう。ただし政治的立場に関する場合、問題はもっと深刻だ。

報道部門幹部たちは、少なくとも理論上は、ある人のジェンダー、民族、地域、階級がその人のジャーナリズム的な意思決定を形作るということを認めるだろうが、政治指向は個人の独自性の中でも、危なくて手を出せない。政治と関係ないかのように装ったジャーナリズムの良心の論議に任せるほうが安全だったのだ。その結果、リベラルでエリート的、そして大半が白人という、報道職場の既存文化が存在することを認めることはまずできておらず、いわんやそれを理解することもない。

独立性という意味

事実確認の章〔第4章〕で述べたように、私たちが気付いていない無意識の偏りは、物事を正確に、包括的に、虚心坦懐に探究する上で、最大の脅威になる。そして、特性や背景がニュース作りにどう影響するのかは数字では示せないが、問題の解決法はそれでも明確だ。報道の職場にいて、そこでの意思決定に関わる人々の幅を広げることでのみ、私たちはニュースの幅を広げ、人々の公共広場を拡大できる。さらに、多様性の定義は人種、民族、ジェンダーなど分かりやすいものだけに切り縮められてはならない。例えば階級、文化、政治など微妙な背景に関わる問題も受け止めなければならない。そうでないと多様性の意味は限定、歪曲されたものになるだろう。

何より、私たちが個人の良心に関する章〔第10章〕で詳しく述べるように、多様性とは、報道職場の意思決定をもっと開かれたものにしようという議論を認めることでなければならない。その議論はお互い敬意を持ち、建設的に行われなければならない。これも困難な課題だ。だがそうしなければ、今の既存文化が別の同じようなものに置き換わるだけにとどまり、多様性を受け入れるという目的をそもそも失ってしまうおそれがある。

ここに、多様性、個人の独自性、ジャーナリズムの独立性を巡る別の問題が絡んでくる。民族やジェンダーや他の特性を、個人の独自性や専門性とどこまで同じように論じられるかという問題だ。個人的背景が重要なら、それが意味するものは何か。白人ジャーナリストであること、黒人ジャーナリストであること、男性あるいは女性ジャーナリストであること、それで全ては決まらない。黒人ジャーナリストだけが黒人の米国人を取材報道できる、あるいはそうあるべきだ、と考えるか。アジア系米国人はどうか、あるいはラティーノ、ユダヤ系、カトリックは。経験や背景が専門性をもたらすなら、個人の独自性も幅広さ、多彩さをもたらすものであり、限界を作るものではないと考えるにはどうすればいいのか。

「グループを代表するという考えに基づいて多様性を議論する場合、同じ人種、同じジェンダーの人は考え方が似通っているということになる。共通する人種差別、性差別の経験があるためというわけだ」と、黒人のビジネス経営者ピーター・ベルは主張した。「この主張は、個人の考えや信念が作られる際の、階級、教育、地域、家族、個人の心理、宗教の影響から目をそらすか軽視するか、あるいはその両方だと考える。……人種やジェンダーなど目に見える特性は……その代弁者としての役割を果たすことにはなる。私は雑な代弁という考え方を主張したい。……何でもいいが、ある問題について黒人の立場は何だろうか。答えはもちろん、そのような単一のものはない」[27]

多くのジャーナリストは、少数者グループに属するジャーナリストさえも、同じ疑念を持ったことがあるものだ。

同時に、個人の独自性や背景があることで、一人の記者としてどうやってニュースを力強く、前向きに、社会を変える力としてつかむか、が決まる。『ニューヨーク・タイムズ・マガジン』記者ニコル・ハナジョーンズは米国の人種間不平等について記事を書いている黒人女性で、自分がジャーナリズムに「ハマった」のは話を伝える力ゆえだと話す。「しかも、単に話を伝える力というだけでなく、自分自身の話を伝えることができ、自分が世界からどう見られるかの枠組みを他の人に決めさせず、その枠組みを自分で作れるという力もある。それで私はジャーナリストになった」。彼女は自分の高校の高校新聞に「アフリカの視座から《フロム・ジ・アフリカン・パースペクティブ》」というコラムを書いていた。「最初のころのコラムの中に、イエス・キリストは黒人だったか否かに関するものがあったと思う。そして言えるのは、私のさしあたっての調査では、彼が黒人だと証明はできないことが分かった。でも彼は金髪碧眼ではなかったことは間違いなく証明でき、だから私は成功と判断した」[28]

ハナジョーンズは客観性という言葉は使わなかったが、自分の仕事に求める基準として、高いレベルの根拠と透明性を持ち「細部まで行き届いた」歴史調査の在り方を挙げている（つまり、私たちの解釈による「客観性」の真の歴史学的な定義だ）。「私を突き動かすのは怒りだ」とハナジョーンズは言う。「私の書くものは、物事に対する考え方を変え、古い通念を変えようとするものだ」

メディアによってはハナジョーンズのその「怒り」も含めた動機を、怖いと受け止めるかも知れない。だがもし、この本で概説した原則である正確さ、知的独立性、市民に物事を知らせる忠誠心をジャーナリストとして持っているなら、話を伝えることで成り立つこうした活動も、ジャーナリズムの最良の伝統に——特に、ハナジョーンズが取り組む長文スタイルのジャーナリズムには——ぴったりと合う。彼女の背景、彼女の独自性が、力強くその仕事を動かす。

ビジネスマンのベルが言う、人種に基づく代弁という考えは過度に単純化しているという視点と、ハナジョーンズの、人種とは、変革を求める彼女の語りを支える本質的動機になっているという視点と、この二つの視点の間にある空間は、自分の独自性について、またそれがジャーナリズムに与える影響について、考えを展開できる広い領域になっている。

人それぞれの背景事情が、その人の仕事に専門性と熱情をもたらす。プロとしての訓練、倫理、そして責務もまた、仕事の指針になる。そして人種、ジェンダー、地域、階級は、個性の形成に関わるものではあっても、個性を全て決めてしまうものではない。さらにはもし、ある出来事を誰が取材するか決めるのに、単純に親や祖先の民族とか肌の色で選ぶなら、それは人種、民族に対する別のステレオタイプにもなり得る。ただ一つの黒人の視点とか、アジア人の視点とかがあるなどという考えを示すものだ。

雇用クオータ制と、「ポリティカル・コレクトネス」〔政治的に妥当であり、差別・偏見を避けること〕の新しい正統派主義を恐れる気持ちとの間に、どこかもっと可能性に富んだ場所がある。多様性のない報道職場では仕事がきちんと行われないという証拠は豊富にある。もしあなたの報道職場に、地元地域の大概を理解している人、何らかのつながりを持っている人が全くいなかったら、あなたは地元地域をしっかり取材報道することなど到底できない。多様性のない報道職場はほぼ間違いなく無知だ。ジャーナリストのクラレンス・ペイジはこう振り返る。「イリノイ州北部のある編集者は「マイノリティを報じることを」不要だと説明するため、自分の街にはマイノリティの住民など大していないと言った。私が知る事実として、彼の街には一七％のラティーノ住民がいるにもかかわらずだ――一七％だよ。……ウィスコンシン州の田舎のある編集者は、自分の地域にはいかなるマイノリティもいないと私に言った。彼の新聞社はインディアン居留地から道をちょっと行ったところにあるにもかかわらずだ[29]」

党派からの独立という考え方は、個人の経験からの影響は否定せず、しかしそれに支配もされず、ジャーナリズムを生み出す道があるということを示すものだ。鍵は、真実であることと、人々に物事を知らせることという、根本的なジャーナリズムの原則に忠誠を保てるかどうかだ。政治イデオロギーへの向き合い方と同じで、問題は中立性ではない、目的だ。ジャーナリズムとして党派から独立すべきであるということは、記者が物事を取材し、理解しようとする際に持ち込む文化や個人的な歴史の全てに先立つものとして求められる。ジャーナリストと呼ばれる人にどんな形容詞が付こうとも――仏教徒の、黒人の、障害がある、ゲイの、ラティーノの、ユダヤ系の、WASPの、さらにはリベラル派の、保守派の――説明を加えるのであり、制限し抑えるのではない。その人はジャーナリストであり、かつ仏教徒、黒人、WASP、保守派でもある。仏教徒が先でジャーナリストが後、にはならない。それにより、人種、民族、宗教、階級、イデオロギーの背景はジャーナリストの仕事に中身を与えるものとなり、しかし縛るものではない。

ジャーナリストは社会に貢献する。この在り方は冷淡なものではない。冷笑的でもない。無関係であろうとするものでもない。ジャーナリストの役割とは、人々への特別な種類の関わり方――物事を知らせること――に献身することであり、何かの側に立って、あるいは特定の政治的結論を目指して、運動家の役割を直接果たすのではない。こう言おう。ジャーナリズムは行動主義の一形態であって、しかし社会運動をするのではない。ジャーナリストは、リップマンが形容したようにサーチライトであり、みんなの利益に関係する物事に注意を呼び掛け、問題を記し、解決策になり得るものに注目を集め、社会的議論のテーマを形成する。しかしジャーナリズムは社会運動やプロパガンダとは異なる。ジャーナリストの目標は、市民としての問題を社会みんなで考えるようにすることだ。政治活動家や宣伝家の目標は、信じさせること――決まった政策や政治的結論を支持するよう、人々を得心させたり操作したりしようとすることだ。彼らは自ら舞台に上がり、チームの一員となり、スピーチ重点項目で武装し、党の戦略決定に縛られる。だがジャーナリストはニュースと発見と事実のための活動家であり、その目標は人々に気付いてもらうことだ。ジャーナリズムは

「関わりを持ちつつも独立している」のである。

新聞編集者、また教育者として活動したジル・セレンは市民ジャーナリズムの概念を早期に試みた。これはジャーナリストと地域社会の結びつきを取り戻すための発想を展開するものだ。セレンはまた、ジャーナリズムの独立性という原則を守るため、発行人らと闘った。最終的に、ニュースとビジネスの利害の分離を巡り、ナイト・リッダー系の新聞社を去った。

セレンは地域社会におけるジャーナリストの役割を「貢献する観察者」と説明した。彼の説明によると、ジャーナリストの必要とするものと、その仲間の市民たちの必要とするものとは、「お互いを頼りにする」関係にある。町に解決すべき重要な問題があり、地元機関が方針を探っていたなら、「この経過を長期的に、観察者として報じることが私たち〔ジャーナリスト〕の誓約していることだ」。問題を場当たり的に報じたり、つまらなそうだからと無視したりしてしまえば無責任になる。ジャーナリストはこの問題の解決に役立とうと献身すべきで、その方法は、責任ある記者としての役割を果たすことだとセレンは主張した。

そうなるとこの「観察者」という言葉は受け身的なものではない。中立でもない。結びつける人、分かりやすく言い換える人、背景を示す人、解釈する人、調査する人としての活動を示すものだ。私たちに言わせればこれは市民の行動主義の一形態だ。しかし、ジャーナリストと、それ以外の役割を地域で担う人、例えば政治運動家や闘争家などとを区別する言葉でもある。ジャーナリズムに携わる人々の重点は、掘り起こして知らせること、出来事や、人々の話、行動を正確に理解し伝えること――決まった政治的解決策や結論を受け入れるように人々を説き伏せたり操作したりすることではない。この違いによって、ジャーナリストは信頼度のより高い観察者――真実を虚心に受け止め、事実に忠実な者になる。

セレンの考え方は他のジャーナリストの言葉の中にも表れる。報道機関は共通の言葉と共通の理解を作り出す、すなわち地域社会に対してそのありようを示すとともに一つにまとめる接着剤になるという言葉だ。これが関わりを持ちながら独立でいるということで、ジャーナリストの役割として多くのジャーナリストが正しく理解している。米国の人種問題について、見えないものを見えるようにしたいというハナジョーンズの願いにも共通するものがある。

ジャーナリストは地域社会に、観察する人、分かりやすく言い換える人、結びつける人として関わるべきだという考えは、SNSの力を探る人々の著述にも示されている。こうした論者の中で最も力強い一人が、「エバーグレイ」〔ネットメディアの一つ〕をシアトルで創刊し、参加やコミュニティ、分断化についての本を書いているモニカ・グスマンだ。「だれもがニュース取材に参加できる世界では、情報を知らせ合うコミュニティを育てることもジャーナリズム活動になる」と彼女は書く。「そのためには、そういう場で使われる言葉を身につけるだけでなく、さらに発言者たちの輪に入り、その人たちを敬い、その人たちに感銘を与える良い方法をも身につける必要がある」[30]。グスマンはその上で、コミュニティはジャーナリズムの目的のための手段ではないと主張する。それこそがジャーナリズムの目的だと。

「ジャーナリストは情報を提供するだけでなく、人々に集まるよう呼びかける役割も担っている」とグスマンは説明する。現代でこれをするとなると、ジャーナリストは「人々が集まって生産的になれるような文脈を作るという、繊細な芸術に秀でている」必要があるという。その意味では、「自分と、自分が貢献するコミュニティとの仕事の上での関係性も、さらにそのコミュニティのメンバー同士の関係性も、育み強める方法を知っていなければならない」というのである。

グスマンが説明したことはジャーナリズムの役割の本質部分だ。ジャーナリストは常に人が集まってくるよう呼びかけ、人の話を紹介し、耳を傾け、分かりやすい言い換えをしてきた。それが、新聞やテレビニュースというものだった――そしてそこには紙面や放送時間の限界があった。今、同じことをするのでもジャーナリストたちに寄せられる情報はぐんと増え、結果をより早く双方向的に反映でき（例えば読者から編集長への手紙を紙面に載せるよりも）、「製品」の形態は一つに限らない。

しかしグスマンは、双方向的やりとりであれば何でも同じわけではないと指摘する。「ナマの会話をしながら自分のことをよく分かってもらうのに、人間が身につけている機能を一〇〇％利用できる環境はたった一つだ。対面のやりとりしかない。他のビデオチャット、電話、ＳＮＳのスレッド、ショートメールなどの会話プラットフォームは全て、人々の話したり聞いたりする本来の力をそぐ」

目まぐるしく緊急感のあるデジタル環境の中、ジャーナリストにとって、人々の相互理解を促すのはさらに難しくなっている。人々のやりとりをどんな仕組みで行うかをジャーナリストが考える際は、このことを考えに入れなければならないとグスマンは付け加える。特に、広がりの大きさと影響の深さのどちらを重視するか決める際にはそうだという。

「そう、フェイスブックやツイッターなど、同時性〔ライブでのやりとりなど〕がなく文字列ベースのプラットフォームで、顔も身振りもなく、常時献身的な参加は求められないところで人を集めれば、より多くの人に接触できる」とグスマンは言った。「しかし、これらの人々同士は、どれほど良い知り合い方ができるだろうか」

ウェブがジャーナリズムに影響を与え始めたころ、つながりを活かした新ジャーナリズムを作るため、コミュニティの声を革新的な手法で用いたといえば、アンディ・カービンの右に出る者はいないだろう。二〇一一年に「アラブの春」が始まったとき、カービンはNPR〔米公共ラジオ〕のSNS戦略担当だった。彼はすぐ、カイロのタハリール広場ほかの現場にいる人々がツイッター投稿した情報を注視し始め、複数を突き合わせて確認し、重要なものを選んで再投稿するとともに、その同じ人々に対し、他の投稿の事実確認を手伝ってくれるよう頼んだ。情報発信者の中には彼が知っている人もいた。そうでない人についてはチェックを行った。カービンはこの情報集積と整理を、熟慮と透明性を保って行い、彼のツイッター @acarvin は、他ではなかなか見つからない、信用できる本物の情報が次々に増えていく一種の通信社になった。グスマンの言い方を借りれば「カービンは無秩序なおしゃべりを知恵の集積に変え、その知恵を、最も必要としている人々に直ちに送った。この全てを、従来型ニュース記事を一本も書くことなく行ったのだ」。

日々、ジャーナリストがよりよい貢献を目指してコミュニティにつながり、同時に信頼できる立場を維持するため独立性も保つという、新たな例がある。『ガーディアン』が信念を見せるオープンジャーナリズムがその一つで、コミュニティがニュース取材の過程に加わるものだ。私たちはジャーナリズムについて、コミュニティからは経験と多様性と情報機器の力と、ジャーナリストからは訓練されたスキルや情報収集網、先入観なく物事を調べる規律を持ち寄り、その協働作業により知識を集め整理するものだと訴えてきたが、オープンジャーナリズムはその考えに近づいた最初かもしれない。今は、他でも行われている。

当時の『ガーディアン』編集長、アラン・ラスブリッジャーはこのやり方には一〇の重点的考えがあると述べる。

- 人々の参加を促す。

- 反応が鈍い（ジャーナリストが人々にとって）ものでない、つまり止まったような製品ではない。
- 人々に、制作前のプロセスに入ってもらう。
- 関心を軸にしたコミュニティを形成する。
- ウェブに開かれ、リンクし、協働する。
- 集積し、取りまとめる。
- ジャーナリストたちが唯一の権威ある発言者ではないことを認識する。
- 多様性を実現し、それを反映したものにする。
- 発信はプロセスの出発点であり、終着点ではない。
- 異議、訂正、追加説明を嫌がらない。

南カリフォルニアのKPCC〔公共ラジオ〕では幹部が音頭を取って、報道プロセスの最初から最後まで地域の関わりを重視する方向に舵を切った。局員らは自らを地域社会の「ヘルプデスク」とまで呼び、一例を挙げればコロナ禍の困りごとを巡り地元住民から四〇〇〇超の質問を受け、うち三九〇〇超には局員から答え、この過程で得られたことは報道全体の優先順位に反映された。地域社会からの疑問を重視する姿勢は個々人による報道の場面にも生かされ、早期教育担当記者マリアナ・デールは五歳までの子どもたちの教育に関わる様々な関係者に話を聞き、その人たちが気にかかっていると言う内容やその人たちの情報入手の仕方に合わせて担当分野の報じ方を変えた。地域との関わりを増すKPCCの手法を並べるだけで一つの章が埋まるかもしれないが、重要なところは、多様性を持つ地域社会から記者たちの課題が生まれ、そしてジャーナリストたちは今なお、先入観なき追究によってジャーナリズムを作り出しているということだ。[31]

グスマン、カービン、『ガーディアン』、KPCC、先述した『ワシントン・ポスト』のファレントホルドの仕事はいずれも、新しい協働のジャーナリズムを実際にやってみせている。情報をまとめ上げ、傾聴し、地域と情報機器のネットワークが持つ強みを知る、そうやって生み出すジャーナリズムだ。全体として、ジャーナリストたちの仕事の方法が力強く変わっていることを表す。しかしまた、ジャーナリズムに必要とされてきた要素を否定するのではなく、むしろ支持している。つまりジャーナリズムに人々が求める原則は変わっていない、変わったのはネット時代にその原則を実現する方法だとの考えを強く示すものだ。

このように、信頼できるジャーナリストはその特質としてつながる力と観察する力とがあるという新しい考え方があり、それはジャーナリズムが市民の社会参加の一形態となる道をはっきりと示すものでもある。しかしこれには正確性への献身が求められ、他のタイプの行動主義とは区別される。このことは、ジャーナリズムを作り出してはいるがその職場自体はジャーナリズムの場ではないという人々にも当てはまる。言葉を分かりやすく言い換え、観察し、コミュニケーションをとる仕事を、シンクタンクや、社会活動の特定利害グループ〔特定のテーマを話し合ったりロビー活動したりするグループ〕、企業の職場で担っている人々も、これらの責務からは離れられない。お金をどこからもらっているかとは別の問題だ。この人たちも〔従来のジャーナリストと〕同じレベルの透明性を保ち、正確性と事実確認に尽くそうと願わない場合、その仕事は信用も権威も失うだろう。二一世紀においてジャーナリズムの独立は、論説ジャーナリストがいつもそうであったように、知性に関するものだ。この意味で私たちは、ジャーナリズムを生み出す上では独立性は核心となると考える。そのジャーナリズムがどこで生み出されるかとかかわりなく、である。

先入観を検出するテクニック

ポール・テイラーの仮定テスト

ジャーナリストの中には、こうした社会参加にあたり必要な知的独立を保てているか検査するテクニックを全く個人的に開発した人もいる。『フィラデルフィア・インクワイアラー』と『ワシントン・ポスト』の元政治担当チーフで、その後ピュー・リサーチセンターで社会・階層プロジェクトを創設したポール・テイラーは、ジャーナリスト時代には自分自身をチェックするためビフォー・アフター法を用いた。多くの取材と調査を要するテーマを担当することになったとき、テイラーは情報収集を始める前にまずリード〔記事の重点を概説する第一段落〕を書く――取材で分かるであろうことの事実上の仮説だ。言い方を変えれば彼は哲学者トマス・ネーゲルのいう、出来事に関する自分の「当初の見方」、すなわち自分の出発点を書くわけである。仕事が一通り終わると、彼は取材を始めたときに書いたことを見る。もし〔取材後書いた記事のリードと比べて〕二つのリードが似すぎていたら、あまり発見ができなかったと悟ることになる――十分取材しなかった、人に十分話を聞かなかった、そして単に自分の先入観を字にしただけだったのではないかということになる。

テイラーのテクニックはそれ自体シンプルなものだが、独立な立場になるプロセスとして、自己を否定するのでなく、自分のそもそもの視点を把握する第一歩になる。ジャーナリストは先入観からスタートするということが暗黙のうちに分かる。仮説、推定で作ったリードはおそらく、何が取材で分かるかについての推測を記者と編集者が話し合ったことから生まれている。記者と編集者の経験と視野がかかえていたどのような限界――文化の面、知識の面、あるいは階級や人種による

――も、最初に予測したことの中に示され、反映しているのではなかろうか。もし取材後、あなたがそこから先に進んでいなかったら、あなたはいったい何をしていたのか。

テイラーのやり方には有益な考え方が組み込まれている。当初の見方が個人的な偏りの影響を受けていたことは否定せず、過去はそうだったと記憶に残す。そうすることで、これにはとらわれないと確信できる。

ジャーナリストが出来事に対する当初の考えを乗り越えるため、使えるテクニックは他にもある。アマンダ・リプリーの、対立を単純化せず複雑にするという考えや、第4章で紹介した、ニュースをより正確にするためジャーナリストたちが問う質問もこのことに十分使える。

他にも、役立つ概念がある。

チームワーク

アリゾナの編集者キム・ブイは、記事の中でも特に、多くの異なる視点を理解し、深く感情移入することが求められるものは「常に一人が担当するのはよくない」と記す。記者のチームでやることにより、記事を批判的に評価し、偏りをチェックし、自分たちの考えの限界を乗り越えやすくなる。『ボストン・グローブ』はこの考えを用いて、ボストン郊外の問題多発地区で数か月過ごす「68ブロックス」という連載をまとめた。「色々な人がいるので正直になれた」と、同プロジェクトの記者の一人アンドルー・ライアンは話した。チームでやるメリットは現場取材以外にもある。NPRの「コード・スイッチ」チームは音声とデジタル報道を組み合わせて人種問題を報じているが、企画会議を幅広いメンバーで行い、そこでジャーナリストたちは自分たちのアイデアを研ぎ澄まし、それらをどう報じるかのアイデアを得る。[32]

レッテルを避けよう――「メタ知覚」の引き金に

ジャーナリズムで用いる短い定型句の多くは、今や人の気持ちに沿わない。「民主党支持者は〜と言う」「共和党支持者は〜と言う」のようなレッテルは単純化、矛盾隠し、ステレオタイプを招く印象を与える。今や、例えば有権者の三分の一は自分をどの政党の支持者とも考えていない。ありがちな言葉は物事を単純化する以上に、神経科学者がいう「メタ知覚《パーセプション》」を引き起こす。これは、他の人は自分をこう見ているのだと、大体は良くない方向で考えることだ。例えばヒラリー・クリントンが二〇一六年、トランプ支持者の半分は「かご一杯に入った嘆かわしい人たち」と形容したとき、彼女はあるメタ知覚――彼女のようなリベラル派エリートはトランプ支持者を、自分たちより知性も道徳心も低いと見下している――が正しいと認めていたことになる、というような具合だ。

ステレオタイプやレッテル貼りを通じ、ジャーナリストはメタ知覚を固め、分極化を強めることがあり、しかもそれに気付いていない場合も多い。しかしその恐れがずっと大きいのは、よく知らないグループやコミュニティについて語っているときだと指摘しておこう。つまりジャーナリストたち自身も浅い理解で納得し、ステレオタイプに陥りやすいときだ。だからあなたがニュースの中で何かにレッテルを貼る場合、振り返ってチェックしてほしい。そのレッテルが暗に示すものは考えたか。その言葉の文脈の中にいる誰かが、どんな反応を示すか分かるか。あなたはその短い言い回しを、よく分からずに使っていないか。その言い回しは正確なのか。誰かのことを説明するときには、細筆で描くように正確に捉えてみよう、太い平筆を使うのではなく。

結局、何かに個人的に関わったり、知的活動として参加したりするのを厳禁しても、ジャーナリストが政治やその他の党派から独立であることの保証はできない。ジャーナリストを政党色から隔てるのは、優れた判断、事実確認のプロフェッショナルな規律、そして、自分たちは物事を知らせるため働くのであり、特定の政治的成果を求め闘うのではないという原則の遵守だ。意見を持つことは許され、かつ自然なことであり、それだけでなく透明性を保ち客観的に取材報道をするプロセスや方法の第一歩ともなろう。さらに、一つの見解に到達するジャーナリズム、例えば調査報道、解説報道、論説ジャーナリズムなどは、報道の最高の形であることも多い。適切に取り組まれた場合、取材が完璧なものとなり、そのためジャーナリストはつかんだ事実から結論まで下せることにもなる。報道を文脈のまま提示するにとどまらないのだ。しかしこのプロセスを経て到達した見解をジャーナリズムで使うのなら、その見解は個人の意見でなく、内実ある根拠に支えられていなければならず、ジャーナリストはそのことを理解する賢明さ、誠実さが必要だ。自分の「当初の見方」が、それを正当化するように組んでおいた取材により支えられた、ということは許されない。それは追究ではない。主張だ。

ジャーナリズムは出来事に対する人の理解を深め、それによりコミュニティ内の他の人々をより良く理解できるようにする営みだ。しかしその目標は物事を知らせることで、決まった政治的結論を支持させようと説き伏せることではない。議会で議員団メンバーがやるように、あるいは会合でお追従を言う人のように、党の重要発言項目をオウム返しすることでもない。先入観にとらわれず追究し、耳を傾け、学び、理解し、わかりやすく言い換え、伝える技術を身につけているからこそ価値がある専門職であり、技巧であり、芸術なのである。この発見のプロセスに支障をきたせば結局、人々への忠誠に反することになる。哲学者のネーゲルが説明したように、自分の当初の見方や立場を乗り越え、他の人の見方を学び、そうして市民自身がニュースの新たな事実に出会って「世界との関係の中で」自分の意見を持てるようにする。これが起こるとき、私たちは必然的に、当初考えていたことの何かを覆す、不都合な事実を発見する。

　この独立性が大切なことは、次に見るジャーナリズムの特別な責務、監視犬《ウォッチドッグ》としての役割を考える時、ますます明確になる。

第6章

力ある者を監視し、力なき者の声となれ

一九六四年、ピュリツァー賞は報道賞に新部門を設け、『フィラデルフィア・ブレティン』を選んだ。受賞したのは、フィラデルフィア市において、数字を用いる賭博つまり一種の違法くじを、警察署を根城に行っていた警察官たちを暴いた報道だった。一九六〇〜七〇年代、米国各地の都市で警察の腐敗を探り出した新たな潮流が生まれたが、この報道はその先駆けの役割を果たした。この受賞にはもう一つ重要な意味があった。主要活字メディアが正式に、米ジャーナリズムの新時代到来を認めたことを歴史に刻むものとなったことだ。

ピュリツァー賞のこの新しい部門は「調査報道」と呼ばれた。コロンビア大学の主催のもとピュリツァー賞を運営する全米の新聞社幹部は、旧部門「ローカル報道」はもう特段目立たせる必要はないと判断し、代わってこの部門を設置した。[1] 報道機関が担う役割として、活動者、改革者、暴露者であることを新たに重視したのだ。

ジャーナリズムの主要幹部たちはその時期、新世代のジャーナリストたちがある種の仕事への取り組みを広げていることに気付いていた。ポートランドのウォレス・ターナーやウィリアム・ランバート、シカゴのジョージ・ブリスが、腐敗を追及し暴く伝統——第二次世界大戦中や戦争直後にはほとんど失われていた——を復活させつつあった。戦中は、スクリプス・ハワード通信社記者のアーニー・パイルのように、物語を紡ぐ人が注目された。連合軍の英雄魂、不屈の英国民、純真でいて根性ある米兵を描いた記者だ。一九六四年以後、それが変わってきた。ピュリツァー賞に調査報道部門が設置されて八年後、『ワシントン・ポスト』のボブ・ウッドワードとカール・バーンスタインが、ニクソン政権のホワイトハウスで起きたウォーターゲート事件解明の一翼を担ったとき、調査報道は突然注目を浴び、社会のお墨付きを得て、この職業のイメージを新たにした。

ジャーナリズムの全てが変わり、特にワシントンのジャーナリズムが変わった。当時『ニューヨーク・タイムズ』編集主幹だったA・M・ローゼンタールは『ワシントン・ポスト』がウォーターゲート報道で独走することに耐えられず、自紙のワシントン支局に組織変更を命じて調査報道班を正式に設置した。ローゼンタールが編集主幹でいる間、ワシントン支局長の座にいられるか否かは支局調査報道班の強さにかかっていた。CBSニュースは独自の調査報道番組『60ミニッツ』を開始し、ネットワークテレビ局で最も成功したニュース番組となった。ローカルテレビニュースも後に続き、すぐにそれぞれ独自の調査報道《インベスティゲーティブ》チーム――〔頭文字を取り〕「Iチーム」ともいう――が多数生まれた。

旧世代からは不平も出た。調査報道とは、優れた報道を格好付けて言っているにすぎないという苦言だ。結局全ての報道は調査によるものだというわけだ。そこまで言うのは単純化しすぎではあるものの――調査報道は他の仕事と多くの点で質的に異なる――ある意味ではその批判は正しい。ピュリツァー賞委員会が一九六四年に正式に認知したことは、実際のところ、二〇〇年以上にわたり発展してきたものなのだ。

現在、新世代の調査報道記者が活躍し、調査報道とされる範囲も拡大し、調査報道は発展している。『マイアミ・ヘラルド』のジュリー・K・ブラウン、AP通信のロン・ニクソン、ニューヨーク大学「アド・オブザーバー」――フェイスブックが特定階層をターゲットに政治広告を流した問題を調べた――のジェレミー・B・メリル、「MLK50」のウェンディ・トーマスら調査報道記者・編集者の仕事は、ジャーナリストが今日の世界で力の濫用を暴く難業に取り組んだ実例だ。

調査報道は、最初期の定期刊行物の中に、最初期の報道の自由と憲法修正一条の考えの中に、職業史を貫くジャーナリストたちの思いの中に、その根を堅く張っている。この根は強く、一つの本源的な原則を形作る。

ジャーナリストは力ある者に対し、独立した監視役を務めなければならない。

この原則はジャーナリストにさえよく誤解され、「安楽の中にある人に苦しみを与える」の意味と思われている。そしてこの監視犬の原則は、現代のジャーナリズムにおいて危機に瀕している。監視犬の原則があまりにしょっちゅう持ち出され、一方で人々に貢献するよりも読者・視聴者の受けを狙うだけのニセ監視犬的な仕事が行われているからだ。また、政界人が政治上のライバルを貶め攻撃するための調査を仕掛け、それを調査報道だといって公表するようなことがあれば、この原則はやはりぼやけてしまう。こうした行為は、知らせるためではなく説き伏せるためという最悪の目的で情報を発することにほかならず、政治的な喧嘩でありジャーナリズムではない。

しかし調査報道が正しい形で行われれば、ジャーナリズムという事業の特別ジャンルとなり、独立した追究の原則と社会問題に対する問題提起が合わさり、ジャーナリズムが人々に貢献する最良の形になる。

一七世紀初めに欧州で定期刊行物が初めて生まれた時、既にその役割は調査と見られていた。ピューリタン革命期、英国の報道の自由が生まれそうになると、定期刊行物はすぐに、自分たちは何が起きているかを調査する、そして読者に知らせると約束し始めた。一六四三年に刊行を開始した『パーラメント・スカウト』は「ジャーナリズムにおける新しい何かを提案した――ニュースを探り、発見する取り組みが必要だというのだ」[2]。翌年にはその名も『スパイ』という出版物が、「この王国の洗練された駆け引きに埋もれた、日常化した欺瞞を明らかにする。そのため我々は覆面取材を要する」と読者に宣言した。

これら初期における調査の取り組みは、報道機関が憲法で自由を保障される理由の一つになった。『パーラメント・スカウト』や『スパイ』のような定期刊行物は政府の行為の透明性を初めて高めた。こうした刊行物は報道機関がのちに第四階級と呼ばれる立場を目指す志を刻み、政府のすることは誰もが知ることができなければならない、特権階級だけが知るのではいけないと、公然と訴えた。報道媒体が生まれるまで、政府内部で行われていることはまずは限られたエリート、つまり国の仕事をしている人や、政府事務部門に直接の関係を持つ人だけが知ることだった。一般市民が自分たちの統治者について知る情報は主に、事実に基づかない噂話か、政府の正式通知によるものだった。それが突然、新しい定期刊行物が、権力者の知らせたい情報のお触れ書きやそれを配る町役人とは全く違うものとして、政府の実際にやっていることを人々に伝えようとしたのだ。政府はたびたびこれら初期の印刷業者を取り締まった。これは世界中でしばしば起きることになる。だが、刊行する側は最初期の原則の一つとして調査報道を打ち立て、これによりジャーナリズムは他の公衆コミュニケーション手段とは別のものになった。ジャーナリズムを、バージニア権利章典でのジョージ・メイソンの言葉でいう「自由権の防護壁」としたのは、この監視犬という役割だ。これは、英国の名誉毀損法にジョン・ピーター・ゼンガーが立ち向かった裁判で、真実が報道機関にとって究極の防御となったのと並ぶものだ。

これら初期の取り組みはたびたび妨げられた。英政府は議会討論中にメモを取ることを禁じた。人々は話された内容を覚えて、外に走り出して記憶から引っ張り出したり、表現を変えたりしなければならず、そのようにして出来事が紙に印刷された。こんな初期のジャーナリストたちは「ニュース売人」と言い捨てられ、歴史家は初期の議会報道を不正直で腐敗していたことが多いと振り返る。しかし透明性を求める本能と、この人たちが体現していた監視犬の機能は、いかに粗野であっても時代に持ちこたえ、最終的に勝つことが明らかになる。[3]

それからの年月は、報道保護論と政府機関とがぶつかることが増えた。その中で最高裁判所が米社会における報道の役割の大切さを再確認する根拠として繰り返し挙げたのが、この監視犬としての役割だった。「ニアー対ミネソタ州」裁判で、政府による発行制限はどんな刊行物に対しても、その報道が「米合衆国に対する重大かつ緊急の危険」を与える場合を除き認められないとしたのを始まりとして、最高裁は、みんなの幸福に関する情報を人々が必要とするなら、これをジャーナリストが攻撃的な手法で実現できるよう、法による安全地帯を築き上げてきた。[4]米独立革命から二〇〇年の年月を経て、最高裁判事ヒューゴ・ブラックは監視犬としての報道の責任をなお重視してこう書いた。「報道機関は、政府の秘密を暴露し、人々に物事を知らせることができるよう、守られたのである。自由で縛られない報道だけが、政府の嘘をしっかりと明らかにできる」。[5]一九六〇〜七〇年代、報道機関は州議会、連邦議会の支えを受けて情報自由法やいわゆるサンシャイン法〔様々な情報開示を定めた諸法律〕に基づく情報入手手段を拡大し、政府の文書や行為の多くを人々が知ることができるようになった。

二一世紀になって──特にジョージ・W・ブッシュ政権期、そしてそれを悪化させたのがバラク・オバマ政権とドナルド・トランプ政権──政府の情報を人々から隠し、それを報じる報道機関の取り組みを犯罪にまでするという前代未聞の動きが打ち出された。トランプ政権によって保守的判事が連邦裁判所に新たに増えた中、裁判所がそうした政権の動きにどう対応するかはまだはっきりしない。

監視犬の原則は単に政府を見張るだけにとどまらない。社会で力を持つ組織、政府系、非政府系、営利団体、人々の生活に影響する役割を担う全てのものに及ぶ。今はもちろん、プラットフォーマー企業──時にはジャーナリズムを支援するとの姿勢を示し、助成金などジャーナリズム機関と金銭的パートナーになる仕組みを創設している──も含まれる。そしてこのような諸組織に対する見張りは古くから行われていた。『スパイ』が「この王国の洗練された駆け引きに埋もれた欺瞞」を明らかにするため「覆面取材」を行ったように、一九世紀のジャーナリスト、ヘンリー・メイヒューは同じ王国の名も無い人々の苦難を記録するため、街に出つづけた。メイヒューはビクトリア期のロンドンを歩き回り、街頭にいる人たちの生活をロンドンの『モーニング・クロニクル』に書いた。[6] そうすることで、クレソン売りの少女や煙突掃除人に一人の人としての顔、声、願望の言葉を与えた。彼はこの人たちの人間らしさを、普段は彼らに目もくれず通り過ぎる人々に知らせたのだ。

最初期のジャーナリストたちは顧みられない声と暴かれない不正を探し、社会の気付かれない片隅をよく調べる責任を、自分たちの重要原則として堅く打ち立てた。彼らが記録した世界は、情報がまるで足りない社会において想像力に突き刺さり、すぐに情熱的なファンが多数生まれた。

二〇世紀末、九割近いジャーナリストが、報道は「政治指導者がすべきでないことをしないよう防いでいる」と考えている。ジャーナリストが自らの職業について、他類型のコミュニケーションとどこが違うかを答えた中で、この監視犬の役割は二位、人々に物事を知らせるという答えの次だった。[7]報道機関への信頼が下がっていても、監視犬の役割はジャーナリズムの取り組みの中で、人々の支持を得やすい数少ない要素だ。ナイト財団とギャラップの二〇二〇年調査では、公共部門やビジネスの組織と首脳に責任を取らせることは重大またはとても大切と米国人の八五％が感じており、この水準は二〇年間基本的に変わっていない。[8]

デジタル激動が拡大する中でも報道機関は、その監視犬としての責務がいかに金を食おうが、放棄してはならないものと考えた。新聞チェーンのマクラッチーは破産手続きを取る直前、投資家ジェフリー・エプスタインが性犯罪により八〇人超の被害者を出し、世界中の富豪や権力者と交遊していたという恐ろしい問題を明らかにするため、記者ジュリー・ブラウンの全面支援と訴訟費用一〇万ドル〔一四〇〇万円〕以上の支出を決めた。ジャーナリズムの経済モデルが広告に代わって消費者からの収入、たとえば会員制、寄付、有料購読の形になる中、調査報道は利益に資するものとして一層評価しやすくなった。アメリカ・プレス研究所はどんなコンテンツが読者・視聴者との関係を強めるかを分析するソフトウェアを構築し、そのデータによると深く掘り下げた調査報道は読者のブランド愛強化だけでなく、有料購読者となってもらうこととの関係も示されている。

調査報道には金がかかる。デューク大学でメディア研究を専門とした後、現在はスタンフォード大学にいる経済学者ジェームズ・ハミルトンは、ノースカロライナ州ローリーの『ニューズ・アンド・オブザーバー』が手掛けた調査報道のコストを分析した。保護観察制度についての調査報道シリーズのため、同紙は時間やその他の資源の合計で二一万六〇〇〇ドル〔三〇二四万円〕を費やしたと結論づけた。しかし、こうしたシリーズ報道の目に見えない利益という面を見てみると、『ニューズ・アンド・オブザーバー』の報道によって、より効果の大きい保護観察制度ができたというだけではなく、人の命も救われている。[9]
ハミルトンは、この報道の後一年で、地区の保護観察の運用方針変更による「純益」が六二一〇万ドル〔約八七億円〕に上ったと推計した。これは、新しい保護観察運用方針を導入する費用（一一七〇万ドル〔約一六億円〕）を差し引いた後の額である。[10]ハミルトンはこう表現する。「新聞が調査報道に投資すれば、公共政策の変更をもたらし、それにより投資一ドルあたり何百ドルもの利益を社会に対して生み出す。出すのに何千ドルもかかる記事なら、地域社会全体に何百万ドルもの利益を提供し得る」[11]
ジャーナリストや社会の人々がその価値を固く信じ、研究ではジャーナリズムの収支にも地域社会の健全さにも役立つことが示されながら、調査報道の数は少ない。一九五〇年代から二〇〇〇年代初頭を対象とした研究で、研究者のキャサリン・フィンクとマイケル・シュドソンは『ミルウォーキー・ジャーナル・センティネル』、『ニューヨーク・タイムズ』、『ワシントン・ポスト』の一面記事の三％以上を調査報道記事が占めたことはなかったことを発見した（この比率が最も高かったのは一九九一年だった）。[12]同じように、ローカルテレビでは独自の調査報道はニュース報道の約一％にあたり、これが市民や政治をめぐる制度に関わるものだとさらに少なくなることが、私たちが「ジャーナリズムの真髄プロジェクト」で行った複数年にわたる報道内容調査で判明している。[13]
ジャーナリストたちがこの価値を固く信じていても、監視犬の原則は誤解されることが多い。一九世紀から二〇世紀にかけての時期、シカゴのジャーナリストでユーモア作家のフィンリー・ピーター・ダンは監視犬の原則の意味を「苦しみの中にある人に安楽を、安楽の中にある人に苦しみを与える」と言い換えてみせた。[14]ダンは半分冗談で、この発言は風刺だったのだが、格言として残った。例えば二〇〇〇年、ミネソタ大学バスケットボールチームの不正問題をセントポールの『パイオニア・プレス』が暴いてピュリツァー賞を受賞した日、スピーチで同紙の運動部長が、自分の上司はこの言葉を使うのが好きだと述べている[15]。

報道は安楽の中にある人に苦しみを与え、苦しみの中にある人に安楽を与えるためにあるという考えは、残念なことに監視犬の役割をはき違えており、またリベラル派、進歩派寄りの印象を与えている。監視犬の概念は、**苦しめる**とか**安楽にする**とかの言葉が表す意味より深く、繊細なものだ。より適切な意味は、歴史が示すように、社会の大勢の人々の立場に立って少数の有力者を監視し、専制に立ち向かい、人々を守るというものだ。人々は有力者に責任を取らせるという考え方に、監視犬という比喩よりも強い反応を示してもいる。監視犬の比喩は人々に理解されていないのかもしれない。アメリカ・プレス研究所とAP通信、国内世論調査センターのデータでは、米国人は「有力者に責任を取らせる」という考えへの支持が、報道が「監視犬として行動する」べきだというものより二〇ポイント高い（それぞれ七四%、五四%が、極めて大切またはとても大切と考えている）[16]。

有力者に責任を取らせる目的には、単にその力の運用や行使の仕方を透明にするのみならず、その力がどういう結果を出しているか知らせ、分かるようにするということがある。となると論理的には報道機関は、力ある団体がうまくいっていないかだけでなく、どこでは的確に機能しているかも分かっているべきだということになる。もし報道機関が有力者の失敗だけでなく成功も描き出すのでなければ、報道は有力者を見張っているとどうして言えようか。批判ばかり続けばその意味は損なわれ、人々は善悪を区別する根拠を失う。

バッハのフーガの主題のように、調査報道はジャーナリズムの歴史の中で盛んだったことも衰えたこともあるが、決して消えることはなかった。そして米国史で最も記憶すべき、そして重要な時代のいくつかを刻んでいる。

●植民地時代の米国で、報道機関は自分たちを、本国政府が米国発展のエネルギーを奪おうとする中で苦しむ人々の擁護者と位置付けた。ジェームズ・フランクリンの『ニュー・イングランド・クーラント』は政府機関、宗教機関の両方に対する監視犬の役割を確立し、植民地には地元版『スパイ』紙が生まれた。それがイザヤ・トーマスの『マサチューセッツ・スパイ』で、敵側と不正取引をしていた人々を暴いた。

●独立革命運動系の報道機関は建国系報道機関にその座を譲り、こちらでは政府の形態や性格が報じられた。連邦派と反連邦派はそれぞれ自派の新聞を創刊し、新国家建設の基礎となる根本原則を巡って社会的議論に資する情報を提供し、議論を促進した。この党派的新聞の最も重要な役割の一つは、対立政党に対する監視犬として貢献することで、調査と暴露のやり方は時に非常にどぎつく、政府はその仕事を法で規制しようとしたが、限定的な成果しか出せなかった。[17]

●南北戦争を受け、ジャーナリズムはなお続く罪に光を当て始めた。一八六二年、ミシシッピー州で奴隷として生まれたアイダ・B・ウェルズは奴隷解放宣言で自由を得て教師になり、そして人種差別について記し全国に知られるジャーナリストとなった。ジャーナリズムの記念碑となるような彼女の貢献は、リンチとそのパターンについての調査報道――白人が圧倒的な立場にある新聞には出そうもないもの――で、三人の友人が白人の不良グループにリンチを受けた後に始まった。調査報道を通じ、ウェルズは黒人の米国人たちのための正義を前進させ、恐ろしい犯罪を明らかにしようという気持ちにおいて、個人的体験が大切であることを、それがたとえ悲劇的なものであれ、示す実例を作った。[18]

•同時に他の新しいジャーナリストたちはこうした調査に取り組むための諸手法を試し、それらを、別の検証を受けていない機関を調べるため用いた。潜入取材による調査報道の著名な初期の例として、ネリー・ブライはブラックウェル島の女子精神科病院に入るため精神疾患を装った。そこで彼女はとんでもない環境、女性への虐待を明らかにし、シリーズ記事として記録し、後に本にし、精神科病院を改革へ追い込んだ。[19]

•二〇世紀の始まりまでには「マックレーカーズ（肥やしをあさる野郎ども）」の異名を取った新世代ジャーナリストたちが、地区、州、連邦の各レベルで改革の声を伝えた。児童労働による子ども虐待から都市の集票マシン、鉄道や石油のトラストまで幅広い有力者の腐敗を詳細に調査して暴露し、国政では進歩主義改革の運動につながった。

•新しく生まれた非営利ジャーナリズムの取り組みが、センター・フォー・パブリック・インテグリティ（社会健全性センター、CPI）やその関連団体の国際調査報道ジャーナリスト連合（ICIJ）などの組織で開花する中、最も成功したものとして年一〇〇〇万ドル〔一四億円〕の予算を持つ調査報道専門団体がある。それが「プロパブリカ」で、『ウォール・ストリート・ジャーナル』編集者のポール・スタイガーやリチャード・トフェルが立ち上げた組織だ。ここに、現実の力強さが示されている。この程度の規模では主要巨大都市の全面取材は難しいかもしれないが、報道の俊英をここまで集めれば、全国の提携報道機関の調査報道力を強化し拡張できる。報道機関自体の規模は縮小しようとも、調査する力は今なおここに存在していることを忘れるなと、有力者たちに警告を発するものとなる。

調査報道の実務は成熟し、形式がいくつか発達してきた。現在、主に三つの形式が見いだされる。

独自調査報道、解釈型調査報道、そして調査・捜査を伝える報道だ。それぞれ見ていく必要がある。

独自調査報道

独自調査報道は、それまで知られていなかった行為について、自分たちで見つけ出して記す記者たちの活動だ。明らかになった対象者や行為を公的機関が調査、捜査する結果に結びつくことが多いタイプの調査報道で、報道機関が人々の立場に立ち、公的機関を動かす伝統的な例だ。警察の仕事に似た手法も用いられることがあり、例えば足で稼ぐ取材、公共公開情報を探す、情報提供者を使う、さらに、特別な状況においては、潜入取材や、対象となる行為の密かな監視もあり得る。

独自調査報道は、一九〇四年、地方行政の幅広い改革につながった「都市の恥《ザ・シェイム・オブ・ザ・シティズ》」シリーズを手がけた調査報道記者、リンカーン・ステフェンズや、一九六二年に殺虫剤の有害性による影響を明らかにし、国際的な環境保護運動の勃興につながった本『沈黙の春』のレイチェル・カーソンの仕事などが入る。二〇〇五〜〇六年、『サンディエゴ・ユニオン・トリビューン』で調査報道を行い、連邦議員ランディ・「デューク」・カニンガムの議員辞職、さらに汚職捜査と有罪評決につながってピュリツァー賞を取ったマーカス・スターンとジェリー・カマーの取材も入る。[20]スターンは「ライフスタイル監査」と名付けた独自の仕組みを用いる中で、同議員の旅行とそのライフスタイルの関係に疑わしいところがあると考えるようになった。防衛産業からの選挙資金提供を調べると、他にも疑わしい金の流れが出てきた。カマーも加わり、二人は最終的にこうした手がかりを用いて、後にサンディエゴ連邦地検が「最も大胆な贈収賄工作」と呼ぶことになる汚職を解明した。

近年の独自調査報道においては、コンピューター分析が記者個人の観察力に取って代わることも多い。二〇一八年、プエルトリコ調査報道センター、クオーツ、AP通信の三組織が提携し、コンピューターのデータと統計処理、そしてインタビューを用いて、二〇一七年のハリケーン・マリアの際に政府の落ち度で死亡したのにそうした扱いとなっていない数百人の人たちの身元を明らかにした。この取材チームは統計と公的記録と何百人ものインタビューを組み合わせ、死者数が著しく過少算定されていたことを明らかにした。この結果は後に、別の調査によっても確認され、今後このような犠牲を防ぐためのモデルとなった。

解釈型調査報道

調査報道の二番目の形式は解釈型報道で、同じような独自の野心的スキルを使うが、物事を解釈するレベルの高さが特徴だ。この二つの根本的な違いについて言うと、まず独自調査報道の場合は人々の生活に打撃を与えかねない物事や状況を知らせるため、他の誰も入手していない情報を明らかにする。解釈型報道は、事実を不屈の姿勢で追究するとともに、丁寧に考え、見方を整理して生み出されるもので、情報をつなぎ合わせ、新しくより全体的な背景に照らし、人々がより深く理解できるようにする。古典的な、暴くタイプの報道に比べると、より複雑なテーマや、いくつもの事実の組み合わせを取り扱うことが普通だ。新しい情報だけでなく、新しい見方があることを明らかにする。

初期の例の一つが、一九七一年の『ニューヨーク・タイムズ』による「ペンタゴン文書」報道だ。同文書自体は、米国のベトナム介入に関する秘密研究で、政府が書いたものだ。記者のニール・シーハンはこの文書を手に入れるため徹底的に動いた。そして、『ニューヨーク・タイムズ』で外交とベトナム戦争を専門とする記者と編集者のチームが、この書類を解釈し、整理し、政府が人々に嘘をついていたという劇的な記述に仕上げた。このように、組み立てて解釈するものでなかったなら、「ペンタゴン文書」は大半の人々にとって意味がほとんどないものになっていただろう。

二〇二〇年夏、『ニューヨーク・タイムズ』はドナルド・トランプが長く秘密にしてきた納税書類を過去二〇年分以上にわたり、匿名情報源から入手した。同大統領はこの書類の公表を阻止しようと裁判に訴えたが、これは、米大統領は立候補段階から納税書類を公表する何十年もの伝統を壊すものだった。だが書類の入手は報道プロセスの始まりに過ぎなかった。『ニューヨーク・タイムズ』は専門家とともに何週間も掛けてその内容を解釈し、背景事情の肉付けをし、そして数十年にわたるトランプの個人的経済生活を再現し、その中には誰から何のための借金をしたかを把握することも含まれた。一連の報道は長年の疑問に答え、トランプには金を巡る弱みがどこにあるかに光を当て、また彼が大統領として行った一部の行動を説明するものだった。[21]

解釈型調査報道の到達点をさらに高めたジャーナリストたちがいる。ジャーナリストのジョン・クルードソンが『シカゴ・トリビューン』にいた当時、米航空各社は機内に心臓の除細動器（AED）を置くことについて、それに伴う責任を懸念するがゆえに後ろ向きだった。彼の報道はAEDを設置すれば救われる命があることを疑う余地なく確定させ、それにより現在、航空機や他の多くの公共空間にはAEDが置かれている。『フィラデルフィア・インクワイアラー』、後に『タイム』誌のドナルド・バーレットとジェームズ・スティールは「アメリカ《アメリカ》 どこで間違えたか《ホワット・ウェント・ロング》」〔後に書籍化、邦訳『アメリカの没落』〕や「アメリカ《アメリカ》 誰が夢を奪ったか《フー・ストール・ザ・ドリーム》」という企画で、複雑な社会経済状態の現状を取り上げ、根本原因を大胆に探った。両企画とも何章にもわたり、米国の経済・政治を貫くシステムがいかに低所得市民を見殺しにしたかを調べた。何年にもわたる取材、経済データの綿密な点検と、何百というインタビューが結実したもので、いずれも、この国が貧しい自国民を置き去りにしようとしているという仮定から取り組まれた。

これらの記事は解釈の色彩が強く、ジャーナリストの中にはこれはジャーナリズムというより論争だと非難する者もいた。関わりを持ちつつ独立を保つ観察者という役割をこの筆者たちは捨て、活動家になったというのだ。『ニューズウィーク』のボブ・サミュエルソンは「アメリカ　誰が夢を奪ったか」を「ジャンク・ジャーナリズム」と呼んだ。「経済についてバランスある構図——問題点だけでなく強さも——を求めようとしていない」という理由だ。[22]

その通り、これらの記事は双方の意見に同じスペースを割くという意味でのバランスは取っていない。バーレットとスティールは、これまで気付かれなかった、そして他の人たちが報じてこなかった経済の動き——他の人たちが記してきたのは経済階層の最上部層や好況時に活発に動く人たちにとっての影響だった——の面を暴こうとしたのだ。この仕事をたたえたジャーナリストの中にも、第一シリーズである「アメリカ　どこで間違えたか」の方が、事実を記録する証拠となるものが多いと考えた人もいた。第一シリーズが明らかにしたことが多くの人たちの求めた事実の暴露だったことは、記事の増刷を求める人の列がフィラデルフィア・インクワイアラー社のロビーにできたことに示されている。報道最初の週、同紙には約九万件の電話があった。「こんな経験はなかった」と当時同紙役員だったアーリーン・モーガンは述べた。第二シリーズには批判が増え、『フィラデルフィア・インクワイアラー』編集者のマクスウェル・キングは論説面に全ての立場からの批判を載せ、開かれた議論の場にした。事実の記録という面では第一シリーズのほうが第二シリーズより優れていたものの、どちらも、非常に重要なテーマについて人々の会話を引き起こすことに成功した。

振り返れば、一連の報道とそれへの批判は、二一世紀のジャーナリズムの将来について非常に面白く重要な点を問いかけるものだった。批判があったことで、こうしたレベルの解釈型調査報道に携わる場合、異論を伝える場も十分に用意することがどれほど大事か示された。[23] 批判が登場したとき、これを受ける側の新聞社が論説面の扉をこのように開いたことは、通例を破る革新的なやり方であり、人々の参加を拡大すると考えられた。今ウェブは、人々からこうした規模の反応、反論が起きる可能性をより大きくより豊かにし、よくある想定内のものとした。さらに、第4章で注目したように、記者は話を複雑なものにし、異論も記事の中に取り込むことで、議論を濃くし、報道を調査報道も含めて強くできる。

だがもっと大きな問題は、一つの報道機関の最高の記者二人を何年にもわたりたった一つの企画に専従させる余裕が今、どの社にあるかということだ。答えは、まずない。当時でさえ、バーレットとスティールは特別ではあった。それでも影響力のピークにあった多くの有力報道機関が、単にこれは大事なことだからというただそれだけの理由で、記者たちを今なら驚愕するほどの長期にわたり自由に取材させていた時期だった。そんな報道機関の例を三つだけ挙げれば『ニューヨーク・タイムズ』、『ロサンゼルス・タイムズ』、CBSニュースだ。

当時、こうした仕事が人々の気持ちの中で報道機関の「ブランド力」を高めると、実証されていないとはいえ期待されていたことは間違いないだろう。今、この考え方を形で示すことは簡単になった。ネット分析が普通にできる報道機関なら、調査報道記事が読者のブランド愛を高めたか（読者が月に何回コンテンツに接触したか）、調査報道記事は有料購読者に読まれたか、さらには有料購読の申し込みに関係したか（その動きが調査報道記事シリーズを読んですぐ起きたか、それとも一週間以内か、一か月も経ってか、で推計可能だ）、を判断できるはずだからだ。メディアはそうした報道がSNS上でどれほどシェアされ、薦められているかも調べられる。

そのメリットは、購読者や会員が引っ張っていくタイプのジャーナリズムの世界であれば、裏付けのない単なる理屈ではもはやない。アメリカン大学の研究者マシュー・ニズベットが「知識ジャーナリズム」と呼んだものを、様々なメディアが生み出しているのはそれが理由だ。深み、専門性、解釈力に優れ、バーレットやスティールやクルードソンの仕事のように諸課題の社会的議論を再構築する。『ニューヨーカー』のビル・マッキベン、アンドルー・レブキン、ローナン・ファローや、『アトランティック』のエド・ヨンやエマ・グリーンは、深い取材と、題材に対する厖大な専門知識を組み合わせ、人々の認識を変えるような構成の報道を生み出した。これらの知識ジャーナリストたちは、取材の深さや、物事の解釈水準の高さによって抜きん出ているだけではなく、解釈の性質も際立っている、とニズベットは主張する。「知識ジャーナリストたちは、記事を書く上で独自の方向性を持つ。問題を推論に当てはめて分析する『専門家の論理』と、現状を批判し、政策による解決に支持を求めることの多い『政治の論理』だ。その上で、自分たちの同僚の『メディアの論理』からは距離を置くことが多い。問題を対立やドラマ、個人の性格の面で書き表そうとしたり、複数の主張をことさら均等に扱う誤りを犯したり、政策の可能性をたった数件の選択肢だけで示したりするというジャーナリストたちの傾向を批判するのだ[24]」

本、電子書籍、雑誌記事、ネット上の企画などに成果を発表することもある。こうした仕事は通常、その人次第という面が大きい。求められるのは、筆者としての深い熱情、専門性、忍耐であり、さらに時間や費用をどうひねり出すかにも大きな工夫が要る。研究助成や教員ポスト、その他の要素が絡む場合もそうでない場合もある。環境報道に取り組むマッキベンは、ミドルベリー大学で教え、生活費が非常に安い場所で暮らす（マッキベンはまた、社会運動の仕事にも携わり、350.org

と呼ばれる団体を運営し、キーストーン石油パイプラインを阻止しようとしている。この活動は、献身的な観察者の限界を超えようとするものだ）。レブキンは二〇〇九年、一五年いた『ニューヨーク・タイムズ』を離れ、ペース大学の上席研究員となってブログ「ドットアース」を書き、『ニューヨーク・タイムズ』論説面に書き、その後、米国で最も経営が好調なニュースサイトの「プロパブリカ」に移った。

不透明なのが、地域に根ざした報道事業者が『ニューヨーク・タイムズ』や『ワシントン・ポスト』、『フィラデルフィア・インクワイアラー』と同様、「ペンタゴン文書」や「アメリカ どこで間違えたか」のような仕事を金の面で支えることはどれくらいよくあるのか、あるいはそもそもそんなことをするのかだ。二一世紀に成長した一握りの新興報道機関は、深いが金のかかるこのようなジャーナリズムに関わるだろうか。それとも監視犬型ジャーナリズムはメディアの中でも寄付に頼る分野になって行くだろうか、「プロパブリカ」や「インサイド・クライメット・ニュース」のように。

答えは未だはっきりしないが、非営利の方向に行く動きは示されている。スタンフォード大学の経済学者、ジェームズ・ハミルトンは二〇一六年の本で、この種の解釈型調査報道を行うメディアのリストは小さくなり、特に地方ではそうで、そして新しい参入者はいるものの、減った分を埋め合わせることはできていない、と記した。[25]他方で、ハミルトンがこのことを書いた後になって、非営利ニュースメディアの世界は広がり、州や地域レベルの報道機関が入ってきている。「非営利ニュース協会」には二〇一八～一九年に三一の新メンバーが入り、その三分の一超が地方メディア、またやはり三分の一が解説報道に重点を置くものだった。全国メディアと地方メディアの協力も拡大している。全国的非営利ニュースメディアの中には、「プロパブリカ」や、「調査報道センター」

が運営する「リビール」、その他高等教育に関して報道する「オープンキャンパス」などのように、既存の地方報道メディアの調査報道記者と協力する仕組みを拡大したところもある。

調査・捜査を伝える報道

調査報道の三つめの分野は、調査・捜査を伝える報道だ。近年発達し、よく見られるようになった。この場合の報道は、既に誰かが――通常は政府機関が――実行したり準備したりしている公式調査・捜査の情報について探り出したりリークを得たりし、それによって展開する。これはワシントンのジャーナリズムの基本だ。この街で政府は報道機関を通じて独白する。しかし調査・捜査についての報道は、当局の調査官、捜査官が動いているところならどこにでもある。政府の調査官、捜査官はこうしたとき様々な理由から、記者に積極的に協力する。予算配分を得るため、証言者となり得る人を動かすため、そして世論を形成するためなどだ。

クリントン大統領のモニカ・ルインスキーとの不倫に関する報道の大半は、実際にはケネス・スター独立検察官事務所の捜査に関する報道で、それにホワイトハウスや、大陪審の評議を受ける人々の弁護士からリークされた対立情報が足し合わされたものだった。一九九六年アトランタ五輪で警備員のリチャード・ジュエルが爆弾を設置したという報道も、同じく警察とＦＢＩの情報源による匿名のリークに基づいており、後に間違いだと証明された。ドナルド・トランプの弾劾に関する報道もその多くが捜査に関する報道で、大半は監察官や議会で働くスタッフからの情報によるものだった。対照的に、ウォーターゲート事件では大半の仕事、特に初期の重要な数か月は独自調査取材であり、何が起きたのかについてジャーナリストたちが主要情報源から直接聞いており、捜査官の見立てを聞くというものではなかった。

調査・捜査に関する報道は一九七〇年代以後広がった。これは、特に議会で調査の件数が増えたという要素がある。対立政党の不正に関する調査がよく行われるようになり、上院下院のどちらかで野党が多数を握っている場合は特にそうなった。ウォーターゲート事件以後、連邦政府、州政府とも倫理に関する新たな法を定め、政府の動きを監視する特別な部署を作ったという要素もある。一方で、時代の中でジャーナリストが身元を秘した情報源に依存するようになっており、そのやり方にはジャーナリストの側からも、懐疑心のある市民からも、懸念が持たれるようになったため、こうした調査・捜査に関する報道が広がったということもある。すなわち、調査にあたり公官署の職員に依存する方が、非公式な匿名の情報源を開拓するよりも安全だと、一部の報道機関はみたわけである。

米政府の電子情報収集を主に担う組織が、秘密だらけのNSA（国家安全保障局）だが、記者セイモア・ハーシュはこれについて『ニューヨーカー』に書いた記事で、匿名の情報担当官の言葉として、NSAの業務の質が下がり、洗練されたテロリスト集団やならず者国家の脅威に対し、いかに対応不能となっているかを記した。サン・マイクロシステムズの暗号化技術専門家、ホイットフィールド・ディフィはハーシュの匿名を使ったやり方にすぐ反論した。「気になるのは、あなたは当局が私たちに信じさせたいことを書いている——彼らはかつて優れていた、だが最近は新聞を読むのも大変、インターネットは複雑すぎ、情報流量が大きすぎて見つけたいものが見つからない、というわけだ。本当にそうかもしれない。が、これは彼らが何年にもわたって『言い続けている』ことだ。NSAの標的に、NSAはうまくいっていないと思わせた方がNSAにとって都合がいい。だからNSAはうまくいっていないというのは間違いとは言わないが、だから怪しげな内部情報提供者の言うことは疑いを持って聞くべきだとは言える」[26]

ディフィが指摘するように、この報道のリスクは、ニュース価値が担当記者の厳密さや懐疑心によってかなり決まるところにある。記者は〔匿名の〕取材相手に、主張を広めたり、考えを提案したりする強力な場を提供し、公開の場に出ての説明責任は負わせない。そのことを以て調査・捜査を伝える報道は本質的に間違っているとは言えない。だが時には予見不可能なリスクだらけになる。こうした場合の記者は通常、調査や捜査を引き受けているわけではなく、せいぜいその一部を内々に見るというだけにすぎない。

『ニューヨーク・タイムズ』は、議会の秘密報告書に基づき報じた核スパイに関する特報で、そんな授業料を払うことになった。同紙の記事は報告書から恐ろしい表現を取り出しながら、中国は米国の核技術に追いつきつつある、弾頭製造に関するデータを中国系米国人の科学者、李文和から得ていたからだと伝えた〔李は台湾出身〕。『ニューヨーク・タイムズ』は李の名前は出さなかったが、同紙報道により当局はこの問題を近代史上最大のスキャンダルと扱うようになった。報道を受けて捜査側は李の起訴を急ぎ、李は結局一年勾留された。問われた五九の罪のうち、李は国家安全保障情報の違法収集・保管の一件のみ有罪を認めた。彼は有罪判決を受けたが、刑を言い渡した裁判官は法壇から深い謝罪を行った。『ニューヨーク・タイムズ』も長大な訂正記事を載せ、報告書を鵜呑みにしすぎ、これを疑うという李にとっての利益は与えられなかったことを謝罪した。[27]

捜査側の情報源によるコントロールの恐れは大きい。権力機関を見張る監視犬になるはずが、彼らのツールになってしまう脆弱性が報道機関にはある。調査・捜査に関する報道には、厖大な精査を要する。だが逆説的なことに、報道メディアは全く反対のことを考えるからだ。疑惑や指摘について、自分で調査取材をしているのではなく、公官署の情報源の話を載せているのだから、より遠慮なく報じていいと考えるのだ。

ハーバード大学ケネディ行政大学院教授（ブラッドリー教授職）のトム・パターソンは、この新しい調査報道ジャンルの拡大の裏にある報道基準の変容について述べた。「研究で分かったことは、一九七〇年代後期に、慎重で深い調査報道の代替物が出てきたということだ。情報源が言うことに基づく指摘がニュースに現れ、それには事実を記者の側で掘る作業が伴っていない。この流れは一九八〇年代に拡大し、一九九〇年代に再び拡大し、そして比率は変わってきた。身元を示さない、匿名の情報源が全体の中で大きな割合を示すようになっているのだ」[28]

　調査報道記者で著述家のジム・ライゼンは、調査報道の大半はこれら三つの形態の全てを要素として含んでいると主張した。例えば〔ウォーターゲート事件を報じた〕ウッドワードとバーンスタインは、独自の調査に取り組みながら、常に政府の捜査官とも接触していた。それでも、記者の仕事として根本が独自のものか、解釈型か、別の誰かの調査・捜査に関するものか、には違いがあり、そしてこれを見分けることは、特にこの仕事に携わるものにとっては、重要だ。どのタイプでも報道としてそれぞれ異なる責任とリスクがある。それなのにジャーナリストはその違いを十分意識し注意してきたといえないことがあまりに多い。取材の段階から解釈の段階に移ったことを認識していないことで間違いが起きるのもその一例だ。自分の証拠が不十分だったらどうするか。解釈していい段階か。何が足りないか。あなたの調査報道は、根本的にはどこかの公官署の調査・捜査業務について報じているのにそのことを理解しておらず、かつその大本の調査・捜査に関わっているわけでもないのなら、あなたはより脆弱な立場に置かれている。

監視犬の役割に限界が生まれるとき

調査報道が社会問題に光を当てるものなら、何を選んで光を当てるかは重大な問題だ。調査報道班が注目する腐敗は政府関係だけか。他の有力組織、例えば主要な雇用者、大学、病院は調べるか。取り組む調査報道は、どのコミュニティや社会層に関わりが大きいのか。

だから、調査報道の投光器を誰が握るかが大切だ。調査報道班は常に小さなものだが、報道の他の部門同様、背景と経験の多様さ——とくにそのトップの——が物をいう。報道部門で調査報道に割ける人や金は限られることが多い中、判断を下す人が誰かによって、記者たちがどんな方向で取材を進めるか、誰の責任を追及するか、ニュースの筋は何か、そして報道によって最も影響を与えそうなのは誰か、が決まってくる。

「何を書くか、どんな角度か、どう取材するか、を決めるとき、もし何かずれていたらそれを言ってくれる人がその場に必要だ」。非営利調査報道メディア「タイプ・インベスティゲーションズ」上席編集者アリッサ・フィギュロアはコロナ禍での報道の責任についてこう話す。「数字が増えているのは分かるとして、だがその原因を別の視点から考えることができる人がチームにいない。それをできる人が、取材の担当決めをするときの会話には必要」[29]

アイダ・B・ウェルズ調査報道協会は、黒人女性ジャーナリストの先駆けかつ活動家だった女性の名を冠した団体で、調査報道の現場で多様性を高める取り組みを先頭で担っている。ニコル・ハナジョーンズや、AP通信のロン・ニクソン、「プロパブリカ」のトファー・サンダースが創設し、調査報道界において有色人種のジャーナリストたちを研修し、業界に定着させ、そして創設者たちのような注目を得られるようにする取り組みをしている。

「ジャーナリズムは良い方向に向かっているが、変わっていないところも多々ある」と、非営利ニュースサイト「ＭＬＫ50」〔ＭＬＫはマーティン・ルーサー・キングの頭文字〕を設立したウェンディ・トーマスは言う。「報道において希少な人や金をどう使うべきか決める立場の人は、多くが白人男性で、黒人女性など［の行政の支援が不足するコミュニティ］が最も困っている問題にすぐに気付きそうもない、私はそう思う」[30]

弱められた監視犬の役割

これまで二世紀にわたり盛衰を繰り返してきた監視犬という役割だが、希薄化という衰退にも直面している。ウッドワードとバーンスタインの名声には『60ミニッツ』〔ＣＢＳ調査報道番組〕が続き、同番組はマイク・ウォレス、モーリー・セーファー、ハリー・リーズナー、エド・ブラッドリー、それに続く次世代の記者たちが、手掛けた報道によってスターとなった。人々は、マイクやモーリー、ハリー、エドが今週は誰を追いつめるのか見ようとチャンネルを合わせた。このようにして、調査報道は、特にテレビでは、人々のための貢献と、経営のための視聴率上昇という両方の手段となった。それから五〇年近い間にニュースと情報のメディアは広がり、それに伴って調査報道も激流のように増えた。今、米国のローカルニュース局のほとんどにＩチーム〔調査報道チーム〕による特集があり、プライムタイムのニュース雑誌型番組では毎晩暴露を行うと約束し、私たちは暴露に献身するニュースの常設機関を持つことになった。

これらの中身の多くは調査報道と銘打つが、個人の安全や消費者の支出面のリスクに焦点を当てた報道であって市民としての自由に関わるものではないことがあまりに多い。過去何年にもわたり、地方テレビ局のIチームが取り上げる人気テーマを見ると、自動車修理業者のごまかし、プール監視員のお粗末さ、ハウスクリーニング業者の詐欺、そして一〇代の危険運転である。

一九九〇年代後半にネットワーク局のプライム帯ニュース雑誌型番組が最盛期だった時、研究で分かったのは、例えばある種の調査報道番組は、監視犬としての報道の役割の典型となるような内容はほとんど扱っていないということだ。こうした番組の報道のうち、教育、経済、外交、軍事、国家安全保障、政治、社会福祉、ほか多くの公金が使われる何らかの分野が含まれた内容が組み込まれていたのは、一〇分の一未満だった。一方、半数以上を占めていたのが、ライフスタイル、マナー、消費者保護、健康、セレブ系娯楽に焦点を当てた内容だった。[31] 当時ABCの『20／20』エグゼクティブ・プロデューサーだったビクター・ニューフェルドは私たちに「我々の責務はニュースを届けることではない。我々の責務は良い番組作りをすることだ」と述べた。[32]

安全をめぐる問題は、真剣かつ批判的な、監視犬型報道の対象になることも多い。それでもあまりに多くの「調査報道」が、日常場面を大衆紙的に取り上げたものだった。地方のテレビ報道が自局のIチームを動員して「危険なドア」（ドアの開け閉めに伴う事故の報道）や「あなたの洗濯機の中は」（消費者が洗濯機に入れた衣類の汚れや細菌が、いかに他の衣類に付着するかを見る）のような話をやることは多い。カーペット全ての清掃を七ドル九五セント〔約一一〇〇円〕で、という業者がうたい文句通りのことをしていなかったということを、ロサンゼルスのテレビ局が家を二か月借りて多数の隠しカメラを付けて暴露するとか、一九九〇年代半ばに人気を博したレポートで、ブラジャーの金属製ワイヤーが身体に刺さることがあるというものとかを考えてほしい。

この種の報道は、独自調査報道に見える体裁で放映されることが多いが、実際は違うことがよくある。まず、こうしたものの多くはテレビ記者リズ・リーミーが言う「水を加えるだけでできる」

調査報道だ。テレビコンサルタントがテレビ局に、台本、映像、インタビューすべき専門家の手配、あるいはそのインタビューさえ既に録画したものをそのまま提供して作られており、それも特に視聴率調査期間に合わせて視聴率を稼ぐように作られている。テレビ報道プロデューサーの中には、こうした暴露報道を「スタント」と呼ぶ人もいる。実際に報道するなら必要となる、足で稼ぐ取材などしていないのに、視聴者が調査報道と評価するよう仕込んだ代物と認めているのだ。もう一つの問題は、すぐ分かることやただの常識を暴露などと称していると、調査報道を矮小化してしまうということだ。報道機関がオオカミ少年になってしまう。人々に注意を促すという力を浪費している。つまらないことに対してそれを何度も使いすぎているからだ。監視犬としての在り方を娯楽に変質させてしまっている。

この変容を軽く見てはならない。今もテレビは最も人気あるニュースメディアの一つだが、Iチームのコーナーやプライム帯のニュース雑誌型番組は、ドキュメンタリーや、その他あらゆる長時間の調査報道ルポルタージュに事実上取って代わったものだ。その結果、ジャーナリストたちからは、このように膨張した調査報道の役割に疑問の声も出ている。コロラド州デンバーの市民派オルタナティブ週刊新聞『ウェストワード』の編集者パティ・カルフーンは、噂と事実を見分ける手立てのない人々に与える影響について考え、疑問を呈した。「トークラジオは……噂を取り上げ、それを自分たちは調査報道をしていると——おかしなことだが——考えている。しかし残念ながら、これは調査報道ではないとラジオＤＪ自身が言い切れないのに、リスナーたちのほうはできるなどということはない」[33]

地方テレビの調査報道は近年向上していることを示す根拠もある。グレイ・テレビジョン〔各地に多数の傘下局を持つテレビ企業〕には全国規模の調査報道部門「インベスティゲートＴＶ」があり、経験豊富なジャーナリストを雇い、その多くが米国調査報道記者編集者協会に参加し、同社傘下局全体に放送される深い報道を生み出し、ストリーミング放送に特化した調査報道の取り組みも広げている。[34]

二〇二〇年、市民派感覚をベースにした非営利メディア「レポート・フォー・アメリカ」といくつかのテレビ局が提携しており、その一つが「スペクトラム・ニュース」だった。調査報道の経験がある記者を受け入れ、例えばフロリダ州中部の住宅問題のようなテーマを取材し解説するのである。[35]ガネット系の放送事業社テグナは「ベリファイ」というファクトチェック団体を立ち上げた。「[調査報道を]人々が求めていることを、SNSはお偉いさんたちに証明してみせた」と二〇一八年、テグナ副社長のエレン・クルークはテレビニュースの現状に関するメディアイベントで述べた。「優れた調査報道の仕事によって、若い視聴者が獲得できることが数値で示されている」という。地方テレビの調査報道向上の動きは、放送界がストリーミング放送によって激動することが不可避な情勢の中では、とりわけ重要だ。

地方のテレビニュースが生き残るには、自分たちの存在意義を示すため、他にない独自性と地元密着性が必要になろう。すなわち、意義ある調査報道の取り組みだ。交通情報、天気予報や、ニュース速報のテロップでは便利さの面でデジタルのモバイル機器に勝てない。四〇歳未満で、地方テレビニュースに強い結びつきを持つという米国人は少ない。二〇一七年、テレビから地元ニュースを得ることが多いと述べたのは三〇歳未満の成人でわずか一八％だったのに対し、五〇～六四歳では四七％、六五歳超では五七％だった。[36]もしこのメディアに未来があるなら、後からでもストリーミング放送で見る価値のあるコンテンツを持っている必要があろう。

監視犬としての役割に対し、人々の受け止め方は複雑な様相を示してきた。ピュー・リサーチセンターの調査では何年にもわたり、監視犬としての役割に対する人々の支持は安定しており、報道全般に対しては不評が広がり始めていたのと裏腹だ。しかしこの支持も無条件ではない。一九九七年には、記者が身元を隠して取材をする、情報提供者に情報謝礼を支払う、隠しカメラ、隠しマイクを使うというテクニックに対し、人々は反発を示していた。[37]

同じように二〇年にわたり、人々は報道が軍に批判的なことに疑問を強めてきた。そうした報道は国防を衰弱させると考える人々の数は一九八五年の三一％から二〇〇五年は四七％に増大した。しかしイラク戦争を巡る政府の対処に疑問が生じると、政治指導者に対する監視犬的ジャーナリズムに対する人々の支持は上昇し始めた。二〇〇五年には、政治指導者がすべきでないことをしないよう報道機関が食い止めていると米国人の六割が考えており、二〇〇三年の五四％より上昇した。[38]二〇一七年、アメリカ・プレス研究所、ＡＰ通信、シカゴ大学国内世論調査センターが調べた数字ではこれは六四％だったが、今や同時に、支持政党によって著しく異なってもいる。[39]

まとめれば、ジャーナリズムに携わる人たちの仕事のしかたに対する不安、その他あらゆる面で報道機関の振る舞いに疑念が持たれているにもかかわらず、報道機関の監視犬としての役割には、絶対的とまでいえなくとも素晴らしく高い支持が続いているのだ。

告発としての調査報道

全ての報道には調査が伴うものだが、調査報道にはこれにモラルの問題が追加される。人々に対し、明らかになった情報をどう考えるか問い、また報道機関としてこれは大切であり特別に取り組む価値がある、との考えを示すのが調査報道だ。となると調査報道は通常、何かに光を当てるというだけではなく何かを告発する主張でもあり、何かが間違っているという見方に基づいている。この点で、ジャーナリストは十分な証拠を持っているかを慎重に考えるべきだ。特に、暴露あるいはニュース報道として知らせるものを作るからには必要なことだ。悪事を暴くというたい文句を拙速に掲げ、だがそのうたい文句を支える証拠はないというのは、自分の仕事のために視聴者を使い捨てることだ。シンクタンクから非営利組織、独立系ウェブサイトといった多様な人々が調査報道の世界に足を踏み入れ、しかし事実確認と透明性に関するジャーナリズムの基準を守るわけではないという時代、これはとりわけ重要な問題だ。

調査報道は告発的な性質を持ち、ゆえにより高い水準での証明が必要となる。そのことは、その水準に達していなかった報道を検証することでよく分かる。患者の死亡に不審な点があったのに、州監察医がクリントン大統領の母親（母親は看護師だった）に対して調査を十分に行わなかった疑念が浮上したとき、『ロサンゼルス・タイムズ』はこの報道を不正暴露という扱いで報じた。記事は、クリントンがアーカンソー州知事だったとき「物議を醸す判定をしてきたある州監察医の解任を数年にわたり拒んでいたが、同監察医の判定の中には、患者の死についてクリントンの母親が調査を受けなくてもよいという結果につながったケースがあった」ということを示すものだった。問題は、記事がそもそもややこしく専門的だったことだった。例えばクリントンは、自分の母親が関わる問題が起きたときには知事再選に失敗して知事でなかった。この記事に関わった数人を含め『ロサンゼルス・タイムズ』のかなりの記者は、同紙がこれを不正暴露という形でなく、単にクリントンの過去に関する興味深い話として書いてさえいれば、トラブル自体防げたと考えていた。『ロサンゼルス・タイムズ』は、不正暴露は検察官が作成する事案概要に等しく、発するなら曖昧さは許されないことを理解できていなかった。これができないなら、記事は別のスタイルで出すべきだ。

この出来事は、調査報道という形式に伴う重要な問題を示している。報道メディアは調査報道で取り上げる問題については、何か不正なことが起きたという立場を暗に示しているということだ。だから、調査報道は社会運動的ジャーナリズムとも呼ばれてきたし、あるいはジャーナリストのレス・ホイッテンが言うように「憤りの感覚を持って報じる」ものであるし、そして職能団体の米国調査報道記者編集者協会の略称IREは、「憤怒」(ire)と同じつづりなのだ。

監視犬の原則に責任を持つための鍵の一つは、幅広く見る心構えだとボブ・ウッドワードは言う。「記事を書くとっかかりに、市の保健局がワクチン接種をどのように行っているか調べようと思ったとする。しかしその報道が追うのは、実際には市が何分野にせよ間違いを起こしていないかということになると気付くだろう……あらゆる方向で調べられるだけ調べるべきだ」。そのため「私がやることとして、経過表を作り、全ての人と話し、それらの人には繰り返し取材をすることが挙げられる」。

ピュリツァー賞受賞記者ロレッタ・トファーニは、取材源になりそうな人と顔を見て話し、長い時間をともに過ごすことの力を大切にしてきた。メリーランド州の拘置所内ではびこるレイプの実態を伝えた彼女の『ワシントン・ポスト』の記事は、当局者の文字通り眼前で繰り返された犯罪——警察官にも裁判官にも広く知られた犯罪——を明らかにしたものだ。情報を得るため、トファーニは何か月にもわたって自分の時間を使い、仕事を終えた夜、粘り強く関係者のドアをノックして回り〔日本の報道界用語で「夜回り」という〕、自分には最も話したくないであろう証言者たちの心を動かし、そうして彼女は、プリンス・ジョージ拘置所内におけるレイプの蔓延を明らかにする数々の話を掘り起こした。そしてトファーニはついには、上司の編集者たちが不可能だと思っていた報道を成し遂げた。この犯罪を、加害者と被害者と、この犯罪がそもそも起きないよう行動する責任があったはずの当局者の、それぞれの実名コメントに基づいて、つまり名前を出したオン・ザ・レコード〔オンレコ、話したことは全て実名とともに公表可〕の取材によって、記録した報道である。
トファーニによれば、記事が報じられたことで、必要な証拠は「ほぼ銀の皿に載せられた形で政府にも与えられた。全てがあった。医療記録があった。被害者の名もあった。レイプ加害者の名もあった」[40]。情報が公表されたことで政府は、こうしたレイプを許してきたシステムの改革を余儀なくされた。最終的に、政府はレイプの全加害者に対する有罪判決を得た。
調査報道記者スーザン・ケルハーも、相手から取材の了承を得る前に、何が調査報道の対象となっているのか全てを率直に話すと述べた。「どんな風に仕事をするものなのかを話す」と彼女は言う。「相手には、実名でオンレコで話してもらわなければならないと伝える。他の人にあなたたちのことを質問することになると伝える。本当にいい人たちだと思ったとしても、確認をしなければならないのだと……『いったん私に話すことに同意したら、それはそういうこと。あなたには記事をコントロールすることは本当にできないが、どこまで取材に応じるかのコントロールはあなたが握っている。そしていったんオンレコの場になった場合、もし私に知られたくないことがあるのなら、言わないでほしい。なぜならオンレコだから』と伝えるのだ」[41]
取材相手にここまで正直であることによって、ケルハーは事実を明らかにするすばらしい報道をいくつも成し遂げた。一つは、ある不妊治療クリニックで一部の医師が、患者から極秘裡に、そして違法に、余分に卵子を採取し別の患者に販売していたという不正を暴いたものだ。ケルハーの報道は、医療記録や、この経緯に関わっていた人たちの実名証言による情報で、詳密に記録されていた。トファーニの報道と同じくこの報道もピュリツァー賞を受賞した。

テクノロジーもまた、政策がもたらした影響をジャーナリストが調べる力を高めた。コンピューターを用いたジャーナリズムには大量のデータを分析する力があり、これはジャーナリスト（と研究者）がデータを理解し調べる能力に画期的変化が起きたことを示している。例えば、公共政策が狙い通りの効果を挙げているか、医療の進歩が結果を出しているか、警察活動は公正かといった問題だ。ジャーナリストがコミュニティの構成員とネットワークを作り上げ、自分たちの目や耳となってもらう能力を身につけ、ジャーナリストが監視できる出来事の範囲も拡大した。つまり協働情報分析としてのジャーナリズムは、私たちが調査報道の美しい最盛期と思っている時期、すなわちウォーターゲート事件後の一九七〇年代の報道機関の考え方を乗り越えるためのツールなのだ。

他方、テクノロジーや経済構造の革命は新しいチャンスを生み出した半面、独立した監視犬型の報道を脅かしてもいる。報道部門は縮小し、監視犬型報道に使える人や金も、そうした報道をしっかり行うための時間も、乏しくなってきている。

こうしたプレッシャーに加え、ジャーナリズムなど小さなこと、どうでもいいこととさえ考えている企業が新しくメディアを買収する事態が起きている。そういう企業は上場会社であるディズニー（ABCニュースのオーナー）やコムキャスト（NBCニュースや関連事業のオーナー）の場合もある。こうした企業にとってニュースは単に、大きな事業展開の中の小さな部品だ。もっと危険なのはヘッジファンドの存在で、彼らのメディアに対する関心は自分で取って食うためと思われる。斜陽産業を最後に刈り取るわけだ。最も分かりやすい例が「デジタル・ファースト・メディア」で、そのオーナーは非公開ヘッジファンドのオールデン・グローバルキャピタルであり、二〇二〇年の計算で「デジタル・ファースト・メディア」は日刊、非日刊合わせて九八の新聞を支配する。

米国におけるジャーナリズムの独立性をめぐり、重要でいて見落とされやすい要素は、歴史的にニュースはジャーナリズムを本業とする会社によって生み出されてきたということだ。会社のバランスシートやオーナーの資産一覧の中で、報道事業が占める部分が小さくなればなるほど、そこで働く人がジャーナリズムの独立性を訴えることが難しくなるのは避けられない。ABCニュースのプロデューサーがディズニーの問題を報道するのが困難になるというだけでなく、ABCのオーナーの競合他社になるようなウェブ、ネット通販、エンターテインメント、ケーブルテレビ、通信企業については何でも、報じる難しさが増す。

私たちが知る自由な報道の考え方——力を持つ組織が社会にどんな影響を与えているか監視できる、独立した言論があるべきだということ——に疑問が突きつけられている。最初のITバブル崩壊前の二〇〇〇年、リフカ・ローゼンワインは相次ぐメディア統合を検証して「[これらの]メディア企業の統合は、他の企業合併とは異なる問題を起こす」と書いている。「小型機械の会社なら五、六社あれば価格や製造面の競争を保つ上で十分だろう。そこが伝統的な経済学理論や独占禁止法が問題にしてきた点だ。だが、ニュースや意見を生み出し供給する力の多くを五、六社の巨大複合企業に集中させ、そこに厖大な種類の利害が絡まっているとなると全く別の問題だ。結局、表現ということになれば多様性に価値があり、それも大変な価値があり、小型機械会社に関する経済学理論を超越するものだ」[42]。初期のこうした統合、例えばAOLタイムワーナーなどは失敗したが、一〇年を経て、新たなオーナーたちが規模のメリットを求める中、新たな統合の波が起きている。ローゼンワインが二〇〇〇年に懸念した集中の規模は、二〇二〇年から見れば大したことはない。ガネットとゲートハウスが一緒になり、二六〇の新聞が一オーナーの手に握られているのだ。

開かれた社会において、市場経済は間違いを自分の力で修正する能力があると、歴史は証明している。そして、米国のジャーナリズムに独立性が失われつつあることへの懸念に、市場が反応している兆候がある。考えてほしい。二〇一三年、ピュリツァー賞選考委員会は国内報道賞という誰もが目指す賞を「インサイド・クライメット・ニュース」に贈った。七人で作っているウェブサイトで、〔ニューヨークの都心からは外れた〕ブルックリンに拠点を置き、財団や個人の寄付に運営資金を頼っている。二〇二〇年には同じ国内報道賞を「プロパブリカ」が受賞した。この年、他の部門の最終候補には非営利メディアの「カイザー・ヘルスニュース」や、「調査報道センター」が運営する「リビール」もあった。

　非営利メディアが増加していることは多くの指標で分かる。「非営利ニュース協会」は二〇二〇年、二五〇超の非営利報道機関を支え、この数年で数が倍増している。「米国ジャーナリズム・プロジェクト」は新しい「ベンチャー資金援助」団体だが、二〇二〇年には数千万ドルを集め、非営利の地方メディアや地域メディア一二か所に大規模な投資を行い、これらのメディアの収入確保と持続可能性に向けた取り組みを支えた。「テキサス・トリビューン」はテキサス州の政治に重点を置いた非営利ニュースサイトの草分けで二〇〇九年に創刊したが、今や収入の多角化のお手本として注目され、イベント開催や会員制度やその他の手段を用いて成功した経験をもとに、他のメディアがそれらを学ぶための支援資金まで出している。同メディアはまた、読者を得る力の強さで際立つ非営利メディアでもある。

　こうした新たな取り組みが関心を呼ぶ一方、多くの組織は、特に主流メディアと比べれば、まだ脆弱で生まれたてだ。個人運営の財団は資金支援も早いが支援終了も早い。「テキサス・トリビューン」のモデルを導入し拡大しようとするニュースメディアは増えているが、読者・視聴者の獲得は、自ら調査報道した内容が営利メディアの注目を得て紹介されるかどうかにかかっているというところは多い。

新しい独立系ジャーナリズムメディアの登場は、ニュースを作り出し伝える方法を新しいテクノロジーがどのように変えられるかを明らかにしてみせた。そこから示されるのは、もし古いメディアが監視犬の役割を本当の意味で放棄しても、それを受け継ぐ者が出てくる可能性があるということだ。個人のハッカーがいろいろなデータベースをかき回して調べ、そうして発信した内容の重要度が高ければ、ニュースの流れを作ったり、ニュースの台風の目になったりすることさえあり得る（エドワード・スノーデンとNSAのケースのように）。

しかし実際上では経済的な問題が立ちはだかる。調査報道は私たちが先に第1章で説明したような、目撃証人としての報道機関の役割とはまた違うものだ。特別な取材スキル、経験、そして気概を要する。隠れていた事実が明らかになるのは多くの場合、いきなり文書が一通出てきてというものではなく、時間を掛けた探索による。情報源との信頼を築き、情報のかけらに気づき、その有用性を理解し、他の情報のかけらと付き合わせ、断片をつなぎ合わせ、証拠を固めて弁護士も納得するレベルにするのだ〔各国の調査報道の現場では、報道を訴訟から守るため報道の自由に詳しい弁護士が事前相談を受け、必要に応じ取材を補強したり表現を正確にしたりする〕。調査報道の仕事は通常、情報源とのつながりを要し、時間と人と金を厖大に費やし、他の利害から独立し、そして名誉毀損賠償保険に加入することも必要だ。調査報道の持つこうした特別な性格を全て重ねれば、これはもっぱら、組織されたプロフェッショナルのジャーナリズムによってこそ生まれるものであり続け、何かの内部告発者が一人でできるものではない。

この意味で、「プロパブリカ」や「インサイド・クライメット・ニュース」のようにプロフェッショナルのジャーナリストたちが作るデジタル新興メディアは、クラウドソースによるモデルよりも、調査報道の新モデルとなりそうに見える。特に「プロパブリカ」は一〇〇人以上のジャーナリストを擁する重要な米国ジャーナリズム組織となっている。また、地方の報道メディアと協働する基盤を整え、さらに広く調査報道を支えるための大規模な研究員プログラムも設けた。

しかし一九六〇年代の近代的調査報道の登場が、活字とテレビの報道機関が経済的に強くなった時期と重なったのは偶然ではない。このモデルが崩壊したことは、調査報道の将来に、特に地方において、深刻な疑問符を浮かばせる。

可能性として最も有力なのはジャーナリズムの新手法として既に説明したもので、プロフェッショナルの調査報道ジャーナリストと力を合わせるパートナーとして、地域社会が大きな役割を担うというものだ。ジャーナリストに取って代わるのではない。地域社会はまた、ジャーナリズムがきちんとしているかの見張り番としても大きな役割を果たす。だがこれを実現するため、既存の報道機関は、今や世界規模でやりとりできるようになった読者・視聴者とどう協力するか学ばなければならない。プロフェッショナルならではの取材と報道で明るみに出すべき問題について、人々に学ばなければならない。同時にまた、ジャーナリズムがきちんとしているとはどういうことか、読者・視聴者の間で理解を深めてもらうようにしなければならない。報道機関と、ジャーナリズムに参加する読者・視聴者とのどちらか一方でも考え違いをし、独立した調査報道と、調査の仮面を付けたプロパガンダ型運動とを取り違えたなら、私たちの社会に生まれるのは新しく深みのある対話ではなく、きりのない論争となるだろう。事実は私たちみんなが対話する基礎ではなくなり、闘争家が物事を混乱させ、理解でなく不確実さを生み出すために利用する材料になってしまうだろう。

第7章 開かれた議論の場となるジャーナリズム

ジャロン・ラニアーは初期デジタル界の先駆者で、バーチャルリアリティ技術を一九八〇年代に唱えた人だ。彼はＳＮＳの影響を考えてもらう際に、ウィキペディアのことを考えるよう求めることがよくある。利用者が制作と取りまとめを行うウェブサイトで、何百万もの人が毎日、古い映画から食の歴史、経済学理論まであらゆる情報を探す場所だ。

ラニアーは言う。「ある項目に行けば、そこでは他の人々と同じもの［情報］を見る。これはネット上で、少なくとも私たちが共有しているものの中では、なかなかないことの一つだ」[1]

さて想像してほしい、とラニアーは言う。もしウィキペディアが同じ語を調べた一人一人に、それぞれ別々にしつらえた内容を見せるなら、あるいは別々の項目を見せるなら。「もしそうならウィキペディアはあなたをスパイしていることになる」と彼は言う。ウィキペディアは「計算するわけだ。『ビジネス上の利益になるよう、この人に少し変化を起こすには、自分は何ができるだろうか』と。……そして、項目内容を動かす。想像できるだろうか。まあ、できるはずだ。なぜなら、まさにそれがフェイスブックで起きていることだからだ。まさにそれがあなたのユーチューブの一覧表示で起きていることだからだ」。

これは民主主義に対する重大な脅威であり挑戦だと、ラニアーはみる。テクノロジーは公共の広場を、またそこで私たちが見いだし共有する事実の幅を、広げるのではなく狭めている。

プラットフォーマー企業はネット上で人々がどんなコンテンツを見ているか監視し、表示内容を個人個人に合うよう調整して利益を得る。この監視をすることで、利用者を広告主のターゲットごとに絞り、売ることができる。また、これらの利用者がプラットフォーム上により長くとどまるようにさせ、それによりさらに広告を売れるようにできる。だがこういう個別化の風潮に対しては、市民の視点から考えるべき面もある。何かクリックするごとに表示内容がクリック内容を反映したものになるのは、プラットフォーマーが広告販売を増やす仕組みであると同時に、私たちをどんどん小さな別々の情報空間に分けて押し込み、ばらばらのグループにしてしまう。元フェイスブック設計倫理担当者トリスタン・ハリスはこう表現する。「二人の友人がお互い仲良く、そのまた友人の顔ぶれもほぼ全く共通だというのに、見るのは完全に別の世界。なぜなら、一人一人にとって何が完璧かをコンピューターが計算した結果で作られているからだ」[2]

商業インターネットの経済的、技術的な仕掛けは、ジャーナリズムの次の条件を理解する上で注意すべき点となる。ジャーナリズムはその原点となったギリシャの市場から植民地時代の米国の酒場まで、常に人々が対話するための広場となってきた。一九四七年に早くもハッチンズ委員会はこの任務を、ジャーナリズムという仕事が負う本質的な職責とし、それよりも大切なのは真実の伝達だけとして「マスコミュニケーションの優れた機関は、人々の議論の共通の担い手という役割を自任しなければならない」と記した。[3]

これが、自由な報道機関にとって六番目の原則、すなわち義務である。

ジャーナリズムは、人々が批判と歩み寄りとを行う議論の場を提供しなければならない。

新しいテクノロジーが議論の場を力強く育て、ジャーナリズムはその監護者ではなくなりつつある。しかしラニアーが言った通りで、テクノロジーによってみんなの議論の場が大きくなり、共有する事実の幅が広がることが約束されているというのはほとんど夢想だ。ウェブの仕組みは、物を売るため私たちを分断しようとして作られてきたものが多いのだ。議論のスピードが増したことに乗じて良からぬ者が情報をゆがめ、誤信させる力も増大し、ウェブで自然に誤りが正されるという機能も全く役に立たない。ある研究では、ツイッター上では偽のニュース記事が真実のものより七〇%リツイートされやすい。[4]

この環境で、ジャーナリズムはどうやってみんなの議論の場という役割を果たせるのか。初期のフェイスブックに投資したが今は批判者となったロジャー・マクナミーの言う「一人一人に自分専用の現実があり、自分専用の事実がある」[5]ときに、どうすればみんなの議論の場が存在可能なのか。ジャーナリズムと民主主義が生き残れるかは、この困難をどう乗り切るかにかかっている。

全てをテクノロジーやウェブ、SNSのせいにはできない。それらがもたらしている難題はもともと人類の中に深くあった、信じたいものを信じ、またグループ別に集まる在り方を反映するものでもある。この問題はウェブ以前からあったのだ。

トーク番組の司会クリス・マシューズとジャーナリストのコーディ・シアラーのケースを考えてほしい。

一九九九年のことで、ワシントン中で話題だったのは当時可能性があるとされたビル・クリントン大統領に対する弾劾だった。弾劾問題の中心は、少なくとも法律上は、クリントン大統領が独立検察官ケネス・スターへの宣誓供述で嘘をついたか否か――ホワイトハウス内でモニカ・ルインスキーという名のインターンと性的関係を持ったかどうかの問題で――だった。

ワシントンで活動するフリーランスジャーナリストのコーディ・シアラーは欧州から帰って来たばかりで、テレビを見るため腰を下ろし、チャンネルを変えながら、あるケーブルニュース局で止まり、クリス・マシューズが司会のトーク番組『ハードボール』を見て数分が経った。

その夜、マシューズのトーク番組のゲストはキャスリーン・ウィリーという女性で、ホワイトハウスでクリントン大統領から身体を触られる猥褻行為を受けたと訴えている人だった。彼らは、誰かがその訴えを止めようと自分を脅した、というウィリーの主張について議論していた。

番組を見るうち、シアラーは突然、そのインタビューで話題になっているのは大統領でもウィリーの主張でもなく、自分のことだと気付いた。

クリス・マシューズ　この男性があなたの所に来たとき――朝の夜明け時、その出来事から五年後、リッチモンドで――その人は誰だったんですか。改めて聞きます、あなたはそれが誰だったか分かると思うので。

キャスリーン・ウィリー　分かります、分かると思います。

マシューズ　それが誰だか、言いましょうよ。これはこの話の大事な点です。あなたはこの番組に今夜、生放送で出ようと思った、でもその人が誰だと思うかは言わない。もう少し丁寧に質問させてください。それが誰だと、そう考える原因を作った人がいるんですか、その原因を作ったのは誰でしょうか、そして、そうやって考えたその中身は何でしょうか。

ウィリー　写真を見せられて……

マシューズ　そこに写っていたのは。

ウィリー　言えません。もったいぶるつもりはなくて……

マシューズ　私も見れば分かる人ですか。

ウィリー　はい。

マシューズ　大統領の家族か友人の誰かですか。ストローブ・タルボット〔国務副長官でシアラーの義兄〕に関係がある人ですか。シアラーという人ですか。

ウィリー　求められてるんです、言わな……

マシューズ　そこは認めないよう求められていると。

ウィリー　はい、求めたのは……

マシューズ　オーケー。

シアラーはひどい気分になった。マシューズが何を狙っているか分かっていた。ワシントン周辺では噂が駆け巡っていて、それはウィリーがジョギングしている最中に男が接触してきて大統領に対する訴えを取り下げられないかと脅し、その男がシアラーだというものだった。噂に根拠はなく、そして事実でもなかった。この接触があったとされる時、シアラーはカリフォルニアにいたのだ。

だが話のそんなところをわざわざ調べる人はいなかった。今シアラーは、事実に反する噂をマシューズがみんなに知らせ、あたかも本当のことらしく仕立てているのを、ただ見ているほかなかった。

マシューズ　そのジョギングの人のことに戻ります。この話で最も気になる、恐ろしいところです。あなたが外を歩いていたら、その人が来た。あなたは眠れなくて、首が痛くて——その男は近づいてきたけれどもあなたは会ったことがない——その男にはそれまで会ったことがない。

ウィリー　ないです。

マシューズ　そこですが、彼は何と言ったのですか、最後まで話してください。

ウィリー　あの、私の子どもたちの名前を挙げました。その子たちは元気かねと。そこで私は聞きました、あなたは誰、何が目的かと。するとその男は私の目をまっすぐ見て「言いたいことが分からないようだな」と言いました。私はきびすを返して——逃げました。逃げなくてはならない立場ではなかったですけど、一〇〇ヤードほど逃げて、それぐらい怖かった、それで振り返ったらその人はいなかった。

マシューズ　その男じゃないかとあなたが思う写真は、誰に見せられたのですか。

ウィリー　ジャッキー・ジャッドさんです。

マシューズ　ＡＢＣの?

ウィリー　そうです。

マシューズ　それで、写真の人がその男だと判断したのですか。

ウィリー　そうです。

マシューズ　なら、それはコーディ・シアラーだ。
ウィリー　そこは言えません。
マシューズ　いいでしょう、でもあなたは、その男だと判断……締めくくるために少し別の話をしましょう。[6]

最初の電話がかかってきたのは番組が終わってほんの数分後だった。匿名で声は低く、シアラーの命を脅した。この電話にシアラーは震えたが、しかしこれは『ハードボール』を見て頭に血が上った一人の変人だと考えた。やがて、しかし、次の電話が来た。そして三件目も。シアラーは心配を募らせ始めた。

翌日、保守派ラジオトーク番組司会者のラッシュ・リンボーがこの噂話を放送した。「彼女がポーラ・ジョーンズ事件について証言する二日前、脅しに来たというその男の名前を、ケン・スター〔独立検察官〕は明らかにしないよう彼女に求めたという。それは誰かというと、コーディ・シアラー。S・H・E・A・R・E・Rだ[7]」

リンボーの影響力はずっと大きかった。その日、シアラーの家は電話が鳴り止まず、一〇〇件近くに及び、ほぼ全てが殺害や暴力を予告した。この話が事実でないことは明白だったが、問題の『ハードボール』の放送の中でマシューズはウィリーのインタビューの一部を繰り返して放映させ、自分の「スクープ」部分をゲストの面々に見せていた。

シアラーはワシントンを数日間離れ、この出来事を忘れようとした。ワシントンは注意欠陥障害の街だから――そう考えた。一週間かそこらで誰も気にしなくなるだろうと。

その考えは間違っていた。ワシントンに戻ったシアラーが日曜の朝シャワーを浴びていると、家に泊まっていた来客の一人がバスルームに駆け込んできて、庭に銃を持った男がいる、シアラーを殺しに来たと主張していると言う。シアラーは冗談だと思ったが、そこを出て、男が別の友人に銃を突きつけ、シアラーに会わせろと要求しているのを見てそうではないと悟った。

突然、銃を持った男はなぜか自分の車に駆け込み、逃げた。シアラーと友人たちはナンバープレートをメモし、警察を呼んだ。一時間後、警察はこの奇妙な出来事の、さらに奇妙な結末を説明した。その異常な男はハンク・ブキャナンといい、元トーク番組司会者で、共和党員や「改革党」大統領候補でもあったパトリック・ブキャナンの兄だった。ハンク・ブキャナンには精神疾患歴があった。

そうした中でシアラーがもっとも呆れたのはクリス・マシューズに対してだった。「私がもしこんな間違いをしたら、机に向かい、締め切りに追われる中でのことだったと説明して謝罪する手紙を書いただろう」とシアラーは言った。「だが、私には何の連絡もなかった。プロデューサーからさえもだ。そして最もすごいのは彼に何ごともなかったことだ。次の夜も彼はテレビに出ていた」[8]

両者は放送数日後、ブキャナン事件の前、列車内で会った。シアラーによれば激論となり、マシューズには謝りたい様子はないと彼は思った。シアラーの弁護士から書面を受け取った後になってマシューズは放送内で謝罪し、そこには弁護士が求めた内容である、シアラーは「ウィリー氏により説明された出来事には一切無関係である」というくだりも含まれた。

「私は、放送でシアラーの名前に触れる前に、彼と話し――話さなかったことを今、反省しています。私たちは精査するまで彼の名前を持ち出すべきではありませんでした」とマシューズは自分の番組内で述べた。だがこの言い方では訂正とは言えない。彼らはまた、その話が事実ではないと認めることもしなかった。

シアラーの話は、私たちみんなの議論の場に今あふれている厖大な会話や意見の中で、容易に見失いがちなものを恐ろしい形で浮き彫りにした。こうした議論の場は重大な結果を起こすものであり、事実を基盤として作られていなければならない。

第2章で真実について、私たちは初の定期刊行物がもたらした自然発生的な議論の場や、それと世論の誕生との関係について検討した。ニュースは出来事の詳細を報じ、悪事を明らかにし、生まれつつある風潮を概説し、それらによって人々を思案に誘う。世界初の民主主義が生まれたアテネの広場やローマの市場の、顔を合わせて議論する場に近いもので、それを距離を隔ててもできる形で再現したのが近代のメディア文化だ。

今、その議論の場は広がり、ニュースの収集と報道のあらゆる場面に浸透している。報道現場のどこでも編集者たちはツイッターを見て、自分の担当分野に関して他人が何を言っているかチェックできるようにしている。記事の中には常にツイートが、あたかもインタビューのようにして使われ、トランプ後の時代の政界人は今やSNSを、特にツイッターを、あたかも声明に手を加えず伝えてもらえる広報発表サービスのように使う。

多くの意味で、通常のニュースサイクル〔ニュースの発信間隔。新聞なら一日一～二回、地上波テレビなら朝、昼、夕方、夜など〕といえるものがあると考えることはできなくなった。だが本当に問題なのは、ニュースサイクルが途切れないことではなく、同報性が失われたことだ。私たちは物事を同時に知るのではない。私たち一人一人が個人のニュースサイクルを持ち、それは日ごとに、自分の行動や、個人の友人関係や、フォローする人々のネットワークや、何らかのランダムな要素に基づいて、異なることもある。多少ならそういうことは普通に起きる。だが、今や私たちのデジタルメディア文化のスピードと変動は激しく、私たちはお互いのずれを埋めることなど到底できず、多くの意味で別々の世界に住んでいるという感覚が生まれている。吟味するとか、裏付けがあり確実性があり検証を経た事実はどれか見定めるとか、そうした考え方は、複雑すぎて時代遅れに見えるほどだ。

全てが動きの中にある。なぜなら私たち一人一人が、一人一人異なる場所で、異なる時間に、物事を知るからだ。どんな吟味も個人で別々に行う。私たちは常に、ばらばらの動きをしている。このことから逆に、ニュースは何かの関係者だけがやっていること、あるいは何かのディープ・ステート〔政府を裏で秘密裡に操る「闇の政府」という、陰謀論の一つ〕のメンバーのものに見え、現実のことには見えない――あるいは少なくとも「フェイク」「やらせ」と言ってもいいものになる。この最たるものが、いま米国で「ビッグ・ライ（大きな嘘）」と呼ばれるようになったもので、ジョー・バイデンの大統領当選はドナルド・トランプから盗まれたものという考えだ。

これらはいずれも、社会運動団体や政党にとっては意味がある。この新しい政治的「ラショーモン」〔羅生門。利己的な在り方のことを示す〕を利用しようと考えているからだ。毎年、世論を動かそうと何百万ドルもの金が支出され、その金で半分本当で半分嘘の情報が流されることも多く、全くの嘘という場合も時々ある。そんな中、人々にとってますます重要なのは、報道メディアが社会で共有すべき議論を提供し、誠実な仲介役や審判役を務めることだ。すなわち、人々が既に聞いたことに対し、注釈を提供する役回りだ。新しいメディアの時代、これは責任あるジャーナリズムを担おうとする人たちにとって、さらに大切な責務となる。印象操作のからくりや営利目的の主張、ロビー活動、政治プロパガンダに潜む嘘を暴き、何が真実か調べ、吟味を試みることだ。逆に、多くの人を引き寄せようと論争をただ炎上させたりそれに乗っかったりすることではない。今は、誰もが公開の場所にオピニオン記事を書く能力を持つ。新聞の論説面、サブスタック〔メールマガジン配信サービス〕のようなテクノロジーを使った自説の配信、トーク番組への出演、論説雑誌のエッセイ執筆、ブログ運営、あるいは単にSNSに書くなどだ。だがそれらの情報の筆者は、自分の仕事をジャーナリズムと呼びたいのなら、事実に背いてはならないという立場を守る必要がある――真実であること、そしてみんなの利益に忠実であることを、最高度の水準で堅持すべきである。

このように、ジャーナリズムは人々が批評をする場を提供しなければならない。そこでの社会的議論も他のジャーナリズムと同じ原則――真実性、事実、事実確認がその出発点――の上に築かれることが新しい時代においてもますます重要になる。新しい時代にこれらが重要でなくなるのではない。議論の場で事実が重視されないならそれは物事を知らせる役に立たない。偏見と憶測で固めた論争が炎上するだけになる。

同じく大切なこととして、この議論の場にはコミュニティの全ての立場の人が参加できるものでなければならない。最も発言が活発な人たち、すなわちSNSで最も目立つ人たちだけ、あるいは物やサービスを売る相手として魅力的な階層の人たちだけ、ではいけない。

最後に、人々の議論の場を理解する上で必要なことをもう一つ挙げる。はじめはニュースが引き起こし、今はプラットフォーマー企業が拡大させている問題、つまり極端な主張だけに重点を置いた論争だ。これは人々への貢献にならず、逆に大半の市民を置き去りにしてしまう。報道メディアにせよ人々の対話にせよ、幅広く多様な意見が発表される場となっており、それは様々に違う私たちの、様々に違う社会を反映しているわけだが、私たちは民主主義というものが最後には歩み寄りの上に成り立つという事実を見失ってはならない。人々の議論の場は、合意を作る領域を広く持っていなければならない。大半の人々はそこに存在し、社会問題の解決はそこに見つかるのである。

このように色々気を遣うべきだという主張は古く、いささかエリート主義的に過ぎ、そして一握りのメディアが人々の情報入手を支配した時代の名残だ、と考える人もいるかもしれない。新しい世紀、新しいコミュニケーション技術があれば、マシューズはウィリーに話をさせてシアラーに答えさせれば十分ではないか。ジャーナリストが間に入るなどやめさせ、論争は純粋に公共の広場でやらせればよく、NBCやCBSニュースが形作った人工的な場でやらなくてもいいのではないか。ウェブは自動清掃機能があるオープンなのだ。心配は要らない――これはテクノロジーかジャーナリズムかという論争が最も明確に哲学的対立として現れた形だ。

テクノロジーが私たちのためファクトチェックをしてくれるという考えは魅力的だ。私たちは真実を探すため、ジャーナリストではなく、もっと広大な事実と思考の市場を信頼すればよく、ジャーナリストの努力などという堅苦しく押しつけがましいものなど要らない、というのである。今や私たちは誰でも、聞いたことをいちいちチェックせず単純に伝えればいい。もしそこに間違いがあれば、誰かが何かで見つけ出す。既存文化の限界、事実を選別する関門係の無能、既得権益層のための偏向、そして一部の声だけしか扱われないなどの問題は、まるで単純な数学のように、見事に解決される。

仮にもし本当にそうだとしても――そうではないのだが――クラウドソースによってファクトチェックが自然に起きるというこの夢には問題がある。これは責任転嫁の一形態なのだ。人々が誤信させられる機会は増す。たとえ後に訂正されるとしてもだ。そしてこれはあくまで理論上、ネットワークならやってくれるという期待に基づく話で、実際にはそんなことにはなっていない。この恐ろしい現実は、デジタル時代が続くにつれ、どんどん明白になっている。

そして最後に、そうだとしても報道機関やプラットフォームが間違った情報を伝えた責任を免れるわけではない。事実を訂正する仕事は誰か別の人がやってくれると全員が思っているとき、メディアのシステムが自ら何かを修正するということがどうやって行われるのだろうか。例えば、テレビのインタビュアーが生放送でインタビューをしていた相手が、事実と確認されていない主張をしたとき、事実確認の規律を守る義務をインタビュアーが果たさなくていい条件は何か。チャンネルがもっと他にもあればいいのか。〔視聴者から指摘を受ける〕双方向性か。リンクが無限に続く期待か。こうした発想は人を自由にするように見えるかもしれない。テクノロジーが私のために厄介な仕事をしてくれるのに、なぜ自分でやるのか、しかも報道部門の人や金は減り、私も取材に割く時間が減っているこの時代に――ということかもしれない。だが、現実世界のコミュニケーションの市場と政治文化においては、クラウドソースが真実を提供するという期待には頼れない。情報がSNSでどう伝わるかを調べた社会科学の研究では、フォロワー数も影響力も大きいインフルエンサーはいまだいて、その影響はイデオロギー的であることも多く、彼らが使っている情報がきちんと検証されているかどうかとは関係ない。古い少数支配者〔旧来メディア〕はその座を追われつつあるが、代わって別の面々――事実かどうかの確認など気にしないことが多い――がその座につきつつあるということに、私たちは気づき始めている。

危険なことに、私たちはテクノロジーが責任感の代わりになってくれると決め込み、公共の広場を事実、公正さ、責任が軽視される場所にしてしまった。事実確認に代わって情報操作が行われる。正しいかどうかは、力やエネルギー、言葉の巧みさで決まる。二〇二〇年、既にこれは起こっている。私たちの理想主義（これをプラットフォーマー企業は自分に都合よく使って利益を得る）は、実際には私たちの衰退原因になってしまった。

テレビやラジオがニュース発信の主要手段として生放送インタビューに頼りすぎるようになった段階で、こうしたメディアが提供する人々の議論の場は、事実確認の責任をもう放棄している。報じられる側が誰でも喜んで認めるように、生放送インタビューという形式はインタビューされる人に主導権を譲り渡す。何を言うかはゲストが決める。視聴者を誤信させたり、司会者を無視したり、嘘さえ述べたりと、幅広い力を得る。ジャーナリストである司会者としては意思と手段をどんなに尽くしても、よほど明白な虚偽でなければチェックや訂正に限度がある。テレビジャーナリストたちは気付いていないかもしれないが、彼らは自分たちの番組ゲストが、このことを番組で主張できると感じさえすれば、事実が簡単に打ち負かされる構造を作ってしまった。

ＳＮＳの元祖

米国ジャーナリズムの核心にあるのは人々による対話であり、これはジャーナリズムの形が整う前から既にそうであった。これまでに述べたように、印刷された新聞ができる前から「ニュース」はパブリックハウス〔パブの語源〕でエールのグラス片手にやりとりされるものだった。ニュースを語ることは印刷された動かない文字のことではなく、空虚なことでもなかった。会話の一部だった。会話はもちろん情報のやりとりでもあったが、大事なのは考えや意見のやりとりだった。

印刷された新聞が生まれてもこの伝統は消えず、評論として初期の新聞に掲載された。ノア・ウェブスター（彼の辞書は『社説』という言葉を初めて載せた）はこの機能について、自分が発行する『アメリカン・ミネルバ』創刊号（一七九三年一二月九日）の「皆様へのご挨拶」で説明した。「新聞はニュースと呼ばれるものの伝達だけでなく、みんなで共有する社会の対話の手段である。それを通じ、広大なこの共和国の市民たちはお互い、みんなが気にかける問題について常に対話し議論する」[9]

その後の時代もジャーナリズムは、人々に開かれた議論の場という発想を生かしていくために取り組んだ。新聞社が記者を雇い、伝える「ニュース」を増やしたころ、論説面では編集長への手紙を載せ、後にはその論説面の反対側に読者が普段から投書するページを置き、それらは地域社会の議論の場になった。新聞発行者たちはもっと素朴なやり方でも議論の場という発想を生かした。一八四〇年、ヒューストン・スターは社のロビーを単なる編集局への入口というだけではない空間にした最初の新聞社の一つとなった。人々のため開かれたサロンとしたのだ。住民たちは立ち寄るだけでなく、自由に「良い飲み物、面白い新聞、心地よい葉巻」を楽しんでほしいと呼びかけられた。多くの都市で、新聞社のロビーが住民歓迎の新聞閲覧室兼サロンとなる伝統はその後一〇〇年以上にわたって続いた。新聞社は地域社会の一部というだけでなく、地域社会の人々が集まり語る場となる大変具体的な手段で、二一世紀でいえばスターバックスなどカフェのようなものとなった。[10]コロナ禍前、いくつかの報道機関はこの発想を復活させはじめ、編集局をカフェやバーやイベントスペースの横に配置した。シカゴの南部では、市民活動と報道を業務とする新興企業シティ・ビューローが拠点を個人経営カフェと自転車店の間に置いた。テキサス州の小さな町マーファでは、地元紙のオーナーが古い大衆酒場を買って改装した。[11]

恐らく、産業化した報道機関はその力と責任感がピークだった時、あまりに控えめになっていた。新聞の論説面は二〇世紀後半、情熱より真面目さが表に出る学者の書くような紙面となりがちだった。保守派の『ウォール・ストリート・ジャーナル』の論説面が一九八〇年代から九〇年代に目立っていたのは、他紙の多くが生ぬるい中、同紙は激烈な内容だったことも理由の一つだ。

その後の年月を経てニュースをめぐるみんなの議論の場は、もちろん、より猛々しいものになった。しかし私たちがSNSプラットフォームの引き起こす分極化の不協和音と考えるものは、インターネットができてから始まったわけではなかった。本当にその始まりとなったのは一九八〇年代のメディア規制緩和とラジオトーク番組の増加、加えてケーブルテレビの討論番組志向だった。

ウェブ以前の一九九〇年代まで、メディアは言語学者で文筆家のデボラ・タネンが「論争文化」と呼ぶものの発達を支えていた。引っ張ったのはCNN『クロスファイア』、民放の『ザ・マクラフリン・グループ』といったテレビ番組とラジオトーク番組だ。これらはさらに深い文化と政治の変動を反映していた。二〇〇〇年までに、平均的な二四時間の間にテレビではニュースと社会情勢の番組が一七八時間あった。その時間数の四〇％はトーク番組が占め、多くは演出された討論を含んでいた。[12]当時の学術研究によれば、もし同じ考え方でも白熱した論戦を通じて伝えられるのと、丁寧で冷静な対論とでは、視聴者は論戦ドラマを好むことがはっきりしていた。

だが論争文化が広まったのは社会科学の研究をふまえてではなかった。文字通り「言うだけならすぐできる」という、まさにそれが事実であるところが大きい。トーク番組の制作コストは、取材のインフラを整備してニュースを伝達するコストに比べればごく僅かなのである。

そうなると、論争文化の多くを占める議論自体の性質が問題になる。メディアのトーク偏重はやがて、ジャーナリズムの任務である知識提供ではなく、分極化や危機を煽る内容に偏重する方向で発展した。みんな華々しい戦いが大好きという理論に基づき、論争される問題は全て解決不可能に見え始めた。歩み寄ることは真っ当な選択肢として示されなかった。

一九九三年には既に、小説家の故マイケル・クライトンが論争文化における会話の性質を分析している。「私たちは最近、幅広い意見の一方の極端に立つか、反対の極端に立つかだと決めつけている。私たちは中絶支持か、中絶反対かだ。自由貿易論者か、保護貿易主義者かだ。民営化論者か大きな政府論者かだ。フェミニストか男性優位主義者かだ。しかし現実の世界では、こうした極端な立場の人はほとんどいない。意見には広く緩やかな幅があるのだ[13]」

報道メディアは、一世代後に自分たち自身が政治的分極化と非難することになるものを、既に早い段階で自ら広め、助長し、その責任を負うべき共同実行者となっていたのだ。

さらに、この論争文化は派手なアピールの割に人々の議論の幅を広げなかった。狭めたのだ。論争文化では、テーマは華々しい戦いが行われるものに限定されがちだった。そして、ニュース速報の場としてウェブがケーブルテレビニュースに取って代わるようになると、ケーブルテレビのトーク番組はその対象をどんどん絞り、扱うテーマは一つになっていった。政治である。その背景には、細分化のパラドックスがある。みんなの議論の場が大きくなれば、個別のウェブサイトやフェイスブックのグループ、チャットルーム、テレビネットワークは専門別に分かれていくのだ。

プラットフォーマーは「有意なエンゲージメント」と彼らが呼ぶ簡単な構成物——つまり、いいねやシェア——を通じ、この分極化を無邪気に推し進めた。人々が政治的なコンテンツをシェアすることが増え始めた中でも、いいねやシェアをするのは自分たちが既に強い気持ちを持っているものに偏っていた。私たちは新しいもの、よく知らないものはさほどシェアせず、するのは面白いと感じているもの、さらに詳しく知りたいと探しているものだ。その上でフェイスブックや他のサービスはさらにこれを進め——純粋に広告収入を増やすためだ——二〇一六年にアルゴリズムを調整し、不一致を巡り最も熱くなるところを使って私たちをさらに分断するようにした。ターゲティングを柱にした広告の出し方を構築したことで、これらの企業は私たちがともに保有するものを増やすのではなく私たちの市民社会の分断を悪化させ、よからぬ者たちに豊かで無規制の土壌を用意したのだ。これらの企業は無自覚のうちに分断化の先兵となった。それ以外のことはできるようになろうとも思わないし、その力もない。

二〇〇六年、テレビにおいて論争文化は新しい別のものに座を譲った。旧来メディアでの議論の場は、演出を受けて両極端が争う討論から、ラジオやテレビの司会がゲストに質問せず自分で視聴者に答えを示すものに変化した。論争文化ではトーク番組で両サイドに分かれ対立する人たちに討論を求めていたが、これが解答文化に代わられた。そこでは司会者の訴求力は、イデオロギーが一致する視聴者に、その考えを肯定するような解答を提供するところにある。解答文化は肯定ジャーナリズムの核心部分で、ニュース企業の一部は今や視聴者がもともと考えていることを肯定することで視聴者を増やし、調査や取材に重点を置くことはしなくなっている。

二〇二〇年には、解答文化と肯定ジャーナリズムがケーブルテレビニュースを支配するに至った。CNNとMSNBCはトランプ当選に狼狽する人々に解答を提供し、慰めを与え、憤りの材料を供給した。アリアナ・ペカリーというプロデューサーは二〇二〇年夏にMSNBCを辞め、自分がくみしていたものはもはや民主主義にとって健全といえないと考えた理由をブログに書き、その中で上司の一人が彼女に言ったこととしてこう記している。「うちの視聴者は私たちを本当にニュース番組だとは思っていない。快適さを求めて来るのだ」

論争文化の盛りには、二極対立型討論をCNNや、『ザ・マクラフリン・グループ』など民放提携テレビの政治トーク番組が演出していた。その時には視聴者は少なくとも異なる意見を目にし、その双方の意見は少なくとも同じテレビスタジオの中で発せられていた。こうした討論では微妙な含意はほとんど見られず、穏健であることを馬鹿にするものだったにせよだ。二〇二〇年には、テレビにもネットにも、このレベルの論争すらほとんど見受けられない。

解答文化と肯定ジャーナリズムが社会に与えた結果は明白だ。テーマごとに特化した議論の場に私たちが費やす時間が長くなり、社会の共有地は狭まっていく。これがデジタルの「フィルターバブル」という概念で、選択肢が多彩になるほど自分の好むチャンネルにはまり込むこととなり、ものを知る幅は狭まる。テレビのネットワーク局は公的な世界の重要場面、例えば政党の大会を放送しようとしなくなり、そういう仕事はケーブルテレビに任せているというのもその兆候の一つだ。やがてその結果、マスメディアはもう社会で共有すべき問題を知るための役には立たなくなる。米国文化の最も顕著な特徴の一つ――ファシズムや大恐慌など重大な危機に、国として勇気を奮い起こし立ち向かう力――が、ますます怪しくなる。政府機能の不全による失敗、例えば毎年起こる政府部門の閉鎖〔与野党対立による予算成立の遅延により発生する〕、トランプ主義の高まり、政府の専門家は一握りのエリートが秘かに私的利益を得るため国を操作するディープ・ステートの類の代理者だという考え、といったものがますます広がっている。機能不全が通常状態になる。想像もできないことがありそうなことに変わる。

こうした新しく広大な公共空間の性格――事実確認のレベル低下、読者・視聴者がばらばらのフィルターバブルに入り込むことによる分断、肯定と怒りと快適さの重視、それら全てがツイッターやフェイスブックやユーチューブといったプラットフォームで拡大されていく――がもたらした皮肉な効果は、それらがジャーナリズムの最も大切な目的、すなわち人々が自治を行うための情報提供を、妨げていくというものだ。

「民主主義では多数派と少数派が妥協することが欠かせぬ基礎となっている」と、カリフォルニア大学バークレー校の元総長、ロバート・バーダルは論争文化が最高潮の時代に述べた。[14]「しかし妥協は、全ての問題を道徳として要求するレベルで論じ」たり、「衝突の度合いをことさらに高めた枠組みで議論されたりすれば不可能になる」という。これは、今報道機関が行っていることの典型だ。

「私たちの社会の冷笑癖がメディアや新聞だけから来ているとは、私は全く考えない」とバーダルは付け加えた。「それでも冷笑癖の波は私たちを覆っている。これは市民社会の機能を著しく損なう。私たちが目の当たりにしている、物事を駄目にする冷笑癖はしらけと無関心につながるものだからだ。参加しないことにつながる。社会全体への関心を失わせ、代わりに個人個人の関心事に重点を置くことにつながる。冷笑癖は米国市民の対話の質を劣化させ、民主主義の制度の基礎を脅かしていると私は思う」

バーダルは最初のSNSが存在さえしない時からこの警告を発していた。それから二〇年後、世界は、米国民主主義転覆の企てをテレビの生中継で見ることになる。二〇二一年一月六日のことだ〔この日、トランプの大統領選敗北は不正選挙のせいと信じた人々が連邦議会議事堂を襲撃し一時占拠する事件が起きた〕。

その時には、テレビの論争文化の盛りは終わり、それに代わった解答文化が勝利して一〇年が過ぎ、その解答文化を拡大したプラットフォーマー企業が優勢となっており、そうして米国は政治の面で変わった。私たちの中に極端な考えの人が増えた。自分を中道と考える人は減った。[15] この分極化の拡大はメディアが提供するみんなの議論の場の在り方だけが原因ではなかったが、助長はしていた。

みんなの議論の場が議論の場所ではなくなり、自己満足のための解答と、姿の見えない他者に対する道徳的憤怒の場になるという変化には、はっきりした、そしてある意味皮肉な、きっかけの瞬間があった。それは二〇〇四年一〇月一五日、CNNの『クロスファイア』という、論争文化メディアのシンボル的な例であり、この時既に一〇年以上も放送を重ねてきていた番組に、コメディアンのジョン・スチュワートが出演した時だ。

スチュワートはコメディ・セントラル〔コメディ中心のケーブルテレビ局〕『デイリー・ショー』の、トレバー・ノアの前任の司会だったが、『クロスファイア』を批判し、同番組が政治問題を扱う時の論争をあおるやり方も批判していた。この時はジョージ・W・ブッシュとジョン・ケリーの大統領選挙運動が山場を迎えていた。スチュワートを招待した司会者の一人はポール・ベガラで、これは政治的には左派の立場を代弁していた。もう一人はタッカー・カールソン、今はトランプ主義者のポピュリストであり、FOXニュース〔保守的なケーブルテレビ局〕のホストで、政治的立場の幅の中で右を代弁した。[16]

「まあ、この人は最も信頼されている人物と呼ばれてるね、フェイクニュースの中でだけど」とカールソンは満面の笑みで、スチュワートと会話して「彼ならではの政治、報道、米国に対する向き合い方」を聞くのが楽しみという感じを出して言った。しかしほぼその直後、スチュワートはジョークを言いに来たつもりでないことが明確になった。

スチュワート　なぜ論争しているんですか、お二人は。見たくないですよ。
カールソン　楽しいですよ。
スチュワート　一つ聞きたいんですけど。
カールソン　いやあ、まず私から聞きたいです。
スチュワート　いいですよ。
カールソン　ジョン・ケリー……ジョン・ケリーが本当に一番良いですか。どういうことかというと、ジョン・ケリーは……
スチュワート　彼が一番良いかですか。リンカーンは良かったと思いますけど。
カールソン　民主党が出せる最良なのが彼なんですか。
スチュワート　民主党が出せる最良なのが彼なのかと?

カールソン　ええ、今年のあらゆる候補者の中で。

スチュワート　ずっと考えてますが、民主主義では――改めて言うとよく分からないのですが――この国にしか住んだことがないので――手続きというものがある。予備選といいますがね。

カールソン　そうですね。

スチュワート　それで最良の人が出るとは限らない。でも誰にせよそこで勝った人が出ます。その人が最良かどうか。手続きに従うなら、そうでしょう。

カールソン　そうですね。でも出馬した九人だと誰が最良だと考えますか。彼が最良だと、一番印象的だと？

スチュワート　一番印象的だと？

カールソン　ええ。

スチュワート　アル・シャープトンがとても印象に残りましたね。話し方がいい。よく思うんですが、勝てないと分かっている人が一番自由に話せます。というのは、そうじゃない人はテレビの、例えば『クロスファイア』という……

ベガラ　『クロスファイア』ですか。

スチュワート　ほかに『ハードボール』でも、「ぶっ飛ばすぞ」でも何でも……飛びつくでしょう、そこに。いろんな意味で笑える。今日この番組に来るため頑張りましたよ。友だちへ内々に、あとときどき新聞やテレビ番組でも、この番組は駄目になってると言ってますから。

ベガラ　知ってます。

スチュワート　そして……それじゃ卑怯だと思って、ここに来て言わなければ――駄目になってるというより米国を駄目にしてるんだ。でも今日ここに来て言いたかった。米国を駄目にするのはやめろ、やめろ、やめてくれ。

カールソンは自分が会話の流れを制御できていないと感じ、主導権を取り戻すため、スチュワートが『デイリー・ショー』でケリーにインタビューしたやり方に異議をぶつけた。

カールソン　どうでしょうか……あなたは彼にインタビューする機会を得た。なぜ真剣な質問をしなかったんですか、おべっかばかりで。

スチュワート　ええ。「お変わりないですか」というのは本当のおべっかですね。私は実際、彼にホットストーン・マッサージをしてあげてますよ。私たちがやってるように。

カールソン　そんな感じでした。確かに。

スチュワート　あのですね、私の責任についてあなたが言うなんて面白いですね。

カールソン　あなたたちは火花を飛ばしていると感じましたよ。

スチュワート　それは気付きませんでしたね……それでだいたい分かりますよ。

カールソン　いや、機会として……

スチュワート　……自分たちが真っ当だと示すのにコメディ・セントラルに目を向けるってのは報道機関のやることなんですかね。だから私が言いたいのは、あなたが自分のことを政治家に詰め寄っているように言うのは、私は汚いと思うんだ。思うにあなたは……

（言い合い）

スチュワート　問題はこうですよ。もしあなたが私にぶつけている考えが、私がニュースに関して十分に厳しく質問してないということなら、私たち変ですよ、みなさん。

さらに言い合いが続いたが、そこでスチュワートはいたく真剣になった。

スチュワート　あのですね、私が興味深いと思っているのは、あなたにはみんなの議論に責任があって、そしてあなたはみじめに失敗している。

カールソン　あなた、ジャーナリズム大学院の先生になったらどう。そう思うね。

スチュワート　あなたはそこで勉強したらどう。私が言いたいのは、人々をただ、その場で反応するだけのしゃべりに付き合わせるなら……

カールソン　待って。あなたは笑わせるよ。どんどん言って。笑わせて。

スチュワート　いやいや、あなたのおもちゃにはならないですよ。

ベガラ　続けて、続けて。

スチュワート　あなたの番組を毎日見てるんです。ひどい気分になる。

カールソン　好きなんじゃないの。

スチュワート　実に……実に見るのがつらい。あの、あなたのすることは、私たちに必要なものだから。実際に政治家の売り込みや戦略を引き剝がす、そんなすごい機会があなたにはこの場にあるんです。

カールソン　あなた本当にジョン・スチュワート？　一体何なのこれは。

スチュワート　ええ、あなたの番組を毎日見て、もう無理だと思っている者ですよ。もう無理。

カールソン　あなたと夕食を食べるとどんな感じかな。こき下ろされるんだろうね。そうやってみんなに説教するの。人の家を訪れて腰掛けて説教をするの。あなたのやっていることは間違ってる、機会を駄目にしている、責任を逃れていますよって。

スチュワート　もしその人たちがそうだと私が思うなら。

カールソン　あなたとは食事したくないな。ひどいもんだ。

スチュワート　ですね。そしてあなたは……どうして、私たちは話せないんですか。お願いします、ぜひ。

カールソン　『クロスファイア』の見すぎだと思うね。少し休みを入れましょう。

スチュワート　いえいえいえ、お願いします。

カールソン　いやいや待って。コマーシャルを入れなければ。

スチュワート　やめてください、お願いします。

二〇〇五年一月、ＣＮＮ社長ジョナサン・クラインは同番組の終了を発表した。打ち切りの発表の際、クラインは報道陣に「私はジョン・スチュワートの言うことの方がよく分かる」と述べた。[17]その時そう考えたのはクラインだけではなかった。トーク番組司会者たちは、ラジオでいえばラッシュ・リンボーも、ケーブルテレビのビル・オライリーやレイチェル・マドーも、ウェブサイトでは右派の「フリー・リパブリック」、左派の「トーキング・ポインツ・メモ」も、熱心な支持者に燃料は供給するが、しかし社会的な議論のための枠組みは大まかなものさえ提供しなかった。

論争文化の時代が過激主義への関心を呼び、論争文化に代わる解答文化が私たちを代替現実〔事実に基づかないにもかかわらず、現実はこうなのだと認識する内容〕の専門チャンネルにいざなったとすれば、フェイスブックをはじめプラットフォーマーは私たちをもっと遠くまで来させた。メタ知覚《パーセプション》〔他は自分をこう見ているに違いないという感覚〕、自分たちに賛成しない者たちへの侮蔑、この国の将来は常に危ういとの感覚をはじめとする怒りの材料を増幅し、煽り立て、私たちの政治対話の幅を狭めた。心理学者のジョナサン・ハイトと著述家のトビアス・ローズストックウェルは、ＳＮＳが政治談議の仕方を変えてしまい、ばらばらに分かれた多数の小さな集団を作り、そこで競い合うようなものにしたと記している。二人によれば、もともとコミュニケーションは個人的な、そして双方向のやりとり――二、三人が互いの冗談で笑い、代わる代わる自分のことを話す――だったのが、ＳＮＳではもっと公開のパフォーマンス的なものに変容した。まるで自分たちがいる通りの両側に特別観客席を建設し、席は友人、知人、ライバル、見知らぬ人からなる観客で埋め、その人たちが判定やコメントを送るようなものだ。私たちが他人の目にどう映るかは計測され――ソシオメーターとも呼ばれる――すべて公開表示される。それにより、怒ったり二極化の一方に加わったりする動機がさらに膨らむ。そうすれば計測値が上がるからだ。ハイトとローズストックウェルが言うには「ＳＮＳはいいねや友だち、フォロワー、リツイートを表示する。心の中で秘かに計測するものだったソシオメーターを公開の場に出して表示させているのだ」。怒り、腹立ち、憤激が数字を上げ、それを研究者は計測できる。「私的な会話でいつでも怒っていたら、友だちに面倒な人だと思われるのが普通だ」とハイトとローズストックウェルは記す。「だが、そこに観客がいたら、違う報酬が得られる。憤りによってあなたの立場が高くなり得るのだ」[18]

プラットフォーマー企業は自社アピールを飽きるほど繰り返し、情熱的に語り続け、自分たちが自由な言論、開かれたウェブの守り手であるかのように描き出す。「今日ここに来たのは、表現の自由のため闘い続けなければならないと考えているからです」。フェイスブック創業者のマーク・ザッカーバーグは二〇一九年、ジョージタウン大学のスピーチで宣言した。彼自身も同社も健全な市民の対話の守り手であり、強奪者ではないと示すため、数えられないほど繰り返された発言の一つだ[19]。

もともとの動機がどうだったにせよ、プラットフォーマー企業の今の関心は金であって市民ではない。彼らは口では何と言おうが、現実には自分たちが流すコンテンツの編集責任は回避する。回避することで収支はよくなり、法的責任を問われることも、政治上の論議に巻き込まれることもなくてすむからだ。この責任放棄を彼らは、社会への善行という美辞麗句で呼ぶ。だが実際には社会への害悪となっているのだ。

プラットフォーマーは自分たちが目立たせている様々な内容に、別のコンテンツをつけ加えることも簡単にできた。人々がシェアせず見ているだけなのは何かを計測することもできた。私たちの見るストリームに、編集者がみんなの利益になると見なすもの、地元に密着したもの、みんなの安全面でとりわけ重要なもの、そのほかどんな価値が高いものも追加することもできた。だが彼らはしないことを選ぶ。経済的利益にならないからだ。そしてその判断がみんなのための善行であるような話術でごまかす。明らかに事実に反するコンテンツの拡散を止めるため、プラットフォーマー企業としてもっとやれたこともある。だが彼らはしないことを選ぶ。やるとすれば極端な状況で、幅広く非難された場合に、事後的に、そして通常は手遅れになってからだ。

故ジャック・フラーは記者からスタートしてピュリツァー賞受賞コラムニスト、論説面編集者、編集長、発行人、そして最終的にトリビューン・カンパニーの新聞部門代表となった人だが、情報伝達者がみんなの議論の場をこのように不正利用することが社会をどれほど駄目にし、また自らも損耗させるか、力強く説明した。彼が言っていたのは紙媒体についてだが、その考え方は多様なメディアに通じ、時代をも超えるものだ。「ここにあるのは緊張関係だ」とフラーは私たちに言った。「地元社会を深く映し出さない新聞は、やっていけないだろう。しかし、地元社会の価値観や思い込みに異議を言わないなら、新聞に求められる誠実さもリーダーシップも提供できていないとして、尊敬を失うだろう[20]」

地域社会の動きを一方で助けながら一方で苦言を呈するのは大変な難題だが、それこそジャーナリズムが常に大切にしてきたことだ。この難題に応えるためには、地域社会の構成員に必要な知恵と見識を提供するだけでなく、社会を築く営みに加わるための議論の場を提供するという責務を引き受けることだ。

みんなの議論の場を地元から再生し、立て直す

ジャーナリストは、自分たちが出現に加担した社会分断型の討論場を新しいものに入れ替える方法を見いださなければならない。新しく作られるこのみんなの議論の場が重点を置くべきは、見解の一致点を探り、共有すべき一定の事実を見いだし、それらを人々が分かるよう説明し、人々を隔てるものでなく人々が分かち合えるものは何かをはっきりさせることだ。

そのために、報道業界はニュースの定義を少し変えていかなければならない。そして、ジャーナリズムと民主主義の未来を脅かす分極化に加担してきた在り方に気付かなければならない。ジャーナリズムは無自覚のうちに、自らを破壊する種をまいてきたのだ。

最も良かったころの新聞の論説面は、地元地域や、その地域の政治的土壌に関連した重要な問題について、みんなが市民視点で対話できるように組み立てた場を提供しようと努めていた。プラットフォーマー企業は存在感をほとんど示せていない領域だ。問題は、このような場がネット上に新たに構築され、形式も新しく、発想も新しく、多様で誰も排除せず公平に、市民の対話とともに営まれることは可能かということだ。地元メディアは人を集める力を対面でもオンラインでも人の関係作りに使えるのか、あらゆる立場の人々とつながりその声を伝えるコンテンツ戦略を練り上げられるか、そして心理学や神経科学など諸分野の力を借り、人々がお互い本気で内容ある対話をするよういざなえるだろうか。

希望を持てる理由はいくつかある。ローカルモデルが生まれているのだ。一例としてニューハンプシャー州の小さな町の『ラコニア・デイリー・サン』はアマンダ・リプリーの「伝え方を複雑化する」企画（第4章で述べた）と連携したチームと協力し「編集長への手紙」（読者から新聞社への投稿）の投稿者たちに、機微と思慮を込めて意見を書く方法を指南した。論説面への投稿における対話の質を上げることが目的だが、広く地元住民にトレーニングの機会を提供するという試みでもあった。

ウィスコンシン州では『ミルウォーキー・ジャーナル・センティネル』が論説セクションを「アイデア・ラボ」に変えた。社説はあまり出さない。その代わり、社会問題への対応方法を探求する「ソリユーション・ジャーナリズム」に力を注ぐ。この前向きな形式のジャーナリズムが、オンラインかオフラインかを問わず地域との関わりの柱となって貢献している。これによって人々がつながり、一緒に問題を議論し、ひるがえってさらなる報道に結びつく。[21]

同じようにナッシュビルでは地元紙『テネシアン』が「礼儀」（civility）に力を入れるが、同紙が指摘するのはこの言葉の語源はラテン語の「civitas」で、市民の責務を指すということだ。「政治の無礼さにうんざりした人と、礼儀は異論を控えさせる手段に使われると考えてきた人と、両方にアピールする」よう取り組み、これを支えるため、地域で信頼されているパートナーと協力している。『テネシアン』は考えを深めるため、分断を超えた良い対話作りに特化した非営利組織、例えば「ブレイバー・エンジェルズ」や、心理学者で対立意見の受け入れやすさについて研究するジュリア・ミンソンのような人々に助言を求めた。同紙はまた、現在進行形の対話の場にしてもらうためフェイスブックのグループやその他のデジタル空間も用いてきた。[22]

論説面以外にもまた、期待できる動きが出ている。市民同士の議論の歩み寄りと前進を促すため、またその見本を示すため、大型の取り組みを進める報道機関も出てきた。例えばペンシルベニア州では、『エリー・タイムズニューズ』が「エリー・ネクスト」という、全国に知られる市民参加企画を主導した。ラストベルト〔錆びた地帯＝産業が衰退して錆びた施設が残された工業地帯〕の街エリーをどんな地域にしていきたいかについて議論を集約するものだ。[23]

ケンタッキー州では、『ボーリンググリーン・デイリーニューズ』がオンライン議論・意見集約ツールの「Polis」を活用して「市民議会」を開いた。[24]この取り組みはネット投票を通じ、立場の違いを超えて共通する優先課題を明らかにし、バーチャル市議会を招集するものとなった。「スペースシップ・メディア」のような非営利組織も今や存在して報道機関の支援を目指す。地域の人たちが違いを超え、オンラインでも対面でも、新聞の論説面でもその外でも、もっと健全な対話をするよう促そうとしている。

つまるところ問題は、もし市民が対話して一致点を見つける場所がなければ、私たちの物事の理解に何が起きるかということだ。ネットワークメディア文化における新しいみんなの議論の場が濃密で多様なものになるからといって、その場の情熱では「事実確認ジャーナリズム」が提供する事実とその背景知識の代わりにはならない。もしニュースを集め届ける人たちが、取材し、事実確認し、まとめるために時間も金ももはや使わないなら——そしてもし、判断を下すなどはエリート主義だとか、事実を検証し、みんなの共通認識と合意点を見つける昔ながらの奮闘はテクノロジーにより用済みになると考えて萎縮するなら——私たちに残されるのは論争、それもウェブが幅広く浸透したことで誇張された論争だけだ。

社会の対話の中で断定されている事柄のうち、どれが真実でどれが違うと見いだしてくれるのは誰か。さまざまな党派の背景や動機を誰が探るのか。答えが必要な問題に誰が答えるのか。

将来私たちは、社会の見張り番を一人一人の市民にもっと依拠するようになり、その過程で監視犬の役割も彼らとのやりとりや議論を通じながら果たすようになるかもしれない。このことでみんなの議論の場が広がり、意見の幅が広がることは間違いない。しかしその議論の場は事実とその背景知識という基盤の上に作られるということが意識されない限り、市民たちが発する問いも単なる弁論術の争いになるだろう。そうなれば論争は教育的機能を喪失し、市民としての考えからでなくプラットフォーマー企業からの刺激により激化し、もともとの思い込みを強化するだけとなり、人々が問題解決に加わることはさらに困難になる。人々の対話は私たちがそこから何かを学べるものにはならず、雑音と一体化してしまい、そこには人々の多くは関心を持たない。

だからジャーナリズムの議論の場は、第一にジャーナリズムの他の原則を遵守し、第二に、民主社会では歩み寄りが中心的な役割を果たすというマディソンの認識と直接結びつくものでなければならない。ではもしこの議論の場の第一の役割が煽動でなく啓発であるのなら、ジャーナリストは読者・視聴者とどんな風に関わっていけばよいだろうか。これがジャーナリズムの次の条件である。

第8章　引き込む力、自分とのつながり

サラ・アルバレスは心配していた。ジャーナリストたちは何を報じるかを決める上で、方向を見失っているのではないかと――そして、世の中の人々をあまりにも無視しているとも。

弁護士として訓練された彼女は、ニュースの判断がいかに行き当たりばったりかということに衝撃を受けた。記者や編集者は、言葉にできない一連の本能的判断や、意義も確認できない規範にあまりにも深く頼りすぎていると思った。ジャーナリストたちの経験には、個人的なものにせよ、文化的、職業的なものにせよ限界があるのに、それらに判断が左右されすぎていた。自分たちの読者・視聴者はどういう人たちで、本当は何を必要としているのかについて、ジャーナリストたちはぼやっとした感覚しかつかめていないという事実も彼らの力を削いでいた。ジャーナリストたちのこのようなざっくりした推測が正しいかどうかを測るのにも、報道機関はやはり雑な基準を用いて事態をさらに悪くしていると、彼女は考えた。

この「自己点検の仕組み」は問題だらけに見えた。報道の幅は狭すぎ、判断の基準は主観的すぎた。読者・視聴者の関心や反応を測るときもその対象は現存の読者・視聴者であり、やはり幅が狭く、言うまでもなく裕福で高齢であり、その数は減っていた――そして、最も助けの必要な人たちは、さらに置き去りにされつつあった。どんな話を報道すべきか決めるため、その基準をもっとシステマティックにし、そのための議論に読者・視聴者も加わるようにし、そして読者・視聴者がどう反応したか調べるためのもっと良い方法はないものか。

アルバレスは当時公共ラジオで働いており、情報不足に最も悩む人たちについて報道したいと思っていた。しかし彼女は「低所得家庭のことを、低所得家庭の人々に向けては報道していなかった……私は［低所得コミュニティ］のことを、お金のある人たちに向けて報道していた。考えてみれば、これは問題を解決するベストな方法ではなかった」と気付いた。[1]

彼女はスタンフォード大学の特別研究員をしていたときに、経済学者ジェームズ・ハミルトンらのような研究者と出会い、ニュースの構造についてさらに考えた。徹底的にシンプルな案を思いついたのはその時だ。情報格差のため、〔情報が不十分な側におかれて〕ほとんどの人が困っている地域はどこかを調べるシステムを作り、その情報格差を、収入と関係なく大体誰もが既に使っているテクノロジー基盤を使って埋める、というのはどうだろうか。つまり、どんなニュースが大切かを明確な基準で判断する仕組みを作り、動かし、それが正しいかを確かめるのだ。

彼女はデトロイトに「アウトライアー・メディア」を作った。

アルバレスはまず、市の行政サービスと、そのために使われる人や金に格差があることを示す市民関係データに注目した。最初に「アウトライアー」のチームが調べ始めたのは「ユナイテッド・ウェイ」の211番サービス——必需品、必需サービスの援助を求める電話〔211は貧困や格差問題に取り組み援助を行う米非営利組織「ユナイテッド・ウェイ」の電話サービスで、食料、医療、住居などの緊急支援を要請できる〕——、そして人々の行政への苦情と公衆保健のデータだった〔後に911番〔緊急通報番号。日本の110や119〕の対応にかかる時間データも加えることになる〕。市の行政サービスが他地区と同じように行き渡っていないのはどこか。支援の必要が大きいのは、そのための資源に格差があるのはどこか。

そして「アウトライアー」はジャーナリズムとしての主な基盤にショートメールを使った。およそ誰もが使う連絡システムだったからだ。アルバレスはそこに、人々が住宅データ――所有情報、差し押さえリスク、賃貸検査のデータを含む――を簡単に見つけられる仕組みを作った。さらに人々が「アウトライアー」に簡単に追加質問ができるようにした。質問が来れば、彼女とそのチームは答えを探してショートメールで返答する。答えが見つからなければ、「アウトライアー」編集部は調査報道に乗り出し、なぜその情報が見当たらないのかを調べ、情報を秘匿したり、問題を解決できなくしたりしているどんな仕組みも解明しようと取り組んだ。

ほどなく彼女は毎週何百人という人たちの質問に答えるようになっていた。伝統的メディアが通常は接触していない人たちだ。彼女はその人たちが具体的に求めた、住宅や設備についての活用可能な情報を提供していた。

これは奉仕としてのジャーナリズムであり、私たちが協働情報分析のジャーナリズムと呼んできたものでもあり、市民・ジャーナリスト・テクノロジーが協力し、それぞれ双方向で結び合っていた。アルバレスはこれを「ニュースの消費者に直接奉仕」することで情報格差を埋める、と説明した。

ほどなくアルバレスの活動は住宅以外の質問対応にも広がり、彼女は第二段階の調査報道計画を強化することにした。それに向け、調査対象を決めるためのデータも強化しようと考えた。このハイレベルな報道のため、どんな情報点検の仕組みを作ればいいのか。

ここでも彼女は仕組みを重視し、双方向的であろうと努めた。市民関連データを集めてわかった情報格差だけでなく、ショートメールでできあがったコミュニティの読者たちにも調査を始めた。どんな記事を読みたいか、とは聞かない。生活について、特にこの先数か月で最も心配なのは何かを尋ねた。そして「アウトライアー」の報道チームは、ショートメール・サービスで返って来た答えに一定のパターンがないか調べた。

最終的に「アウトライアー」は、この調査を用いて報道する内容を考えるにあたり、重要さの基準を三つ明確に打ち立てた。(一) その問題はどれほど広がっているか (二) 引き起こされる害はどれほど重大か。例えば生死に関わるか (三) 問題にどれほど特殊性や地域性があるか。一例として税滞納による差し押さえはデトロイトが他地域よりずっと多い。

最後の発想は重要だ。もしある地域で起きていることが他では起きていないなら、おそらく解決できる。他のところでは避けられていることにほかならないからだ。

「ジャーナリズムには人も金も足りない中でも、何が大切かを決めるために判断すべきことは多い。ところが、多くの人々を無視しながら、一方でエリート層の読者・視聴者にはいつも同じような情報を嫌というほど提供している」とアルバレスは言った。[2]

「アウトライアー」はこの仕組みを使って「説明責任追及」の報道に乗り出し、伝統的メディアが見落としていた様々なことを明らかにした。ミシガン州矯正局の施設で受刑者の健康や安全が軽視されるパターンを発見した。州の失業保険では旧式のアルゴリズムを使っており、実在しない不正給付を過剰検知し、そのため給付が遅れたり止まったりしていたことを突き止めた。デトロイト市の周辺地区の荒廃に同市が与えた影響を明らかにした。ミシガン州での州や連邦の選挙に、言語や、アクセス面で問題があることを見つけた。自分たちの報道がもっと大きなコミュニティにも届くよう主要メディアとの提携も始めた。特定の分野を扱う地元メディア、たとえば非営利教育ニュースサイト「チョーク・ビート」などとも協力し、利用者の質問に答える専門知識を増強した。ミルウォーキーやメンフィスのジャーナリストたちはこのモデルと同じことをしようとした。その重点である「ニュース消費者への直接奉仕」——真剣な調査報道がこれを強化する——は同じだった。「情報や説明責任の面で最大の格差をつけられている人たちに尽くす。それが常に私たちの目指すものだ」とアルバレスは言った。「人々に情報を提供すれば、それによって自分たちの問題を自分たちで監視できるようになるというのがこのモデルだ。私たちの第一優先であるべきことだ」

アルバレスの話には力がある。大変シンプルでエレガントだからだ。そして、世の中のニーズを満たすため、新しい形式が生まれたジャーナリズムの草創期を思い出させる。そしてそのことは、ジャーナリズムの第七の原則になる。

ジャーナリズムは重要なことを面白く、かつ、自分につながる問題にしなくてはならない。

ニュースを魅力的にし、そして自分の身に関わる問題にするという議論は、無内容な二項対立になりがちだ。「魅力的なもの」vs「自分につながる問題」。面白くて魅惑的で気持ちに響くニュースを重視すべきか。最も重要なニュースにこだわるべきか。ジャーナリストが提供すべきは、必要なものか、欲しいものか。ジレンマと思われるこの問題はデジタル時代の中で一〇〇〇倍にもふくらんだように見える。各記事へのトラフィックはページ閲覧数で表せ、これはリアルタイムに計測できる。猫の写真や一〇代ポップスター、拡散中の面白文化が持つ訴求力は、放っておけば市民目線で価値のあるニュースを凌駕するように見える。

ニュースの魅力をこのように古典的に問う——情報か物語か、必要なものか欲しいものか——のは歪んだやり方だ。ジャーナリズムはそのように行われていない。人もニュースにそんなふうに向き合っていないと、私たちは考える。ほとんどの人は両方を求めることを示す根拠がある。スポーツ面も、ビジネス面も読むし、『ニューヨーカー』の長文記事もマンガも読むし、書評もクロスワードパズルも読む。『ニューヨーク・タイムズ』は二〇以上の海外支局とワシントン支局を持っていて、市議会の会議を報じ、しかしファッション、ライフスタイル、グルメのセクションもある。「バズフィード」は走るバセットハウンド犬の写真の拡散予測を科学の域に高めたが、政治報道、スクープ速報、長文コンテンツさえもが同メディアの評判を拡大することに気付きもした。

物語としての魅力と情報としての価値は相反しない。多彩なコミュニケーションの幅の中でそれぞれの場所を持っていると理解されている。幅の一方の端は恐らく、子どもに寝床で聞かせる話だ。一緒に過ごす、親密で心地よい時間であることが全てだろう。もう一方の端は生データ——スポーツ統計、地域の掲示板、株価表、データベース——こちらに物語性はない。ほとんどのジャーナリズムもその中間のどこかに属する。コミュニケーションと同じだ。記事執筆術を教えるロイ・ピーター・クラークとチップ・スキャンランは、ニュースの効果的な書き方について、市民に分かる明確さ、市民として行動するのに必要な情報、文学的な優美さが重なり合うところにあると述べた。「アウトライアー」は人々が求めるものをつかみ、それがどうなっているか調べることで、大切なものが何かを突き止める過程をシンプルにした。情報を伝えるのに、その人たちが既に使っているメディアを用いたことは、これらの情報を自分事と受け取ってもらう大きな架け橋となった。

そう考えると、仕事のやり方が素晴らしければ、テーマが何かにかかわらず、ニュースはコミュニケーションの多彩な幅の中心部分にいられる。読者・視聴者が考えつかないほどにだ。優れた取材、思考、語り、デザイン、そしてデータの示し方によって、世の中で何が起きているかを読者がつかめるようにするのだ。つまり、質の高さは話題がお堅いかどうかとはあまり関係なく、扱い方の問題だ。ハリウッドの人物紹介記事が映画制作に関する深い内容になっていることがあるし、調査報道の暴露記事が人間のありようを明らかにするし、社会階層のデータも扱い方によっては地区の実態を活写するものになる。ジャーナリズムに携わる者は、報道のプロとして生計を立てる者も、地域住民として災害をどう生き延びたか説明しようとする者も、その務めはそれぞれの話の大事なところを面白く、魅力的に、そして意味深くするやり方を見つけることだ。新聞やテレビニュース番組を通じてその日あったことを記録し伝える人の場合、堅い話題とそうでもない話題の割合を適切に、現実の人生を反映したものにすることもこれに含まれる。

一番分かりやすいのはこうだろう——ジャーナリズムは目的を持ってストーリーを語ること。その目的とは、人々が世界を理解するため必要な情報を提供すること。そのための最初の難問は人々が自分の人生を生きるため必要となる情報を見つけること。次の難問は、それを意味深く、自分の身に関わり、そして魅力的に引き込むものにすることだ。

引き込むことは、ジャーナリズムが市民の社会に献身する一端だとみるべきだ。私たちに協力する学術研究者から聞き取りを受けた一人の記者は、かつてこう述べた。「もし何かを発見し、それを知っただけでは満足できず、別の人にどう伝えるかを考え出さずにいられないなら、あなたはジャーナリストだ[3]」

すなわち、ジャーナリズムの責任の一部は情報を単に提供するだけでなく、提供することで人がその情報と出会い、その情報が有用だと考えるような方法を取ることにある。そしてデジタル表現の並外れた面は、ジャーナリストはニュース執筆の従来型技術にも、さらに伝統的な語り口にも、もはや縛られなくなったということだ。

このジャーナリズムの責任は、これまでと変わらず、拾い上げ、選択し、大切なものとそうでないものを決め、何を強調し何を放っておくか頭に入れ、そして市民たちが自らニュースの流れをつかむためにどんなツールを手にしてもらうべきか理解しておく、ということも念頭に置いている。つまり物を語るとは言葉だけではない。だがどんな形式で語るにせよ、その主目的は凝縮すること――考えるべきことに光を当てる批判的分析的な思考である。

「多彩な幅の一方の端は、最も重要なもの――戦争になるのか平和か、増税か減税か、などだ」と言うのは著述家、批評家、教師、そしてオンラインマガジン「ホットワイアード」元編集主幹のハワード・ラインゴールドだ。「もう一方の端は、ただ面白いもの……で、ほとんどのニュースはこの二つが混ざった何かだ」[4]

では人を引きつけるニュースを作るという課題がこんなにも曲解されるのはどうしてなのか。人を引きつける魅力と、情報の重要さとのバランスを取るなどまるで不可能であるかのようだ。ニュースは基本的にそのどちらかだけあればいいというわけではないのに、その両立ができないニュースがこうも多いのはなぜなのか。

ニュースを魅力的に届けるのを、問題が群れをなして阻む。習慣、拙速、無知、怠惰、定型、偏向、文化による盲点、テーマの表面しか理解していない、スキルの欠如――。ニュースにお決まりの定型、例えば活字メディアなら逆三角形の執筆〔重要なことから先に書く新聞記事執筆の手法〕、テレビなら一分間のレポート形式、データを示すなら動かない棒グラフなど、それらを使わないとすると、うまく作るのに時間を要する。結局、事実関係を短く言い切って並べるとか、コードを書くとか、エクセルからデータを引き出すとかにとどまらない、戦略的な実践をしていくことだ。世の中の人たちがかつてなくジャーナリズムに懐疑的で、ニュースを消費するための多様で新たな選択肢をかってなくたくさん持っている――インスタグラムからネットフリックス、携帯ゲームまで――という時代の中で、伝統的な報道の職場は縮小の対象となり、時間についても、人や金についても厳しくなっている。

もう一つの問題は、ニュースをどう見せるかについてジャーナリストは長年そこまで懸命に考えなくとも良かったということだ。メディアが少数独占だった時代、人を引きつけるニュースをどう作るかは、上手に書くということでしかなかった。どの報道がうまい伝え方をできていたかの判断を受けるのは大都市の新聞や、四局だけで成り立っているメディア界のテレビニュース番組にほぼ限られ、その判断は編集幹部やプロデューサーのプロとしての主観に基づいた。メディアへの信頼は高く、「事実を受け入れない」読者・視聴者という観点を考えたり、「確証バイアス」（信じたい情報ばかりを集める傾向）や、懐疑的な読者・視聴者も信じてくれるような情報の伝え方に悩んだりする人など誰もいなかった。ジャーナリストは先輩から後輩へ受け継がれてきた取材報道技術によって動いた。新聞における逆三角形、テレビにおける一分間パッケージ（構成はきっちり決まっている。導入は生中継、記者のナレーション、サウンドバイト（印象的な短い発言紹介）、ナレーション、サウンドバイト、記者の立ちレポートで締める）は変わらず守られる。そして、ジャーナリストが伝えたことを読者・視聴者は理解し受け入れるとジャーナリストは確信していた。人がニュースをどう受け取るかについて、認知という面の理解はあまりなされていなかった。

今ジャーナリストは、ニュースをいつどんな形で伝えるかさえ、新しく深い構造的問題に直面しているという現実を理解しなければならない。旧秩序では報道メディアのリズムに読者・視聴者が自分の習慣を合わせなければならなかった。ニュースを見るには午後六時半に家にいなければならなかったし、他の人が知るニュースについていくには朝刊を読む必要があった。今は、テクノロジーがもたらしたコミュニティの動きや好奇心に報道メディアが合わせ、受け入れなければならない。ジャーナリストは人々に貢献する上で、本当に必要とされるもの、使われているものを調査し、理解することが求められる。かつては推測するだけだった。

考え方の見直しが必要だ。注意力の持続時間は短いという旧来の言い伝えはジャーナリズムの役に立たず、逆に誤った方向に向かわせ損害を与えていた。例えば、私たちが「ジャーナリズムの真髄プロジェクト」で企画した地方テレビニュースの多年度調査によると、四五秒未満の短い放送ニュースが多い局は視聴者を失う傾向が分かった。一方で二分超のものを多く出す局は、視聴者を伸ばす傾向があった。[5]

同じように、インターネットについての初期の研究では、デジタル画面上で長文のものを読む人はいないと示すものが多かった。ポインター研究所が視線分析を用いて行った調査によると、ウェブページ上で使う平均時間は約三〇秒という傾向だった。だがスマートフォンの出現、そしてタブレットや電子書籍端末で、この幻想は消えはじめた。二〇一二年には、人々は自分の端末で長時間、本も長文記事も読むということが研究で分かりつつあった。[6] 元の研究が雑だったのだ。コンピューター画面での注意力が短時間にとどまるというのは、画面の側に起因する面は小さく、初期の研究の分析対象は、職場で仕事中にデスクトップコンピューターを使う人たちだった、ということのほうが関係していた。

良い知らせは、今世紀初めにニュース企業の経営基盤を破壊したそのテクノロジーが、創造性の力強く新しい波ももたらしたことだ。その中には、データ、グラフィックス、テクノロジーの新しい活用法、コミュニティを巻き込んでいく新しいやり方など様々なものがある。挑戦の急激さは恐らく一〇〇年以上さかのぼっても見ることのないものだ。ジャーナリズムが数世代見渡してもないほど人を引きつけ、自分事と感じさせ、力づけるものとなる可能性を示す。

読者・視聴者が何を求めているか、旧来の言い伝えに抗った変革者たちの例には事欠かない。全く新聞を読んだことのない一〇代が、インスタグラムで「フロップアカウント」〔社会問題を発信する若者たちのアカウント〕で聞いたからとニュースについて語るのを見てほしい。そのアカウントは友人たちが共同で使い、実質的に小さなニュース共同体を形作っている。[7] あるいは、一・〇四億人の米国人が毎月ポッドキャストを聞き、うち一六〇〇万人は「熱烈」リスナーを自任することを考えてほしい。ポッドキャストは一〇年前には、意味のある形では存在していなかったのだ。多くはラジオ番組『ディス・アメリカン・ライフ』の末裔だ。少なくともコンセプトにおいてはそうで、この番組は「ラジオにおける映画のような題材」を放送し、リスナーは番組六〇分のうち平均四八分はダイヤルを合わせている。『ディス・アメリカン・ライフ』は毎週ラジオで二二〇万人が聞き——ただしポッドキャストでは毎週三一〇万人がダウンロードする——、毎回通常三つの話題を放送する。内容は詳細なレポート、ラジオエッセイ、自然の中の音声素材まで広がる。[8]

これは、メディア環境に多くのものがひしめき合うようになってきた中、注意力の持続時間には限界があるという言い伝えを破る例の一つに過ぎない。

従来の報道を担ってきた側は、物事を語り伝える上でテクノロジーが持つ可能性を大切にする意思もなければ、人や金も、戦略の展望も欠く。テクノロジー企業の多くはこれらツールを用いる力はあるが、ジャーナリズムを生み出すことにほとんど関心がない。従来のしつらえにとらわれず仕事をしようと心を砕く先駆者たちの多くは、規模も影響力も不足し、アイデアの実現は遅々として進まない。しかし中西部で「アウトライアー」が新しい提携相手に速やかに恵まれたのを見れば、変化は起き始めているのかも知れない。

最良のジャーナリズムを常に突き動かしてきた、みんなの利益に貢献するという責務。それを果たす一つの手段としてテクノロジーに目が向けられる――ジャーナリズムとテクノロジーの結節点が、変革の起きる絶好の場所である。

インフォテインメントとセンセーショナリズムの誘惑

テクノロジーによる激動時代の最初の二〇年で、ケーブルテレビが地上波放送から視聴者を吸い寄せはじめ、二四時間ケーブルニュースが伝統的なネットワークテレビの夕方と朝のニュース番組から視聴者を奪ったとき、起きた反応の一つはニュースをもっとエンターテインメント的にするというものだった。これがインフォテインメントの時代で、タブロイド紙のセンセーショナリズムの二〇世紀後半版であった。これがピークに達したのは一九九〇年代後半、米国人とそのメディアが二〇〇一年のテロリスト攻撃に衝撃を受けるすぐ前のことだった（これの新たな形態は、前述したように、極度に分極化した「いいね」「シェア」数に見いだされつつある。これを使ってSNSプラットフォームが、そのユーザーの関わり度合いを定義するのだ）。

安あがりなリアリティショーの時代を迎える前、テレビ番組表でひときわ目立ったのはセレブと犯罪実録に力を注ぐプライムタイムのジャーナリズム雑誌型番組だった。子ども美人コンテスト出場者ジョンベネ・ラムゼイ殺害事件のようなニュースが、スーパーで売っている派手なタブロイド紙の一面だけでなく、かつては題材を厳選したネットワークテレビのニュース番組まで席巻した。二〇〇一年九月一一日の攻撃直前の夏、この国の首都で最大の話題は、米国への脅威増大をめぐる情報関係者の懸念でもなければ、ITバブル崩壊に伴う経済悪化の兆しでもなく、チャンドラ・レビーというワシントンの若いインターンは不倫相手のゲーリー・コンディットという連邦議会議員に殺された、という根拠のない疑惑だった。実際にはレビーは行きずりの強盗に殺害されていた。

インフォテインメント時代のジャーナリズムにはいくつか共通の特徴がある。『名声への熱狂《ザ・フレンジー・オブ・レナウン》』の著者レオ・ブローディは、インフォテインメント・ジャーナリズムの最大の特徴についてこう指摘する。「報道内容をどうにかして秘密情報のように示す。あなたは裏事情を知る記者で、読者・視聴者にそれを打ち明ける、というのでなければならない。残念ながら時が経つにつれ、この秘密というものはスキャンダルや下半身ネタ的なものになっている」。そうして生まれるのが「自分も裏事情を知る側だと思ってうれしくなる読者・視聴者」であり、彼らは新たな下半身ネタが欲しくてたまらなくなる。[9]

隠された秘密としてのニュースの要素は他にも、禁断の、あるいは暴力的な性関係という性的刺激、あくどい性的捕食者や嘘まみれの有力者が汚れなき人を誘惑する話、セレブの悲劇、失脚、時には悔悟といったものさえもある。コンディットの話はそれらの要素を多く含むし、その二年前の元祖ワシントン・スキャンダル、クリントンとルインスキーの醜聞もそうだ。この手のニュースを見かけないことはまずなかった。インフォテインメント、セレブ、そしてスキャンダルは、読者・視聴者の注意を引く安易な手段を常に提供しつづけるのだろう。

ジャーナリズムのトーンは、文化、国際危機、テクノロジー、経済の変化につれて常に変わる。二〇世紀末のメディア文化はインフォテインメントが席巻する時代だったが、九・一一攻撃やアフガニスタンとイラクでの戦争、そしてウェブの影響でその影は薄れた。ウェブの最初のブームの特徴は、デジタル版大衆紙化効果〔メディアを低俗化する〕という傾向、すなわちネット広告で稼ぐためページ閲覧数に夢中になって「クリックベイト」〔クリックさせるための釣り見出しや画像〕と呼ばれる仕掛けを作ることだった。そこから革新が生まれることもあった。箇条書き型記事、スライドショー、クイズの形式を模索した人もいれば、ビジュアルジャーナリズムやデータの活用を生み出した人もいる。

大衆紙的なメディアの興亡が好景気、文化の変動、そして政治危機に伴って起きるのを私たちは目にしてきた。一八九〇年代に移民として米国に生きていた人々が二〇世紀には中産階級となる中、イエロージャーナリズムのセンセーショナリズムは『ニューヨーク・タイムズ』の冷静な報道姿勢に取って代わられた。「狂騒の二〇年代」の熱狂が大恐慌のどん底に変わると、大衆紙のセレブ報道、ラジオや新聞でコラムニストをしていたウォルター・ウィンチェルのようなゴシップ売人は、その後冷戦期を通じて続く、新たな時代の堅い姿勢というべきものに取って代わられた。一九六〇年代の激しい新聞販売戦争の結果、ほとんどの市域で新聞は一紙だけという状態になったが、勝ち抜いたのは大部数を誇る大衆紙ではなく、それぞれの街の真面目な新聞——『ワシントン・ポスト』、『ニューヨーク・タイムズ』、『ロサンゼルス・タイムズ』、『フィラデルフィア・インクワイアラー』、『ボストン・グローブ』ほか多数だった。

これはテレビにもいえた。ネットワークテレビ局の夜の全国ニュース番組が米国中の視聴者をつかんでいた時代、圧倒的に多くの人が見るネットワークテレビニュースの局は通常、各地に支局数を最も多く持ち、真面目なニュース報道に最も力を入れていたところだった。例えば一九六〇年代の『ハントリー・ブリンキー・レポート』、一九七〇年代のウォルター・クロンカイトの『CBSイブニング・ニュース』、一九八〇年代半ばから九〇年代半ばのピーター・ジェニングスによる『ワールド・ニュース・トゥナイト』、さらに一九九〇年代末から二一世紀にかけ多メディア戦略をとったNBCニュースだ。[10]

「TMZ」など一部ウェブサイト、あるいは「バズフィード」上のもっと奇抜で人気を集める内容――同メディアはジャーナリズムに大きな革新的役割も果たしたが――は、デジタル時代にもインフォテインメントが消えていないことを示す。ウェブそれ自体は、新しいインフォテインメントやセンセーショナリズムの可能性を見せつける。偽情報の時代は、それ自体が一種のセンセーショナリズムだ。編集スタッフには、ウェブの価値を数値化するという、テレビが視聴率によって犯した過ちを再び繰り返す誘惑が降りかかる。読者・視聴者を最大化するためには、友だちにシェアしたくなるような、人気を呼ぶ楽しいコンテンツでメディアをいっぱいにすることだと決めてかかるのだ(このことは次章で詳しく述べる)。どのみち良質な報道に力を注ぐのは金を食うということにますますなり、報道部門は縮小しつつある。

しかし歴史を見れば、単に面白いだけで読者・視聴者を引きつけても、ジャーナリズムの事業としては持続性あるビジネスにならないと考える理由が三点ある。

まず、もし小ネタやエンターテインメントばかり提供すれば、もっと違うものを求め期待していた人の気持ちを枯れさせる。気持ちも時間もお金もなく、ほかで何かを探そうとまでは考えない人々は特にそうなる。これは今、地方テレビニュースの非常に多くが直面しているジレンマだ。「ローカルニュースを見る人のうち、調査ではその半数超がどの局でもいいと思っている」。カリフォルニア州を代表するテレビ視聴者調査会社インサイト・リサーチは二〇年以上前にそう断言した。[11] 地方テレビニュースの視聴者減はその後数年でさらに悪化することになる。放送におけるインフォテインメントが、ネット上では有用なニュースと受け取られることはなかった。

インフォテインメント戦略が長い目で問題を抱える二番目の理由は、真剣なニュースを伝えるという報道機関の信頼感を破壊し、そうしたニュースを求める人々を去らせることだ。これもまた地方テレビニュースで起きたことだ。例えば二〇〇〇年の段階で、非営利調査グループ「ニュース・ラボ」の調査に協力したインディアナ大学の研究者たちによると、地方テレビニュースを見るのをやめた主な理由七項目のうち五項目は、中身がないということを色々な形で述べたものだった（他の二項目は「家にいない」「忙しすぎる」だった）[12]。この調査結果は地方ニュースに携わる多くの人たちが直感的にうなずけるだけでなく、他の統計とも一致する。「ローカルニュースを見ない傾向は過去一〇年で倍増した」とインサイト・リサーチの別のデータは示す。理由の一つは「大抵の局が同じ話を繰り返し報道することに時間を割きすぎだと感じている人が、調査対象の半数を超えている」というものだった[13]。

最後に、インフォテインメント戦略はビジネスプランとしても間違っている。ニュースをエンタメに変えることは、他のメディアの強みに乗っかることになるからだ。ニュースがエンタメ度合いでエンタメと競争するのだろうか。なぜそんなことがしたいのか。ニュースの価値や魅力は、それとは違うところにある。人々にとって自分につながる問題ということが基盤にある。インフォテインメント戦略は、短期的には視聴者を捉え、制作費も安いかもしれないが、薄っぺらい視聴者層しか築けない。内容ではなく形態に引かれる層だ。そんな視聴者は新たに「最も刺激的」なものがあれば乗り移る。刺激という、骨のないものが存在基盤だからだ。

このように、一般市民が他に目移りするなどの困難があるからといってジャーナリズムが遂行不能になるわけではない。難度が増すというだけだ。その困難を通じ、成功するジャーナリズムと怠惰な仕事、優れたものと劣ったもの、完成度の高いものと過度なセンセーショナリズムとが峻別される。

非常に重要なこととして、物事の語り方を優れたものにすることで視聴者を取り戻すのは大変なのだ。これには想像力が要る。実験を重ねなければならない。何より、視聴者を信じ、敬意を持たねばならない。報道界は〔そうした力を〕持てる者と持たざる者に間違いなく分かれるだろう。革新的な物事の語り方の実験は、『ニューヨーク・タイムズ』のようなところでは今や当たり前に存在する。ビデオ、ポッドキャストからストリーミングのプログラミング、ケーブルテレビ、それらすべてが同紙を新しい若い読者に繋げる。新しいものを作るということの考え方はしかし、地方の報道事業者のほとんどがなかなか進められていないものだ。

　このような質のものはウェブが紙から読者を奪い始めたころのネット上ではまずみられなかった。旧来型メディアで働くジャーナリストの多くは、ウェブなど二級のプラットフォームだと考え、素早く目を通せる紙の新聞の良さを賞賛し、読者にもそのノスタルジーを共有してほしいと願った。状況が変わり始めたときまず起きたのは、紙の新聞やテレビ放送向けと同じものを載せる場所としてインターネットを使うという反応だった。独自の可能性を持つ新しいプラットフォームとして扱うのではなかった。ニューヨーク・タイムズ社主のアーサー・サルツバーガー・ジュニアのような牽引者からして、自分たちのことを「プラットフォーム不可知論者[14]」だと述べたような時代だった。〔物事の本質は認識できないとする〕不可知論ではどっちつかずで態度がはっきりしない。対して、デジタル時代の革新者たちはプラットフォーム不可知論者ではなかった。「プラットフォーム正統派」だった。新しい形で物事を伝え、ニュース取材に読者・視聴者のコミュニティを巻き込むという、ウェブ独自の可能性を信じ、利用したいと考えた。

　二一世紀が始まって二〇年、状況は変わってきた。ジャーナリズムの価値を信じる組織は旧来メディアでもデジタルでも、ウェブ先駆者として存在を示し始めた。『ニューヨーク・タイムズ』、「プロパブリカ」、そして「アウトライアー・メディア」のような新参者もである。ネットのセンセーショナリズムには手を出さず、物事の新しい語り方や読者・視聴者を巻き込む新手法が持つ可能性を模索し始めた。デジタルツールと相まって、これはニュースへの見方が、読者・視聴者が受け取るだけの出来上がった製品というものから、人々がより良い人生を生きるためのサービスへと移行することを意味した。このサービスは、第1章で概説したジャーナリズムの様々な役割——事実だと保証し、その意味を説明することから、人々を力づけることまで——を引き出す、新しく優れた方法を構想することにもなる。

それを行うための方法を百科事典のように並べてみせる真似はできない。この本はそういう本ではない。私たちがやりたいのは、もっと考え方を探り、市民、市民ジャーナリスト、プロのジャーナリストが新たな考え方を身につけられるよう、その助けになることだ。

これはまず、伝統的なジャーナリズムの執筆法の多くに欠けているものを理解することから始まる。「逆三角形」のような記事の形式は定式的すぎ、事実や細部は盛り込めても、読者に刺さるかどうかはジャーナリスト側からは分からないものだった。分かるのは、この定式はデスクが期待する書き方だということだった。だからそうやって書いているだけだ。このニュースの書き方が、物事の良い語り方として生き生きとしたものであることは多くない。実際のところ、ニュースの書き方の大半には、共通した誤りが見受けられる。

- 人柄が見えない——登場人物がリアルな人ではなく、定型になっている。
- 時間が止まっており、動きがない。全て「昨日」や「今夜」起きたことになっている。
- 一部の読者・視聴者に向けた情報になっており、多様な人々に向かっていない。
- 内輪の人々の会話のように見える。

- ニュースの持つもっと重要な意味を示そうとしていない。
- ローカルなことをグローバルに、グローバルなことをローカルにする姿勢が乏しい。
- 語り口が予想のつくもの、定型的。
- ウェブを新しいプラットフォームとして使っているのに、中身は従来のままで、新しい可能性を持つテクノロジーを活かしていない。

語り方のイノベーション・モデル

書くことにおいて業界屈指の才能を持つ人たちを探せば、こうした間違いを克服し、ニュースの伝え方を圧倒的に新しくする考え方を得られるだろう。以下に述べるのはそうした発想法で、ストーリーをどのように語るかに関するものもあるが、多くはどんなタイプのコンテンツにも当てはめられる。他から集めたキュレーションコンテンツにも、写真、グラフィックス、動画、データを用いた伝え方にもだ。

まず、ストーリーの語り方を良いものにするなら、出発点は記事やビデオを編集するためにデスクに座るときではない。台本を書き始める、草稿を書くため何もないスクリーンに向かうところでもない。もっと前、取材に出かける前、題材やコンセプトを選ぶところからだ。ひと味違う取材の方法、取材相手も質問も他の人と差を付けていくことが必要だ。

自問しよう。誰に伝えるのか、その人たちは何を知る必要があるか

ジャーナリストがよくやるのは、ニュースに関し当局者や権威筋が仕事として述べたことを集めるところから報道をはじめ、その後最新の展開を伝えていくということだ。進展を積み上げていくこのやり方では報道内容に限界があり、その問題で最も影響を受けるにもかかわらずニュースには時たまにしか目を向けない人々には〔続報だけを断片的に見せることになって〕分かってもらえないものになる。しかも内輪話の色彩を帯びてしまう。

報道界で最も創造的な人たちが薦めるのは別のアプローチだ。題材に取りかかるとき、テーマに取り組もうと考えるとき、読者・視聴者に関する次のような問いをまず考えるべきだ。

1　この話で取り上げるのは本当のところ何なのか（これまでに分かった事実、目にしたデータから示されているのは何か）。
2　この話、これらの事実によって影響を受けているのは誰か、どんな影響か。その人たちがこの問題について意見を決める上で知るべき必要な情報は何か。
3　その情報は誰が知っているのか。それを背景を踏まえて説明できるのは誰か。
4　この話を伝える最良の方法は何か。物語を伝えることか、他に良い方法があるか。

こんな単純な質問が、大きな効果をあげる。報道の方向を市民第一、読者・視聴者のものとし、利害関係者、内部関係者ほか直接当事者から引き離す。ジャーナリズムをこれまでの取材では出会わなかったような新しい取材先に引き合わせるかもしれない。読者・視聴者を増やすより減らしてしまっていたかもしれない、昔からのやり方には見切りを付ける。

この方法を使えば、連邦や州の議会に提案された細かい法律改正案の報道も、その法律が最も肝心の問題にいかに対処できてこなかったものか、妥協の末の今回の提案もいかに役に立たないか、を示すものに立て直せるだろう。

読者・視聴者の疑問に答えよう

報道人が読者・視聴者の疑問にいかに耳を傾け、それらを質問として発し、その上で解答をみんなのために出していくか、そうした大きな仕事の場ができつつある。そのための報道機関向けツールをハーケン〔「傾聴」の意〕、グラウンドソースの両社が提供している。「アウトライアー」も同種の別例といえる。

だが私たちが目にした最もシンプルで効果的な実践は、南カリフォルニアの公共ラジオＫＰＣＣだ。同局は、報道機関は相談所だという考えを強調してきた。「ハーケン」などメディアと人々を結びつけるツールを通じて質問をしてきたリスナーに、直接答えるのだ。「アウトライアー・メディア」と同様、リスナーはジャーナリストに実際に答えてもらい、また、参考になる報道や情報を教えてもらえる。人々のいる場所に赴こうとするラジオ局であり、逆三角形形式の記事のどこかに情報があるから探しなさいと求めるのではない。二〇二〇年三〜八月、同局はリスナーからコロナ禍について四〇〇〇の質問を受け、うち三九〇〇に答えることができた。[15]

利害関係者の円

読者・視聴者や市民を第一に置くアプローチを、ピュリツァー賞受賞記者ジャッキー・バナジンスキーはさらに高い水準に押し上げた。「利害関係者」——出来事に最も影響を受けた人々や、それに最も力を注いできた人々（これら二つは別々のグループのこともある）——について考えることで、報道をより魅力的にすることを教えている。

そのために彼女が求めるのは、紙に丸を書き、その中に、報じる出来事やテーマを一つ記すことだ。そしてその中心から放射状に「スポーク」を伸ばし、その一本一本が問題に関係を持つ人々のグループだったり、場合により特定の人だったりを指すようにする。その出来事やテーマに関わっていたり、利害関係があったり、影響を受けたり、単に興味があったりする人々だ。最初、これをやるように言われた人は丸から数本のスポークしか引けない。そこでバナジンスキーはもっと真剣に考えるよう求める。

教育、あるいは学校初日というテーマだとすると、最初に名前を挙げるのはこうなる。

- 生徒
- 親
- 教師

次にバナジンスキーは視野を広げるよう求める。すると、彼らはリストに新しい関係者を追加していく。スクールバス運転手、交通整理員、カフェテリア職員、学校事務職員、用務員、学校看護師、カウンセラー、無断欠席者補導員までもだ。

バナジンスキーはさらにもっと広げてと言う。するとスポークは学校から影響を受ける人々をさらに広く指していく。兄弟姉妹、祖父母、教員組合、議員、教育委員会、通学生、託児所や学童保育の職員、学校用品販売業者、子ども服製造販売会社、子どもを持つ勤労者、大学、研究者、学校の費用の元となる税を納める人々、ハンディある子どもたちの親、教師志望の若者。こうなると少数の人に関係する少数の事実をまとめようとするのではなくなる。教育の生態系について考え、それがどのようにしてコミュニティに深い影響を与えるのかを考えている。

あらゆる記事が、あるいはコンテンツの全体が、この全てとつながるわけではない。しかし一本一本のスポークから多くの質問が生まれる。そこから良い報道が生まれ、物事の伝え方も、どんなコンテンツ要素を盛り込むかも、変わっていく。つまりこれによって直ちに、使う手法は何にせよ、物事を語る側の重点を読者・視聴者や地域社会に置くことになる。記者が次に教育のニュースについて考えるとき、頭には利害関係者たちの地図があり、どんな物事は誰に影響があり、誰に話を聞き、この話はどんな風に書かれるべきか、をそこから模索できる。

題材をシステム思考で考える

ニュースクール大学の「ジャーナリズム+デザイン」グループはニュース報道に古典的な「システム思考」戦略を取り入れた。システム思考は科学者や環境問題専門家、社会学者など複雑な問題を手がける人たちが用いる。「私たちの多くは、複雑なことを考えるのが得意でない」と、「ジャーナリズム+デザイン」グループを指導するヘザー・チャプリンは言う。「でも、この時代に最も大切な題材は、例えば地球温暖化、移民、政府がどう機能し、あるいは機能しないかなど、本来複雑なもの。これら厄介な題材をジャーナリズムが報じる時に役立つツールを作るため、私たちはシステム思考を使ってやり方を考えた」
それらのツールの中には「カオス・マッピング」というアイデアもある。別々の問題に見えるものの間に記者がつながりを発見できるようにするもので、例えば、「ジャーナリズム+デザイン」のワークショップに参加した後、ある地方紙は教育担当記者と事件担当記者をペアにし、教育困難校と犯罪のつながりを取材させることにした。「鍵となる利害関係者を見つけよう」という別の演習では、記者は取材テーマに関わる力関係が見て分かるように表し、多様な取材先を発掘した。記事中の人物の役割にパターンがあることの理解を深め、それら人物の振る舞いには「心の中の役割モデル」があることを明らかにするフィードバック演習も、ツールの中にはあった。

ポイントは、個別の出来事やその結果を超えた広い視座を得て、ジャーナリストはなぜその問題や状況が起きているのかについての解明に取りかかれることだと、チャプリンは言う。複雑な問題によって起きる症状だけに記者たちが注目するなら、何度も聞いたものになり、読者は救いのない問題だと感じることになる。「システム・ジャーナリズムは、変化がどこで起こり得るか人々に分かるようにするものだ」とチャプリンは言った。

この取り組みは、警官が担当地域を回る(そしてその市の社会状況から生まれる症状に対応する)のと、社会の安全のため先頭に立つ人が、市のこうした状態を引き起こしているのは何かということから理解しようとするのと、その違いに似ている。もしジャーナリズムが担当地域を回る警官のレベルにとどまるなら、地域社会に貢献する役割もそこまでとなるだろう。

いつ、どこで、誰が、何を、なぜ、どのように——その新しい定義

ジャーナリストはニュースの基本要素——いつ、どこで、誰が、何を、なぜ、どのように——を再考していい。フロリダ州セントピーターズバーグのポインター研究所で記事執筆術を教えるロイ・ピーター・クラークがやったのがまさにそれだ。物事をどう語ればストーリーが生まれるかを考えるポイントとして、5W1Hを取り上げた。かつてクラークはシアトルの記者・編集者である

リック・ザーラーの考えに感激した。ニュースの記述法が、動いている出来事を押さえつけ、凍結してしまっているというのだった。時の流れではなく単に「昨日」。場所はクレジット〔英文ニュース記事冒頭の「ニューヨーク、3月5日」などの表記〕。ザーラーはニュースを「解凍」し、出来事に動きを与えたいと考えていた。そのアイデアを元に、クラークはどうすればそれができるかを教え始めた。

「『誰が』は登場人物、『何を』は場面、『どこで』は背景セット、『いつ』は時の経過、『なぜ』は動機や原因になる」。そして「『どのように』は地の文」、すなわち全ての要素をつなぐ方法だ、とクラークは説明する。[16]『ロミオとジュリエット』の冒頭、シェークスピアはソネットの最初の八行で物語の全事実関係を語り、そこには結末も含まれていたとクラークは言う。となると後は何を語るのか。クラークの説明では、この劇はそこからの二時間で、残された細部を埋めていくのだという。「よくあるのは、私たちがニュースを提供しても、ではどうしてそんなことが起きたか説明してほしいということだ。地の文の語り方は、『どのようにして起きたか』の疑問に答える方法だ」とクラークは言う。

誰がを登場人物、**いつ**を時の経過、**どこで**を背景セット、**どのように**を地の文の語りと考えることで、私たちは情報と物語をブレンドすることができる。カギカッコのコメントは対話部になる。ニュースは単なる情報ではなく意味になる。これを偶然に任せず行うには、記者の側に、もっと取材と好奇心が必要になる。

日刊紙『オレゴニアン』ライティング・コーチのジャック・ハートは、一日にニュースで書くストーリーの語りの分量としては一五〜三〇インチ〔四〇〇〜八〇〇語程度〕が合理的長さだという。人物が問題に直面するのを追い、どう解決するかを示すという考えに基づく。これは五段階の連なった語りからなる。第一は序説で、登場人物と問題が紹介される。次いで動きが盛り上がり、要素がまとまって現れ、問題解決への障害が示される。次には気付きのポイント、つまり登場人物がアイデアを得て解決に至る瞬間がある。最後は大団円、全てがまとまる。[17] 語り方の理論、ドラマの理論、ストーリーを語りかつ連ねるという考え方、これらが合わさったとき突然に、それはニュースの一部になっている。

読者が何を理解するか、に責任を持とう。読者が何を目にするかだけでなく

メリッサ・ベル、マット・イグレシアス、エズラ・クラインが「Ｖｏｘ」をスタートさせたとき、やろうとしていたのは新タイプのジャーナリストが書くサイトだった。例えば、クラインの書くものは記者の枠を超えコラムニストの領域に入っていないかといぶかる者もいたが、経済や公共政策に関するクラインの情報分析は真剣で濃密、かつ読者の心に響くものだった。彼は政策アナリストであり、研究者であり、ブロガーであり、記者であり、解説ジャーナリストだった。

クラインの仕事が他と違うのは、読者とのコミュニケーションの取り方だ。クラインが言うには、伝統的ジャーナリズムは情報をみんなのものにするというばかりで、分かってもらえるようにする――読者が本当に知り、考える中身に心を砕く――ことには気を配らなかった。[18] そこで彼は読者に「鍵が回り解錠する」感覚を与え、新たな知識が分かる感じを生み出すことに努めていると言う。

それには、まず伝えようとする中身を心底分かっていないといけない、とクラインは訴える。この意味は、机に向かい学術研究や調査レポートを読むということだという。そして、それと同じ探究に読者を連れ出す。ただし、意味のないものは取り除く。

彼はまた「読者の知覚上の懸念」、つまりニュースが取り上げる考えや題材はつまらない、難しくてついて行けないという感覚の除去に努める（言い換えれば、重要なものを面白くする）。やり方の一つは、かさばって邪魔なデータをどかせ、代わりに表やグラフを入れること。データ視覚《ビジュアライゼーション》化と語りの合わせ技だ。もう一つは、分かりやすい対話の形を取ることを常に考えること。例えばポイント箇条書きやQ&A方式だ。何にせよ、その伝え方で読者は問題をもっとたやすく深く理解できるかどうか、それを第一に悩むべきだ。「Vox」創設後まもなく参加し編集長を務めるローレン・ウィリアムズはこれを「説明の価値」と呼んできた。[19]

一つのストーリー、いくつもの伝え方

利害関係者の円を考案したジャッキー・バナジンスキーによれば、どんなニュース――出来事、考え、問題、報道発表、年中行事、流行、論議のテーマ、夕食での会話、掲示板、教会の公告――も、定番や慣例に縛られず新しい形式で関心を引きつける可能性を秘めている。その可能性は、次の三つの面を考えることで生まれる。

追うテーマは何か
伝え方がどれほどふさわしいか
どんなプラットフォームを使うか

バナジンスキーは、ニュースをどう伝えるか決める際に考える七つのコンセプトを打ち出す。私

たちはそれに四つを加えた。

1. **問題か、流れか**　追究すべき、より大きな視点があるか自問しよう。その出来事はもっと大きな背景と結びついているか。これまでどんな経過でこうなったか。人々が知るべき、より大きな問題に目を向ける機会なのか、この件がこうなった具体的経緯を明らかにするのがいいか。

2. **説明の要素**　このニュースは、何かが起きた理由、あるいは仕組みについて、裏側を探って解明する機会といえるか。こうした姿勢により、問題や流れを突き止めることに加えてなぜそれが発生したか説明することとなる。そうすることで、世界がどうなっているのかについて複雑に光を当てることになる。

3. **プロフィール**　出来事や問題の真ん中に、その関係者や、影響を受けた人が登場人物としているか。あなたの読者・視聴者が問題を知って理解する助けとなる「ツアーガイド」はいるか。人でなくてもいいし、語れなくてもいい。場所でも、建物でもいい。しかしキャラクターがなければならないとバナジンスキーは言う。

4. **声**　その出来事や問題について分かるように、そしてそれが人々にどんな影響を与えているか、話せる人はいるか。この話の関係者が語るビデオもいい。報道の構成を決めるものになる。

5. **描写**　報道に生き生きとした情景を入れよう。どう感じるか、どんな様子か、どんな匂いがするのか、再現し、出来事や問題の現場にいるかのようにする。

6. **調査**　悪事に目を向け、「金の流れを追う」をやり、権力抗争を分析し、入手可能な文書を活用しよう。

7. **語り**　話の始まりから中盤、最後までつながっているか。中心人物について、計画、実行、さらなる動きを通して追えているか。また緊張、紛争、解決を通して追えているか。

8. ビジュアル　報道内容を文字だらけにせず、写真、グラフィックス、イラストを用いてうまく伝えられているか。

9. データ　話の核心部分を数字で説明できているか。データ・ビジュアライゼーションとデータ・ジャーナリズムもまた物事を語ることだ。そして何を入れないでおくかも、何を入れておくかと同じぐらい大切だ。

10. 音声をこのリストに新しく加えたい。二〇一三年にはなかったものだ。

11. プラットフォームも加えたい。この話はどう語られるものなのか。「アウトライアー」風にショートメールか。フェイスブック投稿か。インスタグラムか。

情報の最終消費者に関心を促し、知ってもらうために、最も効果的で役立つ伝え方は何か。その判断に先立って、あなたは情報を集め、情報を整理し始めるのだが、その段階で心に留めておくべきツールとなるのが、これらのコンセプトの一つ一つなのだ。またあなた自身の記事執筆法に基づいて考案したものが他にあれば、それらもだ。この時重要なのは、あなたはその報道にどんな形式を使うのか意識しておくこと。そうすれば、その形式の報道を最もうまく組み立てるために必要な情報を集めることができる。例えば、準備した誰かのプロフィールを最もよく伝えるには、ビジュアルが大切か。もしそうなら、どんなビジュアル素材がその人のプロフィールを示す上で最適か。あるいは、その人のプロフィールは何かの出来事や行動を通じて描くのが一番良いか。その場合だと、その詳しい様子を丹念に用意する必要がある。そうすることで、その出来事や行動の力強いディテールから、その人のプロフィールが立ち上がってくる。

砂時計式ライティング

一九九〇年代はじめ、ロイ・ピーター・クラークは自らが「砂時計」形式と呼ぶものに注目した。「語りに純化したわけでもない。単なる逆三角形でもない……この形式でははじめにニュースを伝える、何が起きたか伝えるんだ、そして場面転換があって〔普通の〕三角形になり、その行からは語りが始まる、時系列順のことが多い、例えば『その事故が起きたのは……のときだった』のような」。この時、ニュースは解凍され、情報への関心を呼び起こすドラマティックな形を取る。

Q&A

ニューヨーク大学のジャーナリズム准教授ジェイ・ローゼンは長い間、ニュースがジャーナリストの必要性でなく市民の利益を意識して作られるための方法を考えてきた。手法のいくつかは嘘のように単純だ。ローゼンはQ&A形式（ネット上ではFAQとなる）を、強力なのにあまり使われていない方法とみる。この形式だとジャーナリストは市民が疑問を持ちそうなことを中心に素材を組み立てざるをえない。読者から見れば記事をサッと見て、読みたい箇所から入っていける。最初から読まなくてもいい。

ブッチ・ウォードの食卓レッスン

『フィラデルフィア・インクワイアラー』の元編集者で、後にポインター研究所の役員となったブッチ・ウォードは、ジャーナリズムの仕事をする人たちが記事の構想を練ってどう伝えるか想定する際に、一般市民の気持ちで考える方法を開発した。あなたたちはジャーナリストではなく、土曜の夜、夕食をともにするため集まった近隣住民のグループだと告げる。テーブルの上にテーマを書いたものを置き（医療や保健政策、治安、子どもたちのことなど）、そのテーブルを囲んでもらう。一人一人の「近隣住民」はそのテーマについて、最近の経験に基づいて自分個人の（実話の）話をしなくてはならない。最近、医療・保健システムと関わりがあったのはいつか。政府との関わりではどうか。何があったのか。自分の個人的な話を改めて語るのに計二〇分とる。そしてこれらの話をジャーナリズムの視点で題材リストにするのに一〇分。ジャーナリストをまず、話を語る立場に置くことによって出来上がったリストは、記事になる話のリストを机に向かって三〇分作らせた場合と全く異なるものになる。

壁のハエ――経験を語る記事

ベトナム戦争に関する最高の作品の一つといわれる『ディスパッチズ　ヴェトナム特電』の著者マイケル・ハーは、伝説の雑誌記者ゲイ・タリーズが用いた「壁のハエ」テクニック〔壁に止まっているハエのように目立たず気づかれず観察する取材〕を一歩進め、戦争報道に新機軸をもたらした。タリーズは取材対象が自分を気にしなくなり、完全に自然に行動するようになるまで同行した。彼らにインタビューをしているのではない。単なる観察を、できる限り近くから行った。ハーはその先を行った。そうした報道に必要なディテールを豊富に集めただけではない。兵士たちの動きが自ら物語った。兵士たちの言葉や行動を伝える素材だけでなく、彼らの心の状態、心に思うことまでも示す素材を選んだ。アルフレッド・ケイジンが『エスクァイア』で同書を評し「戦場の男たちが自分たちは大丈夫だと言いつつ本当はひどい気持ちになっていることを示す必死の心の信号を、ハーは誰よりも見事につかんだ」と記した。[20]

言わずもがな

故ダグ・マーレットはピュリツァー賞を受賞した論評漫画家だが、こうも多くのニュースがつまらない原因は驚きが足りないからだと述べた。「つまらなければ頭に入らなくなり、コミュニケーションは崩れる」とマーレットは言った。[21] その最大の原因は「驚きが全くない」からだと。演劇界にこのつまらなさを表す言葉がある。「オン・ザ・ノーズ（鼻先にある）」という表現で、「既に分かっていることを説明したとき」のことを指す。ニュースでいえば、これは「見せるのでなく説明する、説教をする、講釈を垂れる」ことだとマーレットは言った〔英語の文章技法の格言に「説明するのでなく見せよ」があり、これをもじった説明〕。「テレビニュースで現場の記者が視聴者に、既に見えているものを説明する場面だ」。あるいは新聞記事が、話を進めずに一つのポイントをくどくどと説明するときだ。

マーレットの言う、報道は見せて示すものであって説明や説教ではないという意見に賛成するなら、「鼻先にある」〔言わずもがなのことを言う〕という問題は、トランプ時代にもっと大きなものになった。詳しい説明どころか「本当のこと」をわざわざ叫ぶしかない――嘘を嘘と、人種差別発言を人種差別と、女性蔑視の物言いを女性蔑視と言ってこそ、物事の意味と動機を説明できる――とジャーナリストが感じる時代、この問題はずっと複雑かもしれない。当たり前のことを言うことで説教、講釈と感じられたり、驚きを欠き退屈な流れになったりせず、しかしニュースが真実の内容であり続けるにはどうすれば良いのか。

トランプ大統領時代の初期、『ニューヨーク・タイムズ』の編集陣は、指摘を行う際に理由の説明をしていた。あることを、単に「事実に反する」でなく「嘘」とするには、発言者の認識を知っている必要がある。つまり言った人は、言った情報が事実に反すると知っており、にもかかわらず悪意を持って言った、ということを編集者も記者も疑いなく把握していなければならない。発言内容が事実でないと言うだけよりハードルが高い。だがトランプ政権が続き、そしてトランプが事実でなく、根拠もなく、明確に論破された発言を、何ら意に介さず何度も何度も繰り返す中で、報道側は、ただ断言をするようになっていった。

だがそうすればジャーナリストには将来に難問が残るだろう。ニュースとは結局、人々が何について考えるべきか伝えるものだ。議論のテーマを決める影響力はある。だが、どう考えるべきかまで命じるものではない。人々はニュースに対し、自分たちの生活と経験に基づき、自分たち自身で意味を与えるのだ。

ニュースが、何が起きたかを伝えるのでなく説教をしようとするほど、どう考えるべきか命じようとすればするほど、人々はそれに抵抗するようになるだろう。

心の中の絵

一つの方法は、人に絵を描いてあげるのではなく、その人たちが心の中に自分なりの絵を描けるように助けるということだ。インディアナ大学で遠隔通信学を教え、同大学コミュニケーション研究所を運営するアニー・ラングは、学術研究は隠喩法などにより心の中に絵を描かせる力の強さを証明ずみだと言う。「相手に『後ろに蛇がいる』と言うのが一番怖い。蛇を見せるよりずっと強烈だ」[22]

気付き——報道内容を、もっと深いテーマに結びつける

ジョン・ラーソンは、同世代のネットワークテレビ局記者の中でもひときわ思慮に富む一人だ。NBCニュース元記者である彼は、物事を語る鍵は驚きにあるとみる。しかし「意味ある方法で驚かせるのだ。びっくり、呆然とさせるだけではいけない」[23]と付け加える。テレビ界の人にはこれを「気付き」と呼ぶ人もいる。ラーソンの考えでは、最良の気付きは、報道する話がより深く、予想もしていなかったテーマにつながっていくとき起きる。話が「私たちの本質にある何かに届く」ときだ。「彼らは、子どもへの母の愛について、夫の自国への誇りについて、語る。野心。強欲。貪欲。良い報道が伝える話には、非常にシンプルな形で非常に大切な何かがいつも流れている」

これらのテーマをジャーナリストは説明するのでなく、見せる、あるいは気付かせる。つまり素材の扱い方によって――的確なコメントを引用し、テレビなら的確なカメラワークを示し、あるいは二人の人物が一言も発さず視線を交わす様子を描写する。「良い記事は、人を真実に導く。人に真実を説明するのではない」とラーソンは言う。つまり「鼻先にある」ことはない〔言わずもがなのことを言わない〕。見せるのであり、説明はしない。気付かせるのであり、説教はしない。

全米図書賞受賞作家で、元大統領リンドン・ジョンソンやニューヨークの陰の実力者ロバート・モーゼスの伝記を書いたロバート・キャロは、こうした考え方が自分のライフワークを方向付けたという。ニューヨーク市を大改造した知られざる官僚モーゼスのことを書くに際し、キャロは単なる暴露にしたくなかった。「私は記者で、政治を取材していたが、新聞業界に入った際に解明したかったことは本当は解明などできていなかった。それは、政治力学はどう作用するかということ。その多くが、つまり私が理解できていなかったことの多くが、この男ロバート・モーゼスにつながっていた。こういう男がいた、選挙で公職に就いたこともない男だ。それが知事や市長を務めた誰より権力を持っていたと分かってきたのだ」[24]

人物像とディテール

他のジャーナリストたちも、話に人を引き込み、説明でなく見せる伝え方の鍵に人物像がなると考えている。人物像をうまく描くには、人を人間らしくリアルな存在にする小さなディテールがものをいうことが多い。二〇〇〇年、遭難して米国に着いたキューバの男児エリアン・ゴンザレスを取り戻そうとその父親が米国に来たとき、KARE-TV記者ボイド・ハッパートが入管職員に取材をしていて最も感動したのは「父親は［息子の］靴のサイズを知っていた」という話だった。ハッパートにとって「この人に全く新しい光を当てた」もので、父子の関係、父の思い、その人柄に気付かせた。[25]

ジャーナリズムは人物像をこのように描き出していないことがあまりに多い。人は薄っぺらく描かれる。捜査官、中絶反対活動家、「ブラック・ライブズ・マター（黒人の命は大切）」運動幹部、悲嘆に暮れる母といったニュースの定型句に名前と顔だけをはめ込む。こうなる大きな原因は、ジャーナリストが取材相手に、普段の生活で話すように話させないことだ。コメントは記事の主人公と読者・視聴者との深い会話の一部になるようにではなく、ツールとして利用されることが多すぎる。

この深みのなさは、テレビでのインタビューの撮られ方にも大きな原因がある。テレビニュースは人をこのように薄っぺらく定型化している。完璧なライト、人工の背景をバックに、あるいは建物の前に立ちマイクに囲まれて撮影されるとき、人は本物の人間のように見えることとさえもない。作り物の世界――ニュースの世界――にいて、人としての存在というより誇張画のように見える。

ある人を「捜査官」と呼べば、それは情報源を示すやり方だ。だが「ルイス刑事は親の代から殺人捜査に当たる警官で、父もまた二〇年前にこんな事件を担当していた」と書けば人物だ。前者は殺人担当捜査員ルイスを非常に堅い定型にはめ込み、報道の目的に沿いはするが底が浅く、他の捜査官と変わらない、人の形をした記号のようになる。

「下院歳入委員会の共和党次席幹部」と書けば定型だ。「下院議員を三〇年務めるベテランでほぼ全ての減税に反対し、例外は精神医療関連のみだったが、それは障害がある子の祖父になった後だった」と書けばもっと読者の関心を引く。取材相手を人というものに変えるには、人物像についてまず考える必要がある。その捜査員にいろいろな質問をし、典型像やマンネリがないか探し、その人を単なる取材先ではなく登場人物になり得る人とみて好奇心を持つことだ。時間を要するが、思ったほどはかからない。「こんな事件を前にも担当したことはありますか。独自の捜査スタイルや手法はありますか」。最も大事なのは、こうすることで捜査官を人としてみるということだ。コメントや事実関係を単に引き出す相手ではない。そしてどんな相手でも、知らなかったことをその人から知るということが起きる。

テレビの文脈でいえば、このように人物を深掘りすることで、話や場面をどう撮るかの考え方にも違いが生まれる。デービッド・トゥアカモは映像作家で、撮影、インタビュー、著述、自分で撮った映像の編集もするが、彼は常に撮影対象が実際の生活をしている中で撮ろうとする。商店主ならカウンターにいるところ、セールスマンは車を運転中、ビジネスマンは会議へと歩く姿――通常は長回しだ。彼の撮るものは小さな人物考証になっていて、見る側の捉え方は変わる。突然、実際の人々が現れるからだ。それは職業人たちであり、もはや「社会運動家」や「ロビー活動」の一環などではない。

人々を別のグループにぶつける

事実確認の章〔第4章〕で、語り方を複雑にするアマンダ・リプリーの取り組みは既に述べた。リプリーの見方は、ジャーナリズムの古い考え――全てを単純化するのがいい、特に意見はそうだ、そうすれば読者・視聴者は理解できる――は逆効果になってきたというものだ。人とその意見を単純化しようとすると、人とその考えを切り縮め、分極化につながるステレオタイプを起こすという。

リプリーの取り組みは「ソリューションズ・ジャーナリズム・ネットワーク」によってさらに進化し、論議になっていることをジャーナリストが報じる際、頭に入れるべき二二の質問リストが生まれた。その一部は私たちも既に触れた。まだ紹介していないもののいくつかは、神経科学者がメタ知覚《パーセプション》と呼ぶものに関連する。メタ知覚とは、独立を扱った第5章で述べたように、あるグループの人たちが、別のグループは自分たちのことをこう考えているだろう、と思うそのことだ。あなたが革新派ならメタ知覚は、保守派は自分を米国嫌いの社会主義者と思っているだろう、というものになるかもしれない。保守寄りの米国人だとメタ知覚も別で、リベラル派は自分が憲法修正二条〔銃を持つ権利の根拠とされる〕を支持するのを、絶望と憤りから銃に執着しているのだとみている、というものかもしれない（バラク・オバマはある選挙運動でこのような発言をしたのを聞かれており、こうしたメタ知覚を広めた罪がある）。

リプリーはインタビューする際の強力なテクニックとして、これらのメタ知覚に正面からぶつかり、逃げないことを挙げる。彼女はジャーナリストが政治や政治党派について話を聞く際に検討すべき質問リストを作っている。不快な質問になり得る。そこがポイントだ。話を引き出すように仕組んであるのだ。

・向こう側のグループはあなたのことをどうみていると思いますか。
・そのグループは何をしたいのだと思いますか。
・向こう側についてあなたが既に知っていること、あなたがこれから知りたいことは何ですか。
・この意味を教えてほしいのですが、向こう側の人の多くが〜と言っているんです。
・あなたやあなたと同じ考えの人をメディアが描くやり方が不正確だと感じることは何かありますか。

隠された比喩、隠された構成に気付く

米国のラジオ、テレビジャーナリストで重要な問題を面白くすることにかけてはロバート・クルウィッチの右に出る者はいまい。キャリアを通じＮＰＲでは経済を、ＡＢＣで科学を、ほか堅苦しいと思われがちなテーマについて、堅苦しさやつまらなさとはまるで無縁の伝え方で報じてきた。クルウィッチはいつも、一つ一つの題材の中に眠っている、心に響きかつ本質的な素材を探し出そうとしてきた。つまり定型は避け、一つ一つの題材の独自性を大切にし、その素材ゆえに作れる構成を活かした。「抽象概念の話はたくさん報じてきた。それには人の記憶に残るたとえ話を見つけなければならない。フックが必要だ、コートを掛けるあのフックという意味で。そうすれば『えっと、これは歌を歌うニワトリの話だったよね？　何について話していたっけ？　そうだ、通貨切り下げだ』となる」

クルウィッチのたとえ話はしばしば意表を突く。日本の経済減速を強調するため、ビデオを減速再生する。ミレニアムという英単語を綴れない人が多いことを強調するため、峻厳な学校教師がゆっくりと綴りを教える姿を出す。似たことは、ポッドキャスト『秘密の未来史《ザ・シークレット・ヒストリー・オブ・ザ・フューチャー》』の

仕事にもあった。このポッドキャストは『エコノミスト』のトム・スタンデージと「スレート」のセス・スティーブンソンが制作し、新技術や発展中のテクノロジーをめぐる最新の話題を取り上げるのだが、過去、同じような新テクノロジーが生まれたときのことを議論するという趣向だ。DNA鑑定を使った犯罪訴追の限界を取り上げる場合、その回の内容は指紋鑑定誕生とともに分かったその限界に注目する。ドライバーのいない自動運転車に社会が持つ違和感について論じる場合、番組司会者たちは馬のいない車両を人々がどう恐れたかを話題にする。

ウェブの力を最大に

ウェブが生み出した新しい物事の伝え方は、長年続いてきた記事執筆法の教育をおそらく乗り越えるものだ。

紙、テレビ、ラジオは主に語りに基づいており、それぞれ方向性や強みは異なる（テレビは感情に訴えやすく、紙は情報が豊富で、ラジオはそれらが入り交じり、かつ親近感が強い）。だがさらに素材を加えるにはこれらのメディアは限界がある。既に指摘されるように、紙メディアで出来事を取り扱う場合、素材は普通七つだけ——記事本文、見出し、写真、イラスト、表、グラフ、ほかは恐らくプルクオート〔コメントを大きく目立たせたもの〕のようなデザインものだ。だがオンラインでは、物事を語るツールや素材のリストは厖大だ。データからハイパーリンク、インタラクティブ・グラフィックスなどだ。

私たちはそうした素材を六〇以上も紹介できる。それらは組み合わせて使える（雑多な出来事のニュースより、気候変動のように一つのテーマの報道の場合に用いやすいのだが）。このリストはなおも毎月拡大している。「ジャーナリズムの基礎要素を再考すべき時だ」と、「ポリティファクト」〔ファクトチェック・ウェブサイト〕創設者で現在はデューク大学レポーターズラボを運営するビル・アデアは言う。もう文章で語る必要は必ずしもない。だがどんな報道でも、そこで使う形式や要素は、理解してもらう、人々の気付きをもたらすという目標のためにあるべきだ。目新しさ目的で新機軸を打ち出すべきではない。

そのためどう考えるか、手法を少し挙げる。

――構造化されたデータがニュースに――

ウェブによってデータが豊富に多量に得られることは、ある意味、データを言葉で説明すること（伝統的「データ報道」）や、さらには数字をビジュアル表現すること（「データ・ビジュアライゼーション」）の多くを乗り越えるものと受け止められるのではないか。これら新方式の一つが、ジャーナリズムの構造を進化させ、データで物事を語るようにするものだ。データは整理、分析されると、元の生データにない意味を示すものになる。

政治ファクトチェック・ウェブサイト「ポリティファクト」はその一例だ。アデアが『タンパベイ・タイムズ』に創設し、今はポインター研究所に置かれるこのサイトは文章の記事ではなく、政治関係者の発言の真実性を測り、「真実」から「全く事実と違う」までのメーター表示で表す。それぞれの計測値はデータポイントとして機能する。これらデータポイントが積み上げられることで、長期にわたりまた別の報道になり得る。例えばドナルド・トランプの発言全体の真実性を示したり、トランプと他の政官関係者で真実性を比べたりだ。「ポリティファクト」を編成するのに欠かせない基礎要素は、ストーリーではなく、指摘内容だ。これらの指摘内容は、構造化されたデータだ。検索、照合が可能となる。

それ以来、アデアと、グーグルのエンジニアのジャスティン・コスリンは、構造化データという考えを取り入れて、あらゆるファクトチェックのコンテンツ（それ以外でも何でもいいが）を構造化データに変えられるようにした。伝統的な語り方による記事もだ。ウェブ開発者が「スキーマ」と呼ぶデザインを用い、コンテンツを「タグ」つまり小さなカテゴリー分類で解体し、構造化したコンテンツとして何でも後付けし、その後の検索で見つけられるようにする。これによりニュースを見つけたり並べ替えたりの作業が、記事や見出しだけでやるよりずっとたやすく行える。

アデアとコスリンは「クレーム・レビュー」というスキーマを作成し、「ポリティファクト」だけでなく多様なメディアによるファクトチェックの結果をタグ付けできるようにした。これにより、望めば誰でも政治家名や発言内容を検索し、過去ファクトチェックを受けたかを確認でき、受けた場合はその内容を調べられる。デューク大学のアデアのチームはこれを使い、演説や討論のさなかに即時ファクトチェックができる「スクアッシュ」という実験アプリを作った。今は、同様に偽ビデオや偽画像に対して用いる「メディア・レビュー」というものを作っている。

データポイントに関する考え方は、野球の生数字、例えばヒット数や出塁率が、新しい統計単位、例えばＯＰＳ〔出塁率と長打率の和〕に分けられることや、一人の選手の全体的成績を同じ守備位置の別の選手のものと比較すること（交換価値）に似ている。

『フィラデルフィア・インクワイアラー』とレンフェスト・ジャーナリズム研究所は、場所ごとのニュースのパターンを調べるため、記事に位置情報データをタグ付けする可能性を探った。南カリフォルニア大学のある教授は、消費者がその日カリフォルニア南部をどう安全に移動するか、地図で示せるよう、交通、天気、汚染指標などの公開データを集めている。

これらは多くの報道機関が考えているよりはるかに大きな可能性を持ち、こうした考え方を活かすなら今ジャーナリストがやっている以上のことができるはずだ。紙のメディアがデジタルになったとき、記事一つ一つがページ上の文字からCMSデータベース〔コンテンツ管理システム〕上のデータ記録に必然的に変わった。だがこれらの記事はデータとして相互に連関しプログラムで分析できるものとしては、通常まず扱われなかった。例えば、紙の新聞に載せた不動産売買をウェブにも載せたとする。場所、価格、買い主というデータポイントがそれぞれ別々のデータフィールド、例えば校区、税評価、公共交通への近さの項目に入力されてもよかった。もしそうなっていたら、それらのデータを理解し分析することによる可能性は飛躍的に高まったはずだ。その報道は単なる過去記事として残るのではない。様々に活用可能な、地域に関する知識となっていただろう。

ニュースをデータとすることで、より深い知識と強い関わりを持ってくれる読者・視聴者という新しく大きな可能性が開かれる。人や金がかなり限られた報道機関でも、もっと気付きの多い、実りある報道をするためデータ分析することはできる。データを並べ替えたりインタラクティブにしたりし、ユーザーの操作を可能にすることもできる。報道機関がデータを活かしてニュースアプリ、携帯アプリを作ることもできるし、ニュースをコードにしてデータとして扱い、新しい収入源になるよう活用することもできる。

報道機関が集めた情報は、ただ語るためではなく活用する、並べ替えのできるデータに転換するものだととらえる。これは発想の転換だ。「私たちがジャーナリズムでやることの中には数を数えるということも多い……今やそれは機械がやってくれる」とアデアは言う。[26] そして実際、単純な計算なら私たちよりも機械の方が得意だ。

ジャーナリズムからツールや製品を生み出す

テクノロジーを使って市民が自分で疑問に答えを出せるようにする報道機関もある。例えば『ワシントン・ポスト』は二〇一七年にトランプが提案した税制によって自分たちの税金がどうなるかシンプルなツールで計算できる仕組みを作り、そのツールを本格的な報道と取材班による分析の流れの中に配置した。[27]「マークアップ」という新興の非営利報道機関は「ブラックライト」というツールを作成し、人々が訪れているウェブサイトが収集するデータの規模やその存在場所を示した。ブラックライトはあらゆるＵＲＬについて、そこがどんなデータを集め、それをどこに送信している可能性があるか、その中には利益を得るために売られたものもあり得る、ということを読者に示した。このツールは大がかりな、伝統的長文スタイルで報じられる報道のための、取材の取っかかりになった。さらに「マークアップ」は「マークアップに訊け《アスク・ザ・マークアップ》」という続報シリーズを出し、同メディアの取材から生まれた実用的な発見、例えばウェブ上でのプライバシー侵害をどのように食い止めるかなどの情報を提供し続けた。

ＳＮＳの仕組みで記事を伝えよう

米国人の多くはＳＮＳに時間を費やし続けており、報道機関にとってこれらのプラットフォーム上でも自らのジャーナリズムを魅力あるものにすることが重要だ。自分たちのコンテンツをプラットフォーム正統派として伝えるわけだ。プラットフォーム不可知論ではない。

例えばツイッターのスレッドに適した記事もあればインスタグラムのギャラリーに合うものもあるだろう。『フィラデルフィア・インクワイアラー』記者ジョナサン・ライは常に投票締め切りについてツイートする。それ自体役立つ情報だし、彼のもっと深い記事から切り出されたものでもある。二〇二〇年、ライは自動ツイートを毎朝投稿するようセットし、有権者登録の締め切り情報を転送するとともに、不在者投票をやり方と合わせて呼びかけた。これは単純にして力強い姿勢の一例と言える。何週間、何か月も先のツイートを準備できる「バッファー」や「ソーシャル・ウムフ」といったSNS用自動化ツールで簡単に真似できる。『ミルウォーキー・ジャーナル・センティネル』は、コロナ禍での投票について人々が抱くと思われた疑問に答え、それとともに画像をシェアできるようにインスタグラムに投稿した。そのプラットフォームに合っていたし、他の取材の端緒にもなり得た。

語る、それは真実のため

最後に注意しておきたい。言葉でニュースを語ることは、「書き手の考え方を原稿に盛り込む」ことだと編集者に見なされることがある。これは、ジャーナリストが自分自身の感覚や意見を、舞台から観客に独白するように、記事に挟み込む書き方で、例えば「その候補者が話し始めると、記者たちからは不満の声がはっきり上がった」というような自分たちに関するくだりを入れる場合に顕著だ。

ある態度がどの記事でも、どの記者でも、どのメディアでも、常に現れることがある。ジャーナリストに共通してメタナラティブ〔叙述を超えた大きな真実として叙述されるもの〕が流れているのだ。政治家は権力のためだけに政治をする。ドナルド・トランプはソシオパス〔反社会的な人格〕だ。ジョージ・W・ブッシュは副大統領ディック・チェイニーの操り人形だ、あるいは人生に迷った息子で、父親を超えなくてはとの潜在意識からイラク戦争を決意した。アル・ゴアは誇張の常習者だ。バラク・オバマは学者先生で、大統領選に二回当選はしたが政治を本当は分かっていない。ジョージ・バイデンは認知に障害がある。こうしたメタナラティブは強烈になり、過度な単純化の力で真実をかき消すこともあり、だが真実らしい雰囲気をまとっているのでなかなか消えない。

テクニックを語るとき、頭に入れることが死活的に重要なのは、形式が中身を決めるのではないということだ。テクニックで事実は変えられない。ジャーナリストが叙述する形を取るとき、常に、既に述べた正確性と真実性の原則に従わなければならない。伝え方の形はどうあれ、何より人をとらえるのは何であるか、心に留めなければならない。それは、内容が真実であることだ。

ここでの議論の中で、私たちは社会の問題をめぐる報道について特に取り上げてきた。しかしどんなテーマを扱う場合も、魅力的で、自分につながると感じさせるジャーナリズムが必要であることは変わらない。マーク・ザッカーバーグのマーケティング戦略がいかに生活に影響しているかを読者・視聴者が理解できるようにする報道は、大統領候補のインターネット政策がどんな立場かを論じるものと同じぐらい重要だ。セレブの横顔ニュースで、どうしてハリウッドがこれらの映画を制作したのかを描けば、米国文化に光を当てる重要な仕事になり得るが、一方で、ただの広報記事にもなり得る。これは取り上げる題材ではなく、その扱い方による。こうして市民は、魅力的かつ自分に大切だと感じさせるという原則をものさしとして、自分たちが向き合うどんなジャーナリズムの価値も判断することができる。

次の原則は、ニュースへの私たちの関わりやつながりについて、さらに大きな文脈で考える。そもそもどんな題材を報じるかをどう決めるのか、である。

第9章　全体像を配分良く

バレリー・クレーンがフロリダ州でリサーチ・コミュニケーションズ・リミテッドという会社を経営していたとき、読者・視聴者からいかに学ばないようにしたかを説くのが好きだった。ある大手ケーブルテレビネットワークの主任マーケット調査担当者のことだ。その調査担当者は、若い視聴者のグループにある質問をするよう指示を受けた。「次に来る若者の大きなトレンドは」

この調査担当者自身も、人が何にどう反応するかを見る場合だったら、アンケートやサイコグラフィックス〔感じ方や価値観による分類〕、グループ調査などのツールを使ってもいいと感じていた。読者・視聴者が人生をどう生きているか、どうメディアを使うかを詳しく知りたいときも使えると感じていた。だがプロフェッショナルの判断を肩代わりさせるためには使えないし、少なくとも使うべきものではなかった。

それでも上司たちはこれを質問するよう求めた。調査担当者は困った顔で、テーブルを囲む一〇代の若者たちにグループ調査の座長がこの質問をするのをマジックミラー越しに見ていた。「次のトレンドは何だと思いますか」。返ってきた答えは彼を喜ばせた。「どういう意味ですか、次のトレンドは何か、って。次の大きなトレンドが何かは、そちらに教えてもらえると思ってるんですけど」[1]

ジャーナリズムは人々を引き込み、自分につながる問題を考えてもらうという原則は、報道をどう行うかを示してくれるものだが、次の原則は、何を報道するのかを示すものだ。

ニュースとは何か。スペースも時間も資源も限られる中で、何が重要で何が重要でないか、何を報道に含め何を含めないか。無限に広がるインターネットの時代、発言を担うのは誰か。これらの疑問から、市民が報道に求める八番目の原則が示される。

ジャーナリズムはニュースにおいて、全体像を配分良く伝えなければならない。

だがどうやって。大航海時代、地図作成は科学でも芸術でもあった。男たちが羊皮紙に向かい、広がる世界を描くとき、欧州については、また周辺の海も、かなり正確な図にした。それが西に移り「新世界」という人々の想像を非常にかき立てた地域となると、大体が想像になった。そこに何があるのか。金、若さの泉、地の果て、悪魔たちか。遠い大陸の大きさは大きかったり小さかったりし、それは地図を買ってくれそうに思われた読者の意向次第だった。自分たちの知らない場所を埋めるため、はるかな太平洋に地図作家たちは海の怪物、龍、巨鯨を描いた。怪物たちが奇抜で恐ろしいほど、金鉱やインディアンの描写が異国風であるほど、地図は売れ、地図作家としての評判は高まったのだろう。センセーショナルなものが人気の地図になった。探検や学びに使う手引きとしてはひどいものだったにしても。

ジャーナリズムは私たちにとって現代の地図作成術だ。市民たちが社会を航海する地図になる。そこに実用性があり、経済上の存在理由がある。地図作成術だと考えれば、ジャーナリズムが何を伝えるべきかという疑問は明快になる。あらゆる地図と同じくジャーナリズムの価値は、欠落がなく、比率が適切なことだ。センセーショナルな裁判、芸能スキャンダルにさほど価値はないと知りながら、売れると考えて多くの時間やスペースを割くジャーナリストは、人気ほしさからイングランドやスペインをグリーンランド並みの大きさに描いた地図作家のようなものだ。目先の経済的な意味があるかもしれないが、そんな地図は旅行家の判断を誤らせ、結局、その地図作家の信用を破壊する。「こうだと自分には分かっている」というだけで十分確認もせず書くジャーナリストは、「新世界」の辺境に海の怪物を描く作家のようなものだ。仕事をする中で、出さないニュースが多々あるジャーナリストは、旅行者に他のさまざまな道を全く示すことをしない地図作家のようなものだ。

ジャーナリズムを地図作りと考えれば、比率が適切で全体をとらえていることが正確さの鍵となることは理解しやすいだろう。個々の記事にとどまらない。新聞の第一面、一つのウェブページ、一本のニュース番組が、楽しく面白いが、まともな基準でみるなら重要な項目が全く含まれていないのなら、それはいびつなものだ。同時に、その日一日にあったことの説明として真面目で重大なことだけしかなく、軽いものや人間的なものはないなら、やはりバランスを失している。この比喩は、マイナー分野や単一テーマを扱うメディアにも当てはまる。どんなテーマにせよその範囲内で、比率が適切で、全体をとらえるという考え方はなお有効だ。

どんな報道機関も時間や金、人に限度があるため、全てを報じることなどできない。地域の小さなウェブサイトは言うに及ばない。小規模な非営利メディアで出すのは月に数本の記事だけ、それも大型調査報道記事を志向するところだともっと難しいだろう。しかし時間を経て振り返り、自分たちの報道はテーマを公正に、全体像を踏まえて描いたといえるか、それを考えてみることはできる。何かを暴くからといって、必ずしも批判的な内容でなくてもいい。事業の中に、他と違ってうまくいっているものがある場合、なぜそうなのか深く探ることは、どうしようもない失敗を描き出すのと同じくらい価値があり、もしかすると正確さでは勝っているかもしれない。

営利メディアの報道がこの一〇年に直面してきた困難は人や金の削減だった。沿岸を全て見張るような考え方はどんどん困難になってきた。先見性がある報道機関は沿岸のどの地域が最も重要で、どの部分は監視員がたまに見にいくだけでいいのか、区別できていなければならない。記録としての新聞というのは過去のものだ。関心を反映する新聞――少数を選んでしっかり報じる――が現実に近い。もともとそうだったのかもしれない。だがそうであるなら、全体をとらえ、適切な比率でというのは、長い時間を通じてみればそうなるという意味になろう。一日単位で実現するような目標ではない。

それでも市民として、私たちは自問することができる。この報道はコミュニティ全体のことを踏まえていると、私の目にも分かるか。私自身はこの報道に相手にされているのか。この報道は、多くの人が面白いと思うものと重大だと思うものを誠実に組み合わせたものになっているか。

ターゲット階層という欺瞞

地図作家の発想を使えば、ニュースの多様性という考えも分かりやすくなる。ジャーナリズムを社会の地図作りと考えると、地図には全てのコミュニティからのニュースが入っていなければならない。広告主が魅力を感じる階層からのものだけではいけない。

残念ながらジャーナリズムにはそれができていない。第3章で説明したように、二〇世紀後半の報道機関はターゲットを重視しがちだった。新聞は裕福な読者に、テレビニュースは女性に――それが広告主のニーズだったからだ。そうなったのにはいくつか理由がある。特に新聞は皮肉にも、地域社会を全体的に取材し報道することが望めるだけの規模を持つ唯一の地方メディアだった。だが二五年間にわたり読者も広告主もテレビや他のメディアに流れ、新聞社はこの映像時代には構造上、発行部数に限界があると判断した。事実上、教育水準の高い層のニッチなメディアになることを選んだのだ。

二番目の大きな理由はコストに関係する。新聞を売るだけなら赤字だ。二五セントの値段では、いやたとえ一ドルでも、新聞一部あたりの費用――取材、印刷、配送など――の一部しかまかなえない。あとは広告収入で埋め、これが一時は七五%を占めた。となると実質的には、広告主がついてこない読者に新聞を売っても金を無駄にしていることになる。広告業界の側でも新聞は主に上流階層に接触するために利用することにした。他のメディア、特にテレビやラジオには、ブルーカラー層に接触する役割が残された（実質上、ブルーカラー向けの米夕刊紙がローカルテレビニュース番組に置き換わった）。結局、新聞の経営戦略としては、裕福な層に照準を合わせて発行することが必要であり、それでいいと理屈づけられた。発行コストと、購読者がもたらす収入とを計算すれば、地域全体を相手にしないことが経済効率の名のもと正当化できた。ある地区は不要ということは、そこについて手厚く取材する人や金の投資は要らないという意味にもなった。

経済性について反論するのは困難になった。あるいは低所得層の読者は戻ってこないという考えに異論を述べるのさえ、テレビに読者が流れたことを考えれば、難しいものとなった。この流れに抵抗しようとするなら、ウォール街の金融界や伝統的考えをする人の同意を得られない長期戦略に賭けることになってしまう。経済効率や利益のために理想を下げたことで報道機関は守りに入り、利幅を気にし、いざウェブテクノロジーによって読者増が単なる可能性でなく喫緊の経営課題となったときに打って出る手のない悲惨な状態に追い込まれた。つまり、ジャーナリズムとしての責任を投げ出すことは短期的には魅力的に映ったが、長期的には誤った経営戦略だった。

やがてテレビもまた、ターゲット階層について検討し始めた。ひいきのブランドをまだ決めていない若い視聴者や、家庭の財布を握ると考えられた女性たちに目を向けたのだ。これは特に、ニュースを放送する局が増え、個々の局からみれば〔視聴者という〕パイの取り分が減る中でのことだった。各局が、そしてウォール街〔テレビ局の株主〕が、地方テレビ局の莫大な営業利益率――通常四〇％超――に慣れていたため強い圧力がかかった。利幅を確保するため、各局は記者の数を減らし、その大多数に対して一日一本はニュースを出すよう要求した。[2] 地域全体に目を配ることは不可能だった。代わりにニュースは最も見てほしい層に向けられた。若い女性だ。

広告による経営モデルの崩壊はこうした過ちを是正するチャンスになる。ジャーナリズムの未来を支える方程式は、過去とは大いに異なるものになる。広告主の関心の対象になる読者・視聴者をできるだけ多く引きつけるのではなく、未来のジャーナリズムはこれから、消費者自ら喜んで金を払ってくれるような価値あるコンテンツの創造が最優先の柱になるだろう。これによってニュースの価値基準も変わる。読者・視聴者の社会階層は広く、様々な人を含むことが求められる。月一〇ドル払える人は多い。人々がこの額を自分の生活の中で映像ストリーミングなど多くのサービスに払っていることはデータで明らかだ。報道機関は、不可欠で独自の、そして購読者の生活を良くする質と頻度のコンテンツを作る必要がある。かつては掲示板投稿のようなニュース提供が盛んだったが、それではもう不十分だ。もっと深く、もっと意義あるコンテンツ――初期のウェブが自信を持てずあきらめたもの――が、ジャーナリズムが生き残る今最も有力な方法とみられている。別の言い方をすれば、ジャーナリズムが持続するためには、もっと優れたコンテンツを提供し、それはコミュニティのもっと幅広い人々に関わるものでなければならない。特に若い人、有色人種、そして保守派だ。そうすれば、かつて作られてきた、質より量のコンテンツは多くが不要になる。

ターゲット階層を絞るという経済の論理が、今のジャーナリズムの経済的苦境の一因となり、深刻な問題を抱えることは、時を経る中で明らかになった。その一つは、都市の黒人読者・視聴者の意図的な無視だ。広告主はそうした読者・視聴者はターゲットとする意味がないほど経済力を欠くと考え、また報道幹部を占めるのは圧倒的に白人で、そうしたコミュニティの人々の生活に無知であることがその原因だ。もう一つは、エスニック系メディアを別にすれば、報道界は、米各都市を変えつつあるほどに拡大した移民コミュニティを大概無視してきたことだ。一〇〇年前にジャーナリズムの成功を支えたのがまさにこの層だった。ピュリツァーやスクリプスはじめ一ペニー新聞の大物たちが主な読者としてつかんだのは移民だった。文章は平易で移民たちにも読みやすく、論説面では彼らに市民としての在り方を教えた。新しい米市民たちは仕事後集まり、新聞記事について語ったり互いに読んで聞かせたりし、その日の主な出来事を議論した。

一八八〇~九〇年代の移民がより米国化し、より中産階級に近づくと、それとともにこれらの新聞も変化し、内容は落ち着き、凝った文章になった。一九一〇年、『ニューヨーク・ワールド』はその二〇年前に比べはるかに真面目な新聞になっていた。それから八〇年後、ジャーナリズム産業は経済効率に心を奪われ、新しく米国人となった人たちとの関係作りに一〇〇年前のような投資はしなかった。二一世紀が始まって二〇年、ニュースの経営モデルは広告でなく購読料や会費といった消費者からの収入に移るなかで、有色人種の人たちと断絶しているのは業界の失敗の一つといえるかもしれない。

もう一つの変化も同じだ。ジャーナリズムが最も金になる層だけから相手にされるようにし、最若年層には多くの投資をしなかった。記事は長く、洗練され、大学を出ていないとついて行けないものも多かった。ブルッキングス研究所のスティーブン・ヘスら批評家からは、ジャーナリストは自分たちが取材するような相手に向けて文章を書いているとの声が出るようになった。[3]テレビはといえば、力を入れるのは犯罪や刺激的なもので、テレビニュースは家族が集まって見るものではなく親が子どもに見せないようにするものに変わった。[4]経済性と利益率の名のもと、ニュース業界の多くは新世代にニュースへの興味を持たせることをほとんど何もしなかった。デジタル世代はニュースを知らない、なぜなら伝統的ニュース番組を見ず、紙の雑誌を購読せず、紙の新聞を読まないからという説がまかり通っていた時期があった。この研究とその背後にある推測には深刻な誤りがある。古い技術にこだわり、未来の読者・視聴者を理解しようとしない業界の典型だ。[5]こうした読者・視聴者はニュースを知らないのではない。単に自分たちのニュースを新しいプラットフォームから得ているだけだ。最初はフェイスブック、今は他のサービスだ（中でもインスタグラムやユーチューブが多い）。

こうならずに済んだ可能性はあっただろうか。ジャーナリズムが幅広い読者・視聴者と断絶せず、多様性ある読者・視聴者、また若年層にうまく手が届いていたことはあり得たか。はっきり答えるのは難しい。だがジャーナリズム企業がエリート階層やコストに見合う効果に目を向ける中、業界では概して幅広い読者を得る可能性を目指そうとしていなかった。いくつかのメディアが取り組んだころには、もう非常に遅い状態だった。地図作家の考え方に当てはめれば失敗は明らかだ。私たちは一部の地域のため地図を作り、他の地域のためには作らなかった。地元で行きたい場所が地図になかった人々は、その地図を捨てたのだ。

地域全体を顧みないニュース番組や新聞は、自分たちが重視する人々に対しても問題を起こした。まず、切り捨てた情報が多いため、彼らの読者・視聴者も情報不足になった。市民は社会の動きが今どうなっているか、自分たちに何が必要か、について劣悪な判断をする危険にさらされた。深い関心を持つ市民の存在が報道機関のためにも最も大切なのに、この戦略は最終的に報道機関の生存基盤を脅かすものとなった。ウォール街のアナリスト、ジョン・モートンは当時報道業界の経営について国内有数のアナリストだったが、印象深い言葉を残した。私たちは「種としてまくはずのトウモロコシを食べてしまった」という。[6]

地域全体を顧みないとともに、ジャーナリズムが重視する層に対しては過剰に詳細な情報を提供するという逆の問題も起きた。記事は長く過密になり、だがますます限られた社会の一部に向けられるものになった。新聞は時に一〇〇ページを超え、読むのに一日がかりとなりかねなかった。テレビでもターゲット化で似た影響が起きた。今のローカルテレビの健康情報の時間は、新しい医学研究となるとどんなに未完成なものでも全て取り上げ、情報提供というより混乱の原因になっている。

この誤りは正せるのか。ウェブは、ニュースが伝統的なプラットフォームにとどまっていた時には想像できなかった方法で、読者・視聴者との関わりの持ち方を新しい水準に引き上げた。混乱を伴いつつも、ウェブはニュースの受け手の年齢を下げ、人々によるニュースの消費水準を拡大した。少し数字を見てみよう。二〇一七年、紙の新聞読者の平均年齢は五四歳だった。モバイル機器で新聞のコンテンツを読む人の平均年齢は三九歳だった。そしてもし、ニュースという事業が若返りたいなら、そのプラットフォームはモバイルであることに疑う余地はない。モバイルを第一に、さらに第二も第三もモバイルにしないなら、どんな努力も考え方が恐らく間違っており、時間の無駄であろう。一八〜二四歳の四五％は一日の最初のニュースをモバイル機器で入手するということを考えてほしい。三五歳超なら一九％だ。これはロイター・ジャーナリズム研究所のデータによるものだ。[7]

難問が一つある。みんなの公共財として情報を共有する場をどうするかという問題だ。地域の問題の解決策が扱われる場として存続可能なみんなの議論の場を作ることは、ジャーナリズムの責任というだけではない。そういう場が金の面でやっていけるようにするには、どうすればいいかという問題でもあり得る。だから、地域のジャーナリズムに関心を持っている人ならば、急いで行動しなければならない。地域全体を考えつつ多様な人々に役立つジャーナリズムとなる方法を見つけなければならない。これは本書の第一〜三版で求めてきたことだ。第四版を書いている今、無駄にできる時間はいよいよわずかになった。二〇二〇年夏、人種と社会をめぐる不正義がさらに知られ、研究者や改革を求める人たちがしばしば言う「相手にされていない読者・視聴者」に向き合ってこなかったことを報道界は自覚した。これは前向きな一歩だが、この失敗への対処を、業界が経済的な存続可能性を失わないうちに行うには時間がもうあまりない。

ニュースはイデオロギーや属性に合わせて仕立てるのではなく、もっと全体を伝えるものであるべきだという考えに、人々も同意するという根拠がある。著者の一人が設立と運営を担う「ジャーナリズムの真髄プロジェクト」は数年にわたり、どんなローカルテレビニュースが視聴率を稼ぐか調べた。ローカルニュースのプロたちによる企画チームは、地域のこと全体を扱うのがローカルテレビ局の最重要責任だと位置付けたのだが、データから視聴者も同意見であることがわかった。幅広い題材を扱う局の方が、そうでない局より、視聴者を増やしたり維持したりする傾向にあったのだ。[8]

地図作家の喩えでは言い尽くせないこと

喩えは何でもそうだが、地図作家と比べるのにも限界はある。地図作成は科学だがジャーナリズムはそうではない。地図では道路を正確な場所に図示し、国や海洋さえも大きさを測ることはできる。ニュース記事の比率となると話は別だ。誰かにとって大ニュースでも他の人には重要でない。ニュースにおける比率が適正か、全体を捉えているかどうかは主観的なものだ。捉えどころがない。だが、だからといってニュースの比率を良いものにすることは道路や川の形といった客観的なものに比べれば大した問題でない、などということは全くない。逆に、これを真剣に求めることは、ジャーナリズムが広く支持され、経済的に健全であるため欠かせない。主観的なものであっても、比率を適切に、全体を捉えることを、単に抽象的な考えとしてではなく追究することは可能である。ある記事の重要性について人々が率直に議論すれば、意見が食い違うこともあろう。しかし市民もジャーナリストも、ニュースが不釣り合いに大きく扱われていればそれは分かる。その一線を越えたのが正確にいつかとなると意見は分かれるだろうが、どこかの時点で、そのようなことになっているとは分かる。注目競争が激化する時代、これは起こりがちなことだ。

これらを報道の職場で建設的に議論できることは、だからますます重要だ。そのために報道職場にもっと多様性が必要だ。見た感じが地元地域を反映しているというだけでなく、考え方がそうでなければならない。ということは、地域の中での文化、階級、民族、人種、またイデオロギーの多様性を反映していなければならない。難しいステップだ。しかしこれができなければ報道業界もニュースも、人々も、分断化、分極化を続けることになるだろう。

ニュースが細分化され、私たちの情報入手元がニュースアグリゲーター〔多数の報道機関の記事を一か所に集め見せるサービス。日本ではヤフーニュース、スマートニュース、LINEニュースなど〕、RSSフィード、フェイスブックやツイッターなどの伝達プラットフォームへとどんどん広がり、ニュースは雑多な情報源から受け取り自分自身で組み立てるものになる中、配分を適切にし、全体を捉えるという責任は、ニュースの送り手から個人へと少しずつ移ってもいる。私たちがこうして自分式に選ぶ仕組みへの依存を強め、ニュースの関門係に頼らなくなる現状では、私たちは自分自身のニュースの消費者でありかつ編集者となり、そしてそれ以上に、自分の市民としての意識をつかさどる者ともなる。気にすべきは「何か知っておくべきことはあるか」ではない。「知るべき情報を知るため、チェックすべき場所全てをチェックしたか」である。私たちは実質的に、沿岸のどの部分を警戒すべきか決めなければならない監視員になったのだ。

知るべきことがあるなら、誰かが教えてくれるはずだと思い込む人もいる。少しずつでも耳に入ってくるはずだと。実際にはそうではない。プラットフォーマーはアルゴリズムを変えてしまっており、彼らの金になるようにしている一方で、私たちが知りたいであろうこと全てに自然と出くわすようにはしない傾向を強めている。私たちはものを知らないまま取り残される可能性が高まっている。市民として知っておくべきことが身につかない。身体も使わなければ弱るようなものだ。私たちの世界は狭くなる。コミュニティに対する見方は歪む。仲間か敵かの意識が強くなる。意見の違いがあるときはどうすれば良かったか忘れてしまう。様々な立場があることが不快になる。これらは既に始まっている。

報道機関はこれらの問題を生み出したわけではない。だが助長したのだ。

話を大きく見せる圧力

ニュースメディアの文化に混乱が進行しているとき、常に話を大きく、センセーショナルにする圧力が高まる。「ストリップとギター」の原則とでも呼べるかもしれない。

もし注目を集めたければ、表通りへ出て裸になり、ストリップショーをすれば良い。おそらくすぐに人だかりができるだろう。問題は、それをどう維持するかだ。あなたの裸をいったん見たら、そこに居続ける理由があるだろうか。どうやれば集まった人が帰らないようにできるか。違うやり方がある。同じ通りに行き、ギターを弾いたとしよう。最初の日、数人が聞いてくれるかもしれない。翌日、多分少し増えるだろう。あなたのギターがどれほどうまいか、レパートリーがどれほど多く、魅力的かによっては、聴衆が毎日増えるかもしれない。もしうまければ、人を集め続けるために場所を変え続けたり、曲の繰り返しに飽きた人たちに代わる新たな聴衆を見つけたりする必要はない。逆に同じ場所に居続ける方がメリットがある。

これは、新たなテクノロジーによってメディアの数が増え、一つ一つの報道機関としては自分の読者・視聴者が減るのを目の当たりにする時に、実際に報道メディアが直面する選択だ。将来が不透明で、読者・視聴者を急速に増やさない限りこの仕事をいつまで維持できるか分からない時、あなたはどちらの手法を求めるだろうか。ニュースメディアは常にある程度は、信念や哲学に基づいて事業を進めなければならない。経験に基づく過去のやり方では未来には役立たないかもしれないからだ。そこに出てくるのが、リアルタイム計測ができるという新しくややこしい問題だ。ある種のコンテンツがいかに即時に人を集めるかを見せてくれるのである。

報道機関の中には、かなり堅い伝統のあるところさえも、ストリップを選んだところがあった。

新聞のウェブサイトが、トップページの目立つところに若手芸能人の写真のスライドショーを掲げているところを考えてみてほしい。これはニュースが量産品となり過剰供給だとの考えに動かされている面もある。プルデンシャル証券のジェームズ・M・マーシュ・ジュニアはウォール街のアナリストとして、私たちとテレビについて議論したとき「現在、ニュース番組はだぶついており、需要を供給が優に上回る状態だ」と述べた。[9] ストリップを選ぶ理由はまた、独自報道を多数出すには金がかかる、記者やカメラクルーを張り巡らせ、世界各地に支局を持つ必要があるという事実に動かされているところもある。

読者・視聴者を引き込む力についての章〔第8章〕で述べたように、〔ネットワーク〕テレビのニュースはその独占をケーブルテレビに崩される中、視聴者を引きつけるために様々なテクニックを用いた。朝のニュース番組は芸能、娯楽、ライフスタイル、クロスプロモーション〔自社メディアで自社系列の製品・サービスを紹介する手法〕に著しく重点を置いた。[10] 夜のニュース番組はある時期、娯楽や芸能の話題を増やすために市民としての問題に関する報道を減らした。ただこの動きは二〇〇一年九月一一日のテロ攻撃後、目に見えて減った。[11] さらに最近、報道内容のバランスに同様の影響を与えたのがトランプ時代とコロナ禍だったが、トランプ後の世界でこれがどうなるか分かるのはまだ先だ。

別のテクニックは、視聴者がどう感じるべきかをテレビニュースの話し手が言うことにより、視聴者とつながりを作ろうとすることだ。報道の中に感情的な用語をちりばめるのだ。「衝撃の」「恐るべき」「悲惨な」などの言葉、「全ての親は聞くべき深刻な警告」などの語句だ。ある朝を無作為に選び三大ネットワークテレビの番組を調べたところ、番組内の最初の五つの話題の説明だけでこれらの単語を三〇回使っていた。キャスターによる導入や締めの部分に多かったが、取材に話した人がこれらの単語を使った場面をサウンドバイト〔印象的な短い発言紹介〕として選んだ場合もあった。[12]

感情や、あるいは怒りさえも、露わにすることが個々の記者にはキャリアアップの材料となり、パディ・チャイエフスキーの映画『ネットワーク』に出てくる架空のキャスター、ハワード・ビール――「絶対に許せない、もう我慢ならない」と放送で叫ぶようになってから人気が上がった――が示す感情のように読者・視聴者とのつながりを生み、人間味を示す。こうした感情の爆発は最初は本心かもしれないが、利用している場合もあろう。CNN司会者アンダーソン・クーパーは二〇〇五年のハリケーン・カトリーナの問題をめぐる憤りとその被災者への共感という強烈な感覚をはっきり見せた後に、同局のメインのプライムタイム司会者に登用され、クーパーがニュースに感情的な反応を見せる場面は宣伝に使われた。コロナ禍の間、彼は同局が全国各地で何度も開いた市民討論会のトップ司会者でもあり、政治家による討論の司会でもあったが、そこでの彼の感情的な在り方は政党色が強いとも受け止められた。

言論界に新しく生まれた情熱を、様々なウォッチャーたちが賞賛した。一方、感情を排して事実を伝えるというジャーナリズムの一〇〇年にわたる貢献は時代遅れなのかという疑問も出た。これもまた、私たちが第4章で論じた客観性の問題をめぐって起きた別の動き、あるいは誤解である。

トランプ大統領が在任中、報道機関を「人民の敵」、「フェイクニュース」、滅びゆく産業などと攻撃したことで、問題が深刻化した。ジャーナリストはどうやれば、自分たちのことを敵だと説明している人を、感情を排して報道することなどできるのか。存在の根幹を揺るがす難題だ。そして罠にもなり得る。トランプは報道機関に自分を憎悪してほしいのだ。自分が言っている通りだと示せるからだ。

この問題は、ジャーナリストであるという意味の核心を突く。この専門職では、確実に信用してもらうために私的利害は封印すると誓う。そこにおいて感情的な姿勢や憤りはどんなときに適切といえるか。ジャーナリストが人の苦難を目の当たりにして抱く感情も全て脇に置くべきだと主張するのは難しいだろう。感情を表すことが適切な場合とそうでない場合があるとすれば、区別はどこにあるのか。

報道人が最初に問うべきは、ジャーナリズムの取材と報道において人々が必要とするのは何か、ということだ。怒りか。無感情か。内容によるのか。それはどうすれば分かるか。頭に入れておくべき比喩が二つある。医師と警察だ。もしあなたが外傷を負って病院に行ったとき、診てくれる医師にはどうあってほしいか。感情的になってくれることか、あなたのけがはひどいということで(つまり民主主義への脅威が深刻だということで)。それとも医師にはできる限りプロとして医療者としての姿勢を保ってほしいか。あるいは、警察官があなたの車を止めたとしよう。あなたは、その警官がパニクって感情的でいてほしいか。それとも冷静で落ち着いていてほしいか。

区別はどこにあるのか。一つの経験則では、感情を露わにすべきなのは、他のどんな反応も無理をしているように見えるとき——感情を表すのが唯一自然な反応となるときだ。ニュースキャスターのウォルター・クロンカイトが一九六三年にジョン・ケネディが暗殺されたときに涙を拭い、その数年後、ロケット打ち上げに畏敬を感じているのを見せたとき、米国人はもっともなことと受け止めた——偽物の振る舞いではないと。

もう一つの経験則は、問題を見つけた瞬間の後、その出来事についてより広く深い背景を知るための情報を探す間は、感情的な振る舞いは出さずにいるべきだということだ。ジャーナリストは見たものにいったん人間的な反応をしたなら、そこからはそのテーマの答えを探るために心を落ち着かせなければならない。これにはプロフェッショナリズム、懐疑心、そして知的独立心が求められる。人間らしい感情はニュースがニュースであるための核心だ。しかしひとたびそれを人工的に作ったり、それを自分へ注意を向けるために利用したりすれば、あなたは一線を越え、既に有り余っているものになる。リアリティ・エンターテインメントだ。このとき、感情的な振る舞いはニュースを悪用したベタな受け狙いであり、ニュースへの純粋で人に役立つ反応ではなくなる。

計測手段を分析する

ウェブはこれら全てを別の次元に変えたが、報道界の一部で思われているほど革新的なものではない。理論上は、ウェブによってメディアはある一個のコンテンツを何人が読んだか、あるいは見たり聞いたりしたか、ページ内のどこに進んだか、どの程度の時間そのページを見ていたか分かるようになった。

しかしウェブ分析の第一世代は問題だらけで、そのデータをメディアが業務の正確な分析のため使うことはできないものだった。例えば、計測自体が混乱していた。何を計測するのが正しいのか。ユニーク訪問者数（読者・視聴者の数の全体を示す）か、ページ閲覧数（特定のコンテンツ内容に、いくつの目が向けられたかを示す）か。閲覧時間（ある記事を人々はどれくらい時間をかけて読むかという把握困難な数値）か、閲覧活動時間（人々が一つの記事に活動的に関わっている時間の長さ）か。読者・視聴者による関わりは、サイトで過ごした時間、すなわち滞在時間で計る方が良いのか。もし、地元以外からサイトを見に来た人は広告主の関心外で、購読者にもならないとしても、そういう地元外の人も大切にすべきか。地元の、サイト愛ある読者・視聴者だけ気にすれば良いのか。このような疑問が錯綜するのも、標準となる計測方法がないからだ。コムスコアのデータはニールセンやオムニチュア（現在はアドビの一部）、グーグル・アナリティクスのデータとは大きく異なることがある。新しいデータによると、そこでページ閲覧数が多くても、人が見ているものとは全く限らず、ボット、つまり訪問者数を多く見せる自動クリックシステムによるものかもしれないという。例えば、ある月にコムスコアでは『ワシントン・ポスト』のユニーク訪問者数が一七〇〇万人、ニールセンでは一〇〇〇万人だった場合、あるいはある月のヤフーの読者実数に関するこれら二社の計測に三四〇〇万人、つまりカナダの人口くらいの差があったら、メディアはそこから何を理解すれば良いのだろうか。[13]

ページ閲覧数は不正な数値操作を受けやすいし、読者の浅薄な関わり方に親和性がある。見出しに「これら人気子役の現在の外見を、あなたは信じられないでしょう」とうたった箇条書き形式の記事、ユーザーはそれを何回かクリックして苛立ちと自己嫌悪の中で画面を閉じてしまう――そんな閲覧数も、三章にわたり構成された記事でユーザーがSNSでシェアしたり友人にメールで送ったり、後にこのメディアを購読しようという判断に結びついたりするものと価値は同じ、あるいはページ数によってはもっと価値が高いと計測される。ページ閲覧数はウェブの初期、広告を売る際の何らかの指標にということで設計されたものだ。ジャーナリズムの経済モデルにおいて広告の占める位置が低くなる中、意味も乏しくなってきた。数値自体に問題が多いこと、ボットによって簡単に数値を操作できることを除いても、ページ閲覧数はページに一時であろうと目をやったことがあるかもしれない人（や機械）の数を推定するものだ。そのページを読者が心の中でどう評価するかとは何ら関係ない。

この後、私たちはウェブ上で人々がニュースと情報にどう関わるか計測する、より良い方法について述べる。その前に、優れたデータであってもそれを解釈するとなると、報道部門内部には文化の壁が分厚く存在することは指摘しておく価値があろう。報道人の多くは分析を恐れる。社会で今何が問題なのかという、自分たちが行うべき報道判断が、取って代わられるのではないかと心配するのだ。道徳や市民の在り方を巡って人間が行う判断を、機械が代わって行うという古典的な例だ。最高のジャーナリストの中には、ページ閲覧数やユニーク訪問数にまつわる誤りを感じ取り、それに基づく方針に抵抗してきた人もいるが、それよりましな何かの開発に取り組んだということはまずない。多くの報道人は、ひどい幹部が分析数値を自分たちに対する「攻撃材料」として使うのを恐れた。収入減に直面したメディアは人員を削減し、中には閲覧数を重視し、担当分野のクリック数が不十分なら解雇するというところもあったのだ。

テレビは長年リアルタイムのデータを用いているが、その経験に基づくなら、報道業界がそうしたデータの意味を読み取るため苦心することになるだろうとの懸念にも理由はあった。テレビの報道局幹部は一分ごとの視聴率を用い、あるニュースのどの場面で他局に移られたかを把握できた。そこで、ニュース番組ではどのニュースも幅広い視聴者を確実につかむようなものに仕立てた。しかしこの戦略は視聴者減少を食い止めるにはほとんど役立たなかった。むしろ加速させたかも知れなかった。

「報道機関は自縄自縛になっている」と説明するのは、NBCはじめメディア向けの読者・視聴者調査をしてきたジョン・キャリーだ。[14]「長年、こうした視聴率の数字を追い、高い数字を取れる題材をやり、そしてそのパターンにはまる」。その結果、プライムタイムのニュース雑誌型番組は「古い視聴者を重視し、もっと感情的に、もっとセンセーショナルになる」一方で、多数の視聴者に見放される。「ある意味ネットワークテレビ局の人たちもそれは分かっているのだが、どうやってそこから脱出すればいいか分からないのだ」。キャリーはプライムタイムの雑誌型番組がブームだった時期にこう指摘していた。彼は正しかった。[15]

他方地方テレビ局の報道幹部たちは、視聴者をどう増やすかについて古くからの考えに基づいて動きがちだった。視聴者は相当な愚か者で、こちらから仕掛ける必要があるというのだ。こうした神話の一つが、番組の冒頭に衝撃的な映像を出せば視聴者をつかめ、見続けさせられるという考えだ。関連してもう一つ、そうした映像に目を向けることになる犯罪や公共安全のニュースは視聴率を取れるが、市民としての課題や、政策や政府についての情報が詰まったニュースでは視聴者が逃げるというものだ。

幹部たちはこうした思い込みが自分なりの視聴率データ解釈で追認されると考える。そしてテレビコンサルタントが作った安価な市場調査——昔ながらの業界の言い伝えを無意識に強調するものだ——によってもだ。しかし、精密な調査をすればこうした昔ながらの考えの多くは否定される。そのもっとも詳細な取り組みは何年にもわたる「ジャーナリズムの真髄プロジェクト」がハーバード大学ショレンスタイン・センター、ハワイ大学と協力して行っているものだ。いくつもの段階に分かれている。個別の報道をテーマで単純分類せず、取材・報道の水準と質で分ける。視聴率は一分ごとには見ず、時間の経過と合わせて検討し、より深い傾向を把握する。そして視聴者が一つの局にどう反応したかを見るのでなく、コンテンツと長い目で見た視聴率との関係を多数の局を貫いて検討し、より精緻な資料を生み出す。

五年間にわたり一五〇局、二四一九のニュース番組から三万三〇〇〇の報道を分析し、判明したのは、どのようにしてそのニュースは取材され、報じられているか——取材した相手の人数、バランス、専門性、視聴者とのつながりや重要性がはっきりしているか、ニュースとしての完成度は高いか——が、テーマが何かよりも二倍重要ということだった。[16] この発見はデジタル時代にはとりわけ重要だ。情報の消費者が探し求めるものが、ニュース番組ごとではなく個々の報道内容単位になっていく時代なのである。

基本でありながら見逃されることが多いものをこの調査はあぶり出した。市民として考えるべき問題の報道は視聴者の反応が悪いと感じるテレビ局は、反応を取り違えていたのだ。人々は市民としての問題に興味がないことを示しているのではなかった。そうした問題を扱う報道には優れていないものが多すぎるという事実に反応していたのだ。そして、優れていない理由は、制作側が視聴者は興味を持たないだろうと考えたからだった。

同調査はこのことを予測し、少し強調するものとなった。〔視聴者は興味を持たないだろうという〕見通しを持ったがゆえに、実際にもその通りになってしまうという問題は、私たちがピュー・リサーチセンターと協力し、ある実験を行った時に判明した。有名なテレビ市場調査の質問文を、ピュー・リサーチセンターの調査担当者がより客観的になるように変更し、比べてみたのだ。その質問というのは、政府に関するニュースへの興味を調べるものだった。テレビ市場調査では、州政府や地元役場についての報道をもっと見たいかと単純に聞いていた。そのような報道に大変興味を持つだろうと答えたのは二九%にとどまった。ピュー・リサーチセンターは政府や役所とだけ言う代わりに、それらが解決しようと重点を置く問題を付け加えたところ、数字は劇的に変わった。「地元の学校の成績を上げるため、政府・役所は何ができるかについての報道」に興味があるかを聞かれると、「とても興味がある」が五九%に跳ね上がった。公共の場所が確実にテロから守られ安全であるため政府は何ができるかについての報道に興味があるかを聞かれると、「とても興味がある」の数値はさらに上昇し六七%となった。[17] 医療保健費削減に関する報道をめぐっても、興味の高さの数字は同様のものが得られた。これらのテーマは全て、学校から医療、公共安全まで、政治と政府に関係することばかりなのである。

テレビが計測の仕方で犯した間違いをウェブでは避けるなら、どうすればいいか。既に手は考えられつつある。まず、ジャーナリズムは広告収入を離れ、消費者からの収入（購読、会員制、寄付、その他）に軸足を移しており、ページ閲覧数は他の、デジタルコンテンツへの読者・視聴者のより深い関わりを示す計測法に比べ、重要性が下がるだろう。一つの指標やデータポイントではどのようなものでも弱点がある。アメリカ・プレス研究所で私たちはそれに対処する考えを編み出し、「混成指標」を用いることにした。これはいくつもの異なる数値を取り込んで混成し、指数にする。ちょうど経済学者が経済の健全性を図るため指数を使うようなものだ。混成指標はニュースのコンテンツに読者・視聴者がいかに関わりを持ってくれたかをもっと全面的に示せる。何人が記事を読んだか（ページ閲覧数）、どれくらい長く読んだか（閲覧時間）、他人にシェアしたか（シェアデータ）、月何回来訪するか（常連度）、そして購読者になってくれそうか、あるいは既に支払ってくれている顧客か——を合わせたものが一つの指数の中にまとまっている。さらに、記事を読んだ人がその後購読したか（そのまますぐ、週内に、月内に）、その記事を最近購読者になった人は読んだか（購読との関係性）をこれに付け加えることもできる。ＡＰＩ（複数のデジタルツールを組み合わせる仕組み）によって純粋にジャーナリズムの観点で他の面も加えられた。例えば、そもそもこの記事を出すのに進取の意識がどの程度必要だったか、これは論説記事かニュース報道か、記事中に引用されたのはどの機関、どんな人か、そして、より深いレベルでみれば何についての報道といえるか、などだ。

より良い指標を編み出すことで、ニュースメディアはデジタル空間の人の動きをより良くつかむ情報を取り出せる。二、三か月に一度訪問するかどうかの、しかも一種類のコンテンツだけが目当てという当てにならないユーザーを割り出す方法も生み出せる。常連読者を引きつけている様々なコンテンツ——長編記事、市民の立場に立ったニュース、思い切った企画、地元の出来事に関する論説コラムなど——を知ることもできる。何が購読者を生み、どんなコミュニティには接触できていないかを知ることもできる。クリック目当ての浅薄な釣り記事を増やすよう求めるデータと異なり、より洗練された指標は、購読者を増やすならもっと価値の高いコンテンツを作り出せと報道部門を励ましてくれる。恐ろしく見えるが欠陥のあるこれまでのデータをただ受け入れるのではなく、ビジネスモデルを転換し、自分の頭でデータ分析を行うことは、ジャーナリズムの責務を強めるのであり、脅かすものではない。

ジャーナリズムのための新しい市場調査

ではどのような読者・視聴者調査や指標分析ならもっと価値があり、デジタル時代のニュースの在り方に全面的に向き合えるだろうか。

まず、ジャーナリストの判断を助けるためのものであるべきだ。判断しなくてすませられるようにではないことが、前提だ。

調査会社ギャラップ社長、ピュー・リサーチセンター所長を務めた故アンディ・コハットは、人に質問するとき、その人がそれまで考えもしなかったことを質問しても価値はないとよく言っていた。無意味な答えが返ってくる。答えてはくれるが、勉強したことがない分野のテストで当てずっぽうな推測をしたようなものになる。調査対象の人に編集者やプロデューサーになったつもりで答えてもらうのではなく、市民として接し、自分の生活について教えてくれるよう尋ねる方が調査方法として良いものになる。どうやって時間を過ごしますか。あなたの一日の流れを教えてください。

通勤時間はどれくらいですか。何が心配ですか。お子さんに期待すること、危惧することは。これらの質問は役立つ。関心の向きを幅広く探っていくものだからだ。そしてこれらにより、ジャーナリストが市民たちをよりよく知り、市民のコミュニティとそれが必要とするものの全体を捉えて配分良く伝えるジャーナリズムを生み出すことができる。

　アメリカ・プレス研究所で私たちは、新聞購読を最近始めたという人（定義は最近九〇日間に購読を申し込んだ人）を調査し、購読の理由には様々に異なる九つの道筋や原因があることを発見した。特定分野のコンテンツに関心があるからという人もいた。これは、ある個別の問題に思い入れがあり、メディアはそれを得るのに良い場所ということだ。市民としての意識が動機として強い人もいた。地元メディアを購読することは、コミュニティであることの一環と感じる人たちがこれに含まれる。引退したり、その地域に引っ越したりという生活の変化を受けてという人もいた。あるいはジャーナリズムを支えたいから購読したという人もいた。お金の節約になる割引クーポン類がもらえるから購読した人もいた。家族全員、また友人の多くが購読しており、つながりを持ちやすいからということで購読した人もいた。重要なのは、これら異なるタイプの読者の目に映った販売策もコンテンツも、それぞれ異なっていたはずだということだ。[18]

「リサーチ・コミュニケーションズ・リミテッド」のテレビ研究者バレリー・クレーンは自分の行う調査に、このように人間に注目し微妙な意味も感じ取れる手法を取り入れた。大きな柱は二つあり、いずれも従来の方法と少し違った。一つ目は、詳しいインタビューをし、幅広く得られた結果から、ニュースが生活に欠かせないのはどういう面かを探り出すものだ。ニュースの果たす機能に立ち返る量的な調査法だ。〔ニュースの機能は〕「地域につながることだと言う人もいる」とクレーンは言った。「生活をより良く［より健康に、安全に、快適に］することだと言う人も。あるいは自分が物事を判断することだと言う人も、社会に受け入れてもらう方法だと言う人もいる」。クレーンは様々に違うニーズを発見した。その違いは、メディアの種類、ニュースのジャンル分けの仕方、調査対象となった読者・視聴者の性質から来ていた。[19] クレーンはニュース企業のため、どんなニュースに興味があるかを直接聞くのではなく、人はニュースを何に役立てているかを量的に示したわけだ。「［ニュース企業の］人たちは市民のニーズが何かを考えることがなさすぎる」。クレーンは顧客についてそう述べた。

二つ目として、クレーンはある地域の人たちがどう生きているかを、ライフスタイル・トレンド調査とも呼ばれる手法で調べた。このタイプの調査は住民を単に社会階層だけで分けず、態度や振る舞いに基づいてグループ分けする。彼女は健康、宗教、仕事、消費者、家族関係、教育など一五の様々な分野について調査し、その中で最大の関心や志向を明らかにした。人がなぜニュースを利用するかについての調査と、生活の中でのより深い関心や志向は何かを調べる調査、この二つが合わさって、ジャーナリストが自らプロフェッショナルとして判断するためのヒントになった。ただしこの調査は、そうした判断を強化するものであって、判断の代わりになるものではないと、クレーンは話している。

元報道ディレクターで、ポインター研究所で放送を教えるアル・トンプキンスは、クレーンの調査はジャーナリストに「地域がどう生活しているか、彼らは何に愛着を持っているか、そして彼らが何を見ているかでなく、なぜ見ているのか」を教えるものだと考えている。[20] クレーンの仕事は「ニュースの出し方の指針にはなるが、どんなニュースを出すかを決めてはくれない」とトンプキンスは言う。例えば多くの調査から、政治は嫌いだという人が多いことが示されている。トンプキンスは「クレーンの調査では、彼らは自分たちの地域を大切に思っているが、彼らは政治組織を信頼していないということが明らかになっている……テーマが嫌いだというのではなく、テーマの扱い方が嫌いなのだ」と述べた。

研究者のジョン・キャリーはグレイストーン・コミュニケーション社で民族誌学的な調査を行った。民族誌学は文化人類学から派生したもので、直接の実地観察を通じて行うものだ。キャリーは人々の家に滞在し、その人たちがメディアやテクノロジーとの間でどのような動きをするか、見守った。人々の家に食事時間を通じて、朝食時に、夕食時に、早朝に、深夜にも、滞在した。

キャリーが発見したことは、テレビについて古くから人の頭にある考えをひっくり返した。例えば多くの社会科学研究は、学者の一部が「視覚の優位性」と呼ぶもの——テレビにおいて画像は言葉より強力だという考え——を示していたのに、キャリーの調査では、「人はテレビニュースを見ないで聞いていることが非常に多い。多くの人々はリビングのテレビがついている間も実際には新聞を読んでおり、何かを聞いて重要な画像が出ると思ったときにテレビに注意を向けることになりがちだ」ということが分かった。キャリーの調査は、テレビニュースで魅力的な言葉のコンテンツを犠牲にして視覚的なものに重点を置くのは間違いであることを示した。

キャリーの調査はまた、ティーザー〔「このあとすぐ」「一体何が?」など、視聴者の関心をCM後のコーナーに引っ張ろうとする予告〕の考え方、つまり次に来る重要な報道に向け、チャンネルをもう少しそのままにと誘うことは効果がない可能性を示した。「大きな間違いは、人々がある程度の長さは見続けると考えることだ。ティーザーは壮大な間違いだ。人々は待ってくれない」。例えば「明日は雨になるでしょうか。今夜はまあ、寒くなりそうですが、ジムさんの完全版天気予報は七分後です」と言うようなもので、こういうのがあると人々は離れることが多いという。キャリーの観察によれば、コマーシャルがあるとどんなときでも大半の視聴者は直ちにチャンネルを変えるという。[21] もっといいのは代わりに、天気のような重要情報は常時提供すること、ニュース番組のあいだじゅう情報が詰め込まれているようにすること、コマーシャルの間でさえもそれを字幕で流すことだとキャリーは考えた。「情報を常時出すことで、人々をつかんでおける」という。

テキサス州オースティンの報道ディレクターだった故キャロル・ニーランドも一九九〇年代後半にこうした方法を取り入れ、古い言い伝えをはねのけたことで知られる。ニュース番組を通して天気予報を繰り返したのだ。人々は三〇分丸々付き合ってなどくれない、だがより多くの人に情報を素早く提供できたら、やがて番組愛においても人数においても最高の視聴者をつかむはずだと考えたのだ。キャリーは「将来は三〇分とか六〇分のコンテンツに別れを告げなくてはならなくなると思う」という考えを示す。「長さは五分、それを繰り返す番組になるかもしれない」が、それをもっと長いものと組み合わせて繰り返す。ラジオ番組で、八分とか一二分おきにニュースと気象を伝える、つまりＮＰＲ〔米公共ラジオ〕の放送で、長い番組に短信ニュースを織り交ぜて繰り返すのとよく似ている。

今、キャリーの発想は説得力を増している。市民たちはどんなニュースを見るか自分で決められるようになり、もっといいものが見つかればクリック一つで飛べる。キャリーの発想は、市民が何に注目するかを広告主の意向に従って操れるというものではない。市民が必要とするものにジャーナリズムを合わせるのだ。そうすれば結果として、ジャーナリズムはもっと価値ある、もっと支持されるものになるだろう。そしてデジタル時代の期待に応えるジャーナリズムへと私たちを向かわせる。それは人々の立場に立ったサービス——人々の生活をよくする役に立つものだ。かつての時代に設計された、作って終わりの製品ではない。製品からサービスへと考え方を切り替えることは、この本の根底をなす思考の一つだ。

アメリカ・プレス研究所で私たちはこの種の調査をウェブ用に開発した。消費者には、地元メディアや番組にどんな題材を扱ってほしいか聞くのでなく（これは、ジャーナリストについてあまり考えたことがない人に対して、ジャーナリストの役割を演じるよう求めることだ）、彼らの生活について尋ねる。住んでいる所のどういう点が好きか。好きでないのは何か。時間をどう過ごすか。生活で最も心配なのは。最も情熱を注いでいることは。そして、違った種類の情報を見つけるにはどこを使うか。これらの質問を様々な方法で尋ねる。複数選択肢を使うことも、自由記述のこともある。自分たちの不安と熱情とを、自分の言葉で聞かせてほしいのだ。

その結果、自分たちの地域と生活について人々がどう感じているか、多くの知識を得るに至った。一方、彼らが今あるメディアのコンテンツのうち何を利用し何を利用していないかも分析アプリを通じて把握し、双方を突き合わせることができる。そこにずれがあれば、チャンスだ。もし、その地域の人の多数がとある問題を懸念しているのに、それに関するメディアのコンテンツはあまり注目を得ていない場合、そのコンテンツは作り方が良くないのが問題のようだと分かる。データでは多くの人が大きな懸念を抱いている問題について、それを扱ったニュースや情報をメディアがしっかり出せていないなら、新たにそれを報道する機会ということになる。

また、よく注目される種類の報道がある（例えば、大型企画）一方、そうでない報道もある（例えば、短信や、たくさんの中ぐらいの長さの報道がそうだったとする）という場合、その分野は実際に重要度が高いのに、低価値なコンテンツをたくさん出しすぎているということが分かる。

ペンシルベニア州エリーのあるメディアは、人々の生活で犯罪が圧倒的に大きな懸念になっていることを知った。そのメディアは大量の単発の犯罪ニュースを出した。しかし報道は浅いものだった。新たに発生した事件は報じたが、犯罪増加の原因や、それに対しどうすべきかにはほとんど手を出せていなかった。そこで調査を行い、より良い分析を経て、やり方を変えた。一つの犯罪について書いたら、有罪や不起訴まで追うことにした。多数の単発の事件報道だったものは、もっと深掘りして原因や解決策まで見通した報道に変えた。同メディアの事件報道の受け手は二〇〇%伸び、株価は二五〇%伸びた。[22]

ニュースの新しい消費者

たとえジャーナリストたちがより良い調査をし、もっと現実を反映した優れた指標を使って価値の高いコンテンツを作るのに役立てたとしても、デジタル時代の読者・視聴者への貢献度を高めるには三つめの、そして最後のステップを踏まなければならない。ニュースを作る側は、人々が自分たちの生活に関するニュースと情報を今どのように消費しているかを理解しなければならないのだ。

このことは、今あるメディア市場の中での日常生活を人々に尋ねるのとは若干異なる。オンライン指標を適切に扱うこととも異なる。ニュースの新しい消費者たちを知るには、報道メディアの発信時刻に合わせる必要がなくなった人々が、ニュースを得るのにどんな行動をするか調べることが必要だ。また、人々のニュースに対する反応の仕方に、一日の中での時間帯の違いはどう影響するか、また翻って、使う機器を選ぶ上ではどう影響するか、を理解することも含む。環境は――職場か家か通勤中か、週末か勤務日か――ニュースに対する行動にどう影響するか。また、私たちが個人ニュースサイクルと呼ぶもの、即ち、ニュースについて知る経路を見つけ出していくことも含む。人々はもう、ニュースを得る上で一つのメディアだけに多くを頼ることはない。まず人の口から語られた言葉つまりSNSで、そしてテレビ、その後に次の発信源を求め、さらに多くを知るために別のプラットフォームを、ということが多い。さらに色々な種類の話や、答えを知りたい疑問のため、色々違うメディアを選ぶ。今やメディア側はフォーマットも機器もコンテンツのスタイルにも制限がないが、これらがどう違うのかを知ることは、ジャーナリズムが市民に貢献するものとなる上で欠かせない。

このことに取り組む上で、「人間中心デザイン」調査と呼ばれるものによって可能なこともある。これは調査票の記入やグループでの聞き取りより民族誌学に近いスタイルをとる。人間中心デザインの手法では、製品のデザインに着手する際、長く自由に話してもらうインタビューを使い、現実の人々が自分たちの生活について話すのに耳を傾け、そうした人たちとそのニーズについての像を作り上げていくこともある。スタンフォード大学で始められたやり方で、企業が不確実な環境で新製品を開発する、すなわち読者・視聴者のニーズに応えられなくなってきた古いものを作り替えるための方法だ。これには、人々に彼らの居場所で会うこと、様々な種類の人々のプロフィールを作ること、彼らが日々どう過ごしているか、様々な情報に対しどう振る舞い、どう取り入れているか、を追跡することも含まれる。

人間中心デザインではまた、出てきたデータの見方についても詳細なやり方がある。『ニューヨーク・タイムズ』はこの種の取り組みのいくつかを、最も精密に、早い時期に行った。多くの批評家の疑問をよそにオンラインコンテンツ有料化の道を突き進む中、読者を理解するためデータを用いたのだ。二〇一三年には同社は購読システムを担当する二〇〇人のチームを持ち、うち二五人は読者調査のほか、コンテンツや価格設定、市場戦略の検証に携わった。同社は読者を巻き込んで、新たなデザイン、コンテンツ、営業活動にその意見を取り入れることを非常に重視した。新コンテンツから営業の手法まで、ほぼ全てのアイデアにはＡＢテストが行われた。同テストは新たなことを行う際、二つの異なる手法を試し、読者の反応を計測する仕組みである。

この徹底的に実証重視の手法は、当時オンラインコンテンツに金を払うことに慣れた消費者が実質的に存在せず、手本にする成功モデルの前例がなかった中で、同紙が課金システムの導入に成功する支えとなった。課金は誤った判断だったとしても何らおかしくなく、社外ではほぼ誰もが『ニューヨーク・タイムズ』はこれで失敗すると予測していた。実際、同紙が成功した後も、多くの人がこの成功はエリート向け全国紙である『ニューヨーク・タイムズ』は特別だという証左に過ぎないと否定的にとらえた。現実には、特別だったのは同紙が新しい課金モデルを作るに当たり読者について研究し、耳を傾けたというところだった。

「**プロダクト思考**」も、激動に晒されているジャーナリズム（あるいは他の分野も）を作り替えようと取り組む、すなわち先行きが確実とはいえない状況で働いている人たちの間でよく使われる言葉だ。これらの手法にも他の手法にも全て共通するのが、「読者・視聴者目線で重点を定める」と呼べそうな考え方だ。これには、製品を設計するため、消費者になってくれそうな人の話により深く耳を傾けることも含まれる。どのように製品を売るか、同じ製品のどのタイプが他のタイプより売れそうか、を知るために行う伝統的な市場調査ではない。

指標類を正しく使いこなすことと同様、この分野は始まったばかりだ。しかし、これを発展させることは欠かせない。

より良いジャーナリズムのためにデータを大切にするということは、ニュースをみんなの利益のためにと願う人々にとって重大な変化だ。報道部門で調査を行うことに伝統的に抵抗があったのは、ジャーナリズムの独立性を守ろうという思いに基づくことが多かった。もっと端的に言えば、広告や販売の側にはニュース判断をさせないためだった。調査は営業や販売部門の支配を受けがちだったからだ。多くの点で調査は、特に活字メディアでは、広告主に情報を提供するために設計されていた。

「これは、『職業的カン』の神話と私が呼ぶものだ」とクレーンは私たちに述べた。出来の悪いデータへの反応としては理解できるとはいえ、自滅的でしかない。それでは、報道人は好奇心が鈍く、無知で、物事を学んで変化することを拒絶しているように見られてしまう。そうした考え方は今やますます自殺行為になる。成功と失敗の分かれ目になるだろう。ニュースの新しい読者・視聴者を研究、理解できない人が、できる人に敗れ去るのはほぼ確実だ。皮肉な話だが、人々の生活について観察に基づき行う調査はジャーナリズムに最もぴったりなものともいえ、ジャーナリストはそれに必要なスキルを他の人たちより多く身につけている。それなのにジャーナリストたちはこうした調査を行う伝統を作ってこなかった。だが今、彼らはそれに取り組んでいる。

もしジャーナリズムが道を見失うことがあるとすれば、それはかなりの部分、人々の生活においてジャーナリズムが意味のないものになった――昔からの読者・視聴者だけでなく、次世代の人たちにも――ためだ。その主な理由は、ジャーナリストが全体像を配分良くニュースで伝える自信を失ったためであることを、ここまで私たちは示してきたと考える。昔の地図が世界の多くを未知の国として残したように、ジャーナリズムもまた現代の読者・視聴者に、関心を持てない社会階層や、難しすぎて追究できないテーマのところを同じような空白にしたまま、向き合っている。

ウェブが持つ双方向性という性質は、もしジャーナリストたちがそれを使いこなせる鋭敏さと創造性を持てるなら、市場調査や社会階層データを目先の利益に使って生じた問題の克服へ、一気に進むチャンスを与えてくれる。これら新しいツールの利用によって、地域の求めに真に応えるジャーナリズムを作り出せる。さらに、人々が物事を理解する力をも作り出し、それによって、自分たちの世界に報道の空白があっても、人々が自らそれを埋め続け、また、人々はその独特の経験で独自の視点を手に入れ、それをもとに知識を提供するということも可能にする。

やるべきことは、ジャーナリストがカンだけで仕事をしていた時代に戻ることではない。私たちは、人々が自分の人生を今どう生きるか、その人生にどんなニュースが必要か、それを描き出すツールを作る新しい地図作家たちを何人も発見したと考えている。彼らが提供するツールは、読者・視聴者を遠ざけず引き寄せるため、もっと大きく全体像を示し優れた配分のニュース報道を設計するため、報道機関に必要な最重要ツールの一つだ。あとはジャーナリストがそれを使おうとするかどうかである。

そのうえで、ジャーナリズムの条件がもう一つある。他の全ての条件とも結びつくもので、それは、報道職場それ自体の中で起きていることに関係している。

第10章 ジャーナリストは自分の良心に責任を負う

二〇〇二年一〇月、米首都ワシントンは三週間にわたり恐怖にすくんでいた。何者か、姿を巧妙に隠し、死神の精密さをもって、同市とその郊外のメリーランド州やバージニア州で男性、女性、子ども計一三人を襲い、銃撃によって一〇人を殺害、三人に重傷を負わせたのだ。犠牲者の中には歩いて登校中に撃たれた一三歳の少年もいた。

捜査は全国に展開した。複数の現場にメモが残され、「お前の子どもはどこにいようがいつであろうが安全ではない」と警告するものもあり、市、郡、州、そして連邦の捜査官たちをあざ笑った。定義も在り方も不明確な「対テロ戦争」――ハイジャックされたジェット旅客機が自爆装置となってニューヨークの世界貿易センタービルを崩壊させ、数千人の命を奪い、ワシントンの国防総省の一部を破壊した後に、ジョージ・W・ブッシュ大統領が宣言したもの――が、その一三か月後、恐ろしいことにゲリラ戦として新展開を始めたようにも思われた。殺人事件の報道は、アフガニスタンにおける米兵の戦いをはじめ他のニュースを一面から追い出し、世界は米首都の社会を揺るがす恐怖に注目していた。

当時『ニューヨーク・タイムズ』編集主幹だったハウエル・レインズにとって、ワシントンのこの事件は部下にメッセージを伝える機会となった。レインズのもと、同紙の戦略は大ネタで「圧勝」し、他メディアを抑え込むことにあった。レインズがこの編集最高幹部ポストに登用されたのは二〇〇一年。九・一一の数週間前のことで、この歴史的な出来事の取材指揮を執って報道を非常にうまく成し遂げ、ピュリツァー賞を五部門で同時受賞するという記録を打ち立てた。そして今回のワシントンでの事件は彼にとり、『ワシントン・ポスト』の地元で同紙と勝負する機会だった。三〇年前にウォーターゲート事件報道で『ワシントン・ポスト』にやられたことを『ニューヨーク・タイムズ』の面々はいまだに癒やし切れていない中で、その傷を消せる機会でもあった。『ニューヨーク・タイムズ』最大の支局がワシントン支局で、同紙精鋭の調査報道記者六人のチームもその中にあったが、レインズはニューヨークから同事件の報道を指揮し続けた。彼がワシントンに出張させた記者の一人がジェイソン・ブレアである。二六歳、インターンから同紙記者になってまだ二一か月だった。数日も経たず、ブレアを投入したことはすばらしい選択に見えた。駆け出し記者にして一面を飾る何本もの記事を出し、ワシントンにいる他の記者には太刀打ちできず歯ぎしりするほどの細部が詰め込まれた内容だった。

だがまもなく、経験豊かなワシントンの記者たちから「このブレアという奴」に疑問が出始めた。紙面に署名がいつも出ているが、支局でも現場でも姿を見ない。疑問を持った記者の一人が同紙司法省担当のエリック・リヒトブラウで、信頼関係を築いた司法省の官僚たちがブレアの記事に毎回疑問を呈することに不安を募らせた。他の記者たちも疑問の声を上げていた。リヒトブラウにある情報源が憤激して「このブレアという奴が根拠にしている匿名の情報源が誰だか知らないが、彼が書いていることの大半は事実に反する」と言ったとき、リヒトブラウは支局のニュースデスクのリック・バークに相談した。バークは懸念をニューヨークに伝えたが、そこでは、バークによれば「一顧だにされず」、そんな文句は嫉妬だと言いたげな反応だった。レインズが「ブレアは足で稼ぐすばらしい記者だとの判断を既に下している」と、バークは聞かされた。[1]

ワシントン支局メンバーは誰も知らなかったが、ブレアの仕事に対する苦情はブレアがワシントンに送り込まれる何か月も前から、ニューヨークでは広まっていた。どういうわけかブレアは指示を仰ぐ編集者を移り変わり、あの人の元からこの人の元へと動く中で、彼の仕事に関する疑念は申し送られなかった。編集者たちはお互い数ヤード、あるいは数マイル離れているのではなく、まるで別の大陸で働いているようだった。

ワシントンの記者たちがニューヨークの本社に連名で抗議することを検討していたころ、銃撃事件の容疑者二人が逮捕、立件された。報道は減り、ブレアは別の取材を担当することになり、緊迫も疑念も緩んだ。ブレアの記事のクレジットはもう「ワシントン発」でなくなった。ブレアの記事の発信地となったのはメリーランド、ウェストバージニア、オハイオ、さらにテキサス——そのテキサスで『サン・アントニオ・エクスプレスニュース』編集者のロバート・リバードはブレアの記事に問題があることに気付いた。深刻な懸念であり、レインズと『ニューヨーク・タイムズ』編集局長のジェラルド・ボイドに電子メールを送り、ブレアが書いた記事が、自紙の八日前の記事に「酷似」していることに気付いたと連絡した。

別の新聞社の編集者による外部からの苦情は無視できなかった。レインズとボイドはこの件についてブレアに事情を聞いた。この若い記者は弁明を試みたが、すぐに矛盾だらけになった。二日後はっきりしたのは、彼が記事に書いたテキサスの家など訪れたこともなく、自分が「目の当たりにした」という描写は『ニューヨーク・タイムズ』の資料写真を見て書いたということだった。その他の情報は別の記者が書いた記事から取った。二〇〇三年五月一日、ブレアは退職した。彼が退職したというニュースは『ニューヨーク・タイムズ』内部コミュニケーションの目詰まりを吹き飛ばすものとなった。社員たちは一人また一人と、ブレアの振る舞いや仕事内容が怪しいと感じていたのは自分だけではなかったことを知った。

全面的な調査が行われ、社員の多くが何を疑っていたか明らかになった。ブレアは攻めの姿勢で熱心に取材する記者ではなく、問題を抱えた若者で、嘘や盗用、そして作り話に頼り、周囲全員を犠牲にしてキャリアを登ろうとしていたのだ。社員たちは同社に対し、長年秘めていた憤り、さらには裏切られたという感情までもあらわにし始めた。自分だけだと思っていた感情だった。それから二週間にわたり、レインズとボイドは編集局で個人個人の面談やグループ面談をし、同紙の価値基準は変わらないことを改めて分かってもらおうとした。こうした会合で話を聞いた相手は記者たちと若手編集者たちで、彼らは、規範や価値観がここまで根本的に破られては、自分たちの信用まで、また新聞自体の信用も破壊されるおそれがあると考えていた。

社員たちの不満は収まるどころかさらに強まり、激しくなった。社主のアーサー・サルツバーガー・ジュニアは、自分とレインズとボイドが編集局メンバーとタウンミーティング型会合を開き、疑問と懸念に答えると発表した。会合は近くの劇場で開かれ、外部報道陣は閉め出された。話し合いで上級幹部に向けられた疑念と憤りの深さは、後に「異例なほどむき出しで感情的、率直」と表現されることになった。参加者からは、他の報道機関の記者から受けた批判だけでなく、ジャーナリズム・ウォッチャーのウェブサイトへのメール投稿についても話が出て、こうした投稿は掲示されて誰でも見られると述べた。彼らの声は、レインズやボイドの指導力に対する批判の明細書のように積み上がっていった。

こうした声が描き出したのは、内部のコミュニケーションが機能しなくなり、ブレアの仕事の質や信頼性に対する警告が五年間にわたり無視され続け、どんどん重要な取材を任され、やがて彼の署名が全国、さらには国際的にも注目されるニュースにも現れるようになった、そんな報道機関の姿だった。ブレア問題の決着を待たずにレインズとボイドは解任され、[2] 二五人以上の編集局員が携わって編集局の規範、構造、そして運営について長期的視点での見直しが行われた。

六月には、内部調査によってブレアの「ジャーナリズムへの欺瞞……広範な捏造と盗用による信頼への深刻な裏切り、そして本紙一五二年の歴史における最悪の事態」が文書にまとめられた。多くの情報が表面化するにつれ、機能不全に陥った内部コミュニケーションのパイプをこじ開けたのは外部の声だったということが、社員たちの目に明らかになった。

編集最高幹部の退陣は、かなりの部分インターネットの力によると見なされた。多くのニューヨーク・タイムズ社員がネットを通じて問題を訴えたが、それらは以前なら無視されていたものだった。ネットという新メディアが持つ開かれた設計を活かし、「外部の声」になった社員たちが、内部の動きをチェックする役割を提供した。報道機関の高潔さを頼りにする外部の広い社会が、同時に報道機関に対してその価値基準や規範を問い、評価を示す――そのための新しい回路を開いたことはウェブの担った重要な役割だった。

結局、ジャーナリズムは人の在り方に左右される。ジャーナリズムのはたらきを統制する法も規制も免許制度も、公式な自主規制もない。そしてジャーナリズムはその性質上、誰かを利用することになりやすい。それを考えると、ニュースを取材する個々人と、それを発信する組織の倫理や判断が重い役割を負う。このことは、発信が個人で行える時代にあって、ますます言えることである。

どんな職業でもこれは難しいだろう。だがジャーナリズムの場合はさらに、みんなのため貢献する責務――このため、立ち入ったことをするのも容認される――とコストを利益でまかなう必要とがぶつかるという問題が加わる。今日では、購読者や会員からの直接収入が増えているかたわら、ジャーナリズムの仕事がシンクタンク、社会運動団体、政治資金寄付者、政治団体ほか、ジャーナリズムを手がけたことがない、あるいは本来業務ではない組織で行われること、また、それらの組織のお金で行われることが増えている。

同時に、ウェブが発達し、コンテンツ制作に広く参加できるようになり、政治、社会、そして報道を注視してきた市民が発言手段を得たことで、メディアに関する識者や批評家の集団が新しく幅広く生まれた。個人で活動している人もいる。報道を監視するためのもっと公式な枠組み——左派の「メディア・マターズ」や右派の「ニュース・バスターズ」のような——に寄稿して意見を表す人もいる。それらが合わさって、メディアに対する未曾有の監視犬ネットワークの様相を見せる。この時代、報道現場で問題が持ち上がるとほぼ確実にリークされ、あるいはその報道機関内のジャーナリストが大っぴらに、または内々に、書くことさえあり得る。例えば『ニューヨーク・タイムズ』が掲載したアーカンソー州選出上院議員トム・コットンのコラムで、二〇二〇年に起きた警察のジョージ・フロイド殺害に対する抗議活動を止めるための軍出動が擁護されたケースだ。論説の問題点、『ニューヨーク・タイムズ』編集過程の機能不全、そしてコンテンツに対する異議申し立てがあって、同紙論説面担当編集者は退職に至った。組織が責任を免れようとしていたら、誰かがそれを指摘するだろう。組織の問題が報道職場外で論じられることへの緊張や恐怖から、編集者の中には指示メモを出すこと、決定事項を紙に残すことをやめた人もいる。

こうした新しい監視環境によって、報道部門の透明性がより強く求められるだけではない。ジェイソン・ブレアの事件がそうだったが、『ニューヨーク・タイムズ』のような上下関係のある組織でも倫理の逸脱や問題を表沙汰にできる。新たに広がるネット上の開かれたメディア議論は、実際のところ、イデオロギー的な非難つまりメディアは保守的すぎるとかリベラルすぎるとかいうものから抜け出せてはいない。だがそこから抜け出して真面目な問題を提起するなら、ジャーナリズムのはたらきへの信頼を大きく動かすだろう。いろいろと酷な評価も含まれてはいるものの、メディアに関する開かれた議論によって、ニュースを送り出す人々がもっと思慮し、もっと熟考し、もっと綿密な仕事をするようになってきた。一〇年にわたる混乱、批判、そして時代を変える経営の激動を経て、ジャーナリストたちはその仕事の力を高めざるを得なかったのだ。

こうなったことを心に留めることは大切だ。結局のところ私たちがアプリをダウンロードし、SNSでコラムニストをフォローし、メールマガジンを購読し、テレビニュース番組を選び、新聞やそのウェブ版を読むときに選んでいるものは、それらを作っているジャーナリストの信頼性、誠実性、そして判断力なのである——この重要さを意識しているかいないかにかかわらずだ。さらに、ジャーナリストはどんな場所で働いているにせよ、その仕事が批判者の疑念を呼びこまないよう、透明性を持ち、異論にも心を開く文化を大切にすることが責務だ。

結果として、ジャーナリズムに携わる者が仕事に関して理解しておくべき、また私たちが市民としてメディアを選ぶ際に認識しておくべき、原則がまた一つあることになる。原則の中で最もつかみどころがないが、これは他の原則を全て結びつけるものである。

ジャーナリストには、個人としての良心を貫く責務がある。

あらゆるジャーナリストは、たまたま関心を持った市民であれ、フリーランス、報道機関の記者、さらには役員室に出入りする幹部であれ、倫理や責任について個人としての意識、つまり道徳指針を持たなければならない。さらに、ジャーナリストは個人としての良心をはっきり声に出し、また他の周囲の人にもそのようにしてもらう責任がある。

とりわけ報道機関の枠内で働くジャーナリストの場合、良心を貫くためには、幹部や社主に風通しの良い報道職場を作らせる必要がある。そうした環境はこの本でみてきた原則を守る上で欠かせない。報道職場で人種問題や、人種平等に関する正義、報道職場の多数が白人で男性で高齢という既存文化、そして客観性などについて模索が行われているということは、報道の職場も報道機関もしばしば不完全なものであることを明確に示す。はじめに述べたように、どの世代もある程度、それぞれ独自のジャーナリズムを作り出す。一九四〇~五〇年代、緩やかなものが多かったジャーナリズムは有力者層と結び、六〇年代には糾問や懐疑を旨とするジャーナリズムに道を譲った。これは南部のKKKやジム・クロウ法〔黒人差別を正当化した法律〕の猛威に打ち勝ち、政府の言行不一致を明らかにし、ベトナム戦争に疑問を突きつける力となった。七〇年代には大統領を辞任に追い込む力になった。八〇~九〇年代のジャーナリズムは説明や解釈の性格を強めた。当時最盛期にあった『ロサンゼルス・タイムズ』は自らを日刊の雑誌だと表現した。二〇二〇年、ジャーナリズムは有色人種ジャーナリストたちの良心に牽引されたところもあって、また新たな模索を続けている。

ニュースが正確、公正、バランスのある、市民の目線の、独立心に基づく、そして勇気あるものとして生み出されるには多くのハードルがあり、大変な仕事だ。しかしその努力も、お互いの思い込みや観念、先入観に異議をぶつけていいという開かれた雰囲気がなければ、はなから押しつぶされる。ジャーナリストたちが気兼ねなく声をあげて「この取材案は人種差別のように感じる」「その判断は間違いになる」「このウェブサイトの一部には懸念がある」と言えること、それが奨励されることが必要だ。だれもが自分たちの多様な視点を建設的に持ち寄り、示しあえる環境でのみ、多様化を続ける米国文化の視点やニーズを正確に予測し反映するニュースが可能になる。

簡単に言えば、ニュースに携わる者が公正、正確であるため必要となれば、編集者、オーナー、寄付者、広告主、そして市民たちや確固たる権威に対してさえも、意見を異にし、異議を申し立てることが自分の責務と自覚しなければならない。それも実りあるものになるよう、建設的に取り組まなければならない。自分のために、利己的に、あるいは派手なぶち上げをしてみせるためであってはならない。

他方、報道組織を運営する側は、大手報道機関であれ小さな実験的ウェブサイトであれ、スタッフが個々人のこの責務を果たすよう促し、認めなければならない。ジャーナリスト個人個人に覚悟があれば十分と思い込むのは甘過ぎる。報道の将来が見通せない時代なのだ。多くのジャーナリストは、次のレイオフの波で職を追われないかと心配を強め、権威や企業文化の誤りにたてつくなど思いも付かなくなっている。世代間の争いや政治的争いを始めたくないからと、幹部に反論することを恐れる人もいる。だからニュースメディア運営者は、個々人の責任を育む文化を作らなければならない。幹部たちは喜んで聞く耳を持ち、問題や懸念を単に追い払おうとしてはならない。

この本に倫理について独立した章は設けていない。なぜ私たちがその雑誌、ニュース番組、あるいはウェブサイトを選び、他のではないのかという理由の中におのずと含まれているのが道徳の面、判断の質、伝え方のトーン、テイスト、性格といったものだからだ。倫理とは、ジャーナリズムのあらゆる要素、あらゆる重要な判断の中に、織り込まれているものだ。メディアに携わる市民である私たちは、このことをジャーナリストたち自身より鋭く感じることも多い。ジャーナリストは倫理を〔全体に織り込まれた問題ではなく〕別の問題として、触れないでおくこともあるからだ。

シカゴのニュースキャスター、キャロル・マリンは二〇年ほど前私たちに「ジャーナリストとは、そのためなら辞めてもいいという何かを信じている人のことだと思う」と述べている。[3]

一九九三年、NBC『デートライン』が「爆発を待つ車《ウェイティング・トゥ・エクスプロード》?」という放送を準備した。ゼネラルモーターズのトラックは衝突時にガソリンタンクに亀裂が入って引火しやすいという内容だったが、担当記者が懸念を口にした。記者ミシェル・ギレンは実際の事故で、炎上した車の中に運転者が閉じ込められた映像を入手してはいたが、NBCが行った事故実験では同じことが再現できなかったことも知っていた。小さな炎は出たが、わずか一五秒で自然に消えたのだった。同局がもっと派手な結果が出るよう工作して再度の事故実験を行おうとしていることを知り、ギレンは上司のジェフ・ダイアモンドに電話し、懸念を伝えた。再実験をやめてほしかった。ダイアモンドは、最終的に放送するときには彼女の懸念は踏まえるようにし、再実験は「科学的とはいえない」と明示することを約束した。結局ギレンはその放送のナレーションをすることに同意し、まずいと直感では思ったが、自分に「どこかの時点ではエグゼクティブ・プロデューサーを信頼しなければいけない」と言い聞かせた。[4] だがそれは間違っていた。仕込みの爆発を起こさせたという工作は恥辱となり、同局の歴史の中でも最悪の汚点を作った。

この事件は道徳的な在り方の問題がどれほど微妙かを示すものとなった。良心は『デートライン』のケースのように一瞬考えて済ませるものではない。畏れと敬いをもって扱うべきものだ。ギレンの異議のように、良心に従う負担を個々人に全面的に負わせてはならないし、それを押しつぶしてもならない。ギレンの異議が尊重されていたら、NBCニュースは報道部門代表者マイケル・ガートナーの辞任を招いた恥辱を避けられていたはずだ。

ウェブがジャーナリズムの間違いや論議をなくすことはまずない。だがそうした問題をめぐるジャーナリズム内部の議論が、表に出て来やすくなってはいる。引退したバスケットボールのスター、コービー・ブライアントが二〇二〇年死去したことが伝えられたとき、彼の人生に敬愛を示す大量の報道がなされたが、『ワシントン・ポスト』記者のフェリシア・ソンメズは、ブライアントがコロラド州のリゾートで若い女性に性暴行を加えたとして逮捕されたことが無視されていると考えた。ソンメズはその関連の記事をＳＮＳに投稿した。『ワシントン・ポスト』編集者のマーティ・バロンは、ソンメズがしようとしたのは単に背景事情をつけ加えて知らせるのでなく政治発言だったと感じ、投稿を削除し今後は行わないよう求めた。同紙内部でのこの論議は、国中に広く知られることになった。ソンメズは編集者たちの意見を聞かなかったとして停職になった。だがその後バロンはこの件に対する社内での対応は適切ではなかったと認めなければならなくなった。これは今、報道職場内で良心を貫こうとすると、話がすぐに表に出やすいという多数の例の一つだ。この変化は力関係を変えた。しかし、幹部たちに正しい判断をさせる圧力になったというだけではない。判断過程全体に圧力がかかるようにもなった。内部で論じられていたことが公開で語られるとき、元の論議の背景がきちんと理解されていることはあまりない。

ある組織の判断が、別の組織の判断と対立することも簡単に起きる、ということにもなる。二〇一六年、ワシントンの報道機関のほとんどは当時大統領候補だったドナルド・Ｊ・トランプに関する、有名なロシアの未確認疑惑情報「文書」のコピーを持っていた。これは英ＭＩ６の元情報担当官が入手したもので、トランプの道徳上の適性に関する内容だった。疑惑の中には真実もあっただろう。事実に反するものも恐らくあった。まずは裏付けを取ってみなければ、ＭＩ６も他の情報機関も、その情報に基づいて動くことはできない類の、未確認情報だった。文書を持っていた報道機関は全て、文書が指摘する内容を裏付けようと数週間を費やしたが、できずに終わった。だが、何ら裏付けなくてもいいと判断した報道メディアが一つあり、それは「バズフィード」だった。とにかくその文書を載せたのだ。当時「バズフィード」の編集者だったベン・スミスは軽い調子で書いた。「私たちは皆さんが、乱雑で時に不確実な現実を見て考えてくれると、信頼している」[5]

スミスの弁明は我田引水かつ安直で、ジャーナリズムも「バズフィード」も傷つけた。ロシアに独自の情報源を持っているわけでもない普通の人たちが、未確認情報が真実かどうか、あるいは職を退いた英スパイが遠い国に持つ匿名の情報提供者が信用できるかどうかを、「自らの判断で決められる」などとみなした。読者への信頼という建前をそこまで極端に広げたのだ。いや、「バズフィード」がやったことは情報を単純で無意味な、ジャーナリズム式のロールシャッハテストにしてしまったということだ。もしトランプ嫌いなら、疑惑文書の内容を信じる、少なくとも一部は信じる。もしトランプを好きなら、報道機関への憎悪をこれによりさらに募らせる。

このケースではジャーナリズムの良心はそもそも発動されてもいない。言ったことは後付けの理屈でしかない。なぜなら、一つのメディアとして、裏付けや事実確認を試みること自体を放棄すると決めたのだからだ。

良心を貫くことはたやすくない

ジャーナリズムの仕事の過程には良心が必要だというと、別の緊張が生じる。報道職場は必然的に民主主義的ではない。特にレイオフ、買収、低額や無料の寄稿者の活用拡大というこの時代、なおのことだ。この環境では、ニュースを担うスタッフたちは以前ほどの決定権限を持たない。ニュース事業は必然的に、寡頭的な専制体制になりがちだ。報道職場のお偉い人に反抗心を抱く人はいっぱいいる。またそのような反抗心が、彼らがジャーナリズムの世界に入った理由だったりもする。

だが報道職場において、指揮系統のトップにいる者は最終的な決断をしなければならない。報じるか否か、記事を弁護する立場に立つかどうか、記事中のきついコメントを残すか取り去るか、物議を醸す報道を削除するか掲載を続けるか。コンテンツは全て幹部の十分な承認を受けてから掲載するというメディアでなくとも、最終的な指示や監督権限は存在する。

そして人や金が乏しくなり、経営サイドはスポンサード・コンテンツ（実際をいえば、報道記事のように見える広告のことだ）や、世の中を変えようとする財団からの資金提供といったアイデアをどんどん試すようになり、かつて倫理の強固な地盤と見えたものが、軟弱な砂地になってしまっている。こうした要素はジャーナリズムの将来に関わる重大な問題で、慎重に扱い、熟慮しなければならない。ボブ・ウッドワードは若手記者としてウォーターゲート事件を取材していたとき、同事件を追うことに反対するもっと強い圧力を多々受けたが、「最良のジャーナリズムはしばしば、幹部たちを無視して行われる」と述べている。[6]

歴史が示すのは、文化というグラウンドは水平ではなく傾いており一方に有利ということだ。報道職場における有色人種、女性、ＬＧＢＴＱコミュニティの人、そのほか、上層部にそのグループを代表する人がいない属性の人にとって、どんな報道機関にいても、良心に従うことはそうでない人より難しい。報道職場が本当の意味で開かれていないなら、自分はアウトサイダーだと感じる人にとって、自分をはじき出している組織の決定に異議を申し立てることはさらに難しい。議論が奨励され、また、お互いの違いはあれどそれぞれ組織への帰属意識を持てる雰囲気を作るのは、管理職の責任だ。作らなければ、三つのことがほぼ間違いなく発生する。組織の考え方の幅を広げるためもあって採用された〔多様性ある〕人々の多くは離職し、報道職場の多様性や開かれた意識を高めようとする努力は、またも失敗する。残った人も管理職に心を開かない、なぜなら聞く耳を持ってもらえないからだ。報道職場に存在する既存文化はどのようなものにせよ——通常は、最高幹部の文化と個性との組み合わせだ——より頑迷になり、自分の問題に気づけなくなっていく。

金銭、技術、世代、人種、哲学に関わる危機がジャーナリズムの存在を揺るがしているとき、ジャーナリズムの良心が危ないと認識することが大切だ。個人個人が自分の懸念について声を上げることを許せば、どんなニュース事業も運営がさらに大変にはなる。だがニュースの質は高くなる。結局そこに、存在が真に問われる分かれ目がある。あとは戦略だ。

道徳的良心という考えは、ニュースに携わる人のほとんどでなくとも、多くが深く信じているものだ。「記者は一人一人、自分のルールと自分の規範を決め、自分でキャリアを設計しなくてはならない」と、テレビジャーナリストの経験が長いビル・カーティスは一〇年以上前、私たちに述べた。[7]今、このことはますます言える。自分をジャーナリストだと思う人は誰でも、自分のキャリアの創造者となり、様々な場所で働く可能性が増している。

このことはライターのジョン・カッツがメディア批評を始めた際、ジャーナリストであること、さらにジャーナリズム批評家であることに対して、感じたことだ。自分独自の倫理規則を机に向かって作らなければと感じた。「仕事に何らかの意味を持たせるなら、道徳的に筋が通っているようにしなければならないと思う」と、彼は私たちの共同調査パートナーに述べた。「何をするにしても、道徳的に納得できるやり方でなければ」[8]

ほとんどのジャーナリストはカッツほど格式張らない。単純に、ジャーナリズムは道徳が大切な仕事だと感じ、ジャーナリズムを作り出す際はその人の背景や価値観が判断を左右すると知っている。「私自身の本能、私の育ち方……そして思うに私自身の感情や知性の発達が、長年かけてかなり強固な信念になった。そうしてここにいて、こういうものに目を向けるようになっている」と、トム・ブローコーは私たちの共同調査パートナーに述べた。[9]

ジャーナリズムに携わる人の多くは、ジャーナリズムの基本的な要素、すなわち不平等な仕組みに関心を呼び起こす、人々を結びつける、コミュニティを作り出すということからこの仕事に引きつけられている。私たちがピュー・リサーチセンターとともに実施した調査でもこれらの要素は、ジャーナリズムを特徴付ける性質の中で他全てを二倍以上の差で引き離した。[10]つまり、ジャーナリズムを実践する側にとって、仕事が道徳という面を持つのだ。

ジャーナリストが自分たちの仕事において道徳の面を強く感じる理由の一つは、もしそれがなければ、倫理面のグレーゾーンを判断するとき頼れるものが非常に乏しくなるからだ。キャロル・マリンが私たちに言ったように「ニュースには〔統制する〕法律がない……なにをするかしないかを決める自分自身の羅針盤を持つしかない」[11]のである。

読者・視聴者としては、私たちはどのニュースが面白そうか、よく取材できていそうかを判断材料にする。だが判断材料にはさらに微妙な要素も組み合わさっており、その一つがジャーナリズムの道徳感覚だ。私たちは情報を探し求める。だが同時にまた、頼れること、誠実であること、さらにジャーナリストが私たちのためを考えてくれているという感覚も探し求める。つまり実際のところ、道徳観を共有している感覚である。

マリンがシカゴで体験したことを考えてみたい。一九九七年の早い時期、彼女はNBCが同市で所有、運営するテレビ局WMAQのキャスターだった。同局の夕方六時のニュース番組が苦戦しており、報道責任者ジョエル・チートウッドは視聴率を稼ぐ一つの方法を考えた。チートウッドはマイアミのFOX系局を「あらゆる犯罪を常時報道」方式でナンバーワン局に押し上げて名を成した人物で、シカゴでも数字を上げるつもりだった。そこでニュースの最後のコメンテーターとして雇ったのがジェリー・スプリンガーで、元シンシナティ市長で政治的地位を失ってトークショーの司会に転じた人物だった。スプリンガーは地元市民だった。奇妙な三角関係や暴力を取り上げる自分の提携テレビショーを、ＷＭＡＱのスタジオからの番組として収録していた。

チートウッドの計画が発表され、ＷＭＡＱのスタッフは落胆した。自分たちの仕事はビックリショーなのか。そうではなく、大切なこと、みんなへの貢献の仕事をしていると考えていたのだ。マリンはこうした懸念を周囲に伝え、結局、もうたくさんだと判断した。ＷＭＡＱはまるで駄目なものに劣化したと考えたのだ。会社幹部はマリンに既に一度執行猶予を与えていた。健康コーナーのナレーションを拒否したからで、そのコーナーは同局とある地元病院の協力で作られていたが、これは病院の広告出稿と引き換えだった。そこへ今度はスプリンガーである。マリンは自分を立派な者とは思っていなかった。聖人君子ではない。だがジャーナリストは倫理の人として生き、倫理の人として死ぬ。それしか自分たちにはない。彼女は辞職を決意した。

マリンがその決断をカメラの前で表明したとき、彼女の同僚たちは大喝采を送った。それは番組内で映され、視聴者にも見えた。大勢が泣いていた。みんなのための仕事をする者なら、自分の仕事にこのように倫理的な姿勢を取るのだということを意味した。マリンは別の局に移り、その時、視聴者もＷＭＡＱから離れた。

その後、マリンは視聴者からの反応を見て「強い畏敬の念に打たれた」。特に「手紙やメールの量も質も……人々は長い論評を書いてくれ、多くの手紙で三つのことをしてくれた。ニュースと自分との関係を説明してくれた。……自分の社会階層を説明してくれた。……自分に起きた倫理的なジレンマのことを教えてくれた。……私が知っているシカゴの弁護士は、私たちは誰でも人生の中で、いわば『スプリンガーの決断』に直面するだろうと書いてくれた。精肉店員で、重量のごまかしをせず、そして解雇された人とも話した。銀行の不動産取引部門にいて、レイク・フォレストで評価額の水増しをせず、シカゴの銀行の重要な取引先を二件失った人もいた」[12]。

このようなケースは特別ではあるが、唯一ではない。二〇二〇年、ケーブルニュース局MSNBCの若いプロデューサー、アリアナ・ペカリーが退職したとき、彼女はネット上に書いた手記で、ケーブルニュースが米国政治文化をどれほどむしばんでいるかをつづった。同局は昼も夜も大半の時間、インタビュートークを放送しているが、ゲストは「数字」つまりそのゲストで視聴率がどうなるかで選ぶ。こういう手法をペカリーは「多様性ある考えもコンテンツもできない、なぜならどの局も極端な意見や出来事ばかりを大きく取り上げ、他は犠牲にする動機がある。視聴率が稼げるからというだけの理由だ」と言った。彼女はある匿名の同僚の言葉を紹介した。「私たち自体がガン患部というべき存在なのであり、治す手立てはない。だがもし治す方法を見つけたら、世界が変わるだろう[13]」

ペカリーは続けた。「このガンはコロナ禍のさなかでも人命を脅かす。優先的な重点はすぐに、ドナルド・トランプがこの危機にどのように（ひどく）対処しているかに向けられ、科学そのものではない。抗体、ワクチン、コロナウィルスの広がり方について新たな詳細が分かってきた中でも、プロデューサーたちはなおも政治に焦点を当てる。重要な事実や研究は知られないまま……。トランプが他のテーマを押しつぶした。今年やはり重要なのが、市民が郵便で投票できることをはっきりさせることだが、この話題が何度も無視され『ボツられ』るのを見てきた。背景や、事実に基づくデータは視聴者には煩わしすぎると思われてしまうことがよくある」

そしてペカリーはジェームズ・ボールドウィンの言葉を引用した。「立ち向かっても全ては変えられない。しかし立ち向かわなければ何も変えられない」

正直という文化

「ジャーナリストにとって良心に従う力は、自分が信じるどんなことより、仕事に反映させるどんな信条より、ずっと大切だ」と、米国新聞労働組合の委員長だったリンダ・フォーリーは私たちに言った。全米を回り、ニュースに携わる人たちにこの仕事のどこが他と違うか尋ねていたときのことだ。「信頼性は、客観性よりもこの業界の私たちにとって大切……ジャーナリストが自由に忌憚なく議論できる文化が報道職場にはなければならない[14]」

かつて、ニューヨーク市のユニオン神学校名誉校長ドナルド・シュライバーはジャーナリズム倫理に関する四冊の本を書評し、その中でフロリダのポインター研究所が作成した倫理のハンドブックについてこう述べた。「ポインター研究所のジャーナリズム倫理概説書で一番役立つところは、倫理に沿うか『直感で判断する』ことからルールの遵守へ、そして考察や理由検討をじっくり行うことへと展開していくところだ。突き詰めた先には『協力が欠かせない』という確信がある。すなわち、同僚とともに報道の中身を確認することだ。締め切りに向け急がねばならず、大半の報道職場では記者同士の競争も激しいから、こんなアドバイスはまずない。それでも、ジャーナリズムが市民の対話のためのメディアなら、まず報道職場で対話を始めるというのは正しいだろう[15]」

興味深いことに、ジャーナリズムの歴史でも最も優れ、最も困難な決断のいくつかは、シュライバーが言うような、得がたい協力の中でなされてきた。一九七一年、新聞発行人キャサリン・グレアムが「ペンタゴン文書」を報道すると決断したとき、そのプロセスは非常に開かれたものだった。グレアムは『ワシントン・ポスト』が法による制裁を受ける危険を冒してまで国防総省秘密文書を報じるべきか判断しなければならなかった。既に司法省は、『ニューヨーク・タイムズ』による同文書の公表を阻止するため裁判を起こしていた。グレアム自身が、この決断の経過を自伝で次のように説明している。

ベン［・ブラッドリー］〔『ワシントン・ポスト』編集主幹〕は板挟みだと感じ始めていた。編集者と記者たちは、文書を報道すること、そして報道の自由の面から『ニューヨーク・タイムズ』を援護することで固く団結していた。一方の弁護士たちは、ある時点で妥協を提案し、それは『ワシントン・ポスト』が金曜には同文書を報道せず、しかし司法長官に日曜には報道する方針だと通告するというものだった。ハワード・サイモンズ〔編集局幹部〕は一〇〇％報道する側で、弁護士と直接話そうと記者たちを集めた。［ドン・］オーバードーファーはこの妥協案を「聞いたことがないクソアイデア」と述べ、［チャルマース・］ロバーツは、自紙が司法長官に「ひれ伏す」ことになる、もし報じないなら引退退職の予定を二週間早めて〔抗議の〕辞職に切り替え、『ワシントン・ポスト』の臆病な態度を公然非難すると話した。マレイ・マーダーは「もし『ポスト』が報じないなら、企業として、報じる場合よりずっと経営が悪くなるだろう」、なぜなら同紙は「根性なしとしてジャーナリズムとしての信頼性が打ち砕かれてしまう」からだと言ったのを思い出す。［ベン・］バグディキアンは弁護士たちに、同文書を報道することを［ダニエル・］エルズバーグに約束したことを念押しし、「報道する権利を主張する唯一の方法、それは報道することだ」と言い切った。……ジーン・パターソンは……私に対し、何が起きようとしているかを最初に伝えた人で、報道するかどうかの判断は私が確認するものだと信じていると述べ、そして「私は完全に、新聞の魂が問われる事態だと受け止めている」と言った。

「神さま、こんなことになるの……?」と私は問うた。そうです、とジーンは言った……。恐怖と緊張の中で、私は大きく息を吸い、言った。「やりましょう、やりましょう、やりましょう。やるんです。報道しましょう」[16]

当時『ニューヨーク・タイムズ』の論説コラムニストだったアンソニー・ルイスは一七年後にこう述べている。

この出来事を検証した法律評論をコロンビア大学ロースクールのハロルド・エドガー、ベノ・シュミット・ジュニアの両教授が記し、同評論は本件が「一つの時代の終わり」を告げたと述べている。その時代とは、両教授によると「政治家と報道機関の共生関係」があった時代だ。だが、ベトナム戦争の秘された歴史を激しい反対を押し切って報道したことで、高級紙が「多くの報道機関は［政府と］共通の目的を持つ友人で、時には批判的になるという立場ではもはやなく、敵対者になる意思を表明することになった」という。[17]

「ペンタゴン文書」報道から一年後、『ワシントン・ポスト』はウォーターゲート事件の取材を始めた。

真の目標は知的多様性

報道職場での開かれた対話というこの発想を、ジャーナリズムが多様性を求め、様々な立場を反映する上で欠かせないと捉える人が、ニュースを考える人の中に増えている。「報道職場の文化というものはあるだろうか」。テレビジャーナリストのチャールズ・ギブソンは一九九〇年代後半、私たちが開催した討論会の中でこう問いかけた。「お互いに異議をぶつけているか。お互いに話しているか。お互いに背中を押しているか[18]」

これに対し「うちの編集部にいるキリスト教徒にとって、それがどんな意味があるかお話ししたい」と答えたのは『デトロイト・フリープレス』でピュリツァー賞受賞経験もあるデービッド・アッシェンフェルターだった。本人もキリスト教徒で、デトロイト郊外で毎週聖書学習会をする大きなグループのメンバーでもある。「彼らは話さない。彼らはからかわれるのを恐れる。彼らは確かにいる。たくさんいる彼らのことを私は知っている。私たちはこのことを、言うなれば少し非公然のことのように考えて、知っている同士話すし、私たちの仲間うちであれば話す。最近、私たちの間で疑問が出たのが、なぜ私たちの仲間うちだけで話しているのかということだった[19]」

伝統的には、報道職場の多様性という概念は多くの場合、民族、人種、ジェンダーに関する数値目標の観点で定義された。報道界では、報道職場内が外の社会と文化的によく似たものであるべきだと認識するのが遅かった。

業界として設定する雇用の多様性目標は極めて重要だ。報道職場に多様性がなければ、報道内容について報道職場で真に意味ある議論はできない。年齢、人種、ジェンダー、階級、そして世代の偏りのために既存文化がはびこる恐れが大いに高まる。多様性がなければ、ジャーナリズムは正確性を欠くものになり、ビジネスとして、また、全市民に貢献するという本質的な責任において、失敗の危険が高まろう。[20]

しかし、個人の良心に関して幅広い背景の中で考えるならば、報道職への雇用数の目標だけでは不十分だ。より多様な報道職場を作るというだけで、多様性、公平性、〔どんな属性の人も取り残さない〕包摂性——メイナード研究所の仲間は帰属性と今呼んでいるもの——が実現することはない。それだけで、ある組織が良心に従って行動できる場所になる保証はないのだ。女性や有色人種の人を報道職場にもっと雇用することは不可欠のステップだが、様々な背景を持つこれらの人全員に、一つのものの見方を押しつけるような文化が報道職場にあれば、何も得るものはないだろう。地方の新聞やテレビが〔人種やジェンダーなど多様性を反映した人選により〕「米国の縮図に見える」——ビル・クリントン大統領が好んで使った言葉だ——ということはあるかも知れないが、それで地元の地域社会の考え方を反映しているとはいえないし、地元地域を理解するとも、地元をしっかり報道できるともいえないだろう。多様性は最初のステップだ。公平性や帰属性がそれに加わる。だが、あなたが開かれた文化を作るのでなければ、そこで知的多様性が最終の目標として理解されることがなければ、何も意味を持つことはない。雇い方を変えるだけでなく、考え方を変えることによってこそ、報道職場からジャーナリズムを変えることになる。

この最後のステップを実現するため、報道職場は開かれた文化を作り、私たちが知的多様性と呼ぶものが得られなくてはならない。これは他の全ての集大成であり、他の全てに意味を与える。

知的多様性とは、様々な考え方や様々な経験、背景の人たちを一つの部屋に集めるというだけの意味ではない。文化を作り、そこでは人々が自分たちの経験や背景を活かし、それがニュース作りの中身を支えるようにするのだ。開かれた報道職場を作り、そこでニュースをめぐる議論が奨励され、愉快といえない会話もプロフェッショナルに不可欠として大切にされ、違いがあっても信頼関係や仕事の共通目標をお互いに求める。多様性は雇用から始まる。公平性は雇った人たちに何らかの力を与えることを含む。帰属性、あるいは包摂性は、お互い異なる人々が、意思決定に本来の役割として参加できることを意味する。

このように議論する目的はジャーナリズムをより良くすることだと理解してはじめて、知的多様性は実際に力を持つ。つまり議論は個人のためではない。仕事のためだ。このバランスは難しい。報道現場によっては、このような対話にSNSの最低な質が持ち込まれることもある。すなわち恥をかかせ、人をキャンセルするキャンペーンだが、私たちはそのようなものを考えているわけではない。このように、議論することには困難もあり得るという事実から、なぜ議論が多くの報道職場で避けられ、うまく行かないか分かる。

「私たちは多様性をジェンダーや遺伝に関係して定義すること、つまり見た目は少し違うが、基本的に同じような話をするということだととらえることが多すぎた」。テキサス大学でジャーナリズムを教えるマーシディス・ド・ユリアーティは私たちに言った。「誰に取材するかにおいても、非常に狭い幅の両側から同じような話を聞くことが快適で、そういう人を取材する」。しかし、とド・ユリアーティは言う。「私たちがニュースに反映させるのに今も苦労している多様性が、知的多様性だ。知的多様性は、米文化研究者たちによれば、米国人が受け入れるのが最も難しいものの一つだという」[21]

独立に関する章〔第5章〕で既に述べたように、私たちの心の中に真の知的多様性があるためには、別の切り口も必要になる。多くの報道職場の幹部たちが、人種の多様性と同じくらい、あるいはそれ以上に苦心している点、つまりイデオロギーと文化に関する点だ。私たちの調査に協力する大半の編集者たちは、イデオロギー面での雇用の多様性という考えにモヤモヤしている。「仕事で採用を考える人に、誰に投票したかなんて絶対聞かないだろう」と、米国で最も有名な編集者の一人は私たちに言った。だが、そんなことは誰も求めていない。いい管理職は、人の履歴書にある経歴や経験の中身から多くを理解する。雇用の多様性は、表面的なことではない。誰に投票したか尋ねるような不適切な質問より深いものだ。人種、階級、ジェンダーとイデオロギーのうち、どの偏りがひどいという話ではないが、それでもイデオロギーを無視して知的多様性を語ることは、ニュースがどう作られるかの現実に向き合わないことだ。

一九九二年、この本の著者の一人ローゼンスティールは著書『おかしな相棒たち《ストレンジ・ベッドフェローズ》』執筆のため、ABCニュース内で大統領選の取材に取り組み、一年間「壁のハエ」方式の情報収集をする機会を得た。その本はニュースメディア、特にテレビが、大統領選挙運動の報道をどう仕立てるかを探るものだった。ABCニュースのホワイトハウス担当記者は保守派のブリット・ヒュームで、『アメリカン・スペクテーター』という保守派雑誌にも寄稿していた。キャスターはピーター・ジェニングス、カナダ生まれのジャーナリストで相当にリベラルだった。毎晩の放送前、ジェニングス、エグゼクティブ・プロデューサーのポール・フリードマン、そして各記者が、記者の書いた原稿に仕上げ編集をほどこした。この仕上げ編集は電話会議で行われ、発言できるのはジェニングス、フリードマン、記者だけだった。しかしリムと呼ばれる上席編集者席に座る編集者たちは会議を聞くことはできた。ローゼンスティールも聞くことができた。ジェニングスとヒュームは、ヒュームの原稿の言葉選びや、ジェニングスのオープニングの語りについて、礼儀正しくも、時に激しいやりとりをしてぶつかった。そしてどちらも手直しをするのだった。二人はお互いを尊敬しており、互いの仕事をより良いものにした。選挙はクリントンが勝ち、その後の数年間、クリントンの大統領執務スタッフは三大ネットワークのホワイトハウス担当記者のうち最も優れている者としてヒュームを、彼は保守寄りと知った上でも、挙げたのだった。私たちが見るところ、ヒュームの仕事はその後彼がＦＯＸに移籍してからはそこまで強くなく、ためになるものでもなく、公正でもなくなった。ジェニングスは二〇〇五年に死去したが、彼もまた、ヒュームがいなくなったことでいいところはなかった。二人のイデオロギーのぶつかり合いにより、二人ともより優れた、公正な、冴えたジャーナリストになった――彼らにとっては面白くないこともあったにせよである。

個人の良心を阻む圧力

報道職場の環境は様々な要因で同質化していく。ウェブによりネットワーク化された時代においてもだ。一つは単純に人間の性質による。「編集者たちは人に自分で作ったイメージを当てはめる傾向がある。もしその編集者が何かの理由であなたを好きでないなら、あなたは上に行けない。そう考えて、自主的に選択を縛るプロセスが仕事の中で働き続ける」と、『ニューヨーク・デイリーニューズ』コラムニストのファン・ゴンザレスは指摘した。[22]

「この国の雇用システムでは、人選びでリスクを取るのは非常に難しい。私たちの定義でいうメインストリームから外れるような人たちは、間違いなくチャンスを得られない人たちだ」と、当時『デトロイト・ニュース』の保守派コラムニストだったトム・ブレイは私たちに言った。[23]

もう一つの問題は、官僚的な怠惰心のようなもので、どんな組織にも、出来て間もない新興メディアにまでも入り込んでいる。怠惰心はどんな状況でも、何ごとも通例通りにやるという安直な道を選ばせる。前例通りやるのが安全だ。ネット上で協力するバーチャルコミュニティ、たとえばツイッターやレディットでさえも、自分たちの言葉遣いや行動のしきたりを作り始める。

そうした前例踏襲から距離をとるやり方を、今よりも組織ジャーナリズム中心の時代だったころでも、常に取ってきたジャーナリストたちもいる。これらの人たちは真実への献身だけを目標とし、ひたすら、時に独特な目的意識とともにテーマを追い、他の人が無視し、避け、あるいは単に知らず、注目を受けることもない真実をいつも明らかにしてきた。トーマス・ペイン、ジョージ・セルデス、I・F・ストーン、あるいは最近ではデービッド・バーナムやチャールズ・ルイスといった人たちだ。

現在では、先に発信しその後でチェック、ぎょっとする投稿や統計を先に事実確認することなくリツイート、注意して読んだわけでもないものを伝え、あるいは誰かの発言を挑発的な文言で伝える、ということがかつてないほど容易にできる。新しい規範は、熟考より行動、控えめな表現より誇張表現だ。この種の環境では、懐疑心や熟慮、時に礼儀でさえも、個人の良心の一形態といえるのかもしれない。

良心と多様性が輝く文化を作る

恐らくニュースを作る人々にとって最も厳しいのは、その長期的な健全性が自分たちの作る文化の質にかかっており、そしてまた多様な存在を受け入れる度合いに左右されると認めることだろう。現実の仕事場でも、ネット上のユーザーコミュニティでもだ。大変で障壁もあるが、ジャーナリズムの歴史を振り返れば、協力とぶつかり合いの様々な出来事があり、そんな出来事を大切にしようとした例さえ無数にある。ニュースに携わる人の中には、自由な空気の中で、良心に従って動くことが奨励される文化を、自然に志向していく人たちもいる。しかし業界が厳しい状況、特にお金の面で厳しい中に置かれていれば、なかなかそうはならない。

一つのやり方は、この文化を公然とトップダウンで明確に示し、幹部たちの言動も他から見てそれが分かるようにすることだ。最も有名な例の一つは、ジャーナリストの故デービッド・ハルバースタムが、『ニューヨーク・タイムズ』発行人になったばかりのオービル・ドライフースと初めて会ったときの話だ。

一九六二年の初めごろ、多分二月だった。前年七月からコンゴに入ったばかりで、ある賞を受賞するためニューヨークに呼ばれて戻っていた。私が席に座っていると男が近づいてきて、オービル・ドライフースだと自己紹介した。「あなたがここにいると聞いたんだ」と彼は言い「あなたをどれほど尊敬しているか。あなたがどれほどのリスクを取っているか私たちは知っている。おかげでこの新聞ができている」と述べた。この姿勢、発行人と一記者のこうした会話がもたらす親しみが、他の色々なこととともに、この編集局を他と違うものにしていた。[24]

翌年ハルバースタム——この世代の最も勇敢なジャーナリストの一人だ——は激しい圧力に屈せずケネディ大統領のベトナム政策を問題にした。そしてベトナム戦争は米国が決して勝てない泥沼になりつつあると、他の多くの記者より何年も早く断じたことで、ピュリツァー賞を得た。

そして結局、ほとんどのジャーナリストは、同じ社会に暮らす他の市民とのコミュニケーションこそ勤務する組織を超えた任務と感じ、これを天職と受け止めるはずだ。そして報道の現場で働く誰もが、この任務を負っている。幹部たちはジャーナリストがこの任務で最高の力を発揮できるよう援助する必要がある。『サクラメント・ビー』元編集者、マクラッチー報道部門担当副社長、後にはポインター研究所の教員となったグレゴリー・ファブルはジャーナリストたちに、この大きな意味での任務についてよく話した。政治的分断が米国でも他国でも激しくなる何年も前のことだ。

平穏な時も危機の時も、人々を助けるのだ。人々がお互い話すことを助け、多くの声が届く社会にし、そして人々が創造性ある市民になるための情報を提供する。市民同士が違いを乗り越える橋を架けるのを手伝う。そしてあなたは、他人に質問をするように自分に対しても問いをぶつける責務がある。取材対象に求める価値基準は、あなたの生活や仕事にはあるのか問う責務だ。私たちの仕事全体の文化が変わるようにする責務――いたわりを持ち、私たちのメンバーに多様性を求め、中に対しても外に対しても人間らしく接する文化、その文化は困難な時にも破れない道徳の織物で包まれている。[25]

実際、ファブルは人々に、この任務は大変重大だから、これまでのジャーナリストと市民のためにも、これからの人たちのためにも、ジャーナリストたちにはこれを守り強化する責務があると話している。

市民の役割

この方程式の最後の要素が、コミュニティのメンバーである市民はこのプロセスにどう参加するのかだ。彼らにはどんな責任があるのか。

ジャーナリストからのよくある答えはこうだ。もし報道が駄目になっているなら、もし過度にセンセーショナル、インフォテインメントに傾斜しているなら、それは結局、市民側が駄目になっているということだ。もし人々がより良いジャーナリズムを求めれば、市場がそれを提供するようになっているはずだと言うのである。この理屈の問題は、既に見たように、ジャーナリズムの在り方を決めているのは完璧な市場ではないことだ。例えばテレビで見るローカルニュースの種類は、ウォール街が要求する利益がどれぐらい出せるかで決まる部分が大きい。新聞の性格は、報道担当役員らから聞いた話によるなら、オーナー側の価値観に著しく影響される。

ジャーナリストが日々行う判断の質は、編集者と報道職場の文化に著しく影響される。新聞社はある時期に独占事業となったが、ずっとそうだったわけではない。二〇〇〇年代に独占事業である新聞は、一九六〇〜七〇年代の新聞戦争の勝者だった。彼らの責任感も傲慢もこの歴史から生じており、またウェブへの理解や対応の遅さもそうだ。テレビ局は公共の電波を免許で割り当てられ、少数が占有しながらも大変競争の激しいビジネスだ。現時点ではインターネットはまだ年月が浅く、どんな市場形態になろうとしているのかはまだ読めない。しかし始まりから二〇年経ち、インターネットは独占色を強め、前にその座にあったメディアによる、少数占有ではあってもネットよりは市民志向が強かった仕組みとは異なるものになったように見える。その最大の理由は、いかに善意があったとしても、公正な競争を避ける私利私欲である。

市場が純粋に、市民の求めるニュースを提供することはない。よく言われる通りだ。市民が得るニュースは、ウォール街、メディアオーナー、ジャーナリズム研修、各メディアの文化的規範、そしてニュースにおける慣習の力によって、市民に伝わるようになったニュースだ。だがもしこれに変化が起き、そしてもし、ジャーナリストの第一の忠誠は市民たちに対するものだという原則が意味をなすようになれば、ジャーナリストと市民の新しい関係が生まれる。

自由で開かれたインターネットという考えには神話的な面がある。だが人々が質の高いコンテンツを求めるなら、この新たなシステムでは新たな伝達コストを払って、そうしたコンテンツを届けてもらうことになる。広告収入が、市民の社会参加に役立つニュースのコストをまかなえる面は小さくなる。その分を、ニュースに高い関心を持つ人々がメーター制〔記事の一定本数まで無料、超えると有料購読が必要な仕組み〕や定期購読制を通じて支払い、そのコスト負担割合は拡大する。実質上、こうした一部の人たちの支払いによって、一般市民が知識ある存在となるための費用全体をまかなうという形が強まる。読者・視聴者の負う部分が増えるこの変化は、同時に別の目に見えない、責任という形の伝達コストも人々にもたらす。これまで読者・視聴者と呼ばれた人々は、以前より注意力も批判力もある情報消費者になる必要が出てくる。人々自身がジャーナリズムに貢献する必要が出てくる。ジャーナリズムの機能をすべて自分で果たすという意味ではなく、支え、関わりを持つ面を増やしていくということだ。どういう面においてなのか。それによりもたらされる、より大きな責任とは何なのか。それらがジャーナリズムの条件の最後の一つを構成する。これまでも常に存在してはいたが、新しい世紀にはもっと実感でき、より重要になる。それが市民の果たす役割である。[26]

第11章　市民の側の権利と責任

二〇〇五年七月七日朝、ロンドン地下鉄で爆弾三個が爆発し、まもなく二階建てバスで別の一個が爆発した。五二人が殺されたこの自爆攻撃は、二〇〇四年にマドリードで起きた列車爆破を想起させるものとなった。

英国放送協会（ＢＢＣ）は重大なニュースだとの認識のもと、スタッフたちを投入し、情報を最初に入手しようとし、そして、ＢＢＣの報道局担当役員だったリチャード・サンブルックが書いているように「物事を正しくつかむ」ことに努めた。[1] ＢＢＣはその日、ロンドンの住民たちからかつてない協力を得た。事件発生から六時間後、ＢＢＣに集まったのは写真一〇〇〇枚、動画二〇本、ショートメール四〇〇〇件、メール二万件——すべて市民たちから送られてきたものだ。

ＢＢＣは普段から市民がニュースに関わってくれるよう促してきた。だがここまでの参加は初めてだった。「人々から提供された量も質も、目新しさゆえ、形だけ、例外的、などと言わせないものがあった。その強い印象は今なお続いている」とサンブルックは振り返った。

クラウドソーシング、つまり人々の力でニュース集めに協力してもらうことは二〇〇五年にはまだ始まったばかりだった。記者は「ツイートデック」のようなツールをスクリーンに出し、担当分野で人々が言っていることを毎日チェックすべきだという発想はまだ大きく受け入れられてはいなかった。ツイッター自体まだなかった。フェイスブックはいくつかの大学キャンパス内だけのものだった。しかし二〇〇五年ロンドン爆破事件が起きたとき、BBCの幹部たちは集まった素材をうまく活用し、市民から提供された動画をニュース番組のオープニングに使うことまでやった。サンブルックはこのロンドンの事件の報道の仕方をパートナーシップと呼び、自分の組織が「大事件が起きたとき、私たちが人々に向けて放送するのと同じくらい多くの新情報を、人々が私たちに向けて提供してくれる」ことを学んだと指摘した。

それから二〇年も経たないが、その間に変わったことのほうが変わらなかったことより多いとさえ感じられる。その変化によって実際、ある意味私たちはコーヒーハウスの時代に引き戻された。連綿と続く会話としてのニュースである。

サンブルックはその後カーディフ大学ジャーナリズムセンターで教育と組織運営にあたり、ジャーナリストと市民の新たな関係を早くから提唱することになった。二〇〇一年までにBBCは「デジタル・ストーリーテリング・プロジェクト」を開始した。一回に市民一〇人を対象に、BBCのプロたちが原稿作成、音声録音、静止画と動画の編集を教える。スコットランド沖の島の地元自治体はBBCの支援を得て、「アイランド・ブロギング」という参加型メディアプロジェクトを作り、島民たちはパソコンとナローバンドのネット環境の支給を受け、それを使って写真や記事を投稿し、地域内の数々の問題を話し合った。「BBCアクション・ネットワーク」は市民たちに関係する問題を話し合うネット会議室を提供し、市民を政治過程にあらためて結びつけることを目指した。

「こうした新たな方向性を支持する私だが、BBCの職員から正確、公正、客観性という責任が外れると言うつもりはない」と、サンブルックは当時書いている。「人々からの素材提供を広く受け入れるときも、私たちの報道の価値規範には沿っていなければならない。しかし、より広い意見や視座を受け入れれば真実、正確性、不偏不党、意見の多様性が強まるし、それをもたらしてくれるのが私たちの視聴者の知識や理解だ」[2]

協働情報分析としてのニュースとその未来

ウェブができて三〇年を超え、ジャーナリズムは今もなお人々との関わりを深め、ジャーナリズムを〔市民とジャーナリストが力を合わせる〕協働情報分析に変える道を模索している。この新しいジャーナリズムを人々と報道機関が一緒に作る方法を見つけ出すには時間がかかり、そのため人々もジャーナリストもいらだつ場面があろう。第1章で詳しく記したような意見対立もある。新しいものを提唱する人の中に、もう職業としてのジャーナリズムはほぼ終わったとまでは言わないが工業化時代の遺物であり、役割は大幅に縮小したと思い込む人もいるのだ。一方、市民はウォッチャーの役割はたまに果たすが、出来事を意味ある形で監視するスキルや組織を持っているかは疑わしいという人もいる。自警団は役に立つかもしれないが、プロの警察に取って代わることはできないというわけだ。もっとも二〇二〇年に分かったように、警察の対応はどんな問題に対しても最良とは言えないのだが。

私たちの考えはこの本を通じて示してきた。これら二つの側、市民と職業ジャーナリストは競争関係ではない。協力関係で力を合わせなければならない。市民による監視員という新しい役割は職業ジャーナリストの模倣ではなく、その座を狙うこともしない。職業ジャーナリストに対し情報を提供し、相互に連携し、その存在意義を高めるものだ。

同時に、ユートピア的なテクノロジー幻想――テクノロジーが人々を調和させ、政治の難題解決に向かう力を増大させ、もっと平和な世界に道を開く――は、選挙が工作を受け、世界的に専制と反民主主義政権がはびこる中でしぼんだ。消費者、政府、プラットフォーマー企業内の一部の人さえ、これら独占企業〔プラットフォーマー〕もこれからはコンテンツ編集に誠実に向き合い責任を果たさなければならないと認識するに至った。独占企業側もある程度はそうするしかなかった。なぜなら、米大統領、恐らく現在も世界で最も権力ある政治家が、プラットフォームのルールを次々に悪用し、継続的にSNSで嘘をつき、根拠のない陰謀論を広め、ついにあろうことか、自分を権力の座につかせた制度が、自分をその座から外すとなったとたん、これは信頼できないと言い出すという、最悪の害をなしたのである。世界各国政府は、私たちの情報環境を著しくコントロールする巨大テクノロジー企業の規制強化に動き出した。二一世紀が始まって二〇年を超え、テクノロジー企業は情報生活を成り立たせる社会共通基盤となったが、彼らは自分たちが築いたシステムが政治的、社会的にはどんな意味を持っているのか分かっていない。システムの在り方を是正する知識もないし、そのつもりもない。

加えて、報道機関——この新たな環境でどんな姿になるにせよ——と人々との信頼関係は損なわれている。二〇二〇年段階で、米国人のちょうど四〇%は報道機関への信頼を「大いに」あるいは「かなり」持っていると明かした。しかし共和党支持者で見るとこの数字はわずか一〇%になる(これに対し無党派の人は三六%、民主党支持者は七三%だ)[3]。

デジタル時代における人々と報道機関の新しい関係ができるにはまだ時間がかかる。だがその向かう先は協働情報分析と私たちが呼ぶ新しいジャーナリズムであることを、私たちは知っている。これを仲間うちの狭い了見でなく、熟練者としての態度で歓迎するなら、将来はこれまでより優れたものになろう。

印刷機械の発明で知識の拡散が始まって、西欧社会の構造転換が起きるのに約二〇〇年かかった。

この構造転換は、文字の印刷が知識の広がりをもたらし、それが原動力となって起こった。そこから人々は、世論を形成し、そして自分たちの社会と経済と政治の仕組みに参加する力を知識により十分与えられた公共の民になった。この情報の多くを幅広い大衆に届けたものが、ジャーナリズムとして知られることになる。この情報により、人々は物事を知る市民になることができたし、そんな状況の中にあって、世論が形成されるようになった。そして世論は自治を可能にした。こうした民主主義の試みは人間の歴史の中では日の浅いものだし、この二〇年を見れば分かるように、今なお脆弱だ。

その意味で、ジャーナリズムと民主主義はともに生まれた。発生して最初のころ、報道の役割は、生活を支配する権力の活動や制度について、人々に単に情報提供するものだった。今や世界は情報であふれ、報道の役割も変化した。情報がいつでもどこでも豊富、たやすく入手できる中にあって、それでも人々の要請を受けて活動するジャーナリズムの根本価値は変わらない。ニュースといえば、正確で透明性を持つことが今も人々には必要だし、それが独立を保っていることは今までに増して大切だ。だがジャーナリストがジャーナリズムの諸条件に沿うためになすべきことが著しく変わったことは間違いない。ジャーナリズムの役割はかつて、単に情報を提供し、それが自治のツールとなる、というものだったが、今はコミュニケーションのシステムが生み出す無分別な情報——噂、プロパガンダ、ゴシップ、事実、断定、非難の濁流——の中にある知識を市民が自ら見つけ、取り出すため必要なツールを提供するものになっている。だからジャーナリストは、世界がどうなっているか人々が分かるようにするというだけでなく、世界に関する情報の濁流がどうなっているかも、人々が分かるようにしなければならない。

そのため、報道人はまず、ニュースが作られるプロセスに地域社会の参加を得なければならない。

協働情報分析が生み出す新しいジャーナリズムという考えは、この本で追い続けている主題だ。協働の中、それぞれの関係者がそれぞれの強みを持ち寄る。地域社会は視点の多様性、テーマの専門知識、ジャーナリストだけではかなわない実生活の経験をもたらす。一度に多数の場所の目撃情報を提供することもできる。ジャーナリストにはない巨大なネットワークを持つ。他方、ジャーナリストは市民にはない別の技能を持つ。当局者、有力者に会う手立てを持ち、そこできつい質問をできる。物事を語る技量があり、ビジュアル素材やグラフィックスやその他を活用することもできる。集めた情報を取りまとめ照合する力があり、通信社を使うこともでき、比較する能力も高い。集めた情報にどんな意味があるかを助言してくれる専門家に会うこともできる。情報機器は協働情報分析としてのジャーナリズムにおける三つめの主要要素で、大量のデータを計算し、統合して、情報を実証で裏付けられたものにできる。

事実確認の章（第4章）で私たちは、ジャーナリストたちが透明性に大きく舵を切るべきだと求め、この発想こそ客観性の本当の意味に近いもので、一部のジャーナリストが使ってきた中立性とごっちゃの考え方よりよいと訴えた。しかしまた同章で述べたように、ジャーナリストは自分たちの規範意識や専門職としての使命を考える上では、誤解されやすい**客観性**という言葉を使うのではなく、予断を持たぬ独立した厳密な追究とするべきだ。この追究から偏りをできるだけなくすため、透明性が高くなければならない。透明性は、ジャーナリストと市民の新たな結びつきが始まる最初の一歩だ。それがあってこそ人々はジャーナリストがどんな原則に基づいて仕事をしているか判断できる。そしてその原則を他のものに変えたらどうか比べるための情報も得られる。何よりも、とある一つのジャーナリズムについて、自分たちが応援したい、信用したいと思える部類のものかどうかを判断する根拠は、透明性があってこそ人々に与えられる。

次のステップは、ジャーナリストによるニュースの発見と収集を想像もつかない優れた手法で支援できる人々を、地域の中から探すことである。市民が投稿、発信する場所を作るというだけでは足りない。この人たちに対し新しい情報源グループとして向き合い、彼らの情報を整理し、精査して一つに統合する。ミネソタ公共ラジオはこの手法の先駆者で、一九九〇年代にリスナーの来歴や専門知識を詳しく調べ、彼らが詳しい分野でニュース題材の提案や精査を支援してくれるグループに組織した。このミネソタ公共ラジオの「パブリック・インサイト・ネットワーク」に続き、同じように人々の情報と好奇心を活用する多くの取り組みが行われた。その中には『ガーディアン』の「オープンジャーナリズム」、「アウトライアー」のような新興メディア、そして「ハーケン」や「グラウンドソース」といったテクノロジーのように、ジャーナリストが人々に向け、どんな疑問を調べてほしいか簡単に尋ねられる仕組みのプラットフォームもあった。これらの取り組みは全て、人々の立場を、ありがちな街の通行人や、「視聴者提供」の写真や動画の提供者というだけにとどまらない立場に引き上げた。

三番目のステップは、人々のニュースへの反応に耳を傾け、対話を生み出し、その対話を人々が活用できるようにすることだ。市民が市民同士で会話をする開かれた場を構築する意味がある。ネット上のコメント欄、SNSのグループ、動画ベースの議論をうまく活用することが含まれる。大きく見れば、デジタル・プラットフォームにより分極化が進む環境にあって、市民としての対話ができる枠組みを見いだすともいえる。市民が自分たちのコミュニティの将来をどうしたいか、政党の枠組みに縛られずに思い描くため、ジャーナリストは力になれる。『エリー・タイムズニューズ』が自紙の取り組み「エリー・ネクスト」で行ったものだ。同じようにジャーナリストは、市民同士の意見が分裂している地域において、市民が共有しているもの、そして共通の優先項目を明らかにする力になることもできる。『ボーリンググリーン・デイリーニューズ』が地元の世論調査とネット上のタウンミーティングを組み合わせた「市民議会」で行ってきたことだ。そしてジャーナリストはさらに、地域社会において、政治やその他が起こした社会分断を超える本当の会話を支えることもできる。「スペースシップ・メディア」がリベラル派と保守派の相互対話を手助けした取り組みのようにだ。他も含め、こうした努力はすべてのニュースについて人々が議論するのを助け、今後のジャーナリズムの中身を作り、市民を報道と近い関係にし、その両者が共有する任務の遂行を助ける。

ニュースにおいて市民の果たす役割が大きくなるにつれ、市民の責任も重くなり始めた。これをジャーナリズムの一〇番目の条件と考えたい。人々を力づける新たなテクノロジーの到来とともに拡大しているものだ。

市民はその選択を通じてニュースの在り方を決め、ニュースに関して権利を持つが、責任もまた持つ——
市民たち自身がプロデューサーや編集者となる中にあっては、なおさらである。

市民たちはジャーナリストの仕事を評価する上で、先入観はいったん置き、自分たちが情報を知って社会を形作る力を強めてくれるかどうかで判断しなければならない。しかしジャーナリストは自分たちの仕事が人々とつながるようにするなら、人々に必要なコンテンツを提供するだけではいけない。自分たちの仕事にはどんな原則があるのか、分かってもらわなければならない。そうすることにより、人々が良いジャーナリズムを支援してくれる存在になるかどうかはジャーナリスト次第で決まることになる。

市場の要請が今日の社会を形作る強い力であることは明らかだ。だが、プラットフォーマー企業自体も、そしてまた彼らのアルゴリズムも、企業価値も、独占志向も、彼らが作り上げたビジネスモデルもやはり、強い力である。そうした中でジャーナリストが力を尽くし、この本が伝えたかったジャーナリズムを提供する市場ができるなら、それは明らかにジャーナリストの利益になるだろう。そのジャーナリズムとは、ニュースが信頼でき、時宜を得て、全体像を配分良く示し、市民が世界を理解し、またその中での自分たちの状況を理解する力に確実になれるための原則を知り、活用するジャーナリズムだ。この方向に行くには欠かせない一歩がある。この市場にやって来る人たちに、いわばソーセージはどう作られているか――私たちは仕事をどう行い、判断をどう形成するか――を最終的に見せる手立てを取らねばならない。もう一つ欠かせない一歩があり、それはジャーナリストが貢献する相手である人々の声を聞き、理解する力を伸ばすことだ。人々とのやりとりを、取引（コメントをもらう）というより、共感（本当の理解を追求する）にしていくのである。

もしジャーナリストと人々の関係がもっと意味ある双方向のやりとりになり、取引のようなものでなくなるならば、人々にとってどんな意味があるだろうか。さらにはっきり言えば、私たちは市民として、ニュースに何を期待するだろうか。ニュースが得られなくなると思ったとき私たちはどうすべきだろうか。ニュースを読み解ける、ニュースへの参加のしかたを知る市民であるには、どんな能力が求められるだろうか。これらの質問は重要だ。ジャーナリズムの条件は、ジャーナリストだけでなく市民にも関わる。理由は単純で、この本の始めに述べたように、これらの原則は人々の生活にニュースが果たす役割から生まれてきたのであり、一部の専門職の倫理観で作られたわけではないからだ。

その意味で、このジャーナリズムの条件は市民にとっての権利の章典である。同じように、ジャーナリストにとっての責任の章典である。そして当然、市民にとっても権利には責任が伴う。二一世紀に市民がニュースを受け、それに対して行動する力を増す中、この責任は拡大している。そうした中、私たちの受け取るニュースはジャーナリズムの条件を満たしているか、見て判断する手立てを挙げることが有用だろう。

市民の権利と責任の章典

一　真実に関して

私たちには、報道が真っ当である証拠が示されるよう求める権利がある。すなわち、事実確認のプロセス――報道人がどのように判断したか、なぜそう判断したか――は透明性が保たれるべきだ。虚心坦懐に検討したということがはっきり分からねばならない。謙虚さを持つ、すなわち分からないこと、理解できないことははっきり示されなくてはならない。情報の価値と偏りを私たち自身が判断できなくてはならない。

この責任を果たすため、報道の中にどんな要素が必要か。私たちの別の本『インテリジェンス・ジャーナリズム　確かなニュースを見極めるための考え方と実践』で説明したように、人々が求めるべきいくつかのポイントがあり、(一)報道は、情報源や根拠、またその知識は何に基づいたものなのか、を明確にするべきだ(二)その報道が何に関係あるのか、何を示唆しているのかは、報道の中ではっきり分かるようにすべきだ(三)分からなかった重要な疑問がある場合、それも記されるべきだ(四)それぞれの立場の人に、支持の乏しい立場の人も含め、最良の説明をする機会が与えられるべきだ(五)論議になる問題提起をするなら、続報も期待できるべきだ(六)その後も更なる報道が行われて人々に議論を続けさせ、それによって問題の整理選択プロセスが機能し、真実の追究へ向かうようにするべきだ。つまりニュースは私たちを引きつけるだけでなく、私たちを問いただし、私たちに考えさせるものでなければならない。これら全ての性質が、常に全ての報道の中になければならないわけではなく、これらは全体を通して求められるべきだ。

関連して七番目の項目を付け加えたい。報道におけるジャーナリストの判断の中に、人々が必然的に疑問を心に抱きそうなものがある場合、報道のどこかで明示し説明されるべきだ(そして見逃されないよう、大きく派手に示すことを提唱する)。報道の中には、人々から見ればそもそもなぜこれが報道されたのか、これを報道するのは危険ということはないか、なぜ匿名情報源が使われたのか、何が本当に新しいことなのか、最も重要な論点は何なのか、考えてしまうものもあろう。こうした疑問に関係する部分は分かりやすく示したり強調したりすれば、ジャーナリストが人々に率直であろうとする態度が本物だと分かってもらえるだろう。そしてジャーナリストは、人々がニュースの消費者として目が肥え、理解力が高まるよう手助けをする責任をある程度は引き受けることになる(私たちは**ニュースリテラシー**という言葉は好きではない)。

一方でこれは全て、反対の方向にも言えることだ。市民は虚心坦懐にニュースに向き合う責務があり、単に今の自分たちの意見を支えてくれることをニュースに求めるべきではない。

二　市民への忠誠に関して

私たちは、報道の内容は何より私たち市民が使うため作られたという証拠を示してもらえるべきだ。つまり報道が応えるべきは私たち市民のニーズであって、単に当事者の利益や、政治、経済システムの利益のためではないということだ。そしてまた、ジャーナリストはコミュニティ全体を理解する努力を、目に見えるように行うということだ。

これを判断する最良の方法は恐らく、ニュースを長期的に見て、ステレオタイプをいかにきちんと避けているかに注目することだ。ニュースにおいてステレオタイプとは、あるものの性質はこうだと述べたとき、そういう性質はある程度は当てはまるかもしれないというだけで、実際の具体的な報道としては正しくないという場合だ。地元地域のうち一部だけ取り上げて犯罪の問題を報道したが、事実としては犯罪はその地域の全体に偏りなく広がっているという場合がその例だ。通常、ステレオタイプな報道では仕事の手を抜いている。この種のステレオタイプ報道は、もっと取材すること、そしてもっと具体的な取材をすること――いずれも、丁寧な報道では常にそうしている――によってほぼ確実に避けられる。ステレオタイプは、偏りや既存文化、そしてジャーナリズムの無知、また、性急さや皮相さの印でもある。

ニュースを提供する側――民間企業、政治的非営利組織、シンクタンク、他のどんな発信源でも――が時には自分たちの利益を損なうとしても、大切な情報は私たちに伝えるというはっきりした事例も目にすることが期待できるべきだ。ニュース、さらには芸術や商品のレビュー、消費者問題や店についての報道においてもである。キャサリン・グレアムはこれを、「ペンタゴン文書」を報じる判断の際に行った。他にもこうしたことは毎日無数に行われ、広告主でもあるレストランに批判的レビューをし、重要な地元産業に厳しい姿勢の報道をしている。特定利害グループ〔特定のテーマを話し合ったりロビー活動したりするグループ〕がニュース制作に乗り出すということが増えているが、それで提供される情報も、同じように真っ当な質の確保が求められなければならない。一つの情報源の意見や利害だけを反映した情報発信なら、そういうものとして、つまりプロパガンダの一形態として捉えられなければならない。

市民への忠誠はまた、ある一つの報道に外部との協業、提携、利益相反が絡んでいる場合、それを公表することでもある。ジャーナリストやその組織のロビー活動、つまり自分たちの事業の利益のため組織的に政府に圧力をかける場合も同じように公表しなければならない。ニュースを伝える人たちが他の有力機関に透明性を求めることを私たちは期待するが、それと同じように、自分たちの業務においても透明性を保つことを私たちが期待する理由も十分ある。

三　独立性に関して

私たちには、コメンテーター、コラムニスト、論説ジャーナリストたちが物事を述べる際、何かテーマを取り上げるのは開かれた社会的議論を促すためであり、一部党派だけの利益や、元から決めていた結論のためでないという根拠を示すよう求める権利がある。これはサブスタックでニュースメールマガジンを出す個人ライターも、全国紙のプロのコラムニストも変わるところはない。知的独立がはっきりしている意見は、つまり自ら考えているということであり、単純に面白さの度合いも高いし、市民の対話に資する価値も大きい。

意見を持つとか偏りを認めるとかすればそれだけで、正確さや誠実さが増すわけではない。必要なのは、ジャーナリズムの世界においては根拠、厳密さ、懐疑、そして虚心坦懐な追究だ。

知的独立とは、党派や既得権益層と一体になった論評にはないものだ。独立というのは、時に共和党員が保守派コメンテーターに批判され、民主党員がリベラル派に批判されるのを見ることも期待できるということだ。ジャーナリストの第一の忠誠は市民のニーズに対してだと思い起こせば、ジャーナリズムに携わる者に対し、中立でなくても構わないが、忠誠心においては二股を掛けるなと要求していい。つまり取材、論評する相手のためにスピーチを起草したり密かに助言をしたりはしないよう求めていいのだ。私たちは論説記者たちを頼りに、市民が直面する複雑で矛盾ある諸課題を読み解く。だから彼らが書き、報じる内容の中に、そのテーマに関する他の人の考えに対しても検証を行ったという証しを求めていいはずだ。

四　力ある者の監視に関して

私たちはジャーナリストに対し、最も重要で最も対峙が困難な諸権力の中枢を監視し、責任を持たせるよう求める権利がある。監視対象は政府だけでなく、社会の他の機関や個人で、経済的、強制的、社会的、道徳的、説得的な力を振るい、その力が政府と同程度かそれ以上というものだ。

こうした調査の役割によって、報道機関自体がかなりの力を与えられるだけに、その行使には細心の注意と思慮を私たちは求めていい。報道機関の担うべき責任は先導的な役割――重要で新しく、地域社会の在り方を変えるような物事を明らかにすることである。監視犬的役割によって、みんなの利益に尽くす報道機関の構えを見せるよう求める権利が私たちにはある。この力が取るに足らない、あるいはスキャンダル未満のものに浪費されないよう私たちは求めていいということでもある。例えばフローズンヨーグルトの安全限度内の細菌や、ホテルの寝具にある無害な量の汚れというようなものだ。そうではなく、報道機関は時間や人や金を大きな問題、予想外の悪人、新たな危険にうことだ。

集中させるべきだ。重要なのは、報道の自由を主張する者は、重点を大切な問題に置くべきだということだ。

五　みんなの議論の場を作ることに関して

私たちは、ニュースを伝える側がいろいろな窓口を作り、そこで人々が市民同士、あるいは市民とジャーナリストとの間で、建設的な市民目線の会話を行えるよう、期待すべきだ。これは、人々はジャーナリストと直接やりとりできるようにすべきだということを意味する。メールや電話に答える、ネット上で質問に答える、あるいは逆の考えになるが、組織内の人をオンブズマンに指名して何らかの活動をしてもらう。しかし同時に、対面でもオンラインでも場所を設け、人々がお互い話し合い、ジャーナリズムが提供した情報に基づいて何が大切か、何に価値があるかを議論し、違いを超えた共通点を理解し、さらにそれ以外の方法も使いながら、市民としての利益の考え方では私たちと意見の異なる人たちと関わりを持つようにする。

テクノロジーが新しい方法で私たちの生活を変え続ける中、人々の対話がプラットフォーム内に抱え込まれ、プラットフォーマー企業の価値観でコントロールされるのを報道機関が放置しないよう、私たちは市民として求めなければならない。私たちは写真や目撃証言の提供を通じてニュース制作への参加を促され、経験や専門知識の共有を通じてニュース収集の手がかりとなるよう期待されるべきだ。大切なことは、ジェームズ・キャリーがかつて書いたように、もしニュースが結局意味するのはジャーナリストの提供する正確な情報に基づいての市民の対話なら、その対話を市民とジャーナリストはともに取り戻し、それによってニュースは市民の目的に貢献し、ニュースは市民のため建設的なものとしなければならないということだ。今は、ニュースは量産品にされてしまっており、多くの面で破壊的だ。

そして時間を経て、私たちは自分の考えや価値観がニュース報道に反映され、重要な問題について最も極端な立場だけが報道されるわけではないことを期待すべきだ。もし、歩み寄りという民主主義の理想が達成されるなら、その実現の場は、メディアが作り、地域社会が理解し合う、みんなの議論の場においてであると期待すべきだろう。

同時に、私たちは市民として、心を開いてニュースと向き合う責務がある。新たな事実を受け入れ、新たな意見が示されればそれを吟味する。そしてこうしたみんなの議論の場に参加し、敬意と礼節が広がるように振る舞い、それによってジャーナリズムの最終的な目標であるコミュニティの実現が可能になるよう行動する責任もあるのである。

六　ニュースの配分と魅力

私たちには、民衆としての基本的ジレンマをジャーナリストが理解するよう求める権利がある。重要な問題や世の中の流れを、タイミング良く深く知ることが必要であるのに、情報の拡散もメディアの増加もどんどん制御不能になっている時代というジレンマだ。

このことを踏まえると、私たちの権利として期待していいのは、ジャーナリストが出来事や情報について独自に調べる力を活かして素材集めをし、背景を踏まえて整理すること。そして、それが私たちの関心を引き、やがて私たちは、これら世の流れや出来事について、生活に重要なもの、そうでないものの正しいバランスに従って理解できるようになることだ。一時的に重要なだけのことが、商業収益のため誇大に扱われたり歪曲されたりするのを目の当たりにするようではいけない。

私たちが市民として、生活に関わる多くの問題について、情報をよく踏まえた深い判断ができるよう、ニュース報道は犯罪など地域社会が脅かされているもの、一方、地域生活がうまく機能していること、それぞれの真の状況を映し出すよう求める権利がある。私たちの成功は、私たちの失敗と同じように明らかにされるべきだ。

これら全てを考えると、情報の泉が拡大を続ける中で、私たちは市民として視野が狭まらないようにする責任がある。私たちは、単に自分が満足できるとか、自分の考えにその通りだと言ってくれるとかの内容で悦に入ってはならない。市民として必要な、批判的で自分に異議をぶつける情報をも探し求めなければならない。つまり、大切なものに重点を置く責任は、ジャーナリストだけではなく私たちにもある。私たちの時代に立ち向かわなくてはならない難題は、ニール・ポストマンの警告にいう「愉しみながら死んでいく」事態を阻むことであり、私たちがどうするかにますますかかっている。

この本を注意して読んでいる方は、説明してきたジャーナリズムの条件のうち二つ——事実確認と良心——が市民の権利リストにないことに気付くだろう。市民がこれらの権利をどう捉えるべきかという点から改めて考えると、ジャーナリズムの条件の中には他の一部として理解する方がいいものもあるからだ。そう考えると、ジャーナリストが事実確認をするプロセスは、ニュースを伝える上で真実にこだわる証しとなり、真実の項目の中に含まれる。同様に良心についても、報道機関がみんなの議論の場の役割を提供し、そこで市民とニュース提供側とが行う双方向のやりとりの一部となるため、みんなの議論の場の項目に含まれる。

これらの権利が守られていないとき、私たちは市民としてどうすべきか。例えば、ある新聞が企業や政治の不正を報じ、しかしそこから、論争が生まれそうな論点が出てきたのにそれは報じないとしたら。あるテレビ放送が調査報道と称するまがい物で私たちを欺くなら。あるウェブサイトが独立性をうたいながら実は一部党派の隠れ蓑で、宣伝戦略としての重要項目を発信しているのだったら――。私たちはどんな行動を取れるか、どんな行動を取るべきか。まずはもちろん、そのメディアに公然でも内々にでも、連絡を取るべきだ。ただしこれが最も効果を上げるのは建設的に行われるときであり、非難ではなく助言や情報提供として行われるときだ。これが無視されたら、今度はおそらく複数の方法でもう一度やるべきだ。例えばメールが相手にされないなら、もう一度送り、そして今度は電話を掛けたり、公開の場に投稿したりしよう。とはいえ、もしその苦情や質問が正当なもので、受け止めて欲しいのであれば――自己満足で非難をぶちまけたいのではなく――、真摯で建設的な質問や批判の気持ちで行うべきだ。もしその報道機関がジャーナリズムを真面目に追求しているのなら、あなたの意見はいかにしっかり受け止められるか、驚くだろう。一方、そうした真っ直ぐな質問が無視されるなら、その報道機関がどういうものかよく分かるサインになる。

市民としてこうしたフィードバックを送っても、その提案やアイデア、批判がなお無視される場合は何ができるだろうか。権利は値切れないから権利だ。自分の権利が無視されたならその段階で取引停止だ。サイト訪問をやめよう。購読を取り消そう。そのプラットフォームへの参加を中止しよう。アプリを削除しよう。視聴をやめよう。その時最も大切なこととして、なぜそうしたかを明確に説明する文章を書き、それをその媒体の幹部に、あるいはメディア批評家に、ＳＮＳに送り、あるいは自分のウェブサイトに投稿しよう。市民として受け身になり、製品が駄目になりつつあるのになお付き合い続けようとすれば市場は機能しない。かつては代わりがなかったが、いまは伝統的報道機関が独占できないコンテンツもある。私たちが声を上げ、理由を述べれば、彼らも耳を傾け、対話に応じるだろう。もしそうしないなら彼らは自分たちの目的を見失ったことになる。

しかしこの問いかけは純粋な目的でなければならない。もし私たちが市民として糾弾を第一の目的とし、非難はするのに純粋に答えを求めることはしないなら、私たちも民主主義のプロセスを脅かす分極化の片棒を担ぐことになる。もし私たちが最初からボイコットや糾弾、辱めという手段をとるなら、問題を修復しようと思っていた私たち自身がその問題を作る側ということになってしまう。つまり市民もまた、虚心坦懐な追究の姿勢を保つ責務を負うのである。

結局こういうことかもしれない。テレビジャーナリストのキャロル・マリンがあるとき言ったように「ニュースには〔統制する〕法律がない」。だが私たちの調査、ジャーナリストや市民との対話が教えてくれたのは、ニュースの伝達やジャーナリズムの役割がどうあるべきかについては、変わることのないいくつかの考え方が見いだせるということだ。それらの考え方は重視されたことも軽視されたこともあるし、誤解されることも濫用されることも――普段その考えを表看板に掲げて働く者によって――ある。それでもこれは単なる飾りではない。ジャーナリズムの条件は、人が生きる中でニュースが果たす機能から生まれ、三〇〇年の経験によって鍛えられ、練られ、情報の競争が戦われる市場に試されてきた。ジャーナリズムを担う者はこれらの条件を指針に用い、自らの仕事を倫理的に進めなければならない。これらから逸脱すれば私たちが危険にさらされる。そのことは過去を振り返れば分かる。

ここに述べてきたジャーナリズムの条件は、新しい世紀のジャーナリズムの基盤となるものだ。情報を統合し、事実確認し、峻厳として独立を保ち、そこを基盤に物事の意味を解説するジャーナリズムである。また、協働して組織的に情報分析し、ネットワークとコミュニティと、そして訓練されたジャーナリストならではの技能とを束ねるジャーナリズムである。ここに挙げてきた諸条件はまた、ジャーナリズムを破壊し、それによって民主社会を弱体化させようとする脅威に対する唯一の防衛策でもある。その脅威とはすなわち、営利目的のおしゃべりや歪曲に満ちたプロパガンダ、ジャーナリズムのふりをした偽情報、あるいは何もかも一緒くたの幅広いコミュニケーション界に報道を埋もれさせる動きである。この脅威を避ける唯一の方法は、ジャーナリズムに尽くす人々が、ジャーナリズムの条件をより明確に、より厳密に理解することだ。このジャーナリズムの条件によって、ジャーナリズムは価値あるものになる。透明性ある営みとしてその制作プロセスに市民にも入ってもらい、そうすることで自ら必要とされるものとなる。ジャーナリストと市民を会話で――説教ではなく――つなぎ直す。そしてジャーナリズムは人々がもっと良い生き方をするための事業となる。このような変化は、市民とジャーナリストが自らの意思で動かせるものだ。だがそれだけではない。両者とも、それに対する責任をも負っているのである。

文明は一つの考えを生み出し、それは他のどんな考えよりも力強い。人々は自らを統治できるという考えである。この考えを支えるため、情報に関して決して明確といえない理論が生み出された。ジャーナリズムと呼ばれる。この二つはともに栄え、ともに滅ぶ。本書はこの理論を明確にしようと試みたものだ。私たちが最も強く願うことは、未来が過去のような姿に戻ることではない。過去は人々の記憶ほどには甘いものでもない。デジタルの世紀、テクノロジーと企業の影響力は急激に強まり、それを受けて政治がポピュリストの権威主義体制へと危険な動きを示している今だからこそ、私たちの自由はそうした過去を忘れないこと、あるいはその中で作られたニュースの理論を忘れないことにかかっている。私たちは従来の形の二つの世界大戦と、人目に付かない面の多かった冷戦とを前世紀に経験した。それはこのようなテクノロジーへの夢想的態度と、それが触発した専制政治とに対する闘いだった。もう一度起きたとき、私たちが生き残ることはできまい。

謝辞

この本は私たちだけの著作ではない。憂慮するジャーナリスト委員会と、同委の創設のために名を連ね、時間を提供し、心を砕いた一二〇〇人のジャーナリストによる何年もの取り組みの結晶である。また、私たちが開いた討論会に出席し、考えを提供してくれた三〇〇人以上の、私たちの調査に答えてくれた数百人の、それに加え、私たちに協力してくれた研究者のインタビューに何時間も答えてくれた約一〇〇人の方々からの情報もいただいている。第一版以来この本は、ニュースをめぐる経済の激動、そして社会や経済に関する文化の分極化と分断化の中にあって、革新に取り組む多数のジャーナリストたちが作り上げてきたものだ。この本で私たちが目指したのは、ジャーナリズムはどうあるべきかという主張を示すことではない。ジャーナリストが既に立っており、そして将来にもそこに堅い足がかりを見つけ出すであろう共通の地盤の、その輪郭を描くことであった。

ジャーナリストというのは独立心を持っているものだから、これらの考えを一つにまとめることに、また、意識してそういうことに取り組むことにさえ、常に抵抗してきた。しかし、ジャーナリズムと、それ以外の情報コミュニケーションに用いられるあらゆる形式との違いが混沌とし、そこに違いがあるのか疑われもするこの時代、目的や、プロフェッショナルとしての理論を明確にすることはかつてなく決定的に重要と私たちは考える。革新をするには、それを打ち立てるための基盤が要る。目的と理論は、自分たちの価値を疑うジャーナリストたちにとっても重要だ。ジャーナリズムの目的と理論を知ることは、報道職場に新しく入る世代を支える上でも欠かせない。ジャーナリズムの目指すもの、つまりその基盤を知ることは、社会の人々のため大切なことだ。彼らは信頼できるニュースへの渇望を明らかに示しているのだ。これが私たちの考えていたことだ。もし私たちが何らかの面でうまくいったなら、それは私たちが述べた仕事をしてくれているジャーナリストたちのおかげだ。もし失敗したなら、私たちが彼らの思いに応えられなかったからだ。

とりわけ大きな力を借りた方々がいる。この新版にあたっては、まず挙げたいのはケビン・ローカーだ。調査担当であり私たちへの批評役であり、パートナー、そして助言者である。彼はこの役割の四代目だが、過去歴代の方々もそれぞれの個性とすばらしさを備えていた。第一版ではダンテ・チニ。第二版とペーパーバック版ではクリスチャン・ラプサ。第三版ではジェシー・ホルコム。新たな同僚であるミリー・トラン、ジェフ・ソンダーマン、エイミー・コバックアシュリー、リズ・ワージントン、そのほかアメリカ・プレス研究所の方々、そして「トラスティング・ニューズ」のジョイ・メイヤーたちは、同僚でもあり先生でもいてくれた。この方々の、新たなツールや新たな展望についての価値ある知識に感謝している。ジャーナリストのビル・アデア、マーク・ステンシル、ニール・ブラウン、モニカ・グスマン、そして研究者のジェームズ・ハミルトンとヘザー・チャプリンは、この新版に重要な洞察を付け加えてくれた。

この本は一九九〇年代後半、私たちが中心になって取り組んだ憂慮するジャーナリスト委員会の成果から生まれた。その当初からの方々を忘れてはならない。センセーショナリズムの時代であり、メディア激動の初期に、信念をもって伝えるジャーナリズムの中心的価値を見いだしてくれたのである。エイミー・ミッチェルは同委の運営を担当してくれたスタッフで、討論会を準備し、統計調査を私たちが監修するのを手伝い、この本には彼女の苦労がにじんでいる。トム・アビラはその次の段階でエイミーから同委の運営を引き継ぎ、自分が産み育てたもののように気配りして働いた。キャリー・ブラウンスミス、ウォリー・ディーン、ブレット・ミュラー、ほか同委の出前研修に際してさまざまな報道職場の指導役として働いてくれたすばらしいジャーナリストの力強い仲間たちもだ。その取り組みが今回の版に新しく組み入れた洞察の多くを形作った。加えて、ハワード・ガードナー、ミハイ・チクセントミハイ、ウィリアム・デーモンには研究内容を私たちに提供してくれたことに感謝申し上げたい。デーモンは私たちのジャーナリスト研修パートナー、そしてすばらしい友人となった。要となる何人かの友人たちはこの本を作るに当たって勇気づけ、助言し、指針を与えてかけがえない役割を担ってくれた。そのうち二人には特別な感情を捧げたい。一人は、今は亡き、そして誰と比べようもない、ジェームズ・キャリーで、いつも必ず私たちの考えを高め、想像力をかき立ててくれた。ジム〔ジェームズの愛称〕は私たちのヨーダ——哲人であり学者であり、ジャーナリズム界におけるジェダイの戦士であった。そして私たちのすばらしい友人アンディ・コハットを偲ぶ。人々とニュースとの相互作用について私たちと長年研究をしてくれた。私たちの感謝はまた、ロイ・ピーター・クラーク、トム・ゴールドステイン、リチャード・ハーウッド、ジョン・コバッチ、ジュニーバ・オーバーホルサー、サンドラ・ロー、マシュー・ストーリン、マーク・トレーハント、故ジム・ノートン、そして故デービッド・ハルバースタムにも捧げたい。

「ジャーナリズムの真髄プロジェクト」スタッフはこの本の第一版、第二版にとって長年にわたり欠くことのできない存在だった。ナンシー・アンダーソン、ジェニファー・フィンブレス、ステーシー・フォースター、クリス・ガルディエリ、カール・ゴットリーブ、ケニー・オルムステッド、マーク・ジャーコウィッツ、シェリル・エルゼー、ダナ・ペイジ、モニカ・アンダーソン、ナンシー・ボグト、ローラ・サンタナム、スティーブ・アダムズ、ホン・ジ、ソビニ・タン、ヘザー・ブラウン、トリシア・サーター、カトリーナ・マツァ、エミリー・ガスキン、そしてポール・ヒトリンである。故ジョン・マシェックの知恵とユーモア、友情にはずっと恩を感じることになろう。また、ハーバード大学ニーマン・フェローシッププログラムのジュリー・デンプスターからも、最初の版のために重要な支援をいただいた。憂慮するジャーナリスト委員会運営委員会は私たちの方向性の指針となる中心的な役割を果たした。私たちの討論会を共催、運営、そして場合により資金援助してくれた、パーク財団やそのほか様々な大学、新聞社、個人に対しても多大な感謝を感じている。今回の新版改訂の中身を形作ったのは全国の報道職場におけるジャーナリストたちとの長時間に及ぶ会話であり、それを可能にしたのが世界のジャーナリズム向上に貢献しているジョン・S・アンド・ジェームズ・L・ナイト財団による豊かな助成金だった。私たちの出版エージェントであるデービッド・ブラックにはその信頼と情熱に対して、また〔版元の〕クラウンのサラ・スミスと編集者たち、最初はボブ・メコイ、次いでアニク・ラファージュ、リンゼー・ムーア、そして今回二度目となるデレク・リードには、このプロジェクトの価値を信じてくれていたことに対して、いずれも感謝したい。

この本の当初の各版における調査は、ピュー・チャリタブルトラストや、ナイト財団のエリック・ニュートン、ホディング・カーターの初期支援がなければ成り立たなかった。

最後に私たちは、憲法修正一条を作り、そこに意味を与えてきたジャーナリストの先人たちに大きな恩義を負っている。その財産を彼らから受け継いだ私たちが、今度は、自由で独立した報道の責任を引き受けるとともに、自治の担い手である人々の期待に応える任務を果たす番である。

訳者あとがき

『ジャーナリストの条件』（原題 The Elements of Journalism）は米国ジャーナリズム論の代表的存在として世界中で読まれている。最初に発表された二〇〇一年以後、ジャーナリズムを取り巻く環境はデジタル激動の中で変化を続け、著者たちは二〇〇七年に第二版、二〇一四年に第三版、そして二〇二一年に第四版を出した。第四版は最初の版に比べて総ページ数で倍近い。この本は第四版の日本語訳である。

著者たちはジャーナリズムの現状を批判しながら、民主主義はジャーナリズムがあってこそ成り立つと一貫して訴え、報道現場を励ます。デジタル技術を重視しながら、プラットフォーマーは民主主義を真面目に支えるつもりがないと突き放す。そして真に市民に尽くそうとする者を求める。印刷所や放送設備・免許を持っているかどうかとも関係ない。

ジャーナリズムがジャーナリズムであるため必要なものは何なのか。

この本のエッセンスであるジャーナリズム一〇の掟には「真実」「事実確認」「良心」など、日本でも重視されるものが並ぶ。一方で、日本でしばしば論じられる中立や公平は、そこにない。確かに日本でも報道に中立をことさら求めるべきでないと指摘する論は多く、例えば原寿雄は「『不偏不党』も『公平』も真実追求には、あまり役に立たない。しばしば矛盾する。たとえば公害問題で、加害者の企業と被害者住民側とを同じように並べて、その動きや意見を等分に放送するだけでは、ジャーナリズムと言えるだろうか」と指摘した（『ジャーナリズムの思想』岩波新書、一九九七）。

それでも、報道への中立要求は繰り返される。例えば放送番組が「政治的に公平であること」とする放送法四条の規定は、政府や与党支持者をはじめとする人々が放送局を「偏向」と非難する材料に用いられてきた。本来この放送法四条は放送局に強制できない倫理規範であって、無理強いをすれば憲法の「表現の自由」の定めに反し違憲になるというのが「放送倫理・番組向上機構」（BPO）の二〇一五年の見解であり、何より「ほとんどの研究者も同じ見解」だと川端和治は指摘する（『放送の自由』同、二〇一九）が、そうした指摘はなかなか顧みられない。

この本は明言する。「不偏不党や中立性はジャーナリズムの根本原則ではない。（略）客観性とは中立性や、両サイドが同じになるようバランスを取ることではなく」（二五四ページ）、大切なのは中立ではなく独立、とくに取材対象からの独立、力ある者からの独立だという。「ジャーナリストが重点を置き続けなければならないのは、魂と心のこの独立性であり、中立性でなく知の独立性である」（二五八ページ）

この独立性に疑問を投げかける米国の深刻な事例が第5章で出てくる。記者が政治家から相談を受け助言をするというケースで、重要人物に頼られたと思って記者が舞い上がり、取り込まれてしまう落とし穴だ。日本でも二〇〇〇年、首相だった森喜朗が「日本は神の国」という問題発言をした後、その釈明記者会見をどう乗り切るかを当の記者が指南したメモが見つかった「指南書事件」を思い起こさせる。内閣記者会（記者クラブ）が舞台だったため「記者クラブの問題」と捉えたい面もあるが、この本の挙げた米国の諸事例も考えればおそらくはそこにとどまらず、より深刻に取材全般を広く覆う独立性の危機、取材対象に無分別に寄り添ってしまう危険と考えるべきであろう。

ジャーナリストは独立であること。それを意識し守るべきであり、中立かどうかではない。中立に拘泥すれば「男女が平等であるべきか不平等でいいかにつき、中立の立場で報道」などという物言いに居場所を与えかねない。それは無責任だ。

誰に対して無責任か。読者・視聴者つまり主権者である市民に対してだ。

「ジャーナリズムの最大の目的は、市民が自由であり自治ができるよう、必要な情報を提供することである」(四二ページ)。著者たちのこの宣言こそ、ジャーナリズムの原点である。この本で「市民」という語はある市の住民という意味ではなく、主権者であり統治の主体、民主主義の運営者を意味する。

だからこの本が掲げるジャーナリズム一〇の掟では、一番手が「真実」であることは当然として、すぐ次の二番手に「ジャーナリズムの第一の忠誠は、市民に対するものである」が来る。民主主義の運営者である市民が社会について豊かな知識を得ることこそ、民主主義のエネルギー源だからだ。この本がジャーナリズムの役割として「コミュニティを作る」ことを繰り返し強調するのもまた、それが民主主義の基盤にほかならないからだ。この民主主義への貢献がニュースの存在意義である。

ジャーナリズムが主権者市民に忠誠を誓い、真の忠臣となるなら、ジャーナリストは誰からも支配されず独立の立場を保ち、社会と世界のひどい出来事、政治と経済の不首尾という沈鬱で不快な話を伝えなければならない。楽しい動物映像やスイーツ紹介が報道の名を借りてメディアを席巻するようになれば、市民は自由の危機も社会の不正義も知る機会を逸し、それらと闘うこともなく敗北する。

もう一つ、この本と日本式ジャーナリズム論との違いを感じさせるのは、日本で重視される「報道被害」や「書かれる側への配慮」を、この本はあまり大きな柱としていないことだ。

例えば二二〇ページではシラキュース大学での一人のコーチによる性虐待という話を、まるで根拠を示さないまま公開シンポジウムで述べた人の事例が出てくる。シンポジウムはSNS実況までされ、情報は既に拡散している。その場にいたジャーナリストはどう報じるべきか。日本の報道実務感覚では、根拠が乏しいのならコーチの立場も配慮し、報道を控えることが求められそうだ。だがこの本では配慮の方向が違う。読者・視聴者への責任を果たすことが本来の任務とされる。主権者市民の判断を誤らせないこと、よって関係者にすぐできる限りの取材を行って報じることを提唱する。情報を控えるのでなく「(発言者が)その主張を裏付ける証拠を示していない」「壇上の他のセラピストたちはこうした中身のない告発が公表されたことに驚き呆れていた」という事情もしっかり示すことでこそ責任を果たせるのであり、それにより「公開の場で主張されたことを信じるか否かを人々が自分で判断できるよう、できる限り多くの情報で人々を装備させる」。でもそんなことをすればSNSにこのネタの匿名投稿がますます増え、下世話な推測のまとめサイトが生まれるではないか。いや、問題はそこではないと著者たちは考えている。「読者・視聴者は大人として扱われなければならず、守られるよりも知らされなければならない」(二二二ページ)というのである。

あるいは一九九六年のアトランタ五輪爆破事件である。裏付け捜査がなされていない段階で『アトランタ・ジャーナル・コンスティトゥーション』が爆弾第一発見者リチャード・ジュエルを容疑者として大きく報じ、後に無実と分かる(二〇八ページ)というひどい報道経過をたどったが、このことについては「警察がジュエルのあやふやな容疑を固める上でやれていなかった全てのことを、もしこの報道機関が記していたら、ニュースはこう大きくはならなかったかもしれないが、ずっと完全な――そして正確なものになっていただろう」と指摘する。ここでも情報抑制ではなく情報の豊富化、つまり市民への「ずっと完全な、正確な」情報の提供なのである。見ての通り本書自体もジュエルの名を明示している。確かに市民への貢献が第一なら、実名で容疑者と報じられた後に無実と分かったこんなケースでは、本人の利益や名誉回復のためというより、市民の情報を更新し是正するために、無実という展開を同じ実名に基づき知らせる責任をジャーナリズムは負うことになる。元容疑者がそれを望むかどうかとは別問題と言わざるを得ず、ではそうした当事者の意向や利害はといえば、これは取材対象から独立すべきジャーナリズムよりも、当事者の利益に尽くす広報や代理人弁護士が担うべき職責であろう。

言うまでもなく取材・報道対象への配慮は不可欠で、ジャーナリストは報道被害の深刻さを知り、反省し、慎重な姿勢を持つべきだ。報道はその内容が真剣であっても、あるいは真剣であるからこそ、時に残酷に人を傷つけ、人生にダメージを与えることを、思い知らなければならない。だが今の日本のジャーナリズム現場には「報道の影響に配慮する」と言いながら「単に抗議や非難を避ける」ことが真の目的という空気さえ感じることがある。この本に出てくる表現をもじって「無難ジャーナリズム」や「事なかれジャーナリズム」とでも呼びたくなる。この「無難ジャーナリズム」は誰かを気遣うように見せて、本当はメディア自身の保身と怠惰にすぎない。そしてこの本が強調する「監視犬」の嚙みつく役割から逃避する。吠えなくていい理由、嚙みつかなくてすむ理由を探しながら監視犬を僭称することは市民への裏切りである。

英オックスフォード大学ロイター・ジャーナリズム研究所の二〇一九年世界調査では、「ニュースメディアは力を持つ人やビジネスを監視し検証している」と考える人が、日本は世界三八の国と地域の中で最下位の一七%だった。この統計によるなら日本でジャーナリズムの信頼回復のため必要なのは、お行儀良さより攻めの姿勢のはずである。市民はそれを待っている。ジャーナリストの視線は常に市民に向いていなければならない。
では市民はというと、ジャーナリズムの掟の一〇番目にあるように「市民もまた、ニュースに関して権利と責任がある」。デジタル時代、市民はネットの多様な方法で報道への批評を行えるようになり、ニュースを良くする力もくだらなくする力もかつてなく大きい。民主主義において運営者であり「お客様」ではない市民はまた、ジャーナリズムに対しても「お客様」ではいられないのである。
著者たちのジャーナリズムに対する問題提起も、客として店に文句を付けるような振る舞いではない。著者たち自身ジャーナリストであり、現場第一線を離れてなおジャーナリズムを励まし強くしようと努力してきた人たちだ。ジャーナリズムが困難に直面するこの時代、報道界に説教したり冷笑したりという外在的な姿勢ではなく、我がこととして問うているのである。そう考えてこの分厚い本を振り返るとき、著者たちが市民たちと共有しようとする熱をいよいよ感じてもらえるはずである。

この本の企画と翻訳に当たっては、新潮社の内山淳介さんに終始助けられた。翻訳経験の乏しい者として困り果てるときも多い中、世界標準のジャーナリズム書を日本の人々に提供したいという思いを共有する内山さんから常に穏やかなご助言を受け続けられたゆえにこの本はある。心より深く感謝申し上げる。

二〇二四年四月

澤 康臣

索　引

た行

な行

は行

ま行

や行

ら行

わ行

アルファベット、数字

原　注

序章

1. Mitchell Stephens, *A History of News* (Fort Worth, TX: Harcourt Brace College Publishers, 1996), 27. また，Michael Schudson, "Theorizing Journalism in Time Fourteen or Fifteen Generations: News as a Cultural Form and Journalism as a Historical Formation," *American Journalism* 30, no. 1 (2013): 29–35も参照されたい．こちらはニュースの価値の一貫性について，厳格さがスティーブンスと若干異なる．私たちはその2人の中間で，ニュースの価値には時代と文化を超えた一貫性があると考えるが，どんなニュースが好まれるか好まれないかは，背景事情や経済，その国の空気に影響を受けることも認める．『エコノミスト』のトム・スタンデージ（Tom Standage）は手紙などの文書を通じ，ニュースを伝えることは少なくともキケロの時代まで歴史がさかのぼることを調べている．以下も参照されたい．Tom Standage, *Writing on the Wall: Social Media—The First 2,000 Years* (New York: Bloomsbury, 2014).
2. Harvey Molotch and Marilyn Lester, "News as Purposive Behavior: On the Strategic Use of Routine Events, Accidents, and Scandals," *American Sociological Review* 39 (February 1974): 101–12.
3. Stephens, *History of News*, 12.
4. 同上.
5. John McCain, *Faith of My Fathers*, with Mark Salter (New York: Random House, 1999), 221.
6. "Deprived of Media, College Students Describe Ordeal," Poynter, November 14, 2012, https://www.poynter.org/reporting-editing/2012/deprived-of-media-college-students-describe-ordeal/.
7. Thomas Cahill, *The Gifts of the Jews: How a Tribe of Desert Nomads Changed the Way Everyone Thinks and Feels* (New York: Nan A. Talese/Anchor Books, 1998), 17.
8. Committee of Concerned Journalists (CCJ) and Pew Research Center for the People & the Press, "Striking the Balance, Audience Interests, Business Pressures and Journalists' Values," Pew Research Canter, March 30, 1999, 79, https://www.pewresearch.org/politics/1999/03/30/striking-the-balance-audience-interests-business-pressures-and-journalists-values/.
9. Pew Research Center for the People & the Press, "American Trends Panel: Wave 62, February-March Survey Final Topline," August 2020, https://www.journalism.org/wp-content/uploads/sites/8/2020/08/ATP-W62-Topline.pdf.
10. Pew Research Center for the People & the Press, "In Changing News Landscape, Even Television Is Vulnerable," September 27, 2012, https://www.pewresearch.org/politics/2012/09/27/in-changing-news-landscape-even-television-is-vulnerable/.
11. Knight Foundation and Gallup Organization, "American Views 2020: Trust, Media and Democracy, a Deepening Divide," August 4, 2020, https://knightfoundation.org/reports/american-views-2020-trust-media-and-democracy.
12. C. W. Anderson, Emily Bell, and Clay Shirky, *Post-industrial Journalism: Adapting to the Present* (New York: Columbia Journalism School Centennial, 2012).

第1章　ジャーナリズムは何のために

1. 2000年1月ダンテ・チニ（Dante Chinni）によるアナ・センボルスカ（Anna Semborska）へのインタビュー.
2. Thomas Rosenstiel, "TV, VCR's, Fan Fire of Revolution: Technology Served the Cause of Liberation in East Europe," *Los Angeles Times*, January 18, 1990, A1.
3. 1997年6月21日シカゴでの憂慮するジャーナリスト委員会設立会合でのマクスウェル・キング（Maxwell King）の発言.
4. ハワード・ガードナー，ミハイ・チクセントミハイ，ウィリアム・デーモン（Howard Gardner,

Mihaly Csikszentmihalyi, and William Damon）が彼らの本 *Good Work: When Excellence and Ethics Meet* (New York: Basic Books, 2001) のため行ったトム・ブローコー（Tom Brokaw）へのインタビュー（未収録）による.

5. ガードナー, チクセントミハイ, デーモンが同書のため行った陳婉瑩（Yuen-Ying Chan）へのインタビュー（未収録）による.
6. James Carey, *A Critical Reader*, ed. Eve Stryker Munson and Catherine A. Warren (Minneapolis: University of Minnesota Press, 1997), 235.
7. 1997年11月6日シカゴでの憂慮するジャーナリスト委員会フォーラムにおけるジャック・フラー（Jack Fuller）の発言.
8. 1998年2月2日ミシガン州アナーバーでの憂慮するジャーナリスト委員会フォーラムにおけるオマー・ワソー（Omar Wasow）の発言.
9. David Karas, "Justin Auciello Turns Facebook into Journalism with Jersey Shore Hurricane News," *Christian Science Monitor*, October 17, 2013, https://www.csmonitor.com/World/Making-a-difference/Change-Agent/2013/1017/Justin-Auciello-turns-Facebook-into-journalism-with-Jersey-Shore-Hurricane-News.
10. Chris Satullo, "Jersey Shore Hurricane News Experiments in Listening to Get to 'Deeper' Community Issues," Democracy Fund's Local News Lab, March 9, 2017, https://localnewslab.org/2017/03/09/jersey-shore-hurricane-news-experiments-in-listening-to-get-to-deeper-community-issues/.
11. 著者のローゼンスティール（Rosenstiel）はこの当時, ピュー・リサーチセンターが資金提供するNPOを運営していた. その後7年間, 彼はピュー・リサーチセンターにおいてメディア調査をした.
12. CCJ and Pew Research Center for the People & the Press, "Striking the Balance, Audience Interests, Business Pressures and Journalists' Values," Pew Research Center, March 30, 1999, 79, https://www.pewresearch.org/politics/1999/03/30/striking-the-balance-audience-interests-business-pressures-and-journalists-values/.
13. William Damon and Howard Gardner, "Reporting the News in an Age of Accelerating Power and Pressure: The Private Quest to Preserve the Public Trust," unpublished paper, November 6, 1997, 10.
14. 米国ニュース編集者協会が把握している倫理綱領の中で, 目的に言及している12の綱領は全てこのことをジャーナリズムの最大の目的だと述べている. 目的に触れていない24の倫理綱領のうち4つは文章にこの意味が含まれている.
15. ProPublica, "About Us: The Mission," n.d., accessed January 25, 2021, https://www.propublica.org/about/.
16. "Welcome to San Antonio Report: Our Story," *San Antonio Report*, n.d., accessed January 25, 2021, https://sanantonioreport.org/about-us-2/.
17. Pope Francis, "Message of His Holiness Pope Francis for World Communications Day: Fake News and Journalism for Peace," Vatican, January 24, 2018, https://static1.squarespace.com/static/57f66ded59cc68cbbd3e6f81/t/5aeca638575d1ffa84f4862b/1525458488807/World+Day+of+Communications+Message.pdf.
18. Mitchell Stephens, *A History of News* (Fort Worth, TX: Harcourt Brace College Publishers, 1996), 27.
19. John Hohenberg, *Free Press, Free People: The Best Cause* (New York: Free Press, 1973), 2.
20. Stephens, *History of News*, 53–59. 政府出資によりこの日刊紙を創設したことが, 紀元前59年にシーザーが執政官となった際の最初の公式業務だった.
21. Hohenberg, *Free Press*, 38. この2人のロンドン新聞人はJohn Trenchard と Thomas Gordon であった.
22. From Thomas Jefferson to George Washington, September 9, 1792, Founders Online, https://founders.archives.gov/documents/Jefferson/01-24-02-0330.
23. 1776年6月12日バージニア憲法制定会議で採択された「バージニア権利章典」, https://www.archives.gov/founding-docs/virginia-declaration-of-rights. 関連部分は第12条.

24. New York Times Co. v. United States, 403 U.S. 713 (1971).
25. 1998年2月2日ミシガン州アナーバーでの憂慮するジャーナリスト委員会フォーラムにおけるリー・ボリンジャー（Lee Bollinger）の発言.
26. 2000年6月15〜16日カリフォルニア州メンローパークでコロンビア大学ジャーナリズム大学院が開いた, ジャーナリズム教育課程の将来を話し合う会議において, ジョン・シーリー・ブラウン（John Seely Brown）が著者ローゼンスティールに述べた.
27. 同会議において, ポール・サフォー（Paul Saffo）が著者ローゼンスティールに述べた.
28. Jonathan Stray, "Objectivity and the Decades-Long Shift from 'Just the Facts' to 'What Does It Mean?,'" Nieman Journalism Lab, May 22, 2013, https://www.niemanlab.org/2013/05/objectivity-and-the-decades-long-shift-from-just-the-facts-to-what-does-it-mean/.
29. C. W. Anderson, Emily Bell, and Clay Shirky, *Post-Industrial Journalism: Adapting to the Present* (New York: Columbia Journalism School Centennial, 2012), 22.
30. Stephen Brook, "News Reporting Faces Web Challenge, Warns New York Times Editor," *The Guardian*, November 29, 2007.
31. CBS・ニューヨーク・タイムズ世論調査（1994年10月）,「連邦議会のあなたの選挙区で選ばれた議員の名前を知っていますか」（もし「はい」なら）「その議員の名前は何ですか」. ローパー世論調査センターのデータによる. 2019年のデータはペンシルベニア大学アネンバーグ公共政策センターの次の資料による. Annenberg Public Policy Center of the University of Pennsylvania, "Americans' Civics Knowledge Increases but Still Has a Long Way to Go," September 9, 2019, https://www.annenbergpublicpolicycenter.org/americans-civics-knowledge-increases-2019-survey/.
32. United States Elections Project のデータで, 2020年分については本書執筆時点では計算中だった. 参照は http://www.electproject.org/home/voter-turnout/voter-turnout-data.
33. Pew Research Center, "For Local News, Americans Embrace Digital but Still Want Strong Community Connection," March 26, 2019, https://www.journalism.org/2019/03/26/for-local-news-americans-embrace-digital-but-still-want-strong-community-connection/.
34. Walter Lippmann, *The Essential Lippmann*, ed. Clinton Rossiter and James Lare (New York: Random House, 1963), 108.
35. Carey, *Critical Reader*, 22.
36. John Dewey, review of *Public Opinion*, by Walter Lippmann, *New Republic*, May 1922, 286.
37. 特に2人の著述家がこのように主張している. Carey in *Critical Reader*, and Christopher Lasch in *The Revolt of the Elites and the Betrayal of Democracy* (New York: W. W. Norton, 1995).
38. Lou Ureneck, "Newspapers Arrive at Economic Crossroads," *Nieman Reports*, special issue, Summer 1999, 3–20, https://niemanreports.org/articles/newspapers-arrive-at-economic-crossroads/.
39. 何人かの研究者が長年の政治報道におけるこうした傾向について明らかにしている. 例えば次のような研究である. Joseph N. Cappella and Kathleen Hall Jamieson in *Spiral of Cynicism: The Press and the Public Good* (New York: Oxford University Press, 1997), Thomas E. Patterson in *Out of Order: How the Decline of the Political Parties and the Growing Power of the News Media Undermine the American Way of Electing Presidents* (New York: A. Knopf, 1993), and the Project for Excellence in Journalism in "In the Public Interest?: A Content Study of Early Press Coverage of the 2000 Presidential Campaign," February 3, 2000; https://www.journalism.org/2000/02/03/in-the-public-interest/.
40. Carey, *Critical Reader*, 247.
41. デーブ・バーギン（David Burgin）は1981〜82年, カリフォルニア州パロアルトの『ペニンシュラ・タイムズ・トリビューン』でローゼンスティールの編集者だった. そこでバーギンはローゼンスティールに, 新聞のページ編集についてこの理論を教えた.
42. C. W. Anderson, *Rebuilding the News: Metropolitan Journalism in the Digital Age* (Philadelphia: Temple University Press, 2013), 164–65.

43. Alexandra Jaffe, "Kellyanne Conway: WH Spokesman Gave 'Alternative Facts' on Inauguration Crowd," NBC News.com, January 22, 2017, https://www.nbcnews.com/storyline/meet-the-press-70-years/wh-spokesman-gave-alternative-facts-inauguration-crowd-n710466.
44. Will Fischer, "How the Neighborhood Media Foundation Provides a Collaborative Blueprint for Local Journalism in Ohio," Center for Cooperative Media, Medium, November 5, 2020, https://medium.com/centerforcooperativemedia/how-the-neighborhood-media-foundation-provides-a-collaborative-blueprint-for-local-journalism-b8aca5048689.
45. Adam Hughes and Stefan Wojcik, "10 Facts about Americans and Twitter," Pew Research Center, August 2, 2019, https://www.pewresearch.org/fact-tank/2019/08/02/10-facts-about-americans-and-twitter/.
46. Joanna Brenner and Aaron Smith, "72% of Online Adults Are Social Networking Site Users," Pew Internet and American Life Project, August 5, 2013, https://www.pewresearch.org/internet/2013/08/05/72-of-online-adults-are-social-networking-site-users/.
47. Daniel Liberto, "Facebook, Google Digital Ad Market Share Drops as Amazon Climbs," Investopedia, June 25, 2019, https://www.investopedia.com/news/facebook-google-digital-ad-market-share-drops-amazon-climbs/.
48. Dan Gillmor, "Google, Please Be a Benevolent Internet Overlord," *The Guardian*, May 16, 2013, http://www.guardian.co.uk/commentisfree/2013/may/16/google-io-conference-internet-dominance.
49. Rebecca MacKinnon, *Consent of the Networked: The Worldwide Struggle for Internet Freedom* (New York: Basic Books, 2013).
50. キャリーはこの発言を, 2000年6月19日米首都ワシントンでの憂慮するジャーナリスト委員会の運営委員会で行った.

第２章　真実――最も大切で最も分かりにくい原則

1. Hedrick Smith, "U.S. Drops Plans for 1965 Recall of Vietnam Force," *The New York Times*, December 21, 1963.
2. Benjamin C. Bradlee, "A Free Press in a Free Society," *Nieman Reports*, special issue, Winter 1990.
3. David Halberstam, "Crucial Point in Vietnam," *The New York Times*, December 23, 1963.
4. Bradlee, "Free Press."
5. Committee of Concerned Journalists (CCJ) and Pew Research Center for the People & the Press, "Striking the Balance, Audience Interests, Business Pressures and Journalists' Values," Pew Research Center, March 30, 1999, 79, https://www.pewresearch.org/politics/1999/03/30/striking-the-balance-audience-interests-business-pressures-and-journalists-values/.
6. American Press Institute and Associated Press National Opinion Research Center, "Americans and the News Media: What They Do—and Don't—Understand About Each Other," June 11, 2018, https://www.americanpressinstitute.org/wp-content/uploads/2018/06/Americans_and_News_Media_Topline_journalists.pdf.
7. ハワード・ガードナー, ミハイ・チクセントミハイ, ウィリアム・デーモン（Howard Gardner, Mihaly Csikszentmihalyi, and William Damon）が彼らの本 *Good Work: When Excellence and Ethics Meet* (New York: Basic Books, 2001) のため行ったジャーナリスト多数へのインタビュー（未収録）による.
8. 1997年11月6日シカゴでの憂慮するジャーナリスト委員会フォーラムにおけるパティ・カルフーン（Patty Calhoun）の発言.
9. Peter Levine, *Living Without Philosophy: On Narrative, Rhetoric, and Morality* (Albany: State University of New York Press, 1998), 169.
10. イメージが現実を凌駕するというこの考えはジョー・マクギニス（Joe McGinniss）の次の本にもっとも劇的に描かれている. Joe McGinniss, *The Selling of the President 1968* (New York: Trident Press,

1969).

11. Ron Suskind, "Without a Doubt," *The New York Times Magazine*, October 17, 2004.

12. Claudette Artwick, "Reporters on Twitter: Product or Service?," *Digital Journalism* 1, no. 2 (2013): 212–28.

13. Alexandra Jaffe, "Kellyanne Conway: WH Spokesman Gave 'Alternative Facts' on Inauguration Crowd," NBC News.com, January 22, 2017, https://www.nbcnews.com/storyline/meet-the-press-70-years/wh-spokesman-gave-alternative-facts-inauguration-crowd-n710466.

14. Susan Benkelman, "Fact-Checkers Adapt to Heightened Combat, Facing Politicians Who Are Repeating Lies and Pushing Back," American Press Institute, January 30, 2019, https://www.americanpressinstitute.org/fact-checking-project/fact-checkers-adapt-to-heightened-combat-facing-politicians-who-are-repeating-lies-and-pushing-back/.

15. Hannah Arendt, "Lying in Politics," in *Crisis of the Republic* (New York: Harcourt Brace, 1972), 7.

16. John Hohenberg, *Free Press, Free People: The Best Cause* (New York: Free Press, 1973), 17.

17. Joseph Ellis, *American Sphinx: The Character of Thomas Jefferson* (New York: Alfred A. Knopf, 1997), 303.

18. Edwin Emery, *The Press and America*, 2nd ed. (Englewood Cliffs, NJ: Prentice-Hall, 1962), 374.

19. Cassandra Tate, "What Do Ombudsmen Do?," *Columbia Journalism Review*, May/June 1984, 37–41.

20. 同上.

21. David T. Z. Mindich, *Just the Facts: How "Objectivity" Came to Define American Journalism* (New York: New York University Press, 1998), 115. ミンディッチ（Mindich）は，客観性について問うた最初の教科書は次の書だという. Curtis MacDougall, *Interpretative Reporting* (New York: Macmillan, 1938).

22. Gordon Wood, "Novel History," *The New York Review of Books*, June 27, 1991, 16.

23. Clay Shirky, "Truth Without Scarcity, Ethics Without Force," in *The New Ethics of Journalism: Principles for the 21st Century*, ed. Kelly McBride and Tom Rosenstiel (Thousand Oaks, CA: CQ Press, 2013), 10.

24. 1997年12月4日ニューヨーク市での憂慮するジャーナリスト委員会フォーラムにおけるリチャード・ハーウッド（Richard Harwood）の発言.

25. Everette E. Dennis, "Whatever Happened to Marse Robert's Dream? The Dilemma of American Journalism Education," *Gannett Center Journal* 2 (Spring 1988): 2–22.

26. Mindich, *Just the Facts*, 6–7. ここに挙げた3つの例は全て同書から取ったものだが，同時に，何年にもわたり多くのジャーナリストたちから私たちが聞いたことを代弁している.

27. ミンディッチ（Mindich）はこのことを次でも述べている. *Just the Facts*, 141.

28. 1997年12月4日ニューヨーク市での憂慮するジャーナリスト委員会フォーラムにおけるビル・ケラー（Bill Keller）の発言.

29. Robert D. Leigh, ed., *A Free and Responsible Press* (Chicago: University of Chicago Press, 1947), 23.

30. Jack Fuller, *News Values: Ideas for an Information Age* (Chicago: University of Chicago Press, 1996), 194.

31. カール・バーンスタイン（Carl Bernstein）はこの見解を様々な場でのスピーチ，インタビュー，著者らとの対話で述べている.

32. Eugene Meyer, "The Post's Principles," in *The Washington Post Deskbook on Style*, 2nd ed., ed. and comp. Thomas W. Lippman (New York: McGraw Hill, 1989), 7.

33. Wood, "Novel History," 16.

34. 1998年4月著者コバッチによるホディング・カーター（Hodding Carter）へのインタビュー.

35. Michael Golebiewski and danah boyd, "Data Voids: Where Missing Data Can Easily Be Exploited," Data and Society, October 29, 2019, https://datasociety.net/library/data-voids/.

36. Robby Soave, "A Year Ago, the Media Mangled the Covington Catholic Story. What Happened Next Was Even Worse," *Reason*, January 21, 2020, https://reason.com/2020/01/21/covington-catholic-media-nick-sandmann-lincoln-memorial/; Sarah Mervosh and Emily S. Rueb, "Fuller Picture Emerges of Viral Video of Native American Man and Catholic Students," *The New York Times*, January 20, 2019, https://www.nytimes.com/2019/01/20/us/nathan-phillips-covington.html; Cleve R. Wootson Jr., Antonio Olivo, and

Joe Heim, " 'It Was Getting Ugly': Native American Drummer Speaks on His Encounter with MAGA-Hat-Wearing Teens," *The Washington Post*, January 22, 2019, https://www.washingtonpost.com/nation/2019/01/20/it-was-getting-ugly-native-american-drummer-speaks-maga-hat-wearing-teens-who-surrounded-him/.

37. M. J. Crockett, "Moral Outrage in the Digital Age," *Nature Human Behaviour*, September 18, 2017, https://www.nature.com/articles/s41562-017-0213-3.

38. Reeves Wiedeman, "Times Change: In the Trump Years, the New York Times Became Less Dispassionate and More Crusading, Sparking a Raw Debate over the Paper's Future," *New York*, November 9, 2020, https://nymag.com/intelligencer/2020/11/inside-the-new-york-times-heated-reckoning-with-itself.html.

39. 国際ファクトチェッキング・ネットワークについてさらに詳しくは次を参照. Poynter, "The International Fact-Checking Network," n.d., accessed January 25, 2021, https://www.poynter.org/ifcn/.

40. Paul Lewis, "Disproving the Police Account of Tomlinson's Death (How Citizen Journalism Aided Two Major Guardian Scoops)," in *Investigative Journalism: Dead or Alive?*, ed. John Mair and Richard Lance Keeble (Suffolk, UK: Abramis, 2011).

41. ファレントホルドはこの話を様々な場でしている. 1つは米公共ラジオNPRの番組『フレッシュ・エア』でのテリー・グロス（Terry Gross）によるインタビュー. 内容は次を参照. David Fahrenthold, "Journalist Says Trump Foundation May Have Engaged in 'Self-Dealing,'" interview by Terry Gross, *Fresh Air*, September 28, 2016, NPR, https://www.npr.org/2016/09/28/495782978/journalist-says-trump-foundation-may-have-engaged-in-self-dealing. また, 記した内容や彼のコメントの中には, 2016年12月7日カリフォルニア州マウンテンビューで開かれたグーグル・ニュースラボ・サミットでの発言や, その後に著者と交わした個人的会話から取ったものもある.

42. この話はジャック・ネルソンの死後出版された次の追想録に収録されている. *Scoop: The Evolution of a Southern Reporter*, edited by his widow, Barbara Matusow (Jackson: University Press of Mississippi, 2012), 122–23. ネルソンがメモ帳2冊を使ったという詳細はこの本ではなく, 同書のブックイベントが2013年2月に首都ワシントンの書店「ポリティックス＆プローズ」で開かれた際にジーン・ロバーツ（Gene Roberts）が回想して述べたものである.

43. Tom Reiss, "The First Conservative: How Peter Viereck Inspired—and Lost—a Movement," *New Yorker*, October 24, 2005, 42.

44. Nassim Nicholas Taleb, *The Black Swan: The Impact of the Highly Improbable*, 2nd ed. (New York: Random House, 2010), 144.

45. この言葉には様々なバリエーションがあり, 政治家, 著述家, ジャーナリストの多くが述べたとされる. マーク・トウェインは「嘘は世界を半周できる, 真実が靴を履こうとしている間に」と述べたと言われることが多い.

46. Peter Dizikes, "Study: On Twitter, False News Travels Faster Than True Stories," MIT News, March 8, 2018, https://news.mit.edu/2018/study-twitter-false-news-travels-faster-true-stories-0308.

第３章　ジャーナリストは誰《た》がために働く

1. Geneva Overholser, "Editor Inc.," *American Journalism Review* 20, no. 10 (December 1998): 58.
2. 同上, 57.「米国新聞の現状プロジェクト」が新聞の編集幹部77人の調査をしたところ, うち14%が仕事時間の半分超を経営関係業務に費やし, 35%は3分の1～半分を費やしていた.
3. Committee of Concerned Journalists (CCJ) and Pew Research Center for the People & the Press, "Striking the Balance, Audience Interests, Business Pressures and Journalists' Values," Pew Research Center, March 30, 1999, 79, https://www.pewresearch.org/politics/1999/03/30/striking-the-balance-audience-interests-business-pressures-and-journalists-values/.
4. 私たちの学術協力者, ハワード・ガードナー, ミハイ・チクセントミハイ, ウィリアム・デーモン

(Howard Gardner, Mihaly Csikszentmihalyi, and William Damon) の調査と, 彼らの本 *Good Work: When Excellence and Ethics Meet* (New York: Basic Books, 2001) のため行った未収録の複数のインタビューで分かったことによる.

5. ガードナー, チクセントミハイ, デーモンが彼らの本 *Good Work* のため行ったニック・クルーニー (Nick Clooney) へのインタビュー (未収録) による.
6. Brian Steinberg and Matthew Rose, "Top New York Times Editors Resign Over Blair Scandal," *Wall Street Journal*, June 5, 2003, https://www.wsj.com/articles/SB105484743079127100.
7. 2013年7月首都ワシントンのフォーリン・プレスセンターでの集まりにおける著者ローゼンスティールへの発言.
8. Rachel Martin, Ashley Westerman, and Simone Popperl, "Philippine Journalist Maria Ressa: 'Journalism Is Activism,'" interview on NPR's *Morning Edition*, August 6, 2020. NPR.orgの次のページに要約あり. https://www.npr.org/2020/08/06/898852112/philippine-journalist-maria-ressa-journalism-is-activism.
9. Pew Research Center for the People & the Press, "In Changing News Landscape, Even Television Is Vulnerable," September 27, 2012, https://www.pewresearch.org/politics/2012/09/27/in-changing-news-landscape-even-television-is-vulnerable/.
10. Elisa Shearer and Elizabeth Grieco, "Americans Are Wary of the Role Social Media Sites Play in Delivering the News," October 2, 2019, https://www.journalism.org/2019/10/02/americans-are-wary-of-the-role-social-media-sites-play-in-delivering-the-news/.
11. Cary Funk, Brian Kennedy, and Courtney Johnson, "Trust in Medical Scientists Has Grown in U.S., but Mainly Among Democrats," Pew Research Center, May 21, 2020, https://www.pewresearch.org/science/2020/05/21/trust-in-medical-scientists-has-grown-in-u-s-but-mainly-among-democrats/.
12. Alex Jones and Susan Tifft, *The Trust: The Private and Powerful Family Behind The New York Times* (Boston: Little, Brown, 1999), 43.
13. Thomas W. Lippman, ed. and comp., *The Washington Post Deskbook on Style*, 2nd ed. (New York: McGraw Hill, 1989).
14. Tom Goldstein, "Wanted: More Outspoken Views," *Columbia Journalism Review*, November/December 2001, 144–45.
15. Paul Alfred Pratte, *Gods Within the Machine: A History of the American Society of Newspaper Editors, 1923–1993* (Westport, CT: Praeger, 1995), 2.
16. "Dow Jones Code of Conduct," Dow Jones, 2000, https://www.dowjones.com/code-conduct/?LS=Retargeting.
17. "Project for Excellence in Journalism, Local TV Project," focus groups, January 26, 1999, in Atlanta, and January 28, 1999, in Tucson.
18. American Society of Newspaper Editors (now the News Leaders Association), "The Newspaper Journalists of the '90s," a study, 1997.
19. 同上. 1988年には41%が「他の人々より地域との関係が乏しい」と答えた. 1996年には55%に上昇した.
20. Tom Rosenstiel, "The Beat Goes On: Clinton's First Year with the Media," Twentieth Century Fund essay, 30. 1993年には,『ニューヨーク・タイムズ』『ロサンゼルス・タイムズ』『ワシントン・ポスト』の一面を2か月にわたり調査したところ, ストレート・ニュースに分類できたのは半数をわずかに超える程度に過ぎず, 40%近くはニュースとなる出来事や動向の分析と解釈だった.
21. Daniel Hallin, "Sound Bite News: Television Coverage of Elections, 1968–1988," *Journal of Communication* 42 (Spring 1992): 6.
22. 同上, 11.
23. Joseph N. Cappella and Kathleen Hall Jamieson, *Spiral of Cynicism: The Press and the Public Good* (New York: Oxford University Press, 1997), 31.

24. Rosenstiel, "Beat Goes On," 30.

25. 1998年3月27日首都ワシントンでの憂慮するジャーナリスト委員会フォーラムにおけるフィリップ・J・トランスティン（Philip J. Trounstine）の発言.

26. Lou Ureneck, "Newspapers Arrive at Economic Crossroads," *Nieman Reports*, special issue, Summer 1999, 3–20, https://niemanreports.org/articles/newspapers-arrive-at-economic-crossroads/.

27. 同上, 6.

28. 同上, 5. インランド・プレス協会の統計によれば, これらのパーセンテージは1992年までの5年間と1997年までの5年間を比べたものだ. 小規模な新聞とは部数5万部程度, 大規模な新聞は50万部程度の新聞と定義している. 人員はそれぞれ8%, 15%削減された. 生産コストはそれぞれ21%と12%削減された. 新聞社は報道する内容に投資するのではなく, マーケティングやマーケティング戦略作り, 営業人員数, そして広告の売り込みに投資した.

29. テレビの報道幹部へのインタビューにより, 私たちはこの方法は放送界でどこも同じように使っていると考えている.

30. Overholser, "Editor Inc.," 54.

31. Thomas Leonard, "The Wall: A Long History," *Columbia Journalism Review*, January 2000, 28.

32. これらの収入概算はポインター研究所のリック・エドモンズ（Rick Edmonds）が元新聞アナリストのローレン・リッチ・ファイン（Lauren Rich Fine）によるデータ, 米国新聞協会（現ニュースメディア連合）によるデータから導いたもの.

33. Sara Guaglione, "Newspapers Record Strong Readership, Print or Digital," MediaPost, December 27, 2016, https://www.mediapost.com/publications/article/291865/newspapers-record-strong-readership-print-or-digi.html.

34. Ken Doctor, "Newsonomics: What Was Once Unthinkable Is Quickly Becoming Reality in the Destruction of Local News," Nieman Journalism Lab, March 27, 2020, https://www.niemanlab.org/2020/03/newsonomics-what-was-once-unthinkable-is-quickly-becoming-reality-in-the-destruction-of-local-news/. この研究には次も引用されている. Pew Research Center, "Newspapers Fact Sheet," n.d., accessed July 29, 2019, https://www.journalism.org/fact-sheet/newspapers/.

35. 同上.

36. Alexandre Tanzi and Shelly Hagan, "Public Relations Jobs Boom as Buffett Sees Newspapers Dying," Bloomberg, April 27, 2019, https://www.bloomberg.com/news/articles/2019-04-27/public-relations-jobs-boom-as-buffett-sees-newspapers-dying.

37. Peter Goldmark, "Setting the Testbed for Journalistic Values," 2000年8月23日「第4回アスペン研究所ジャーナリズムと社会カンファレンス」で発表された資料. 次に収録されている. *Old Values, New World: Harnessing the Legacy of Independent Journalism for the Future*, ed. Peter C. Goldmark Jr. and David Bollier (Washington, DC: Aspen Institute, Communications and Society Program, 2001).

38. 会議を目にしていた1人が著者らにこの場面を説明した. 当該の発言をした役員は現在もそのネットワーク局で勤務しているが, 職を失うことを恐れて匿名を求め, 私たちはこれを認めた.

39. Joseph N. DiStefano, "Former Knight Ridder Journalists Plan to Nominate Board Candidates," *The Philadelphia Inquirer*, November 18, 2005.

40. Ken Auletta, "The Inheritance," *New Yorker*, December 11, 2005, 76.

41. ニューヨーク・タイムズ社2014年第3四半期収支報告電話会議でのマーク・トンプソン（Mark Thompson）の発言.「幼稚園から高校までの教育機関向けの新たなデジタル購読」である「NYTimes.com イン・スクール・アクセス」を開始する1週間前のことだった. 会議の議事録は次を参照. "The New York Times Company Third-Quarter 2014 Earnings Conference Call October 30, 2014," https://s23.q4cdn.com/152113917/files/events/3Q14-earnings-script-FINAL-for-nytco-v2.pdf. こちらも参照されたい. "The New York Times Launches In-School Digital Subscription Program for K-12," The New York Times Company, November 6, 2014, https://investors.nytco.com/news-and-

events/press-releases/news-details/2014/The-New-York-Times-Launches-In-School-Digital-Subscription-Program-for-K-12/default.aspx.

42. Zacks Equity Research, "NY Times (NYT) Q3 Earnings Top, Digital-Only Subscription Up," Nasdaq, November 6, 2020, https://www.nasdaq.com/articles/ny-times-nyt-q3-earnings-top-digital-only-subscription-up-2020-11-06.
43. Marc Tracy, "The New York Times Tops 6 Million Subscribers as Ad Revenue Plummets," *The New York Times*, May 6, 2020, https://www.nytimes.com/2020/05/06/business/media/new-york-times-earnings-subscriptions-coronavirus.html.
44. Alex Williams, "Paying for Digital News: The Rapid Adoption and Current Landscape of Digital Subscriptions at U.S. Newspapers," American Press Institute, February 29, 2016, https://www.americanpressinstitute.org/publications/reports/digital-subscriptions/.
45. Felix Simon and Lucas Graves, "Factsheet: Pay Models for Online News in the US and Europe: 2019 Update," Reuters Institute for the Study of Journalism, University of Oxford, May 2019, https://www.digitalnewsreport.org/publications/2019/pay-models-2019-update/.
46. Tom Johnson, "Excellence in the News: Who Really Decides," speech delivered at Paul White Award Dinner, October 2, 1999.
47. Joe Pompeo, "The Hedge Fund Vampire That Bleeds Newspapers Dry Now Has the Chicago Tribune by the Throat," *Vanity Fair*, February 5, 2020, https://www.vanityfair.com/news/2020/02/hedge-fund-vampire-alden-global-capital-that-bleeds-newspapers-dry-has-chicago-tribune-by-the-throat.
48. Joe Strupp, "Where There's a Wall There's a Way," *Editor & Publisher*, December 11, 1999, 23.
49. Rick Edmonds, "At The Salt Lake Tribune, an Editor Resigns, and Huntsman Family Ownership Faces Fresh Challenges," Poynter, September 8, 2020, https://www.poynter.org/locally/2020/at-the-salt-lake-tribune-an-editor-resigns-and-huntsman-family-ownership-faces-fresh-challenges/.
50. 1999年4月13～16日米国新聞編集者協会（現ニュース・リーダー協会）大会におけるエドワード・シートン（Edward Seaton）の発言.
51. Kevin Eck, "Louisville Station Stops Using 'Breaking News,'" TVSpy, June 4, 2013.

第４章　事実を確認するジャーナリズム

1. Thucydides, *History of the Peloponnesian War*, bks. 1 and 2, trans. C. F. Smith (Cambridge, MA: Harvard University Press, 1919), 35–39.
2. Walter Lippmann, *Liberty and the News* (New Brunswick, NJ: Transaction, 1995), 58.
3. Ira Glass, "Retracting 'Mr. Daisey and the Apple Factory,'" *This American Life*, March 16, 2012, https://www.thisamericanlife.org/extras/retracting-mr-daisey-and-the-apple-factory.
4. Mike Daisey, untitled statement on website, March 16, 2012, http://mikedaisey.blogspot.com/2012/03/statement-on-tal.html.
5. Claudia Puig, "Getting Inside the Truth, Filmmakers Accused of Fiddling with Facts Cite Dramatic Accuracy," *USA Today*, November 3, 1999.
6. Dan Gillmor, "The End of Objectivity," *Bayosphere*, January 20, 2005.
7. Michael Schudson, *Discovering the News* (New York: Basic Books, 1978), 6. シュドソン（Schudson）の本には19世紀の単純な実証主義から，当初もっと洗練されていた客観性という考えへの移行について，特に有用な分析が示されている.
8. Walter Lippmann and Charles Merz, "A Test of the News," *The New Republic*, August 4, 1920, republished in *Killing the Messenger: 100 Years of Media Criticism*, ed. Tom Goldstein (New York: Columbia University Press, 1989), 91.
9. Walter Lippmann, "The Press and Public Opinion," *Political Science Quarterly* 46 (June 1931): 170. リップマ

ンがこの最後の一節を書いたのが1931年で，ロシア革命について調べてから12年目であるという事実は，この問題がいかに彼を長く悩ませたかを物語る．

10. Lippmann, *Liberty and the News*, 74.
11. 同書, 60.
12. 同書, 74.
13. Schudson, *Discovering the News*, 155–56.
14. ジェイ・ローゼン（Jay Rosen）が「どこでもないところからの眺め」（the view from nowhere）という自分の用語の使い方について述べた文章は2つある．1つは“The View from Nowhere: Questions and Answers,” *PressThink*, November 10, 2010, https://pressthink.org/2010/11/the-view-from-nowhere-questions-and-answers/，もう1つは“Why Trump Is Winning and the Press Is Losing,” *The New York Review of Books*, April 25, 2018, https://www.nybooks.com/daily/2018/04/25/why-trump-is-winning-and-the-press-is-losing/.
15. Thomas Nagel, *The View from Nowhere* (New York: Oxford University Press, 1986), 70.
16. 同書.
17. 「ディスパッチ」の「About」のページ, n.d., accessed February 13, 2021, https://thedispatch.com/about.
18. Wesley Lowery, “A Reckoning over Objectivity, Led by Black Journalists,” *The New York Times*, June 23, 2020, https://www.nytimes.com/2020/06/23/opinion/objectivity-black-journalists-coronavirus.html.
19. David H. Weaver, Lars Willnat, and G. Cleveland Wilhoit, “The American Journalist in the Digital Age: Another Look at U.S. News People,” *Journalism and Mass Communication Quarterly* 96, no. 1 (July 4, 2018): 101–30, https://journals.sagepub.com/doi/10.1177/1077699018778242.
20. 1999年2月12日憂慮するジャーナリスト委員会の運営委員会非公開会合でのウィリアム・デーモン（William Damon）の発言.
21. 1998年10月22日ミネソタ州ミネアポリスでの憂慮するジャーナリスト委員会フォーラムにおけるジュニーバ・オーバーホルサー（Geneva Overholser）の発言.
22. Paul Farhi, “Media Too Quick to Fill in Gaps in Story of School Shooting in Newtown, Conn.,” *The Washington Post*, December 18, 2012.
23. Robert Parry, “He’s No Pinocchio,” *Washington Monthly*, April 2000, https://www.washingtonmonthly.com/2000/04/01/hes-no-pinocchio/.
24. 同上.
25. 1998年2月26日フロリダ州セントピーターズバーグでの憂慮するジャーナリスト委員会フォーラムにおけるフィル・マイヤー（Phil Meyer）の発言.
26. Tom Goldstein, ed., *Killing the Messenger: 100 Years of Media Criticism*, essay “The Legend on the License,” by John Hersey (New York: Columbia University Press, 1989), 247.
27. 著者のローゼンスティールは2005年10月27日ニューヨーク州オスウィゴで開かれた「Why Don’t We Trust the News Media? How Can the News Media Recover Public Trust?」というパネル討論でブラッドリーと同席していた.
28. CCJ and Pew Research Center for the People & the Press, “Striking the Balance, Audience Interests, Business Pressures and Journalists’ Values,” Pew Research Center, March 30, 1999, https://www.pewresearch.org/politics/1999/03/30/striking-the-balance-audience-interests-business-pressures-and-journalists-values/; Amy Mitchell and Tom Rosenstiel, “Don’t Touch That Quote,” *Columbia Journalism Review*, January 2000, 34–36.
29. Bill Kovach and Tom Rosenstiel, *Blur: How to Know What’s True in the Age of Information Overload* (New York: Bloomsbury USA, 2010).
30. これについての情報はロン・オストロー（Ron Ostrow）の次の論考から得たものである．“Case Study: Richard Jewell and the Olympic Bombing.”
31. Walter Lippmann, *Public Opinion* (New York: Free Press, 1965), 226.

32. Jay Mathews, interview by Dante Chinni, September 12, 2000.
33. スクリプス系テレビ局WCPOが透明性を高め，信頼を広げるために行った内容は「トラスティング・ニューズ」〔報道の信頼向上に取り組む団体〕が携わった次のケーススタディ研究に記されている．Lynn Walsh, "Today's Trust Tip: Explain Why a Story Is Being Done and Encourage Audience Participation," Trusting News, n.d., accessed January 25, 2021, https://mailchi.mp/a4cdc96ebbb2/trust-tips-explain-why-a-story-is-being-done-encourage-audience-participation?e=106dd8197c; Gina M. Masullo and Ori Tenenboim, "Gaining Trust in TV News," Center for Media Engagement, June 2020, https://mediaengagement.org/research/trust-in-tv-news/; Mike Canan, "Why WCPO Is Reporting So Much on Coronavirus, or COVID-19," WCPO Cincinnati, March 12, 2020, https://www.wcpo.com/about-us/trust/why-wcpo-is-reporting-so-much-on-coronavirus-or-covid-19.
34. 1998年10月20日首都ワシントンでの憂慮するジャーナリスト委員会フォーラムにおけるマイケル・オレスケス（Michael Oreskes）の発言．
35. Jack Fuller, *News Values: Ideas for an Information Age* (Chicago: University of Chicago Press, 1996), 350.
36. Michael Yeomans, Julia Minson, Hanne Collins, Frances Chen, and Francesca Gino, "Conversational Receptiveness: Improving Engagement with Opposing Views," *Organizational Behavior and Human Decision Processes* 160 (September 2020): 131–48.
37. 1998年2月2日ミシガン州デトロイトでの憂慮するジャーナリスト委員会フォーラムにおけるローリー・グッドスタイン（Laurie Goodstein）の発言．
38. チョウは，著者の団体であるアメリカ・プレス研究所が開いたイベントで『ワシントン・ポスト』の説明について話し，誤情報を扱う上での，こうした事後的な検討についてさらに深く論議した．次を参照されたい．Susan Benkelman, "The Sound of Silence: Strategic Amplification," December 11, 2019, https://www.americanpressinstitute.org/publications/reports/strategy-studies/the-sound-of-silence-strategic-amplification/.
39. "Facebook's, Twitter's Clampdowns on Controversial NY Post Story Cause Backlash," CBS News.com, October 16, 2020, https://www.cbsnews.com/news/facebook-twitter-change-policies-to-limit-spread-of-ny-post-story-on-biden/; Todd Spangler, "Twitter CEO Admits Blocking NY Post Story Was Wrong, Changes Hacked-Content Policy," Variety, October 16, 2020, https://variety.com/2020/digital/news/twitter-ceo-nypost-block-wrong-hacked-materials-policy-1234807399/.
40. Andrew Duehren and James T. Areddy, "Hunter Biden's Ex-Business Partner Alleges Father Knew About Venture, Former Vice President Says He Had No Involvement; Corporate Records Reviewed by the Wall Street Journal Show No Role for Joe Biden," *Wall Street Journal*, October 23, 2020, https://www.wsj.com/articles/hunter-bidens-ex-business-partner-alleges-father-knew-about-venture-11603421247.
41. マクラゲージ（MacCluggage）は地方の編集者たちに向けた発言の中で「もっと懐疑心を持って編集に当たるべきだ．疑い深い者が編集プロセス当初から組み込まれていなければ，まともな点検も受けない記事が一面に滑り込んでしまう」と訴えた．"APME President Urges Editors to Challenge Stories for Accuracy," Associated Press, October 15, 1998.
42. 2000年4月13日著者ローゼンスティールによるアマンダ・ベネット（Amanda Bennett）へのインタビュー．
43. 2000年4月13日著者ローゼンスティールによるサンドラ・ロー（Sandra Rowe）へのインタビュー．
44. 2000年4月13日著者ローゼンスティールによるベネットへのインタビュー．
45. Amanda Ripley, "Complicating the Narratives," Solutions Journalism, updated January 11, 2019, https://thewholestory.solutionsjournalism.org/complicating-the-narratives-b91ea06ddf63.
46. "22 Questions That 'Complicate the Narrative,'" Solutions Journalism, February 11, 2019, https://thewholestory.solutionsjournalism.org/22-questions-that-complicate-the-narrative-47f2649efa0e.
47. Pew Research Center for People & the Press, "Most Americans See a Place for Anonymous Sources in News Stories, but Not All the Time," October 9, 2020, https://www.pewresearch.org/fact-

tank/2020/10/09/most-americans-see-a-place-for-anonymous-sources-in-news-stories-but-not-all-the-time/.

48.1997年11月6日シカゴでの憂慮するジャーナリスト委員会フォーラムにおけるキャロル・マリン（Carol Marin）の発言.

第５章　党派からの独立

1. ウィリアム・サファイア（William Safire）が著者コバッチに送った2006年4月18日付メモ. 以後のサファイアの言葉はこのメモによる.
2. サファイアは2009年死去. 36年働いた『ニューヨーク・タイムズ』では言葉を題材にしたコラムも書き, 非常に人気を博した. サファイアの本務である政治コラム執筆からは2005年に引退したが, コラム「言葉について」は死去する月まで続けた.
3. アンソニー・ルイス（Anthony Lewis）の1999年10月10日付著者宛てメモ.
4. John Martin, quoted in William L. Rivers, *Writing Opinion: Reviews* (Ames: Iowa State University Press, 1988), 118.
5. James Carey, *A Critical Reader*, ed. Eve Stryker Munson and Catherine A. Warren (Minneapolis: University of Minnesota Press, 1997), 233.
6. Davey Alba and Jack Nicas, "As Local News Dies, a Pay-for-Play Network Rises in Its Place," *The New York Times*, October 18, 2020, https://www.nytimes.com/2020/10/18/technology/timpone-local-news-metric-media.html.
7. Knight Foundation and Gallup Organization, "American Views 2020: Trust, Media and Democracy, a Deepening Divide," August 4, 2020, https://knightfoundation.org/reports/american-views-2020-trust-media-and-democracy.
8. 同上.
9. Carol Emert, "Abortion Rights Dilemma: Why I Didn't March—A Reporter's Struggle with Job and Conscience," *The Washington Post*, April 12, 1992.
10. Jacques Steinberg and Geraldine Fabrikant, "Friendship and Business Blur in the World of a Media Baron," *The New York Times*, December 22, 2003.
11. Mary McGrory, "Casualty: George Will Finds Being a 'Stablemate to Statesmen' Can Cost," *The Washington Post*, July 12, 1983.
12. Erik Wemple, "MSNBC's Jon Meacham Problem," *The Washington Post*, November 11, 2020, https://www.washingtonpost.com/opinions/2020/11/11/msnbcs-jon-meacham-problem/.
13. Howard Kurtz, "Journalists Say Their White House Advice Crossed No Line," *The Washington Post*, January 29, 2005.
14. ハワード・ガードナー, ミハイ・チクセントミハイ, ウィリアム・デーモン（Howard Gardner, Mihaly Csikszentmihalyi, and William Damon）が彼らの本 *Good Work: When Excellence and Ethics Meet* (New York: Basic Books, 2001) のため行ったエリオット・ディリンジャー（Elliot Diringer）へのインタビュー（未収録）による.
15. ラウリーと著者ローゼンスティールとのツイッターでのやりとりや, 2人が同席したパネル討論で, ラウリーは厳密な調査の場では主観的であることを支持しないことを明確にした. 彼は単に「客観性」という用語が「中立性」と絶望的なまでに混同されてきたと感じていたのである. ローゼンスティールの元々のツイッタースレッドは次を参照されたい. https://twitter.com/TomRosenstiel/status/1275773988053102592.
16. Erin Blakemore, "How the Willie Horton Ad Played on Racism and Fear," History Channel, November 2, 2018, https://www.history.com/news/george-bush-willie-horton-racist-ad; Max Grinnell, "Five Presidential Campaign Ads from Elections Past," *Boston Magazine*, November 6, 2012, https://www.

bostonmagazine.com/news/2012/11/06/five-past-presidential-campaign-ads/.
17. Aila Slisco, "Right-Wing News Site Warns Readers Not to Get Hypothetical Coronavirus Vaccine Because Vaccines Are a 'Scam,'" *Newsweek*, March 10, 2020, https://www.newsweek.com/right-wing-news-site-warns-readers-not-get-hypothetical-coronavirus-vaccine-because-vaccines-are-1491579.
18. 1997年12月4日ニューヨーク市での憂慮するジャーナリスト委員会フォーラムにおけるフアン・ゴンザレス（Juan González）の発言.
19. 1997年12月4日ニューヨーク市での憂慮するジャーナリスト委員会フォーラムにおけるリチャード・ハーウッド（Richard Harwood）の発言.
20. 1998年2月2日ミシガン州アナーバーでの憂慮するジャーナリスト委員会フォーラムにおけるトム・ミナリー（Tom Minnery）の発言.
21. Adam Hughes, "A Small Group of Prolific Users Account for a Majority of Political Tweets Sent by U.S. Adults," Pew Research Center, October 23, 2019, https://www.pewresearch.org/fact-tank/2019/10/23/a-small-group-of-prolific-users-account-for-a-majority-of-political-tweets-sent-by-u-s-adults/.
22. American Press Institute and the Associated Press-NORC Center for Public Affairs Research, "'My' Media Versus 'the' Media: Trust in News Depends on Which News Media You Mean," May 24, 2017, https://www.americanpressinstitute.org/publications/reports/survey-research/my-media-vs-the-media/.
23. Joshua P. Darr, Matthew P. Hitt, and Johanna L. Dunaway, "Newspaper Closures Polarize Voting Behavior," *Journal of Communication* 68, no. 6 (December 2018): 1007–28, https://doi.org/10.1093/joc/jqy051.
24. 1997年12月4日ニューヨーク市での憂慮するジャーナリスト委員会フォーラムにおけるゴンザレスの発言.
25. David H. Weaver, Lars Willnat, and G. Cleveland Wilhoit, "The American Journalist in the Digital Age: Another Look at U.S. News People," *Journalism and Mass Communication Quarterly* 96, no. 1 (July 4, 2018): 101–30, https://doi.org/10.1177/1077699018778242.
26. 同上.
27. 1998年2月2日ミシガン州アナーバーでの憂慮するジャーナリスト委員会フォーラムにおけるピーター・ベル（Peter Bell）の発言.
28. 2017年にルーマニアのブカレストで開かれた，語りの力に関するカンファレンスにおけるニコル・ハナジョーンズ（Nikole Hannah-Jones）のスピーチ「On Using Narrative to Make Us See the Invisible」による．カリ・ハワード（Kari Howard）が次で引用している．"Nikole Hannah-Jones on Reporting About Racial Inequality: 'What Drives Me Is Rage,'" Nieman News, October 26, 2017, https://nieman.harvard.edu/stories/nikole-hannah-jones-on-reporting-about-racial-inequality-what-drives-me-is-rage.
29. 1998年2月2日ミシガン州アナーバーでの憂慮するジャーナリスト委員会フォーラムにおけるクラレンス・ペイジ（Clarence Page）の発言.
30. Mónica Guzmán, *The New Ethics of Journalism: Principles for the 21st Century*, ed. Kelly McBride and Tom Rosenstiel (Thousand Oaks, CA: CQ Press, 2013), 206.
31. Ariel Zirulnick, "How KPCC Answered 4,000+ Community Questions About Coronavirus," The Membership Guide, September 16, 2020; https://membershipguide.org/case-study/how-kpcc-answered-4000-community-questions-about-coronavirus.
32. Kim Bui, "The Empathetic Newsroom: How Journalists Can Better Cover Neglected Communities," American Press Institute, April 26, 2018, https://www.americanpressinstitute.org/publications/reports/strategy-studies/empathetic-newsroom/.

第6章　力ある者を監視し、力なき者の声となれ

1. 「ローカル報道」部門は2007年にピュリツァー賞に再び追加された.
2. C. John Sommerville, *The News Revolution in England: Cultural Dynamics of Daily Information* (New York: Oxford University Press, 1996), 65.
3. Mitchell Stephens, *A History of News* (Fort Worth, TX: Harcourt Brace College Publishers, 1996), 226–27.
4. *Near v. Minnesota*, 283 US 697 (1931).
5. *New York Times Co. v. United States*, 403 US 713 (1971).
6. ヘンリー・メイヒュー（Henry Mayhew）の仕事の詳しい内容は次を参照されたい. Anne Humpherys, *Travels into the Poor Man's Country: The Work of Henry Mayhew* (Athens: University of Georgia Press, 1977).
7. Committee of Concerned Journalists (CCJ) and Pew Research Center for the People & the Press, "Striking the Balance, Audience Interests, Business Pressures and Journalists' Values," Pew Research Center, March 30, 1999, 79, https://www.pewresearch.org/politics/1999/03/30/striking-the-balance-audience-interests-business-pressures-and-journalists-values/.
8. Knight Foundation/Gallup, "American Views: Trust, Media and Democracy Wave Two—Topline," August 2020, https://knightfoundation.org/wp-content/uploads/2020/08/2019-2020-Knight-Foundation-Gallup-ABS-topline-FINAL.pdf; American Press Institute and Associated Press National Opinion Research Center, "Americans and the News Media: What They Do—and Don't—Understand About Each Other," June 11, 2018, https://www.americanpressinstitute.org/wp-content/uploads/2018/06/Americans_and_News_Media_Topline_ journalists.pdf; Pew Research Center's Project for Excellence in Journalism, "News Leaders and the Future," April 8, 2010, https://www.journalism.org/2010/04/08/news-leaders-and-future/.
9. 2009年5月4〜5日非営利メディアに関するデューク・カンファレンスにおけるジェームズ・ハミルトン（James Hamilton）のスピーチ, "Subsidizing the Watchdog: What Would It Cost to Support Investigative Journalism at a Large Metropolitan Daily Newspaper?"
10. James T. Hamilton, *Democracy's Detectives: The Economics of Investigative Journalism* (Cambridge, MA: Harvard University Press, 2016), 131.
11. 同書, 10.
12. Katherine Fink and Michael Schudson, "The Rise of Contextual Journalism, 1950s–2000s," *Journalism* 15 (2014): 13.
13. Tom Rosenstiel, Marion Just, Todd Belt, Atiba Pertilla, Walter Dean, and Dante Chinni, *We Interrupt This Newscast: How to Improve Local News and Win Ratings, Too* (New York: Cambridge University Press, 2007).
14. 『Bartlett's Familiar Quotations』に収録されたフィンリー・ピーター・ダン（Finley Peter Dunne）の言葉. ダンはこの言葉を, 実際にはダン創作の架空ひょうきんキャラクター, ミスター・ドゥーリー（Mr. Dooley）に語らせている. 発言全体をみるとダンの皮肉が分かる.「新聞は私たちのために何でもしてくれる. 警察署を運営し, 銀行も経営し, 民兵を指揮し, 立法府を支配し, 若者に洗礼を施し, 愚か者は結婚させ, 苦しみの中にある人に安楽を, 安楽の中にある人に苦しみを与え, 死者は葬り, その後に酷評する」
15. セントポールの『パイオニア・プレス』運動部長エミリオ・ガルシアルイス（Emilio Garcia-Ruiz）が, 同紙編集主幹のウォーカー・ランディ（Walker Lundy）による2000年4月10日ミネソタ州ミネアポリスでの「プレマック・ジャーナリズム賞」授賞式発言を紹介したもの.
16. American Press Institute, "Holding Power Accountable: The Press and the Public," December 18, 2019, https://www.americanpressinstitute.org/publications/reports/survey-research/holding-power-accountable-the-press-and-the-public/.

17. 1798年に署名発効した「一部犯罪の処罰に関する法律」は,「治安法」がそのように知られているのと同様,「合衆国政府または合衆国大統領に対し，事実と異なる，中傷的な，そして悪意ある記述を……書いたり，印刷したり，公言したり，または出版したり」することを違法とした. 同法は基本的に，1800年の選挙で連邦党と争う政党を沈黙させるための党利党略で，1801年に失効するという条項が入っていた. 同法による逮捕は25件，公判は12件，有罪は11件にのぼった.
18. Ida B. Wells Society, "Our Namesake," n.d., accessed January 26, 2021, https://idabwellssociety.org/about/our-namesake/; Dasha Matthews, "Ida B. Wells: Suffragist, Feminist, and Leader," February 21, 2018, https://info.umkc.edu/womenc/2018/02/21/ida-b-wells-suffragist-feminist-and-leader/.
19. "Nellie Bly Biography (1864–1922)," Biography, updated November 12, 2020, https://www.biography.com/activist/nellie-bly.
20. 『ユニオン・トリビューン』と関連メディアの「コプリー・ニューズサービス」によるこの調査報道の最初は，マーカス・スターン（Marcus Stern）が書いた2005年6月12日の次の記事だった. "Cunningham Defends Deal with Defense Firm's Owner."
21. この一連の報道はいくつもの記事からなるが，最初の大きな記事は次であった. Russ Buettner, Suzanne Craig, and Mike McIntire, "The President's Taxes: Long-Concealed Records Show Trump's Chronic Losses and Years of Tax Avoidance," *The New York Times*, September 27, 2020.
22. Robert Samuelson, "Confederacy of Dunces," *Newsweek*, September 22, 1996. なお「アメリカ　どこで間違えたか」("America: What Went Wrong?") に対しては，ジャック・フラー（Jack Fuller）もほぼ同じ主張を次で行っている. *News Values: Ideas for an Information Age* (Chicago: University of Chicago Press, 1996).
23. 2000年3月著者ローゼンスティールによるアーリーン・モーガン（Arlene Morgan）へのインタビュー.
24. Matthew C. Nisbet, "Nature's Prophet: Bill McKibben as Journalist, Public Intellectual and Activist," Shorenstein Center Discussion Paper D-78, March 2013, https://shorensteincenter.org/wp-content/uploads/2013/03/D-78-Nisbet1.pdf.
25. Hamilton, *Democracy's Detectives*, 46.
26. Seymour Hersh, "The Intelligence Gap," *The New Yorker*, December 6, 1999, 76.
27. Kirsten Lundberg, *The Anatomy of an Investigation: The Difficult Case(s) of Wen Ho Lee*, with Philip Heymann and Jessica Stern, case 1641.0 (Boston: Harvard University, Kennedy School of Government, 2001).
28. 1998年3月27日首都ワシントンでの憂慮するジャーナリスト委員会フォーラムにおけるトーマス・パターソン（Thomas Patterson）の発言.
29. Maynard Institute for Journalism Education, "Best Practices Webinar: Maintaining Momentum for Newsroom Diversity," May 6, 2020, https://www.youtube.com/watch?v=B2fUfiSVWY4&feature=youtu.be.
30. Mark. J. Rochester, "Investigative Journalism, Long Criticized for a Lack of Diversity, Has Made Significant Developments Since March," Poynter, May 13, 2020, https://www.poynter.org/business-work/2020/investigative-journalism-long-criticized-for-a-lack-of-diversity-has-made-significant-developments-since-march/.
31. Project for Excellence in Journalism, "Changing Definitions of News: A Look at the Mainstream Press over 20 Years," March 6, 1998, 3, https://www.journalism.org/1998/03/06/changing-definitions-of-news/.
32. Marc Gunther, "The Transformation of Network News: How Profitability Has Moved Networks Out of Hard News," *Nieman Reports*, special issue, Summer 1999, 27.
33. 1997年11月6日シカゴでの憂慮するジャーナリスト委員会フォーラムにおけるパティ・カルフーン（Patty Calhoun）の発言.
34. Michael Stahl, "TVN's Newsroom Innovators: Gray Builds InvestigateTV Into an OTT Brand," TV News

Check, September 16, 2020, https://tvnewscheck.com/article/253521/gray-builds-investigatetv-into-an-ott-brand/; https://www.investigatetv.com/team/.
35. Report for America, "Molly Duerig Spectrum News 13: Reporter Profile," n.d., accessed January 26, 2021, https://www.reportforamerica.org/members/molly-duerig/.
36. Katerina Eva Matsa, "Fewer Americans Rely on TV News; What Type They Watch Varies by Who They Are," Pew Research Center, January 5, 2018, https://www.pewresearch.org/fact-tank/2018/01/05/fewer-americans-rely-on-tv-news-what-type-they-watch-varies-by-who-they-are/.
37. Pew Research Center for the People & the Press, "Few Favor Media Scrutiny of Political Leaders: Press 'Unfair, Inaccurate and Pushy,'" March 21, 1997, https://www.pewresearch.org/politics/1997/03/21/fewer-favor-media-scrutiny-of-political-leaders/.
38. Pew Research Center for the People & the Press, "Public More Critical of Press, but Goodwill Persists," June 26, 2005, https://www.pewresearch.org/politics/2005/06/26/public-more-critical-of-press-but-goodwill-persists/.
39. Media Insight Project, "Partisanship and Attitudes about News," American Press Institute, July 13, 2017, https://www.americanpressinstitute.org/publications/reports/survey-research/partisanship-attitudes-about-news/.
40. "Watchdog Conference: Reporters Wrestle with How to Use Sources," *Nieman Reports*, Fall 1999, 7.
41. 同上, 8.
42. Rifka Rosenwein, "Why Media Mergers Matter," *Brill's Content*, December 1999–January 2000, 93.

第７章　開かれた議論の場となるジャーナリズム

1. Jeff Orlowski, dir., *The Social Dilemma* (Exposure Labs, 2020).
2. 同上.
3. Robert D. Leigh, ed., *A Free and Responsible Press* (Chicago: University of Chicago Press, 1947), 23.
4. Peter Dizikes, "Study: On Twitter, False News Travels Faster Than True Stories," MIT News, March 8, 2018, https://news.mit.edu/2018/study-twitter-false-news-travels-faster-true-stories-0308.
5. *Social Dilemma.*
6. 次の番組の書き起こし. *Hardball with Chris Matthews*, CNBC News, May 11, 1999.
7. Gene Lyons, "Long-Running Farce Plays On," *Arkansas Democrat-Gazette*, May 26, 1999, B9, available in LexisNexis.
8. 2000年6月ダンテ・チニによるコーディ・シアラー（Cody Shearer）へのインタビュー.
9. Warren G. Bovée, *Discovering Journalism* (Westport, CT: Greenwood Press, 1999), 154–55.
10. Tom Leonard, *News for All* (New York: Oxford University Press, 1995), 152.
11. Sasha von Oldershausen, "Marfa's Answer to the Collapse of Local News: Coffee and Cocktails," *The New York Times*, February 20, 2020, https://www.nytimes.com/2020/02/20/style/marfa-newspaper-big-bend-sentinel.html.
12. これらの集計は2000年7月10日の首都ワシントンにおけるテレビに基づいている. トーク番組の割合については, 地上波テレビの場合ニュースが39.5時間, トーク番組が27時間, ニュース風情報番組（『アクセス・ハリウッド』『インサイド・エディション』）が3時間ある. ケーブルニュースは108時間あり, これはトークとニュースが混ざったものだ.
13. 1993年4月7日首都ワシントンのナショナル・プレスクラブにおけるマイケル・クライトン（Michael Crichton）のスピーチ「Mediasaurus」.
14. 1998年10月8日サンフランシスコでの米国新聞編集者協会信頼性シンクタンクにおけるロバート・バーダル（Robert Berdahl）のスピーチ.
15. 例えば1994年にはほぼ半数（49%）にのぼる米国人が, リベラルと保守の両立場が混ざった意見

を持っていた.2017年にはこの数字は約3分の2に縮小し32%となった.次を参照.Jocelyn Kiley, "In Polarized Era, Fewer Americans Hold a Mix of Conservative and Liberal Views," Pew Research Center, October 23, 2017, https://www.pewresearch.org/fact-tank/2017/10/23/in-polarized-era-fewer-americans-hold-a-mix-of-conservative-and-liberal-views.

16. 次の番組の書き起こし.*Crossfire*, CNN, October 15, 2004.
17. 2013年6月にCNNの新社長ジェフ・ザッカー(Jeff Zucker)は『クロスファイア』の放送が同年に復活することを発表した.
18. Jonathan Haidt and Tobias Rose-Stockwell, "The Dark Psychology of Social Networks," *The Atlantic*, December 2019, https://www.theatlantic.com/magazine/archive/2019/12/social-media-democracy/600763/.
19. 2019年10月17日ジョージタウン大学におけるマーク・ザッカーバーグ(Mark Zuckerberg)のスピーチの書き起こしをフェイスブックが公開したもの.https://about.fb.com/news/2019/10/mark-zuckerberg-stands-for-voice-and-free-expression/.
20. 1997年10月30日シカゴでの憂慮するジャーナリスト委員会フォーラムにおけるジャック・フラー(Jack Fuller)の発言.
21. David Haynes, "Why the Milwaukee Journal Sentinel Replaced Opinion Content with Solutions Journalism," American Press Institute, October 30, 2019, https://www.americanpressinstitute.org/publications/reports/strategy-studies/why-the-milwaukee-journal-sentinel-replaced-opinion-content-with-solutions-journalism/.
22. David Plazas, "How The Tennessean's Opinion Section Is Working to Combat Polarization," American Press Institute, October 30, 2019, https://www.americanpressinstitute.org/publications/reports/strategy-studies/how-the-tennesseans-opinion-section-is-working-to-combat-polarization/.
23. Erie Times-News staff, "Erie Times-News' Erie Next Initiative Receives National Recognition," GoErie, March 1, 2018, https://www.goerie.com/news/20180301/erie-times-news-erie-next-initiative-receives-national-recognition.
24. 「ボーリンググリーン市民議会」の取り組みの一部は,『ボーリンググリーン・デイリーニューズ』ウェブサイトの次の場所に資料が保存されている.https://www.bgdailynews.com/civicassembly/.コロンビア大学〔のシンクタンク〕「アメリカン・アセンブリー」で報告書が読める.“The Bowling Green Civic Assembly Report,” June 30, 2018, https://americanassembly.org/publications-blog/the-bowling-green-civic-assembly-report.

第8章　引き込む力、自分とのつながり

1. 著者ローゼンスティールによるサラ・アルバレス(Sarah Alvarez)へのインタビュー.
2. 同上.
3. ハワード・ガードナー,ミハイ・チクセントミハイ,ウィリアム・デーモン(Howard Gardner, Mihaly Csikszentmihalyi, and William Damon)が彼らの本*Good Work: When Excellence and Ethics Meet* (New York: Basic Books, 2001)のため行ったレイ・スアレス(Ray Suarez)へのインタビュー(未収録)による.
4. ガードナー,チクセントミハイ,デーモンが彼らの本*Good Work*のため行ったハワード・ラインゴールド(Howard Rheingold)へのインタビュー(未収録)による.
5. Tom Rosenstiel, Carl Gottlieb, and Lee Ann Brady, "Local TV News: What Works, What Flops, and Why," *Columbia Journalism Review* 37 (January 1999): 53–56, "Quality Brings Higher Ratings, but Enterprise Is Disappearing," *Columbia Journalism Review* 38, no. 4 (November 1999): 80–89, and "Time of Peril for TV News," *Columbia Journalism Review* 39, no. 4 (November 2000): 84–92.
6. Pew Research Center, "Future of Mobile News," October 1, 2012, https://www.pewresearch.org/wp-

content/uploads/sites/8/legacy/Futureofmobilenews-final1.pdf.

7. Taylor Lorenz, "Teens Are Debating the News on Instagram," *The Atlantic*, July 26, 2018, https://www.theatlantic.com/technology/archive/2018/07/the-instagram-forums-where-teens-go-to-debate-big-issues/566153/.

8. Andy Smith, "A Touch of Glass," *Providence Journal*, April 14, 2005.

9. 1998年3月4日ロサンゼルスでの憂慮するジャーナリスト委員会フォーラムにおけるレオ・ブローディ（Leo Braudy）の発言.

10. Tom Rosenstiel, Marion Just, Todd Belt, Atiba Pertilla, Walter Dean, and Dante Chinni, *We Interrupt This Newscast: How to Improve Local News and Win Ratings, Too* (New York: Cambridge University Press, 2007).

11. INSITE Research, Television Audience Survey, October 1999, available from INSITE Research, 2156 Rambla Vista, Malibu, CA 90265.

12. NewsLab Survey, "Bringing Viewers Back to Local TV News: What Could Reverse Ratings Slide?," NewsLab, September 14, 2000, https://www.newslab.org/bringing-viewers-back-to-local-tv-news/. この調査において, 人々は特に「どこにでもローカルニュースがある」「事件が多すぎる」「ローカルニュースはいつも同じような中身」「本当のニュースではない, 安っぽい特集ものが多すぎる」「テレビニュースは自分の地域社会で起きた良いことをめったに伝えない」と答えていた.

13. INSITE Research, Television Audience Survey, October 1999, available from INSITE Research, 2156 Rambla Vista, Malibu, CA 90265.

14. Mark Bowden, "The Inheritance," *Vanity Fair*, May 2009, https://archive.vanityfair.com/article/2009/5/the-inheritance.

15. Ariel Zirulnick, "How KPCC Answered 4,000+ Community Questions About Coronavirus," The Membership Guide, September 16, 2020, https://membershipguide.org/case-study/how-kpcc-answered-4000-community-questions-about-coronavirus/. 次も参照されたい. Caitlin Hernández, "How KPCC Embraced Its Role as LA's Help Desk—and What We've Learned Along the Way," Medium, May 28, 2020, https://medium.com/engagement-at-kpcc/how-kpcc-embraced-its-role-as-las-help-desk-and-what-we-ve-learned-along-the-way-10b548ea23ca; Ashley Alvarado, "How KPCC-LAist's COVID-19 Help Desk Is Driving Newsletter Subscriptions—and Memberships," July 2020, https://betternews.org/kpcc-laist-covid-19-help-desk-driving-newsletter-subscriptions-table-stakes-knight-lenfest-newsroom-initiative/.

16. 2000年6月著者ローゼンスティールによるロイ・ピーター・クラーク（Roy Peter Clark）へのインタビュー.

17. ジャック・ハート（Jack Hart）はこのような語りの進め方の詳細について2004年10月, ミネアポリスのスター・トリビューン社員向けに文章の執筆編集法を伝えるニュースレター「Above the Fold」の中で記している.

18. Roy Peter Clark, "Writing and Reporting Advice from 4 of the Washington Post's Best," Poynter, May 20, 2013, https://www.poynter.org/reporting-editing/2013/writing-and-reporting-advice-from-4-of-the-washington-posts-best/.

19. クラインとウィリアムズはいずれも2020年11月,「Vox」を離れると発表した. クラインは『ニューヨーク・タイムズ』に, ウィリアムズはスタートアップを始めるという.

20. Alfred Kazin, "Vietnam: It Was Us vs. Us: Michael Herr's *Dispatches*: More Than Just the Best Vietnam Book," *Esquire*, March 1, 1978, 120.

21. 2000年4月12, 14日首都ワシントンでのニュースラボ研修会におけるダグ・マーレット（Doug Marlette）の発言.

22. 2000年4月12, 14日首都ワシントンでのニュースラボ研修会におけるアニー・ラング（Annie Lang）の発言.

23. 2000年4月12, 14日首都ワシントンでのニュースラボ研修会におけるジョン・ラーソン（John Larson）の発言.

24.*Booknotes*, C-Span, April 29, 1990.
25.2000年4月12, 14日首都ワシントンでのニュースラボ研修会におけるボイド・ハッパート（Boyd Huppert）の発言.
26.著者ローゼンスティールによるビル・アデア（Bill Adair）へのインタビュー.
27.Philip Bump, "How Much Trump's Tax Plan Would Save—or Cost—You (and Your Wealthiest Neighbors)," *The Washington Post*, October 5, 2017, https://www.washingtonpost.com/news/politics/wp/2017/10/05/how-the-trump-tax-plan-could-affect-someone-in-your-state-with-your-income/.

第９章　全体像を配分良く

1. 2000年6月著者ローゼンスティールによるバレリー・クレーン（Valerie Crane）へのインタビュー.
2. Tom Rosenstiel, Carl Gottlieb, and Lee Ann Brady, "Quality Brings Higher Ratings, but Enterprise Is Disappearing," *Columbia Journalism Review* 38, no. 4 (November 1999): 80–89, https://www.pewresearch.org/wp-content/uploads/sites/8/legacy/report.pdf.
3. 何人もの人々がこうした在り方を指摘している. スティーブン・ヘス（Stephen Hess）はその最初の1人で, 次に記している. *The Washington Reporters* (Washington, DC: Brookings Institution, 1981).
4. 様々な人がこのことを主張してきた. 著者ら自身もそうだし, ローカルテレビ報道に携わる人も, 視聴者としてフォーカスグループ調査や地元テレビ報道関係者との会合にいた人たちもである.
5. Carnegie Corporation of New York, "Use of Sources for News," May 1, 2005. 報告のスライドショーがオンラインで見られる. www.carnegie.org/pdf/AbandoningTheNews.ppt.
6. John Morton, "When Newspapers Eat Their Seed Corn," *American Journalism Review*, November 1995, 52, https://ajrarchive.org/Article.asp?id=76&id=76.
7. Antonis Kalogeropoulos, "How Younger Generations Consume News Differently," Reuters Institute, 2019, https://www.digitalnewsreport.org/survey/2019/how-younger-generations-consume-news-differently/.
8. Tom Rosenstiel, Carl Gottlieb, and Lee Ann Brady, "Quality Brings Higher Ratings."
9. Marc Gunther, "The Transformation of Network News: How Profitability Has Moved Networks Out of Hard News," *Nieman Reports*, special issue, Summer 1999.
10. この風潮は「ジャーナリズムの真髄プロジェクト」が2004年から毎年出す「ニュースメディアの現況」(State of the News Media) 報告書にも映し出されてきた. ここで読むことができる. https://www.pewresearch.org/topic/news-habits-media/news-media-trends/state-of-the-news-media-project/.
11. Tom Rosenstiel, "Coverage of Economy, International News Jump in Year of Big Breaking Stories," Pew Research Center, March 19, 2012, https://www.pewresearch.org/2012/03/19/state-of-the-news-media-2012/.
12. Project for Excellence in Journalism, "State of the News Media 2006," March 2006, https://assets.pewresearch.org/files/journalism/State-of-the-News-Media-Report-2006-FINAL.pdf.
13. Lucas Graves and John Kelly, "Confusion Online: Faulty Metrics and the Future of Digital Journalism," with Marissa Gluck, Tow Center for Digital Journalism, Columbia University Graduate School of Journalism, September 2010, https://www.academia.edu/1307635/Confusion_Online_Faulty_Metrics_and_the_Future_of_Digital_Journalism.
14. 2000年6月著者ローゼンスティールによるジョン・キャリー（John Carey）へのインタビュー.
15. 同上.
16. Tom Rosenstiel, Marion Just, Todd Belt, Atiba Pertilla, Walter Dean, and Dante Chinni, *We Interrupt This Newscast: How to Improve Local News and Win Ratings, Too* (New York: Cambridge University Press, 2007).
17. Tom Rosenstiel and Dave Iverson, "Politics and TV Can Mix," *Los Angeles Times*, October 15, 2002.
18. Media Insight Project, "Paths to Subscription: Why Recent Subscribers Chose to Pay for News," American Press Institute, February 27, 2018, https://www.americanpressinstitute.org/publications/reports/survey-

research/paths-to-subscription/.
19.2000年6月著者ローゼンスティールによるクレーンへのインタビュー.
20.2000年6月著者ローゼンスティールによるアル・トンプキンス（Al Tompkins）へのインタビュー.
21.2000年6月著者ローゼンスティールによるキャリーへのインタビュー.
22.ローゼンスティールとアメリカ・プレス研究所のチームはこのエリーの新聞と協力しており，同紙内部のデータを使うことができた.

第10章　ジャーナリストは自分の良心に責任を負う

1. この説明は著者コバッチが2006年3月に行ったリヒトブラウとバークへの複数回のインタビューによる.
2. "Top New York Times Editors Quit," CNN, March 1, 2004, www.cnn.com/2003/US/Northeast/06/05/NYTimes/resigns/.
3. 1997年11月6日シカゴでの憂慮するジャーナリスト委員会フォーラムにおけるキャロル・マリン（Carol Marin）の発言.
4. Benjamin Weiser, "Does TV News Go Too Far? A Look Behind the Scenes at NBC's Truck Crash Test," *The Washington Post*, February 28, 1993.
5. Ben Smith, "Why BuzzFeed News Published the Dossier," *The New York Times*, January 23, 2017, https://www.nytimes.com/2017/01/23/opinion/why-buzzfeed-news-published-the-dossier.html.
6. 1998年秋，ハーバード大学ニーマン・フェロー・セミナーでのボブ・ウッドワード（Bob Woodward）の発言.
7. ハワード・ガードナー，ミハイ・チクセントミハイ，ウィリアム・デーモン（Howard Gardner, Mihaly Csikszentmihalyi, and William Damon）が彼らの本 *Good Work: When Excellence and Ethics Meet* (New York: Basic Books, 2001) のため行ったビル・カーティス（Bill Kurtis）へのインタビュー（未収録）による.
8. ガードナー，チクセントミハイ，デーモンが彼らの本 *Good Work* のため行ったジョン・カッツ（Jon Katz）へのインタビュー（未収録）による.
9. ガードナー，チクセントミハイ，デーモンが彼らの本 *Good Work* のため行ったトム・ブローコー（Tom Brokaw）へのインタビュー（未収録）による.
10.CCJ and Pew Research Center for the People & the Press, "Striking the Balance, Audience Interests, Business Pressures and Journalists' Values," Pew Research Center, March 30, 1999, 6, https://www.pewresearch.org/politics/1999/03/30/striking-the-balance-audience-interests-business-pressures-and-journalists-values/.
11.1997年11月6日シカゴでの憂慮するジャーナリスト委員会フォーラムにおけるマリンの発言.
12.同上.
13.Ariana Pekary, "Why I'm Now Leaving MSNBC," August 3, 2020, https://www.arianapekary.net/post/personal-news-why-i-m-now-leaving-msnbc.（アリアナ・ペカリー本人のウェブサイト）
14.1998年2月2日ミシガン州アナーバーでの憂慮するジャーナリスト委員会フォーラムにおけるリンダ・フォーリー（Linda Foley）の発言.
15.Donald W. Shriver Jr., "Meaning from the Muddle," *Media Studies Journal* 12, nos. 2–3 (Spring/Summer 1998): 138.
16.Katharine Graham, *Personal History* (New York: Alfred A. Knopf, 1997), 449.
17.1988年11月28日首都ワシントンのキャピタル・ヒルトンホテルにおける第11回フランク・E・ガネット年次講演におけるアンソニー・ルイス（Anthony Lewis）の発言.
18.1998年2月2日ミシガン州アナーバーでの憂慮するジャーナリスト委員会フォーラムにおけるチャールズ・ギブソン（Charles Gibson）の発言.

19.1998年2月2日ミシガン州アナーバーでの憂慮するジャーナリスト委員会フォーラムにおけるデービッド・アッシェンフェルター（David Ashenfelter）の発言.

20.American Society of Newspaper Editors, *1999 Newsroom Census: Minority Employment Inches Up at Daily Newspapers* (Reston, VA: American Society of Newspaper Editors, 1999).

21.1998年2月26日フロリダ州セントピーターズバーグでの憂慮するジャーナリスト委員会フォーラムにおけるマーシディス・ド・ユリアーティ（Mercedes de Uriarte）の発言.

22.1997年12月4日ニューヨーク市での憂慮するジャーナリスト委員会フォーラムにおけるフアン・ゴンザレス（Juan González）の発言.

23.1998年2月2日ミシガン州アナーバーでの憂慮するジャーナリスト委員会フォーラムにおけるトム・ブレイ（Tom Bray）の発言.

24.2000年6月10日著者コバッチによるデービッド・ハルバースタム（David Halberstam）へのインタビュー.

25.ファブルはこのスピーチの1つのバージョンを2006年4月，ポートランドの『オレゴニアン』の「フレッド・スティッケル賞」授賞式で述べた.

26.改めて，この本を通じて私たちは「市民」という語を法的な意味ではなく，〔民主主義社会で役割を果たす〕公共の民という意味で用いている. ニュースを消費する人は誰もが単に読者・視聴者の1人という以上に，市民の社会で行動する公共の1メンバーであり，それは国籍や住民登録上の立場とは関係ない.

第11章　市民の側の権利と責任

1. Richard Sambrook, "Citizen Journalism and the BBC," *Nieman Reports*, Winter 2005, 13–16, https://niemanreports.org/articles/citizen-journalism-and-the-bbc/.
2. 同上.
3. Megan Brenan, "Americans Remain Distrustful of Mass Media," Gallup Poll, September 30, 2020, https://news.gallup.com/poll/321116/americans-remain-distrustful-mass-media.aspx.

ビル・コバッチ Bill Kovach

『ニューヨーク・タイムズ』ワシントン支局長、『アトランタ・ジャーナル・コンスティトゥーション』編集者、ハーバード大学ニーマン・フェローシップ運営代表を歴任。憂慮するジャーナリスト委員会の創設者・議長、「ジャーナリズムの真髄プロジェクト」上級顧問も務めた。米コルビー大学「勇気あるジャーナリズムのためのイライジャ・パリッシュ・ラブジョイ賞」、ミシガン大学ウォレスハウス・ジャーナリストセンター「メンターのためのリチャード・M・クラーマン賞」を受賞。『ニューヨーク・タイムズ・マガジン』『ワシントン・ポスト』『ニュー・リパブリック』をはじめ米内外の新聞雑誌多数に寄稿する。

トム・ローゼンスティール Tom Rosenstiel

アメリカ・プレス研究所専務理事、「ジャーナリズムの真髄プロジェクト」の創設者・理事、憂慮するジャーナリスト委員会副議長を務めた。『ロサンゼルス・タイムズ』メディア批評担当、『ニューズウィーク』議会担当キャップを歴任。『ジャーナリズムの新しい倫理　21世紀に向けた原則』をケリー・マクブライドと共編、『明確に考える　ジャーナリズムの判断事例』をエイミー・ミッチェルと共編したほか、著書に『おかしな相棒たち　テレビと大統領候補が米政治をどう変えたか』『このニュース番組に一言　テレビニュースの質も視聴率も上げる方法』などがある。『エスクァイア』『ニュー・リパブリック』『ニューヨーク・タイムズ』『コロンビア・ジャーナリズム・レビュー』などに寄稿。MSNBC「ザ・ニュース・ウィズ・ブライアン・ウィリアムズ」のメディア批評も担当したほか、テレビ、ラジオ、新聞、雑誌でコメント多数。

二人の共著として『ワープの速度　混合メディア時代の米国』、『インテリジェンス・ジャーナリズム　確かなニュースを見極めるための考え方と実践』（奥村信幸訳、ミネルヴァ書房）がある。

※『インテリジェンス・ジャーナリズム』以外の書名は仮訳

澤 康臣 Yasuomi Sawa

ジャーナリスト、早稲田大学教授（ジャーナリズム論）。1966年岡山県生まれ。東京大学文学部卒業後、共同通信記者として社会部、ニューヨーク支局、特別報道室などで取材し「パナマ文書」報道のほか「外国籍の子ども１万人超の就学不明」「戦後憲法裁判の記録、大半を裁判所が廃棄」などを独自調査で報道。「国連記者会」（ニューヨーク）理事、英オックスフォード大学ロイター・ジャーナリズム研究所客員研究員なども務めた。著書に『事実はどこにあるのか』（幻冬舎新書）、『グローバル・ジャーナリズム』（岩波新書）など。

ジャーナリストの条件《じょう》件《けん》

時《じ》代《だい》を超《こ》える10の原《げん》則《そく》

発　行　2024年4月25日

著　者　ビル・コバッチ
　　　　トム・ローゼンスティール
訳　者　澤《さわ》康臣《やすおみ》
発行者　佐藤隆信
発行所　株式会社新潮社
〒162-8711 東京都新宿区矢来町71
電話　編集部 03-3266-5611
　　　読者係 03-3266-5111
https://www.shinchosha.co.jp
装　幀　新潮社装幀室
組　版　新潮社デジタル編集支援室
印刷所　錦明印刷株式会社
製本所　加藤製本株式会社
乱丁・落丁本は、ご面倒ですが小社読者係宛お送り下さい。
送料小社負担にてお取替えいたします。

©Yasuomi Sawa 2024, Printed in Japan

ISBN978-4-10-507411-1 C0030
価格はカバーに表示してあります。